PLURALITY

［プルラリティ］

THE FUTURE OF
COLLABORATIVE TECHNOLOGY
AND DEMOCRACY

対立を創造に変える、
協働テクノロジーと
民主主義の未来

オードリー・タン、E・グレン・ワイル、⿻コミュニティ

山形浩生［訳］
鈴木 健［解説］

サイボウズ式ブックス

プルラリティ——多元性の調和が生み出す、新たな未来

世界はひとつの声に支配されるべきではない。
対立を創造に変え、新たな可能性を生む。
プルラリティはそのための道標だ。

空前の技術革新の時代。
AIや大規模プラットフォームは世界をつなぐと同時に分断も生んだ。
だが技術は本来、信頼と協働の仲介者であるべきだ。

複雑な歴史と幾多の分断を越えてきた台湾。
この島で生まれたデジタル民主主義は、その実践例だ。
人々の声を可視化し、多数決が見落としてきた意志の強さをすくい上げる。
多様な声が響き合い、民主的な対話が社会のゆく道を決める。

ALITY

ひるがえって日本。
少子高齢化、社会の多様化、政治的諦観……。
様々な課題に直面しながら、私たちは社会的分断をいまだ超えられずにいる。

しかし、伝統と革新が同時に息づく日本にこそ、照らせる道があると著者は言う。

プルラリティ（多元性）は、シンギュラリティ（単一性）とは異なる道を示す。
多様な人々が協調しながら技術を活用する未来。

「敵」と「味方」を超越し、調和点をデザインしよう。
無数の声が交わり、新たな地平を拓く。
信頼は架け橋となり、対話は未来を照らす光となる。

現代に生きる私たちこそが、未来の共同設計者である。

PLUR

PLURALITY

The Future of Collaborative Technology and Democracy

E. Glen Weyl, Audrey Tang & ⿻ Community

PLURALITY

［プルラリティ］

THE FUTURE OF
COLLABORATIVE TECHNOLOGY
AND DEMOCRACY

対立を創造に変える、
協働テクノロジーと
民主主義の未来

日本語版刊行に寄せて①

Plurality 新たなるギャザリング

オードリー・タン

私が日本と初めて出合ったのは、1998年7月26日、トレーディングカードゲーム『マジック：ザ・ギャザリング』のアジア太平洋選手権に出場したときのことだ。戦略や創造性、そして活気ある仲間同士の交流で満ちあふれた週末だったが、その中で最も印象的だったのは、日本文化が古くからの伝統を深く敬いながら、新しいものを躊躇（ちゅうちょ）なく取り入れる姿勢を見事に両立させていたことだった。この印象は年月を経ても色あせることなく、日本に訪れるたびに都会の喧騒からシビックテックの先端に至るまで、同じように鮮明に感じられる。

こうした「大切なものを守りつつ、新たな可能性を積極的に受け入れる」というバランスは、私たちがいま直面しているデジタル民主主義の課題において、まさに核心をなすものである。

私と共著者たちは本書『⿻ Plurality（多元性）』（以下⿻）の中で、ＩＴと民主主義との間に広がりつつある溝について掘り下げた。中央集権的なプラットフォームが、私たちのつながりから価値を搾取する一方で、共有しているという現実感を損なわせ、社会的な結びつきを根こそぎ奪う恐れがある。さらに、民主主義の制度はこの急激な変化に追随しきれず、デジタル空間を本来あるべき多様性と人々の参加を促す形へと導く力を発揮できていない。

しかし本書で私たちが主張しているように、こうした未来が既定路線であるわけではない。異なる選択肢を取り、新たな物語を受け入れ、そしてこれまでとは違う制度を築くことによって、テクノロジーと民主主義を鳥の両翼のように協調させ、より開かれた協働的な未来へ私たちを導くことが可能なのだ。

「社会の調和を重んじる日本で、なぜ多元的アプローチが必要なのか？」と疑問に思う方もいるかもしれない。けれど私の経験上、真の調和とは差異を避けることではなく、多様な声を積極的に束ねて共通の目標へ向かうことにある。そして、創造性はしばしば異なる視点が交差するところで最も鮮やかに花開くものだ。⿻は、そうした交差点をより豊かに活用し、参加する全員が自らの思いを十分に表現しながら、共同で課題を解決するために必要な、貴重なツールを提供する。

前述したように、日本には伝統と革新が同時に息づき、互いを高め合う力がある。では私たちは、テクノロジーに支えられた包摂的なコミュニティをどのように築いていけるのだろうか。

2025年を迎え、AIの可能性から暗号化技術の複雑さまで、テクノロジーの進歩をより深く人間の価値観と調和させる必要性は、かつてないほど高まっている。世界各地のコミュニティが、この急速な変化の波の中で、どうすれば開放性と包摂性を両立できるかに知恵を絞っているのだ。そのようなタイミングにおいて私は、テクノロジーによる革新と社会的調和への深い尊重とをあわせ持つ独自の文化力で、日本こそが、次なる道を照らし出す存在になり得ると強く信じている。

これは単なる想像ではない。たとえばiモードの誕生を目の当たりにしたとき、私はその可能性を実感した。スマートフォンが普及する以前、iモードはモバイルインターネットを当たり前の日常へと広げてみせたのだ。シリコンバレーが破壊的イノベーションを追求していた一方で、日本は通信事業者や銀行、小売業者などが互いに連携しながら社会のニーズに応える協働の生態系を築き上げてきた。その「革新と内省の融合」は、ここ日本では単なる理想ではなく、歴史的に培われてきた価値観をデジタル社会の設計へ落とし込むための、ダイナミックな調和でもあるのだ。

私は本書の日本語版を通じて、皆さんが未来の「共同設計者」となるきっかけを得られればと願っている。たとえば新たな対話を始めて溝を埋め、周縁化されがちな声を増幅するプラットフォームを設計したり、あるいは私たちが将来の世代にとって十分な良き先祖となることを保証する政策を推進したりするかもしれない。こうしたオンライン・オフラインを問わない実験こそが、多様な視点の豊かさを活かし、共通の目標を実現していくための大きな力になるのだ。

私が若い頃に参加していた『マジック：ザ・ギャザリング』の大会は、単なる個人の勝利を目指すものではなく、多様な戦術を理解し、協力し合い、異なる手法の創造性に敬意を払う場でもあった。⿻はこの精神をさらに広げ、私たちが互いを未来創造の複雑な交響曲を奏でる上で欠かせない存在として見るよう促してくれる。

本書をお読みいただき、これらの考えを皆さんの対話に迎え入れてくださることに感謝いたします。私は日本における、洞察に満ちた次なる進化の瞬間を、心から楽しみにしています。それはテクノロジーによる革新と深い人間の思索が結びついたときにこそ生まれる、大いなる飛躍の証（あかし）となるでしょう。そして本書が、皆さんにとっての⿻の新たなビジョンを形作る触媒となり、日本のみならず、私たち全員が共有するデジタル世界の未来を共に築く一助となることを願ってやみません。

まったく予想外の⿻の舞台

E・グレン・ワイル

２０２４年7月26日は、これまでの私の専門家としての生涯の中で、最も有意義な一日だった。親しい共著者オードリー・タン（唐鳳）との、初めてのめまぐるしい東京訪問で、期待は大いに盛り上がっていた。東京の日本科学未来館は昔から、私にとって世界で最もお気に入りのポップ文化会場だったし、オードリーはそこを訪れるのが初めてだった。私たちはそこで、本書英語版を日本でベストセラーに押し上げることになったイベントに出席予定となっていた。だが実際に展開した当日のイベントの感動は、私の予想をはるかに上回るものだった。

未来館は、本書でも重要な役割を果たしている。没入型のデジタル強化体験が、世代を超えた理解と共感を作り上げるモデルとなるのが未来館なのだ。だが、浅川智恵子館長らの案内で施設を見学する中で、この博物館が私の想像よりもはるかに⿻（訳注：本書では「プルラリティ」をユニコードの⿻を使って表現する場合がある。詳細については「3-0⿻プルラリティ（多元性）

とは」を参照）の精神をホーリスティックに体現していることがわかってきた。未来館は、市民たちに、未来に実現してほしい価値観を投影してくれと繰り返し求めつつ、同時にその実現方法を「バックキャスティング」して、それを社会の会話に取り入れている。

会場の中心にある巨大な地球のディスプレイは、人間の多様性を考えるための多元的な見方（言語、宗教、民族）を世界地図上に表示した。それは古代のスピリチュアリティと、現代の仮想現実やＮＦＴなどを統合させている。そして他の何よりも、浅川館長がその生涯をかけて、ご自身のような目の見えない人々が、尊厳を持って世界をナビゲートできるようにしてきたという啓発的なお手本。彼女は白杖のかわりとなるＡＩスーツケース（スーツケース型のロボット）を使っており、私たちにもそれを体験させてくれた。こうしたすべては、私たちの言葉など及びもつかない形で⧉の物語を具体的に語ってくれる。

後にそのすべてが私にとってまとまったのは、そのイベント自体でのことだった。それはWIRED Japan 編集長・松島倫明をモデレーターとする、オードリー・タン、主催者にして私たちの先人でもあることが判明する鈴木健、未来館の科学コミュニケーター兼学芸員・小沢淳と私の4名による座談会だった。そこで私が述べるアイデアはすべて、鈴木さんが10年前に行った活動や、小沢さんが取り組んでいる展示や、観客の皆さんの頭に浮かぶ質問と共鳴したのだ。

これほどの文化的差異や、この対話に到（いた）るまでのまったく異なる道筋を超えて私たちの視点が共振したことで、会の終わり頃になると私は目頭が熱くなったほどだった。なぜなら私たちが偶然にも、それぞれ独自のやり方で、長く記憶される真実に到達していたということを指摘しているように思えたからだ。その瞬間に私は、自分の中国名である衛 谷倫（ウェイ・グールン）を日本名の衛谷 倫（えたに りん）に変えることにした。

日本滞在中の共鳴は、審美的なものや知的なものにはとどまらなかった。訪日に先立つ2カ月間に、この国は世界のどこでも類を見ないほどの、私たちの主張の啓発的な実践舞台となったのだった。

33歳（当時）のSF作家・安野貴博は、本書の英語版を読んで東京都知事選に出馬し、本書の内容をもとに、その技術を大幅に拡張して選挙基盤構築への大規模な一般参加を実現した。これで彼は15万票を獲得した。彼のような若く未経験で、正式な組織の後押しもない候補者がこれほどの票を得るのは前代未聞だった。この事例のおかげで、本書にもメディアから広く関心が集まり、さらに小泉進次郎のような大物政治家も興味を示した。彼はイベント後に未来館にやってきて、デジタル民主主義を全国にスケーリングする方法について私たちと話をしたのだった。

そのわずか数週間後に岸田文雄首相が退任を表明し、小泉さんはその後任には選ばれなかったが、それでもこのトレンドは日本の国家政治に明らかに根を下ろし、次の首相となった石破茂は、首相選の最初の議論で、本書に描かれているような仕組みを採用したいと述べたのだった。そして日本テレビのような全国放送局は、本書の手法を使って市民たちが選挙の結果を理解し、それを形成する支援を行った。都知事選の直後に、安野さんが東京都の長期戦略「シン東京2050」の策定に関わるGovTech東京のアドバイザーとなったこともあり、⬚⬚が、日本の膠着（こうちゃく）した国会に蔓延し、社会を失望させてきた政治的麻痺とシニシズムを克服する原動力となることが期待される。

だがこれは私たちにもまったく予想外の結果だったとはいえ、多くの点できわめて不思議かつ皮肉に思える結果でもあった。なんといっても本書は、ほぼ西洋の読者を念頭に書かれたものだったのだ。本書冒頭の内容は、ソーシャルメディアなどのデジタル技術が西側民主主義に与える腐食性の影響から動機づけを得ようとするものだ。だが日本ではこのトレンドは、異質どころかほぼ正反対だ。高齢化と古びた民主主義に直面する中でＩＴの利用が欠けていることこそが、ずっと切羽詰まった問題なのだから。かつては立派だった民主主義の衰退を嘆くどころか、日本は長年にわたり硬直的な一党支配の下で苦闘し、テクノロジーといえば未来からのかわいいネコの形でやって来るか、あるいはＷ・エドワーズ・デミングのようなアメリカのサイバネティックス主義者による製造業哲学から来る救い主として見ていたのだった。日本では⧉は西洋でしばしば見られるような改革運動としては登場せず、世界大戦の廃墟から日本を世界の主導的地位へと導いたイノベーションの伝統の、待ちに待った、そして必然的なリバイバルとして見られているのだ。

⧉は、世界中のめまいがするほど多様な文化から引き出した伝統を、完成させ、折り合わせ、慎重にハイブリッド化して改善するという昔ながらの日本の誇りと共鳴するものだ。インドの仏教だろうと、イタリア料理だろうと、シリコンバレーのエレクトロニクスだろうと、日本はそれらを取り込んできた。この伝統は私たちが登場する以前にとっくに存在していた先行研究、たとえば２０１３年の鈴木健『なめらかな社会とその敵』（勁草書房、２０２２年に筑摩書房より文庫化）などに見事に表現されている。この本は、本書のアイデアのほとんどを先取りし、オードリーがこうした思想を台湾で実践する10年以上も前に発表されている。またチームラボボーダレスのような美術展は、そうした思想を没入型体験として表現しているのだ。つまり⧉は日本にとって異質な輸入品などではなく、自国ですでに発達した文化や知的潮流に対する外国からの承認であり、それを国の政治経済再生の基盤にするよう促すものなのだ。⧉は、日本が優れた世界のリーダーとなるための異なった、改善された民主主義形態をもたらし、オフィスにおける新たなコラボレーションのモデルを示して、ホワイトカラー職の改善モデルの潜在力を世界に示す機会を提供するものなのだ。

だからこそ、私は世界のどこにも増して、本書のアイデアが日本でどのように展開されるかを楽しみにしている。数年後には、⧉のメッセージを携えて世界をめぐる私たちが語るのは、台湾の回復力よりもむしろ日本のルネッサンスの物語となっているはずだ。私の専門家としての人生において、この美しい島々にますます多くの啓発的な日が昇ることを望みたい。

【目次】

第3章 プルラリティ（多元性）……113

第5章 民主主義……309

第6章 その影響……429

第7章 先に進むには……507

E・グレン・ワイル

経済学者。マイクロソフトリサーチの特別プロジェクト「Plurality Technology Collaboratory」を創設し、研究リーダーを務める。「Plurality Institute」創設者兼理事長。学術界、政府、芸術、テクノロジーなど幅広い分野での業務提携や実験的プロジェクトを通じて、民主的なイノベーションと制度設計に取り組む非営利団体「RadicalxChange」の創設者でもある。過去にはシカゴ大学、プリンストン大学、イェール大学で経済学を教えた経験を持つ。著書にエリック・A・ポズナーとの共著『ラディカル・マーケット 脱・私有財産の世紀：公正な社会への資本主義と民主主義改革』（東洋経済新報社、2019）がある。

オードリー・タン

台湾の初代デジタル省大臣。世界初のノンバイナリー閣僚。幼少期から独学でプログラミングを学習。14歳で中学を自主退学し19歳で起業家となる。その後、シリコンバレーのテクノロジー企業に招かれる。2014年よりアップルのアドバイザーとなり、Siriの開発に参加。35歳のとき史上最年少で行政院（内閣）に入閣。デジタル担当政務委員に登用され、部門を超えて行政や政治のデジタル化を主導する役割を担った。コロナウイルス対応では、マスク在庫管理システムを構築、感染拡大防止に大きく寄与した。2023年にはタイム誌の「世界のAI分野で最も影響力のある100人（TIME 100/AI）」に選出された。

本書はオープンソースであり、この内容は帰属の表示有無を問わず自由に複製してかまわない。主要な表示著者以外にも、世界中の何十人ものコミュニティメンバーたちが本書に貢献して、全体作業のほとんどを実施してくれた。こうした貢献者たちの名前は次ページに表示され、各個人の顔をタイルにした、機械生成による顔のブレンド（上図）の中に表示されている。本書のフリーオンライン版 (https://www.plurality.net/) は、本書で描かれた原理に基づいて、このコミュニティが今後も発展させる。

Editing

Vitalik Buterin
NISHIO Hirokazu
Greg Wang
Christian Paquin
Omoaholo Omakhalen
Evan David Paul
Kaliya Young
Teddy Lee
Wes Chow
Zoë Hitzig
Isaiah Kuhle
Ko Ju-Chun
Billy Zhe-Wei Lin
Michael Zhuang
Guang-Hua Tang
Wendy Hsueh

Writing

Gisele Chou
Judith Amores
Puja Ohlhaver
Nick Pyati
Jeremy Lauer
Noah Yeh
JJ Reynolds-Strange
Kinney Zalesne
Tantum Collins
Geordan Shannon
Matt Prewitt
Holly Herndon
Mat Dryhurst
Michele Zanini
Jonas Kgomo

Technical

Akinori Oyama
Petar Maymounkov
Kasia Sitkiewicz
Derek Worthen
John Hadaway
Tyler Flajole
Julia Metcalf

Management

Jason Entenmann

Public relations

Shaurya Dubey
Malik Lakoubay
Andreas Fauler
Gideon Litchfield

Research

Nick Vincent
Mateo Patel
James Allen Evans
Junsol Kim
Joshua Yang
Shrey Jain
Peter E. Hart
Jamie Joyce
Dan Silver

Translation

Jacky (taipeicity.eth)
Andreas Fauler
Daniel Alsterholm
Max Semenchuk
Michal
Vassilis Tziokas
Haju Chang
Leon Erichsen
Jennnifer Victoria Scurrel
Mashbean

Visuals

Tofus Wang
Lillian Wang
Andrea Bonaceto
Kevin Owocki

Data

Carl Cervone
Jordan Usdan
Jeffrey Fossett

自分の道を見つける

本書で論じるように、一般的な書籍の語り口は最初から最後へと直線的に進むので、あらゆる読者を無理やりまったく同じ学習経路に押し込めてしまうという大きな欠点を持っている。本書のオンライン版は、ハイパーリンクを大幅に活用することでこれを回避しているが、物理的な本を手にしている読者は、どう読み進めるのがいいのか悩むかもしれない。この問題を部分的に回避するために、私たちはテキストを「円環」的な構成にした。読者はどこから読み始めてもかまわない。そこから最後まで来たら、ぐるっと戻って以前の内容を読むことができるというわけだ。

特に以下のような読み方がおすすめだ。

- 主にトピック的、政治的あるいは**時事的**な面に興味のある人は、第1章の「序」から入り、そのまま通読しよう。
- もっと概念的、理論的、広く**知的**な興味を持っている人は、第1章と第2章はとばして、第3章から始めてみよう。
- **技術的**、テクノロジー的、工学的な興味のある人は第4章から始めてはどうだろうか？
- 具体的なテクノロジーとその**応用**に興味があるなら、第5章から始めよう。
- 現実世界での個別社会部門への**影響**に興味があれば、第6章から始めるといい。

・公共**政策**や政府、社会動員に興味があれば、第7章から始めよう。

どこから出発するにしても、読み始めて興味が湧いたら、そのまま読み進めよう。最後まで来たらぐるっと戻り、本の「後のほう」で使われた理論的な枠組みについて、最初のほうに書かれている内容で理解を深めてほしい。

この本は生き物だ。印刷版を読んでいるなら、それはほぼ間違いなくすでに古くなっているので、Plurality 公式サイト（https://www.plurality.net/）で最新バージョンを無料でダウンロードして読もう。

さらに重要な点として、皆さんも単なる読者にとどまらず、このプロジェクトの協力者となってほしい。https://github.com/pluralitybook/plurality/ に行けば、テキストに関する懸念や問題（「イシュー」として）をいつでも送信できるので、コミュニティはそれを見て優先的に対応できる。あるいは修正案があればそれを（「プルリクエスト」として）送信して、コミュニティの意見をもらうこともできる。

本書で何か間違っている部分があったら、それは招待状だと思ってほしい。正しくないと感じるところがあれば、それを直そう。「自分たちのコミュニティではこんな言い方はしない」と思ったら、自分たちの言い方に合わせたバージョンを作ってみよう。コミュニティと関わりたくなければ、この文書には著作権がないので、必要なものだけ持って、残りは放っておこう。「なぜ誰もこれをやらないのか？」と言うなかれ。あなた自身がその「誰か」になろう。

凡例

・本書はオードリー・タン、E・グレン・ワイル、⿻コミュニティによる『Plurality The future of collaborative technology and democracy』（英語版）と『多元宇宙 協作技術與民主的未來』（繁体字版）の２つをもとに制作した。

・2025年１月末段階までにGitHub上に追加された日本に関連する新規の記述については例外的に追加した。

・原文は随時更新されているため、最新版はPlurality公式サイト（https://www.plurality.net/）を参照。

・本書では「プルラリティ」をユニコードの⿻を使って表現する場合がある。詳細については「3-0 ⿻プルラリティ（多元性）とは」を参照。

・訳注は本文中に併記した。

・原文の段落は読みやすさを考慮して適宜改行した。

第 1 章

序

1-0

多元性を見る

「ポジティブな行動を実行するには、ポジティブなビジョンを作り出さねばならない。(中略)自分にとっても他人にとっても善行を施す最大の可能性があるのは、最大の敵対の下でなのだ」

――ダライ・ラマ14世

インターネットの到来で世界は広がった。1960年代に始まったこの新技術は、遠く離れたコミュニティ同士が時間と空間を超えてつながる可能性をかつてないほど高めてくれた。知識は国境を越えるだけでなく、一瞬で言語や文化を超えて広がるようになった。

その一方で、グローバル化のために豊かさや社会的な地位の格差も大きく拡大しつつある。デジタル技術の急速な発展のため、巨大ハイテク企業がますます台頭するようになった。そのため人々はやたらに極端な意見に走るようになり、分断されたタコツボへと落ち込みやすくなっている。

インターネットは、大きな違いを超えて人々を結びつけ、新しいコラボレーションを実現する強力な技術である。だが残念ながら、それはこうしたコラボレーションを潰して新しい分断を引き起こす強力なツールにもなってしまう。最近になってそれがますます露（あら）わになりつつある。

民主主義が低調なのも偶然ではない。専制主義政権がいまや、世界のＧＤＰの半分近くを支配している。民主主義体制の傘下で安心していられるのはたった10億人ほどでしかなく、20億人以上は専制主義支配の下で暮らしているのだ。[1]

あらゆる文化は、川のようなものだ。それは独自の物語を語ってくれる。私たちは、民主主義の川こそが希望の伝達路だと考えている。その川の水位が下がっているなら、それを補わなくてはならない。

本書は、その流れを復活させようとして湧き起こったコラボレーションだ――そしてそれとともに、希望も復活してほしい。

台湾華語で「數位（シュウェイ）」という言葉は「digital（デジタル）」と「plural（複数）」の両方を意味する。

複数すなわちデジタル。デジタルすなわち複数。

「plurality（多元性）」は、民主主義と協働テクノロジーの共生関係を表している。民主主義と協働テクノロジーが合体すれば、無限の組み合わせによる無限の多様性が実現できる。

さあ、未来を解放しよう――みんなで。

第 2 章

はじめに

2-0

ITと民主主義　拡大する溝

「監視資本主義は（中略）上からのクーデターである（中略）人々の独立主権をひっくり返し、民主的な脱統合に向けた危険な流れに向けた大きな力だ（後略）」

——ショシャナ・ズボフ、『監視資本主義　人類の未来を賭けた闘い』[1]、2019

「我々はウソを聞かされている（中略）ITが仕事を奪い、賃金を引き下げ、格差を拡大し、健康を脅かし、環境を破壊し、社会を劣化させ、子供たちをダメにして、人間性を阻害し、未来を脅かし、あらゆるものを台無しにする寸前だといつも言われている」

——マーク・アンドリーセン、『技術楽観主義マニフェスト』[2]、2023

ＩＴ（情報技術）と地政学をめぐる不安は、特に米中のハイテク対立といった形で、いたるところに登場する。だが技術面での優位性をめぐる大国同士の争いより、さらに根本的な紛争が生じている。もっと根深いところで、システムとしてのＩＴと民主主義とが歩んで来た道が両者を対立させ、実害が生じるほどとなっている。

現在のＩＴで最大のトレンドは、人工知能とブロックチェーンだ。人工知能は中央集権化されたトップダウンの統制を強化し、ブロックチェーンは人々を孤立させ、過激な見方を煽り、金融資本主義を激化させる。どちらの結果も、民主的多元主義の価値観をボロボロにしてしまう。このためＩＴこそが民主主義への最大級の脅威と思われてしまっている。外国の専制支配者や、国内で民主主義を転覆させようとする連中の双方にとって、ＩＴが強力なツールと見なされているのも当然だろう。

民主主義も、もともとは都市国家の統治手法を大陸全体にまたがる何百万人もの市民に拡大しようという急進的な実験だった。それなのに今日の民主主義は、現状の政府や統治手法を温存するだけの、現状維持の手口としか思われていない。そして現在、世界の多くの場所で従来の政府や統治手法は硬直し、時代に取り残され、党派的で、麻痺していると思われ、人々の支持を失う一方なのだ。だから多くのハイテク至上主義者たちが民主的参加を見下すのも、わからなくはない。彼らは民主主義が進歩の足を引っ張ると思っているのだから。逆に民主主義支持者たちの中では、技術進歩が専制主義的な敵による支配や社会の内部崩壊をもたらすのではと恐れられている。

本書では、こんな悲劇的な対立は必要ないものだと示す。ＩＴと民主主義をきちんと理解すれば、この両者は天性の強力な同志になれる。そう言ってもなかなか信じてはもらえないかもしれない。ＩＴ支持者と民主主義支持者の双方の間には、この10年で恨みと不信の溝が生まれてしまっているのだから。それがそうそう簡単に埋まるはずもない。それにこの紛争の双方が相手に対して抱いている懸念や批判は、決して不当なものではない。双方の言い分を十分に理解して受け入れなければ、対立の根本原因を見極めて克服できるはずもない。だから、まずはその言い分を虚心に描き出すことから始めよう。人々が不安に思っている話があれば、あまり裏付けがないものであっても見てみよう。極端な分断を埋めようと努力する中で、民主主義的なＩＴという夢物語も実現に近づくはずだ。

ＩＴによる民主主義への攻撃

過去10年にわたり、ＩＴは正反対の２つのやり方で、民主主義を脅かしてきた。だがその２つのやり方は、相互に関連し合っている部分もある。ダロン・アセモグルとジェームズ・ロビンソンの有名な議論によれば、自由な民主主義社会は社会崩壊と専制主義との間の「狭い回廊」に置かれている。[3] ＩＴは両側からその回廊を狭め、自由な社会の可能性を押し潰しているのだ。

片やＩＴ（たとえばソーシャルメディア、暗号化技術などの金融技術）は社会の仕組みを破壊し、人々の意見をますます極端に走らせ、規範を潰し、法執行を無力化し、金融市場の速度と到達範囲を拡大する。これでＩＴは民主政治の手の届かないところに行ってしまったと思われている。こうした脅威を「反社会」と呼ぼう。他方でＩＴ（たとえば機械学習、基盤モデル、ＩｏＴ）はますます中央集権的な監視能力を強化している。少数のエンジニアたちが、何十億もの市民や顧客の社会生活ルールとなるシステムのパターンを作り上げてしまっているため、人々が自分の生活やコミュニティ形成に、まともに参加できる範囲が狭まっている。この脅威を「中央集権」と呼ぼう。いずれの脅威も民主主義の核心を攻撃している。アレクシス・ド・トックヴィルが『アメリカの民主主義』[4]で述べたように、深く多様で、非市場的で分散化した社会市民的なつながりがないと、民主主義は機能できないからだ。[5]

最近のＩＴがもたらす反社会的な脅威には、社会的、経済的、政治的、法的、実存的な側面がある。

- **社会的な側面**：ソーシャルメディアはこれまで社会的に孤立していた人々（たとえば保守的な地域における性的、宗教的なマイノリティ）がつながり合うための強力な新しいプラットフォームを提供してくれた。だが各種調査を見ると、平均としてそうしたツールはむしろ社会的孤立や疎外感を悪化させている。[6]

・**経済的な側面**：インターネットと在宅勤務の増大がもたらす地理的、時間的、副業の容易さといった柔軟性は、開発途上国や、伝統的な労働市場におさまりにくい労働者の機会を広げてくれた。だがこうした仕組みの便益を労働者が享受するための、適切な労働市場制度（たとえば労働組合や労働規制）はほとんど生まれていない。このため職場の不安定性が高まり、多くの先進国で中産階級の「空洞化」をもたらした。[7]

・**政治的な側面**：多くの先進民主主義国では、人々の見解が極端なものに走り、過激政党が躍進している。ソーシャルメディアの影響については多くの研究が行われているが、当初は人々の違いを超えた社会的、政治的な絆を強化できると思われていたにもかかわらず、特にアメリカでは２０００年以来のポピュリスト的な社会の分断と双極化をもたらした可能性が指摘されている。[8]

・**法的な側面**：過去数十年における金融イノベーションの拡大は、消費者への明らかな便益を（リスク削減、資本配分、融資アクセスの面で）あまりもたらしていない。むしろ金融システムの相当部分でリスクを増やし、各種の金融不安を抑える規制レジームに逆らい、それを迂回するために使われてしまっている。[9] 最も顕著な例は、住宅金融をとりまくイノベーションがもたらした２００８年の金融危機だし、（局所的とはいえ）最も極端な例はデジタル「暗号」資産や通貨をめぐる最近の活動だろう。既存の規制レジームが対応できていないため、これは投機、ギャンブル、詐欺、規制逃れや脱税など反社会活動の機会を増大させている。[10]

・**人類存続にかかわる側面**：社会的に重要なものを見極め、それに集団として対処する能力が分断され、そのため大量破壊をもたらす技術の発達に対抗できない。そうした破壊技術は環境荒廃（たとえば気候変動、生物多様性の喪失、海洋酸性化）から、もっと直接的な兵器（たとえば偏向した人工知能やバイオ兵器）による破滅の可能性までさまざまだ。[11]

しかしＩＴは、このように民主社会のまとまりを弱めるだけではない。一方では政府の統制を強め、少数の民間アクター（訳注：行為者、当事者といった意味）集団の手に権力を集中させることで民主主義を脅かす側面も、ますます強まっている。

・**社会的な側面**：情報技術の最も一貫した影響は、情報提供を拡大化し、加速化したことだ。おかげで私生活の領域が劇的に侵食され、人々の広い活動がますますデータ化されている。そうしたデータにはさまざまな利用法があるだろう。しかしそのデータは万人が使えるわけではないし、大量のデータから使い物になる情報を抽出するには、大規模な統計モデル（つまりＡＩ）が必要となる。データにアクセスできて、モデルへの投資能力を持つものは、一部の企業や組織に限られてしまう。さらに、これらのモデルもデータと資本を大量に使うことで大幅に改善するので、そうした企業や組織を擁する社会は、いわゆる「AI競争」でも優位に立てるため、あらゆる社会でそうした情報権力の集中を可能にすべきだという圧力が生じている。[12] この圧力のため、空前の監視システムと情報の流れへの中央集権的な統制が当然なのだという気運が生まれている。

- **法的な側面**：最近のAIの進歩により、民主主義社会の基盤となる重要な権利が侵害されている。そしてそのAIが何をするかについての重要な選択を行うのは、似たような社会的出自を持つ限られたエンジニアたちに委ねられている。知的財産法などの創作活動保護は、大規模AIモデルがコンテンツを「リミックスして置き換え」てしまえるため、有名無実化している。プライバシー保護は情報の爆発的な拡大に追いつけていない。ブラックボックス化したAIシステムは、具体的に何をしているかはっきりしないため、反差別法も嘆かわしいほどこれに対応できていない。こうした問題に対応できそうなエンジニアたちは、通常は営利企業や防衛産業で働いており、その多くはきわめて限られた教育および社会的な出自となっている（通常は白人かアジア人で、男性、無神論者、教育水準が高い等)。これでは社会の広範な意志を統治に反映させようという、民主的な法レジームの中核的な信条は脅かされかねない。[13]

・**経済的な側面**：ＡＩやＩＴは１９８０年代半ば以来、（特に教育水準の低い人々の）人間労働を補うのではなく、むしろ人間労働をＡＩやＩＴに置き換える傾向が広く見られる。このため過去数十年で、労働の所得シェアは下がり、資本に蓄積する所得シェアが劇的に上昇する中心的な要因となっているという。これは先進国における所得格差増大の主な原因とされる。[14] 世界中で見られる市場支配力、利ざやの増大、そして（あまり一貫してはいないが）産業集中も、この労働の所得シェア低下に伴って生じている。これはＩＴ化の最も進んだ国や産業部門で顕著なのだ。[15]

・**（地）政治学的な側面**：こうした力は専制主義諸国や、反民主主義的な政治運動を強化した。人工知能などの大規模データ処理ツールは、大量監視を可能にするし、それが可能だからこそ各種政府は大量監視をしたくなってしまう。おかげでこうしたツールは、政府による検閲と社会統制を維持しやすくする。またＩＴは経済の力と社会統制のレバーを少数の（通常は企業の）チョークポイントに集中させてしまい、それにより資本所得と市場支配力が高まると同時に、権力が少数のエンジニアに集中してしまう。おかげで間接的にせよ、専制主義レジームが、好きなときに経済と社会の「要衝」を操作または掌握しやすくなってしまう。[16]

さらに、この２つの脅威は交差している。専制主義勢圏はますますＳＮＳや暗号資産の「カオス」を利用して、民主国内部の分断や紛争を煽る。中央集権化されたＳＮＳプラットフォームは、ＡＩを使って自社サービスへの利用者エンゲージメントを最適化し、誤情報と意見のクラスタリングを煽る結果となっている。もちろん両者が積極的に補完し合っているわけではなく、多くの点で正反対の動機を持つことさえある。だが、どちらの力も民主主義社会に圧力をかけてそれに対する信頼を引き下げる点で同じであり、おかげで先進民主主義社会のほとんどで、人々の民主主義への信頼は計測開始以来の最低水準となっている。[17]

ＩＴに対する民主主義の敵意

しかし、この敵意は決して一方的なものではない。民主主義のほうもＩＴに対して強い敵意を抱いており、さらにあらゆるＩＴを十把一絡げに見ようとする傾向が強まっている。かつて民主主義国における公的部門は、世界のどこでも情報技術の発達を主導する存在だったが（例：最初の電子計算機、インターネット、ＧＰＳ）、今日の民主主義のほとんどは、むしろＩＴの発達を制限することにばかり専念して、それが生み出す機会と課題の両方に対応できずにいる。

この失敗の影響は４つの形で表れている。まず、民主主義国の世論とその政策立案者たちはますます大規模ＩＴ企業や、果ては多くのＩＴ支持者たちまで敵視するようになり、ハイテク企業を叩くいわゆる「テックラッシュ」のトレンドが生じた。第二に、民主主義国は情報技術開発への直接投資を大幅に減らした。第三に、民主主義国は公共部門でのＩＴ利用や、公共部門の大規

英語書籍の「techlash」出現頻度（2010-2019）

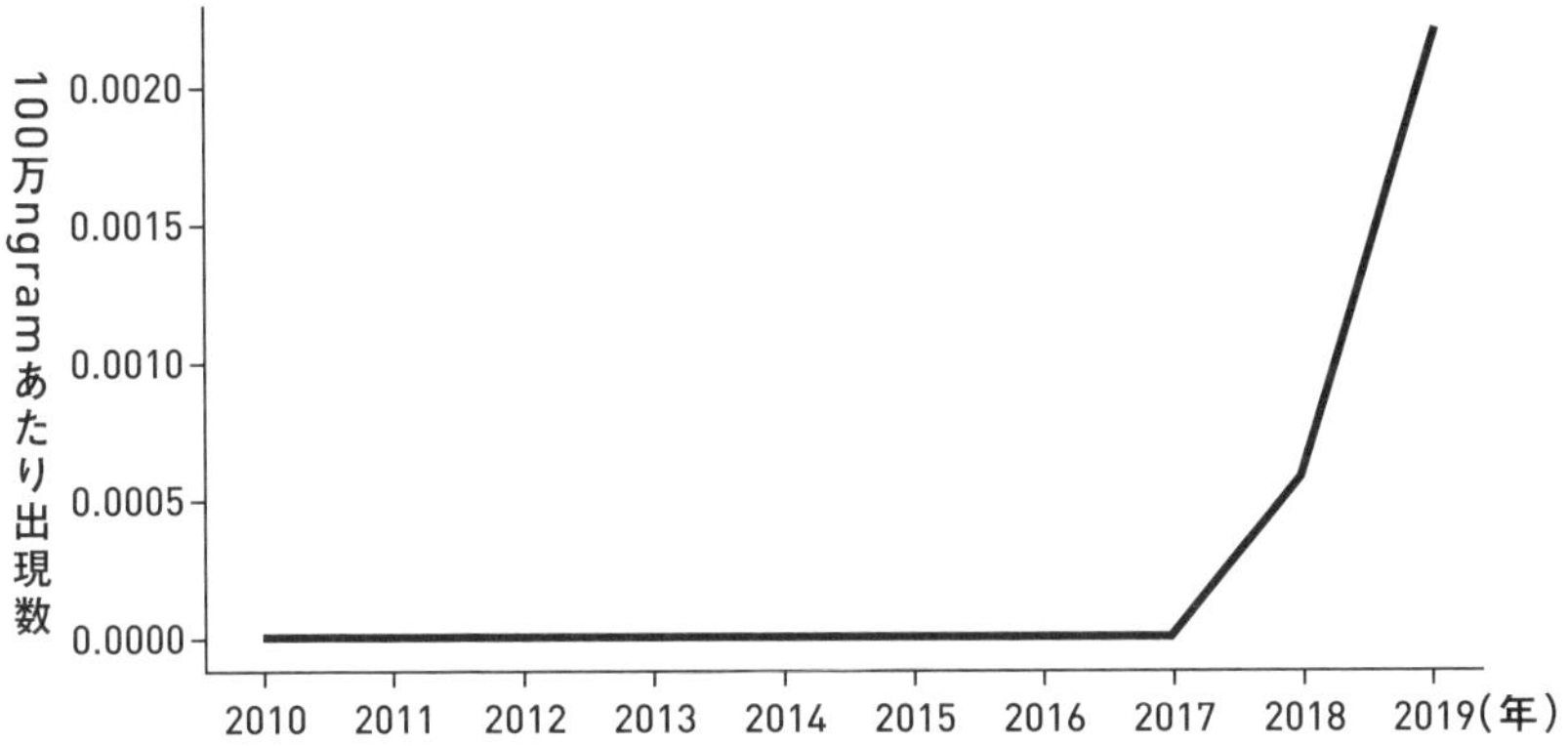

図 2-0-A 「テックラッシュ」の増加

出典：Google Ngram Viewer[19]

模な参加を必要とするＩＴの採用に乗り気ではない。最後にこれら３つともに関連して、民主主義国政府は、持続可能な形でＩＴの発展を進めるための公共参加、規制、支援が求められる分野にほぼ対応できず、社会や政治の旧態依然とした既存の問題にばかり注力している。[18]

ＩＴに対する公共と政策担当者の態度は、２０１０年代に急激に悪化した。２０００年代末や２０１０年代初頭には、ＳＮＳとインターネットはオープン性と市民参加の切り札と見なされていたが、２０１０年代末になると、これまで指摘した各種問題への批判も広まり、世論調査も少し批判に傾いてきた。[20]この変化が最も強く見られるのは、エリートたちの態度だろう。キャシー・オニール『あなたを支配し、社会を破壊する、ＡＩ・ビッグデータの罠』、ショシャナ・ズボフ『監視資本主義』といったベストセラー書籍や『監視資本主義　デジタル社会がもたらす光と影』といった映画が世間で話題を集め、政治的な左右を問わず政治指導者たち（たとえば左派のジェレミー・コービンや右派のジョッシュ・ホーリー）もＩＴ産業に対してますます悲観的で攻撃的な論調を強めている。「テックラッシュ」はこうしたＩＴに対する反発を示す用語として普及した。「キャンセルカルチャー」の台頭もこの動きに拍車をかけている。これはソーシャルメディアを使って、有力者を攻撃したり、その文化的な影響力を貶めたりする活動を指すもので、しばしばＩＴ産業の指導者たちが標的となっている。

　これを受けて、ＥＵとアメリカの規制当局も対応に乗り出した。アメリカでは主要なＩＴ企業に対する反トラスト調査が劇的に強化され、ヨーロッパでは一般データ保護規制（ＧＤＰＲ）などの政策介入や、データガバナンス法、デジタル市場法、デジタルサービス法の三本柱などが生まれた。こうした規制はどれも明確な政策根拠があるので、ＩＴに有益な部分も多いのかもしれない。しかし、否定的な論調、ハイテク開発で当然あるべき公共支援が大幅に欠けていること、さらに先進民主主義国の評論家や政策担当者たちが明るい技術ビジョンをまともに語らないせいもあり、ＩＴ産業が包囲攻撃を受けているような印象が生じている。

　情報技術に対するこの積極的な公共的関心の低下を示す最も明確な定量的証拠は、ＧＤＰ比で見た公的研究開発（Ｒ＆Ｄ）費、特に情報技術に対するものの低下だろう。先進民主主義国の大半では、公共部門の研究開発費は、ＧＤＰ比でここ数十年にわたり下降を続けている。その一方で企業のＲ＆Ｄ支出は激増しているし、中国（中華人民共和国）政府はＧＤＰ比での支出を大幅

米国R＆Dの対GDP比、資金源別：1953-2021

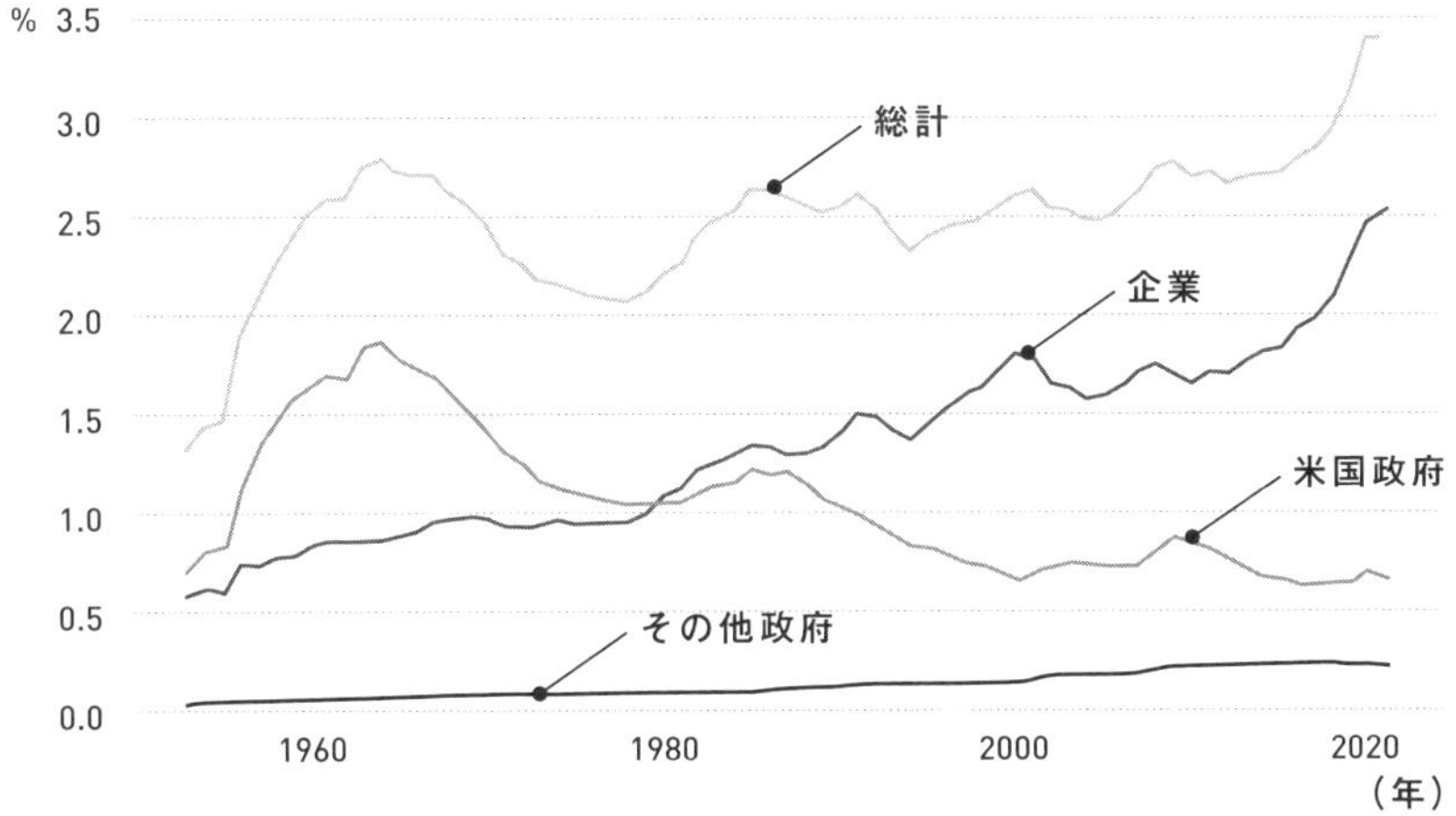

米国R＆D比率、
資金源別：1964・2020

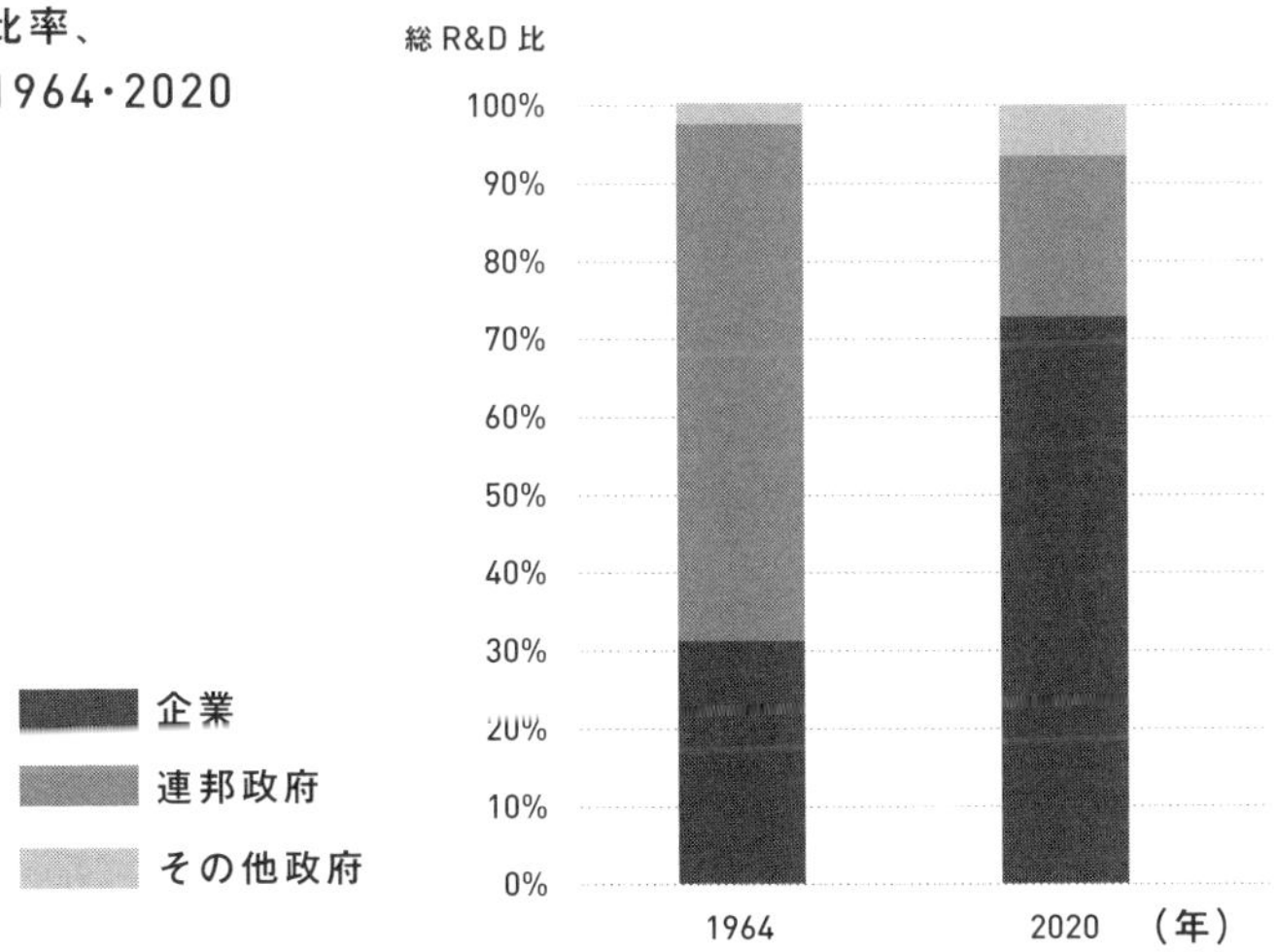

図 2-0-B　研究開発の政府支出の低下と民間による追い越し

出典：National Center for Science and Engineering Statistics[21]

に増やし、それを情報技術に集中させている。[22] 図2-0-Bはアメリカの例を示したものだ。

この定量的な面だけでなく、情報技術開発に対する公的支援も、それに匹敵する低迷ぶりを示している。かつては公共部門（アメリカ）がインターネットの原型の開発を主導したし、他の民主主義国でもパーソナルコンピュータなどの基盤を作ったが（たとえばフランスのMinitel）、いまや情報技術でのほぼあらゆる大きなブレークスルーは民間主導だ。[23]

インターネットは当初、ほぼすべて公共部門と学術部門によって開発され（以下の「3-3失われた道（ダオ）」の節を参照）、オープン標準に基づいていたのに対し、21世紀になってからの最初の20年を支配した「Web2.0」の波や、最近の「Web3」および分散ソーシャル技術の動きは、実質的にまったく公共的な財政支援を受けていない。これは民主主義国の政府が、デジタル通貨、支払い、IDシステムの可能性を理解できずにいるためだ。コンピュータの利用は、第二次世界大戦と冷戦中に民主主義政府が大きく促進させたが、今日の政府は計算機科学（コンピュータサイエンス）に革命を起こしている「基盤モデル＝AI」のブレークスルーにほとんど何の役割も果たしていない。それどころか、OpenAIの創業者サム・アルトマンとイーロン・マスクは、当初は政府の支出を求めたのに何度も断られて、民間の営利目的の資金源に頼らざるを得なかったとされる。OpenAIはその後GPTモデルを生み出し、その成果はAIの新しい可能性について、人々の想像力をかきたてるものとなっている。[24] この点でも専制主義国はまったく対照的だ。たとえば中国やアラブ首長国連邦は、野心的な公共情報技術戦略を発表して実施している。そこには独自の最先端GPT競合システム開発も含まれているのだ。[25]

こうした、民主主義国における公共部門の技術関与の欠如は、研究開発以外に、実装、採用、支援にも広がっている。それが最もよくわかる分野は、デジタル接続の品質と提供、および教育である。ただし、ここではデータにばらつきが見られる。多くの高度な民主主義国（たとえばスカンジナビア諸国）は高品質できわめて普及したインターネットを持つ。しかし、先進的な専制主義諸国は、驚いたことに似たような発展段階の民主主義国を劇的に上回っている。これは特に最新の接続技術で顕著だ。たとえばSpeedtest.netによると、中国は、「ひとりあたり所得」では世界72位でしかないのに、インターネット速度で第16位である。サウジアラビアなどの湾岸君主国もまた、国力よりもはるかに高い接続性を持っている。[26]最新のモバイル接続５Ｇの性能はさらに劇的だ。各種の調査で、サウジアラビアや中国は常に５Ｇカバー範囲が広い国のトップ10に入っており、所得水準をはるかに上回る順位なのだ。

しかし、民主主義国における政府の責任という点でさらに中心的なのは、公共サービスのデジタル化だ。多くの中所得国や富裕な民主主義国は、専制主義国に比べると電子政府への投資が少ない。国連電子政府指数（ＥＧＤＩ）とは、電子政府の３つの重要な側面、つまりオンラインサービスの低下、電気通信への接続性、人的資本の総合指数だ。２０２２年にはいくつかの専制主義政府が高ランクにつけていた。たとえばＵＡＥ（13位）、カザフスタン（28位）、サウジアラビア（31位）は多くの民主主義国より上位となる。特にカナダ（32位）、イタリア（37位）、ブラジル（49位）、メキシコ（62位）の順位の低さが目につく[27]（訳注：日本はＵＡＥに次ぐ14位）。

既存の公共サービスのデジタル化は、民主主義国のＩＴ化の中で最も平凡なものだとすら言える。ITは、有意義なサービスとは何かという考え方を刷新してしまう。そこから出てくる目新しい分野で、民主主義政府はまったく時代に取り残されている。かつては政府が提供する郵便サービスや図書館が、民主的コミュニケーションと知識流通の屋台骨だった。だが今日ではほとんどのコミュニケーションは、SNSと検索エンジンを通じて流れている。かつての集会は公園や公共広場で行われていたが、今日では公共広場がオンライン化されている。それなのに民主主義国は、デジタル公共サービスを提供し支える必要性をほぼ完全に無視してきた。私有のX（旧Twitter）は、公人たちに絶えず濫用されているのに、その最も重要な競合である非営利のMastodonとその基盤となるオープンなActivityPub標準は、公的支援がわずか数十万ドルという実に貧相な状況であり、仕方なくPatreonを通じた寄付に頼っている。[28] もっと広範には、オープンソースソフトウェアなどのコモンズに基づくWikipediaなどの公共財は、デジタル時代におけるきわめて重要な公共リソースになっている。しかし各国政府の支援は皆無どころか、むしろ他の慈善団体に比べて不利な条件をつけている（たとえばオープンソースソフトウェアの提供者は一般に、税控除の対象となる慈善団体にはなれない）。専制主義国は中央銀行デジタル通貨の計画を推進しているのに、ほとんどの民主主義国は実験を始めたばかりだ。[29]

野心を最大限に発揮すれば、民主主義国も多くの専制主義国同様に、ITで社会構造を再編する急進的な実験を促進・支援できないはずがない。しかしここでも民主主義国は、そうした実験を支援するよりも邪魔することがあまりに多いようだ。中国政府は都市を作り、規制を見直すことで、深圳のように無人運転車を促進し、もっと広くは政策、規制、投資のほぼあらゆる面をカバーする詳細な全国戦略を構築している。[30] サウジアラビアは、開発公社NEOMにより、各種のグリーン技術やスマートシティ技術を活用すると称するスマートシティTHE LINEなどの計画を発表し、急ピッチで建設を進めている。一方で、民主主義国ではGoogleのサイドウォーク・ラボのように、きわめて慎ましい局所的なプロジェクトですら、地元の反対に押し潰されている。[31]

技術至上主義者たちも規制と用心が重要だと考える分野においてすら、民主主義国は社会的な課題について業界が求めるソリューションをなかなか見つけられずにいる。技術至上主義者たちは、各種の新興技術が人類や社会の存続までも揺るがすリスクをもたらす恐れがあると考えるようになっている。そうした危険は、起きてしまってからでは対処が難しい。たとえば、急速に能力を自己改良できる人工知能、大規模な金融リスクをもたらしかねない暗号資産、極度に感染力の強いバイオ兵器などがある。技術至上主義者たちはいつも、民主主義国政府がそうしたリスクに対応するどころか、それを考えようともしないと嘆く。そうした危険を伴うもの以外にも、規制改革がないと持続可能ではない技術は多い。労働法は、技術に支援された地理的・時間的なフレックス労働に対応できていない。著作権は、大規模ＡＩモデルへの入力データについて財産権を保護しきれていない。ブロックチェーンが可能にする新しい企業ガバナンスは証券法で扱いきれず、しばしば法的なトラブルを引き起こす。

しかし、公共部門の新しいビジョンについての大胆な実験は専制主義国のほうがずっと一般的ながら、民主主義そのものにとってはるかに根本的な問題がここにはある。投票、請願、市民のフィードバック募集など、国民の同意、参加、正統化の仕組みだ。ほぼすべての民主主義国では、主要な役職に対する投票は数年に一度しか行われず、そのルールと技術は一世紀にわたってほとんど変わっていない。市民は世界的に瞬時にコミュニケーションをとるのに、政治的に意見表明ができる地理的な範囲はほぼ固定されており、しかもその粒度はきわめて粗い。コミュニケーションやデータ分析の現代的なツールがあっても、市民の民主的な生活に日常的に使用されているものはほとんどない。

これに対して独裁国家は、監視体制（良い面と悪い面の両方）と社会統制を強化するために、最新のデジタルイノベーションを積極的に活用している。たとえば、中国政府は、人口移動を監視するために顔認識システムを広く使用し、金融監視を容易にするためにデジタル人民元などの監視付きデジタル決済の採用を奨励し（同時にプライベートな代替手段を規制）、さらには市民活動を広範に追跡している。[32] ロシア政府は、数年にわたって、抗議活動に参加している人物を特定し、事後拘束するために顔認識システムを使用しており、これで政権や警察へのリスクを大幅に低減しつつ、大規模に反対者を排除している。[33] これらの技術は強化されており、2022年2月のウクライナへの全面侵攻以来、戦争徴兵の実施にも使用されている。[34] 多くの専制主義国がITを積極的に受け入れようとしているのに対し、民主主義国はIT自体の反民主的な傾向もさることながら自らのIT軽視のせいで、ITに取り残されているとさえ言える。

技術の現状は社会が選んだ投資の結果である

なぜこんなことになってしまったのだろうか。こうした対立はＩＴと民主主義社会の自然な流れなのだろうか。別の未来はないのか？

さまざまな研究から見ても、ＩＴと民主主義は多様な形で共進化できるはずだ。ほとんどの民主主義国がたどっている道は、政策、態度、期待、文化を通じて行われた集団的選択の結果でしかない。しかし、ＳＦから現実世界の事例まで、違う視点をとればさまざまな可能性が見えてくる。

ＳＦを見れば、人間精神が想像できる未来は驚くほど多種多様だとわかる。多くの場合、こうした想像は研究者たちや起業家たちが開発する多くのＩＴにヒントを与える。最近のＩＴの方向性を予見するＳＦも多い。１９９２年の古典『スノウ・クラッシュ』で、ニール・スティーヴンスンはほとんどの人が人生の大半を没入的な「メタバース」で過ごす未来を思い描いた。[35] 人々がメタバースばかりで過ごすため、現実世界のコミュニティや政府などを支える社会参加が潰れ、その空白にマフィアやカルト指導者たちがはびこり、大量破壊兵器の開発余地ができてしまうという作品だ。この未来は前出の、民主主義に対するＩＴの「反社会」脅威と密接に対応している。スティーヴンスンら作家はさらにこうした可能性を拡張し、それが技術の開発に大きく影響している。たとえばMetaという社名は、スティーヴンスンのメタバースにちなんだものだ。また「超知性」を作り出すことで権力を集中させようとする技術的な傾向も、よくＳＦの主題として使われる。たとえばアイザック・アシモフやイアン・バンクス、レイ・カーツワイルやニコラス・ボストロムの予言的未来主義、『ターミネーター』や『her／世界でひとつの彼女』などがある。[36]

だがそうした作品で描かれる可能性は、それぞれずいぶん違っているし、SFに見られる技術的未来のビジョンは他にもいろいろある。実際、最も有名なSFは、どれもまったく違う可能性を示している。史上最も人気であろうSFテレビ番組『宇宙家族ジェットソン』『スタートレック』を見ると、前者は1950年代のアメリカの文化と制度を大幅に強化した未来を示し、後者は多様な異星人の知性が交差するポスト資本主義の未来を示している（これについては後述）。他にもアーシュラ・ル＝グウィンのポストジェンダーおよびポスト国家の想像力から、オクタヴィア・バトラーのポストコロニアリズムの未来主義まで、実にさまざまな例が何千種類もある。そのどれもが、技術が社会と共進化する、さまざまな方法を示唆している。[37]

SF作家だけではない。科学技術研究（哲学、社会学、科学史を含む）の主なテーマは、科学技術の発展に内在する偶然性と可能性だ。つまりその発展には単一の必然的な方向性があるわけではないのだ。[38] 政治学や経済学などの社会科学では、伝統的に技術進歩は固定され、与えられたものと考えられてきたが、そうした分野も技術の偶発性を次第に認めるようになってきた。世界的な経済学者、ダロン・アセモグルとサイモン・ジョンソンは、技術進歩の方向性は、社会政策と改革でかなりの程度決まるのだと主張し、技術の方向性を左右した、過去の歴史的な偶然を記録した本を最近になって発表している。[39]

そうした技術の方向性を最も強烈に示しているのは、今日の各国における技術進歩の道筋だろう。一流の思想家たちはかつて、技術の力を使い社会格差を一掃できると予測していたが、今日では、大小の技術システムのほうが社会システムを左右し、そこで公式に表明されるイデオロギーすら決めてしまう。中国の監視体制はそうした技術的未来のひとつだが、ロシアのハッキングネットワークは別の未来を示すようだ。Web3がもたらす大規模なコミュニティ空間も、また別の未来を示している。私たちが注目してきた主な西側資本主義国は4番目の未来だろうし、インド、エストニア、台湾の多様なデジタル民主主義は、まったく別の未来らしい。これらについて本書で詳しく検討する。また、主にWeb3コミュニティ主導のアプローチに沿った、オープンソースと相互運用性に基づいて構築されるアフリカモデルも考えられる。これは多くのアフリカ文化の共同体志向を反映したものだ。ＩＴは収束させるどころか、あり得る未来を増殖させている。

では西側の自由民主主義国における現在の技術と社会の関係の道筋が不可避ではないのならば、私たちはどのようにして、こうした紛争への道を進むような選択を行っているのだろうか。そしてどうすればそこから抜け出せるのか？

民主主義社会が行った技術的な選択にはさまざまな見方があるが、おそらく最も具体的で定量化しやすいのは投資の実施額だ。それを見ると、西側諸国の自由民主主義国（つまり世界の金融資本の大半）がＩＴの未来に対して行った投資が、技術の経路についてどんな選択を行ったかがはっきりわかる。そうした技術の多くはごく最近になって生まれたものなのだ。近年ではそうした投資は主に民間部門が推進しているが、そこに反映されているのはむしろ、政府が以前に設定した優先順位であり、それが多くの面で民間部門の応用に浸透し始めたばかりだ。

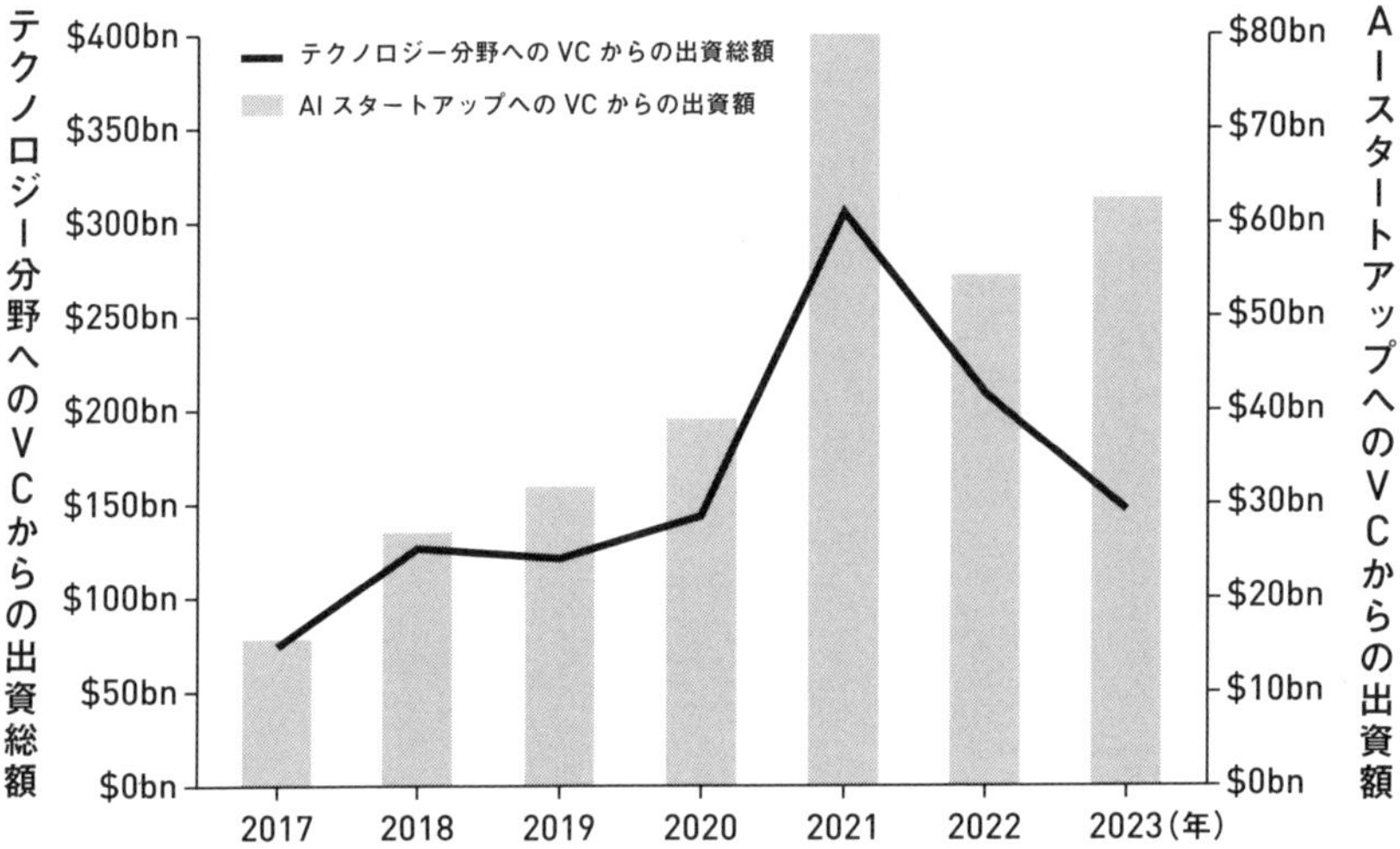

図 2-0-C　2023 年までの 7 年における AI 民間投資

出典：NetBase Quid via 2023 AI Index Report[40]

手始めにますますしっかり計測されるようになってきた、ベンチャーキャピタル産業のトレンドを見てみよう。過去10年のＩＴ部門におけるベンチャーキャピタルは、劇的かつ圧倒的に、人工知能と暗号資産に隣接したWeb3に集中的な投資を行っている。図２-０-ＣはNetBase Quidが集めてスタンフォード大学人間中心人工知能センターが図化した『２０２２年ＡＩ指数報告』掲載の、ＡＩへの民間投資データである。その投資は２０１０年代を通して爆発的な成長を見せて、民間技術投資の中で圧倒的な割合を占めている。図２-０-ＤはWeb3空間について同じ結果を示している（ただし時期は異なり、４半期ごとのデータ）。こちらはPitchbookのデータに基づいてGalaxy Digital Researchが図化したものである。

しかしこれらの技術が優先的な投資先と

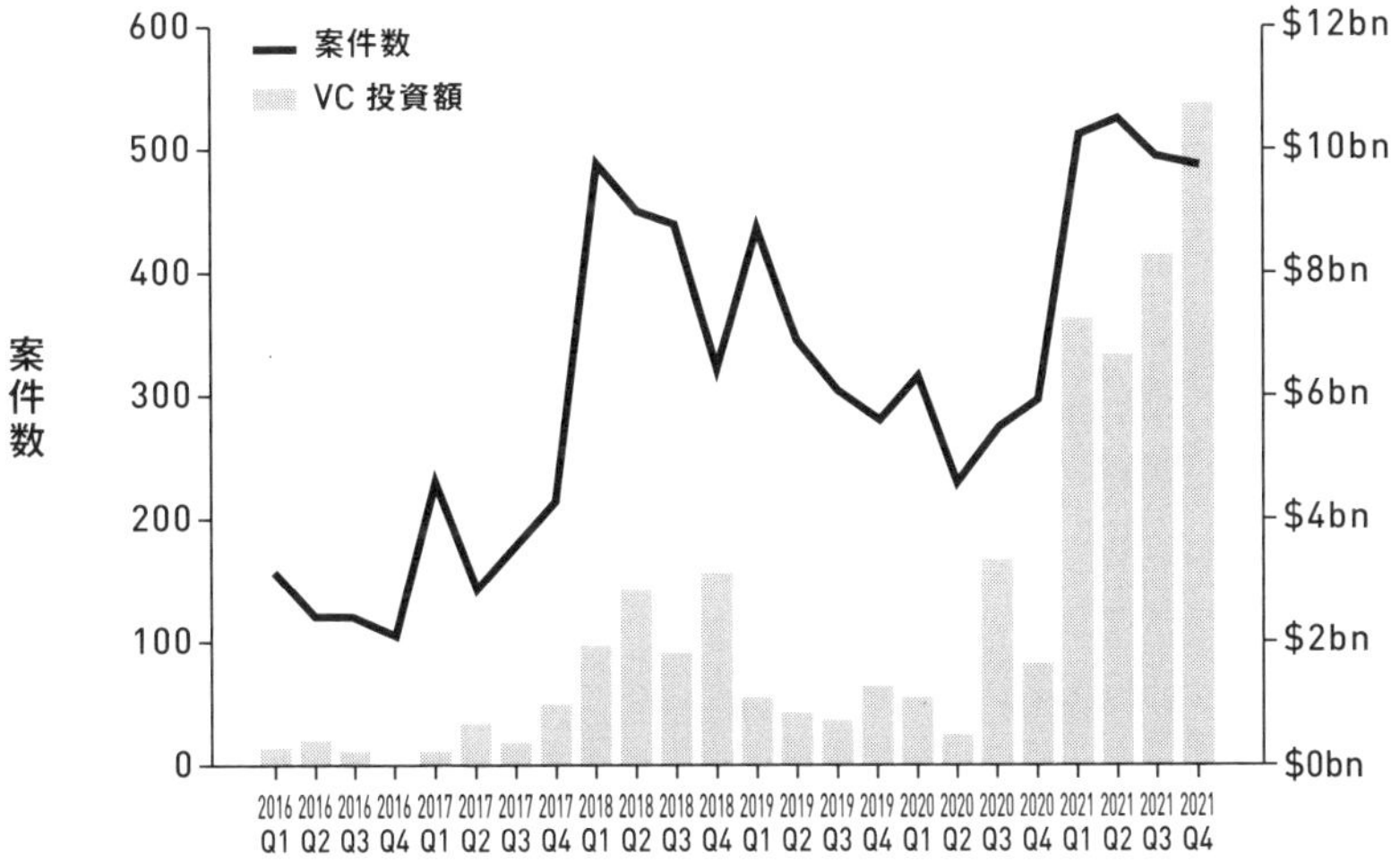

図 2-0-D　暗号資産への VC 案件と投資の推移

出典：National Venture Capital Association と Pitchbook[41]

なったのは比較的最近のことであり、「市場」の論理から生まれたようには見えても、はるかに長期にわたる、社会全体が行った一連の選択を直接的に反映しているのだ。つまり、民主主義国の政府が行った投資から生じたのである。[42]

さらに、これらの投資は他の方向に向く可能性があったという話にとどまらない。この傾向はごく最近になって生じたものであり、その直前までの投資はまったく別の方向に向いていたのだ。そうした投資は、過去数十年の標準的なＩＴに結実している。人工知能は、１９８０年代の大半を通じて、来たるべき革命として喧伝されていた。図２-０-Ｅは、Google Ngrams が集計した、英語書籍での artificial intelligence（人工知能）という言葉の相対的な頻度を示している。しかし、１９８０年代を特徴づける技術はまったく正

英語書籍の「artificial intelligence」出現頻度(1950-2019)

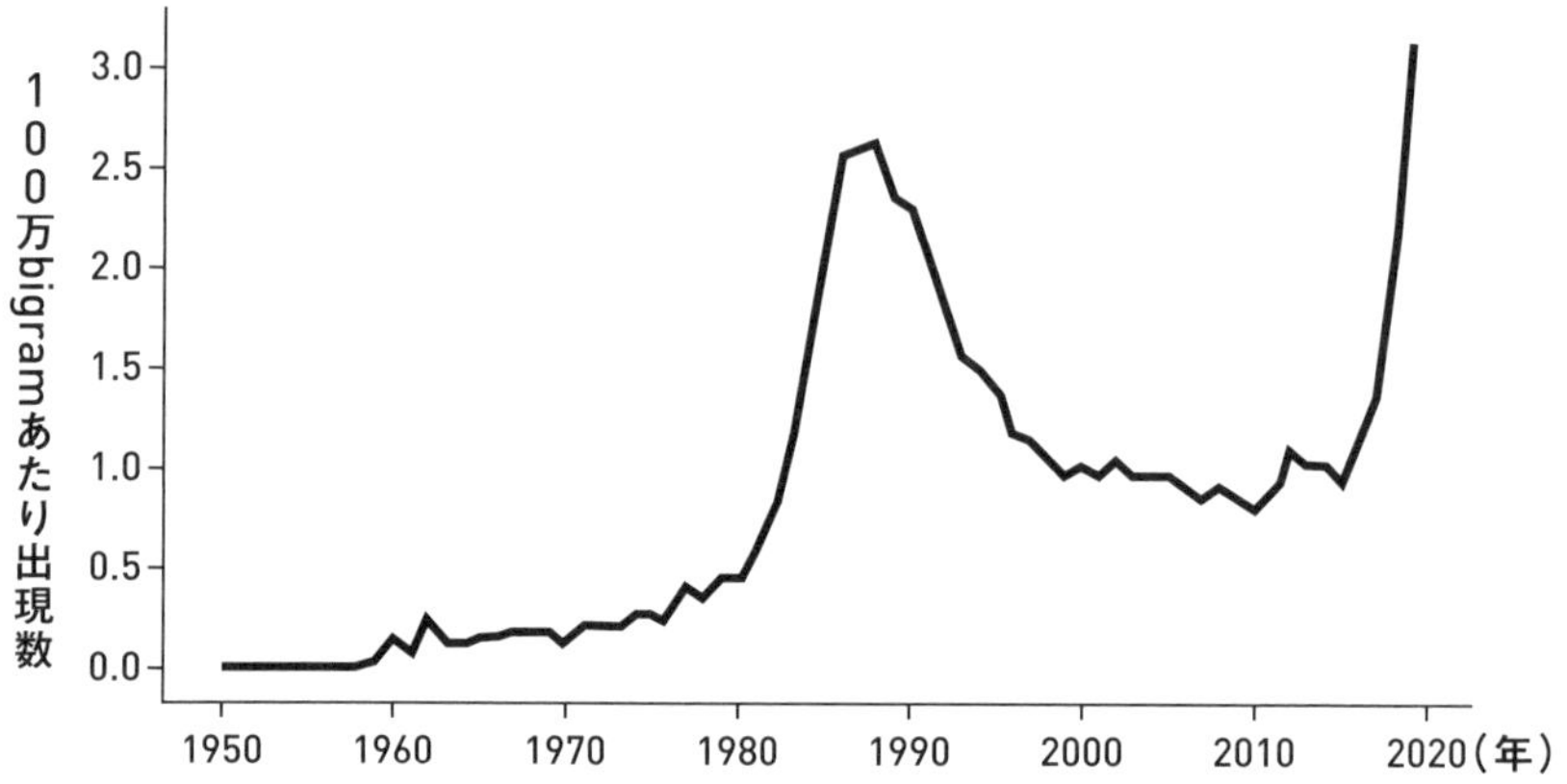

図 2-0-E　英語書籍に見られる「artificial intelligence」という言葉の相対頻度 1950-2019

出典：Google Ngrams[43]

反対のものだった。１９８０年代の技術とは、個々の人間の創造性をコンピューティングで補完するパーソナルコンピュータだったのだ。１９９０年代は、現実逃避的な仮想世界と人々を孤立させる暗号の可能性に関するスティーヴンスンのＳＦ的想像力に取り憑かれ、インターネットという結合手段が世界を席巻し、前例のないコミュニケーションと協力の時代が訪れた。２０００年代の携帯電話、２０１０年代のソーシャルネットワーク、２０２０年代のリモートワークの基盤……これらはどれも、暗号資産のハイパー資本主義や人工超知能に目を向けたものではない。これは公共部門の研究資金提供者が、さまざまな(地)政治学的要因でこれらのＩＴのサポートから、暗号と人工知能への投資へと大幅に遅れてシフトしたことを（かなり遅れて）反映したものなのだ。これについては「３－３

失われた道（ダオ）」で論じよう。

21世紀のさまざまなイデオロギー

技術の経路があらかじめ決まっておらず、協働的な投資選択で大きく左右されるのなら、可能な方向の中でどれを選ぶかについて、社会として私たちが持つ柔軟性をどう考えるべきなのだろうか？　選択の余地はどのくらいあって、その選択肢にはどんなものがあるのだろうか。

社会が取れる技術の方向性というのは、イデオロギーのようなものだと思ってほしい。社会は、共産主義、資本主義、民主主義、ファシズム、神権政治など、さまざまなイデオロギー（の組み合わせ）に基づいて、国民をまとめる方法を選択できるのは「常識」である。どのイデオロギーにも長所と短所があり、人によってどれに魅力を感じるかも違い、社会の中でそのイデオロギーが持つ一貫性や厳しさも異なる。どのイデオロギーも、設定次第ではその社会でまったく機能しないこともあるし、特定の歴史的および社会的条件を必要とするものもある。

それと同じように、技術の経路もいろいろ考えられる。技術的に可能な範囲は無限ではないし、その範囲内ですら、好き勝手に変更できるものではない。簡単なものも、難しいものも、まったく不可能なものもある。しかし、すべてがあらかじめ決まっているわけでもない。将来的に実現可能なビジョンと、それらを可能にする技術のセットがあるのだ。私たちの行う集合的な技術投資は、そうした可能性の中から社会としてどれを選ぶかを左右するのだ。

これは今日ありがちな、技術をめぐる直線的で進歩的な話ほどはなじみがないかもしれない。だが決して目新しい見方ではない。文学、学問、さらにはエンターテインメントですら繰り返し出てくるテーマなのだ。顕著な例としては、シド・マイヤーが作成したコンピュータゲームのシリーズ「Civilization」がある。このゲームでは、プレイヤーが先史時代から未来まで、社会の道筋を計画する。このゲームの特徴は、実に多様な技術経路が選べること、そしてその技術の経路が、そこで選ばれた社会の仕組みと絡み合ってゲームが進むということだ。

シリーズ最新作のCivilization VI、特にその拡張パック「Gathering Storm」は、この考え方をとてもエレガントに示している。このゲームでは、「情報時代」に入ると「合成テクノクラシー」、「企業リバタリアニズム」、「デジタル民主主義」という3つのイデオロギーのどれかを選択できる。そのそれぞれに長所、短所、技術開発とのつながりがある。それぞれの名前は少し扱いにくいので以下では短縮するが、この分類は20世紀の共産主義、ファシズム、民主主義のように、現代の大きなテクノイデオロギー論争を、なかなかうまくまとめている。

■人工知能とテクノクラシー

まず、技術の未来について最も普及しているビジョンは、人工知能（ＡＩ）を核に社会がそれにどう適応するかをめぐるものだ。これは、Civilization VIの「合成テクノクラシー」カテゴリ、略して「テクノクラシー」に対応する。

テクノクラシーは、OpenAIの創設者サム・アルトマンが「あらゆるものに対するムーアの法則」と呼ぶものを生み出す、ＡＩの可能性を重視する。ＡＩによってすべての物質的な財が安価で豊富になり、物質的希少性が解消される可能性すらあるというのがアルトマンの主張だ。[44] しかしそこから生じる豊かさは、平等に分配されるとは限らない。生み出された価値は、ＡＩシステムを制御してその方向性を指示する小さな集団に集中しかねない。したがって、テクノクラートの社会ビジョンの重要な要素として、「ユニバーサルベーシックインカム」（ＵＢＩ）による物質的再分配が求められることが多い。もうひとつ重視されているのは、ＡＩが人間の制御を逃れて人類の生存を脅かすリスクである。そのため、これらのＩＴに誰がアクセスできるかについて、強力で中央集権的な制御の必要性と、ＩＴが人間の欲求を忠実に実行するよう構築されているという保証が求められる。支持者ごとに細かい違いはあるが、「汎用人工知能」（ＡＧＩ）という概念が中心となっている。これは一般化された形で人間の能力を超えるＡＩを指すもので、これが実現すれば人間の個人または集団の認知力などまったく無力となる。

　シリコンバレーでのこの見解の主な主導者は、アルトマンとその導師リード・ホフマン、そして最近までアルトマンのOpenAI共同設立者だったイーロン・マスクだ。この見解は中国でも人気があり、ジャック・マー、経済学者の余永定、さらにはマルクス主義の「中央計画」の考えに強く依存した中国が公式に実施している、次世代人工知能発展計画によっても推進されている。この見解はＳＦにも登場し、特に前述のアシモフ、バンクス、カーツワイル、ボストロムなどの作家の作品に顕著だ。ボストロムの最新作『ディープユートピア　解決された世界での人生と意味』（未邦訳）は、この見解の最も純粋な表現と言える。[45] OpenAI、DeepMindなどの先進的な人工知能プロジェクトはこの見方に準拠している。2020年米国大統領選に出馬したアンドリュー・ヤンの政治運動は、この視点を政治の主流に持ち込んだし、テクノクラート的な考えは、エズラ・クライン、マシュー・イグレシアス、ノア・スミスなどの評論家を含む「テクノロジー左派」の思想の多くにも多少は表れている。

■暗号資産とハイパー資本主義

2番目の見解は、主流メディアではあまり一般的ではないが、ビットコインやその他の暗号資産を核とするコミュニティや、それに関連するさまざまなインターネットコミュニティでは主流となっている。これは、Civilization VIの「企業リバタリアニズム」カテゴリに示されたもので、以下では「リバタリアニズム」と略そう。

リバタリアニズムは、暗号とネットワークプロトコルが人間をまとめる組織と政治に取って代わり、政府などの集団による「強制」や規制から解放された、自由な市場に個人が参加できるようにしようという発想を核としている。リバタリアン思想の中心的なインスピレーションは小説、たとえばアイン・ランドやスティーヴンスンの作品からきている。[46] スティーヴンスンの著書、特に前述の『スノウ・クラッシュ』や『クリプトノミコン』は、どう見てもディストピアの警告だし、作者もそのつもりで書いていると明記されているのだが、それでもリバタリアニズムの信奉者はその小説世界をお手本にしている。[47] これらの作品に登場し、それ以来リバタリアンコミュニティの中心となっている代表的な技術は、没入型仮想世界（スティーヴンスンのメタバース）、政府から独立したデジタル通貨、浮遊都市や「海上居住地」などの無政府空間を拠点とする私的独立主権、集団的統制／法律を回避する手段としての強力な暗号だ。ビットコイン、Web3、4chanなどの「周縁的」ながら影響力のあるオンラインコミュニティは、リバタリアン的な視点の中核的な拠点となっている。

おそらくテクノクラシーほど主流ではないこともあって、リバタリアニズムにははるかに明確な知的規範とリーダーの集団とがある。ジェームズ・デール・デイビッドソンとウィリアム・リース＝モッグ卿による『独立主権の個人』、メンシウス・モルドバグというペンネームでカーティス・ヤービンが著した著作、バラジ・スリニバサンによる『ネットワーク国家』、および『青銅器時代のマインドセット』（いずれも未邦訳）は、このコミュニティで広く読まれ、引用されている。[48]ベンチャーキャピタリストのピーター・ティールは、彼が資金提供し、支援した人々の研究（前述の著者など）とともに、中心的な知的リーダーとして広く見なされている。

リバタリアニズムは、民主主義国のナショナリストや極右と、密接ながらもいささか複雑な関係を持っている。リバタリアニズム参加者の大半はナショナリストや極右の集団に共感し、政治面に限っては支持している。これは、ドナルド・トランプとその支持者の主な資金提供者としてティールの名が浮上したことからも明らかだ。実際、有力な極右政治家の一部はリバタリアンの世界観と密接な関係を持っている。著名な英国保守党議員のジェイコブ・リース＝モッグはウィリアム・リース＝モッグ卿の息子だし、ティールはオーストリアの元首相セバスチャン・クルツを雇用しているし、ティールの弟子であるブレイク・マスターズとJ・D・ヴァンスは２０２２

年に上院議員選挙に出馬し、後者は当選している。

他方、リバタリアニズムはナショナリズム（または他のあらゆる形態の集団主義や連帯）には一貫して敵対的であり、リバタリアニズムの信奉者は右派に関連した多くの中核的な宗教的、国家的、文化的価値観を、日常的にバカにし、否定してみせる。これは明らかな矛盾なのだが、どちらも現在の世界が左翼的な文化的価値観に支配されていると感じており、それに対する反感で両者は連帯している。さらにヤービン、デイビッドソン、リース＝モッグが主張するような不可避の技術トレンドに対して「ナショナリスト的なバックラッシュ」があっても、それは国民国家解体の加速要因になったり、その解体をいっしょに促進できたりすると見なす、「加速主義」的態度から連帯を容認している部分もあるようだ。

停滞と格差

ほとんどの自由民主主義国において、技術の未来をめぐる人々の想像力は、以上の2つのイデオロギーに（ずっと穏健な形ではあれ）かなり支配されてきた。そしてそれが過去半世紀の大半にわたって技術投資の方向性を左右してきた。テクノクラートの話は目新しそうで、最近のＡＩの進歩で初めて生まれたように思えるかもしれない。だがＡＩをめぐる議論は、図２－０－Ｅが示すとおり１９８０年代からずっと熱狂的な盛り上がりを見せていたのだ。またリバタリアニズムはWeb3技術に関する最近の議論で注目度が高まってはいるが、そのピークはジョン・ペ

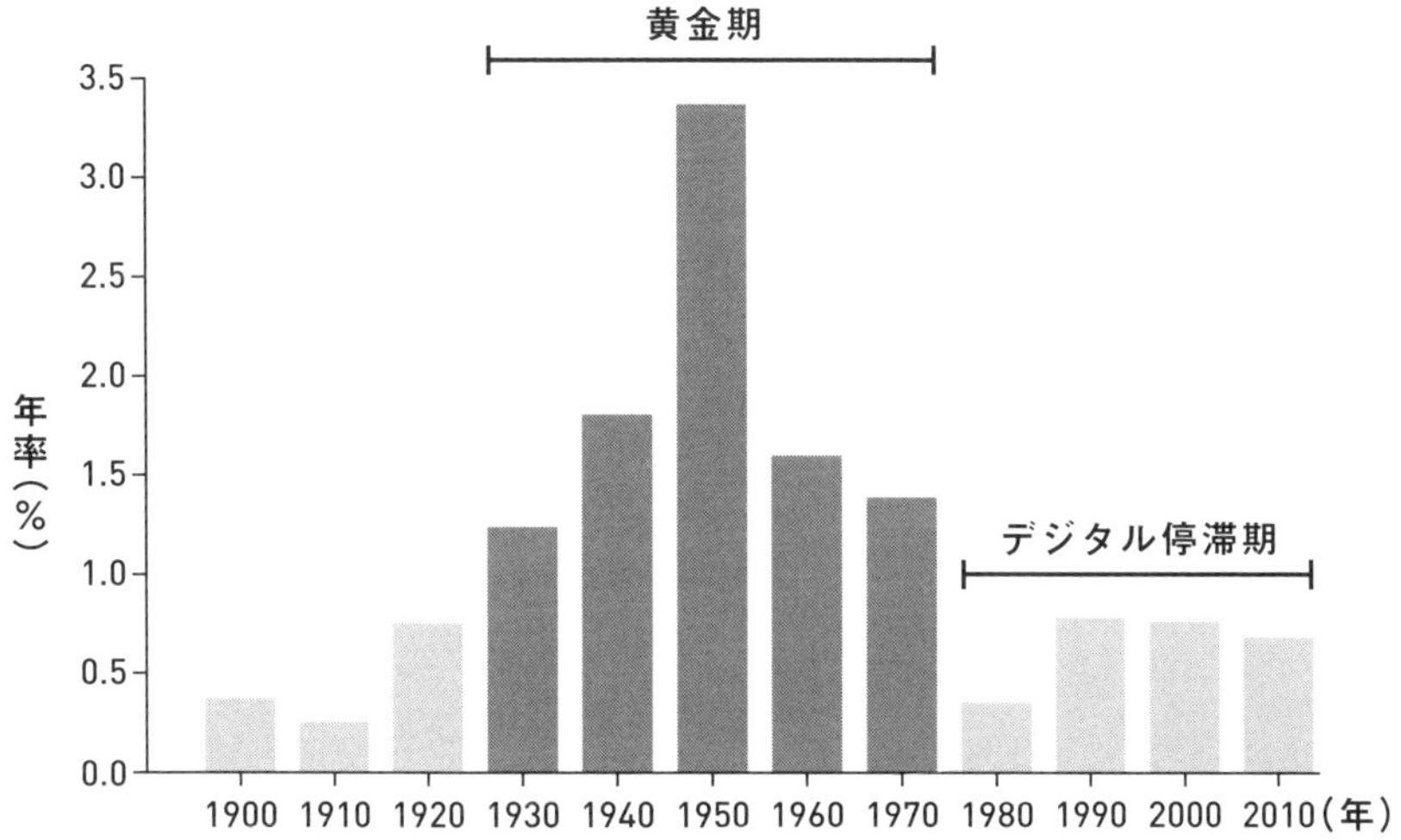

図 2-0-F　TFP（全要素生産性）で示した技術改善

出典：Gordon, The Rise and Fall of American Growth[51]

リー・バーロウの「サイバースペースの独立宣言」[49]、スティーヴンスンの小説、および『独立主権の個人』[50]の出版などの１９９０年代だったとすら言える。

　これらのビジョンの過激な約束により、多くの人がＩＴで劇的な経済成長と生産性向上、そしてそれと並行して約半世紀前に始まった、ほとんどの自由民主主義国における民営化、規制緩和、減税の波を期待するようになった。しかし、これらの約束が実現したとはとても言えない。その失敗の説明要因として、ＡＩやWeb3の技術の方向性が重要な役割を果たしている可能性を示す経済分析が増えている。

　経済成長の爆発的拡大が約束されていたというのに、過去半世紀の経済成長、特に生産性の成長は、かえって大きく下がった。図２－０－Ｆは、経済学者が技術の向上を最も包括的に測るときに使う指標「全要素生産性（Ｔ

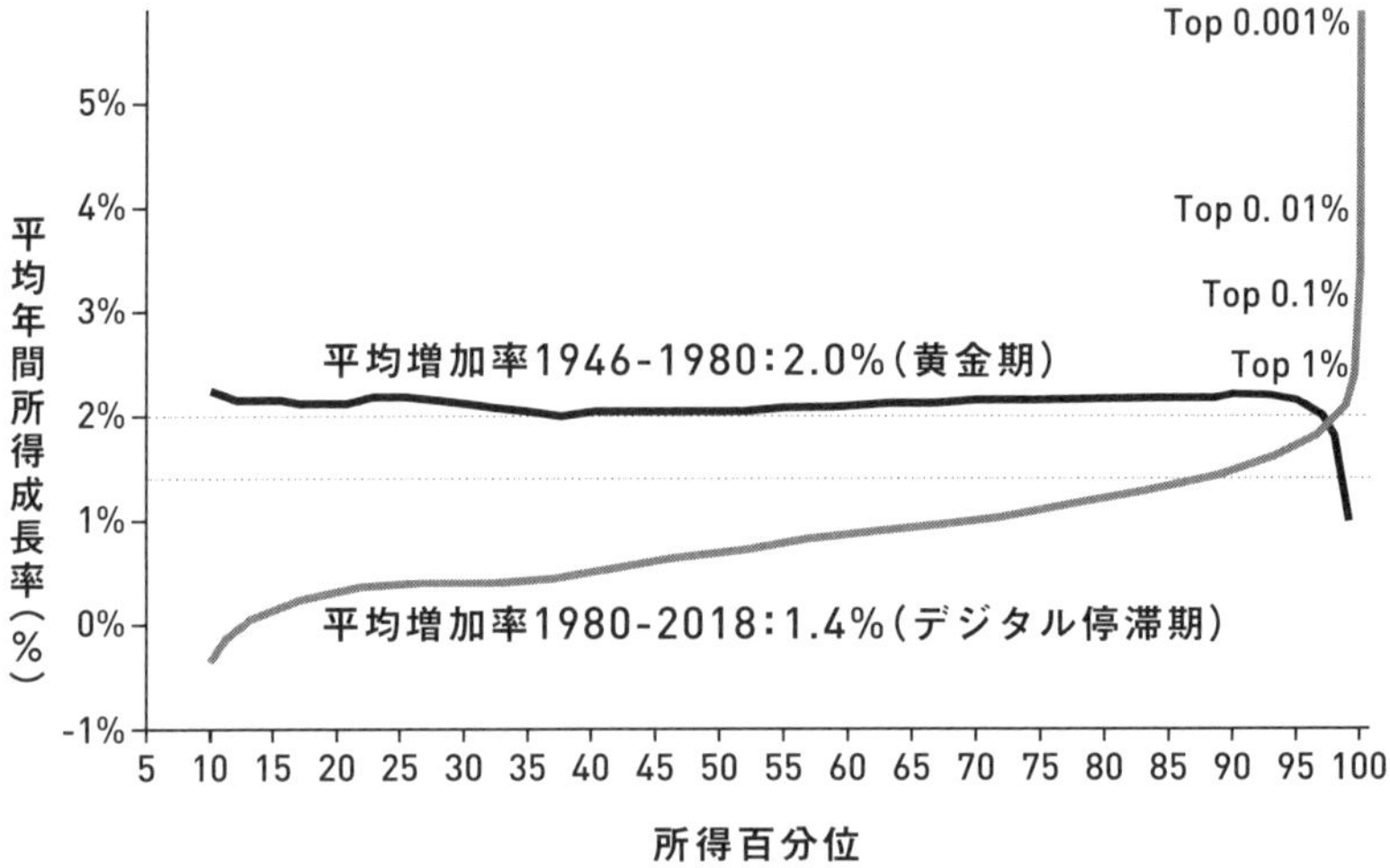

図 2-0-G　黄金期とデジタル停滞期の所得百分位ごとの平均所得成長率

出典：Saez and Zucman, “The Rise of Income and Wealth Inequality”[52]

FP）」の米国での変化を、20世紀初頭から今日まで10年ごとの平均で示している。20世紀半ばの「黄金期」のTFP成長率は、私たちが「デジタル停滞期」と呼ぶ期間のほぼ2倍だ。このパターンは、ヨーロッパやアジアのほとんどの民主主義諸国ではさらに劇的で、数少ない例外は韓国と台湾だけだ。

さらにこの停滞期は、米国で格差が劇的に拡大した時期でもある。図2-0-Gは、黄金期とデジタル停滞期における米国の平均所得成長率を、所得の百分位ごとに示している。黄金期には、所得成長率は分布全体でほぼ一定だが、最高所得者層では低下している。デジタル停滞期には、高所得者層の所得の伸びがずっと大きく、黄金期の平均レベルを超えたのは上位1%層のみで、そのなかでもごく少数のトップ集団がはるかに大きな稼ぎを得ており、全体の残り大半の所得増加はずっと低かった。

過去半世紀とそれ以前の半世紀とを比べて、何がおかしくなってしまったのだろうか。経済学者はさまざまな要因を検討した。たとえば、市場支配力の高まりや労働組合の衰退、発明のタネが尽きて革新を起こすのが難しくなっていることなどだ。しかし、中でも2つの要因が重要だという説が有力になってきた。そしてその片方はテクノクラシー、片方はリバタリアニズムの影響と密接に結びついているのだ。前者は、技術の進歩が自動化に向かい、労働力を補う方向に向いていないこと、そして後者は、政策が産業発展やその関係の積極的な構築をやめ、すべてを自由市場任せにしてしまうようになったことだ。

最初の点については、最近の一連の論文で、アセモグルとパスクアル・レストレポらは、黄金期からデジタル停滞期に移行したときの技術進歩の方向変化を記述している。図2-0-Hはその結果をまとめたもので、労働の自動化（彼らはこれを「排除」と呼ぶ）と労働の補完（「再配置」）による生産性の経時的累積変化を示す。[53] 黄金期には、再配置が排除とほぼ均衡し、労働者が得る所得の比率はおおむね一定だった。しかしデジタル停滞期には、排除がわずかに加速する一方で再配置は激減し、全体的な生産性の伸びが鈍化し、労働者の所得比率が大幅に減った。さらに彼らの分析によれば、排除は低技能労働者に集中するため、この不均衡で生じる格差拡大は悪化している。

この時期の停滞と不平等で「新自由主義」政策が果たした役割についてはかなりの論争があるし、読者諸賢もそれなりの意見をすでにお持ちだろう。また本書著者のひとりであるグレン・ワ

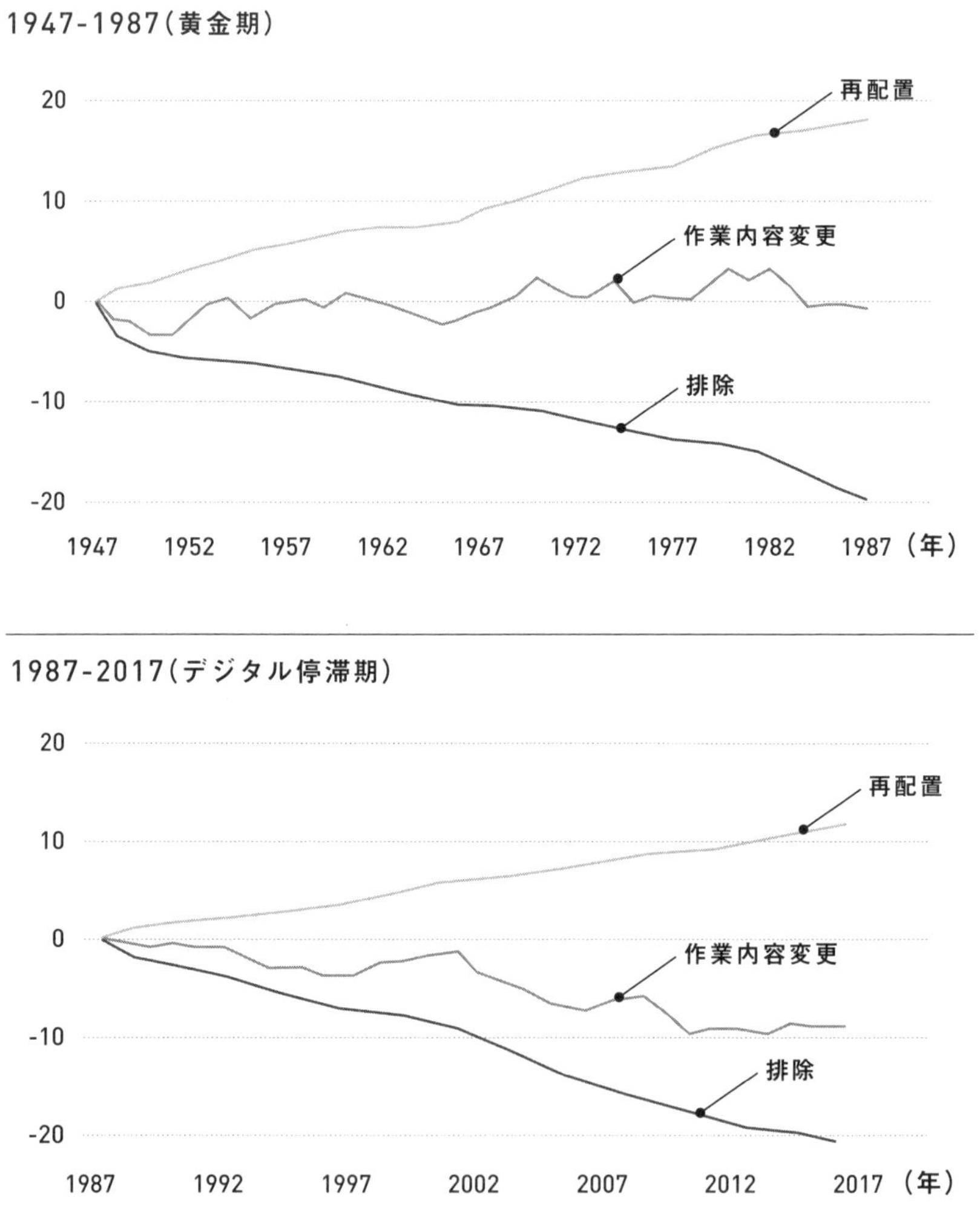

図 2-0-H　黄金期とデジタル停滞期の労働の自動化（排除）と労働の補完（再配置）による生産性の累積変化

出典：Acemoglu and Restrepo, "Automation and New Tasks: How Technology Displaces and Reinstates Labor"[54]

イルも、約10年ほど前に著書でこの議論をまとめている。[55] だから、ここでは深入りせず、拙著などの関連著作を提示するにとどめよう。[56] しかしこの時期を特徴づけるイデオロギーと政策の方向性は、明らかに資本主義市場経済の受容だった。そしてそこでは、技術がグローバル化しているからそれを受容するしかないという主張と、その結果として集団統治／行動は不可能なのだというリバタリアンイデオロギーの中核となる主張が密接に結びついていた。このように、おおむね失敗に終わった過去半世紀の技術と政策は、技術の分野ではテクノクラシー、政策の分野ではリバタリアニズムの支配が特徴だったわけだ。

もちろん過去半世紀にも、真に前向きな変革をもたらした技術革新は大量にあった——その変化は不均一で、時にはよくないものもあったのだが。1980年代には、パーソナルコンピュータが人間の創造性をかつてないほど高め、1990年代にはインターネットが、それまで想像もできなかったほどの距離を越えたコミュニケーションとつながりを可能にした。2000年代にはスマートフォンがこの2つの革命を統合し、ユビキタス化を実現した。しかし驚いたことに、こうした現代を代表するイノベーションのどれもが、テクノクラートやリバタリアンの物語にはうまくおさまらない。これらはすべて、AIではなく「知能拡張」またはIA（Intelligence Amplification）と呼ばれる、人間の創造性を拡張する技術だった。[57] しかし、一方でそれらは、既存の社会制度から離脱するツールとして構想されたわけではなく、市場取引、私有財産、秘密保持よりも、豊かなコミュニケーションとつながりを促進するものだったのだ。後で見るように、これらの技術は、テクノクラートやリバタリアンとはまったく違う伝統から生まれた。したがって、この時期に起こったいくつかの大きな技術的飛躍でさえ、こうした思想とはほとんど無関係か、むしろ対照的なものなのだ。

衰退する社会契約

しかし、テクノクラシーとリバタリアニズムの受容を取り巻く経済状況は、定量化が最も容易だから注目されやすい。もっと深刻で、陰湿で、最終的な害も大きいのは、民主主義とＩＴの両方に対する社会的支持の基盤となっている自信、信仰、信頼の崩壊である。

民主主義制度への信頼は、特に過去15年間、すべての民主主義国で低下している。特にアメリカと開発途上の民主主義国での低下が顕著だ。アメリカでは、民主主義への不満は、過去30年間で少数派（25％未満）から多数派の意見に変わった。[58] これほどきちんと測定されているわけではないが、技術、特に大手ＩＴ企業への信頼も低下している。Public Affairs Council、Morning Consult、Pew Research Center、Edelman Trust Barometer などの調査によると、ＩＴ部門は米国では、２０１０年代前半から中頃には経済界で最も信頼の高い産業部門だったが、現在では最も信頼の低い部門に転落している。[59]

こうした懸念は、もっと広範囲に波及し、さまざまな社会制度に対する信頼の全般的な喪失につながっている。主要な制度（宗教組織、連邦政府、公立学校、メディア、法執行機関など）に高い信頼を寄せるアメリカ人の割合は、こうした調査が始まったとき（ほとんどの場合、黄金期の終わり頃）のおよそ半分にまで落ち込んでいる。[60] ヨーロッパの傾向はもっと穏やかだし、世界的にはばらつきがあるが、民主主義国における制度への信頼の低下という一般的な傾向があることは、広く受け入れられている。[61]

私たちの未来を取り戻す

ＩＴと民主主義の間の溝は広がる一方だ。この対立は双方に損害を与え、民主主義を弱体化させ、技術開発を遅らせている。さらに経済成長を鈍化させ、社会制度への信頼を損ない、不平等を助長する。これは必然などではない。自由民主主義諸国が集合的な選択により投資した、ある方向性を持つ技術の産物だ。そしてその選択は、民主的な理想とは相容れない未来についてのイデオロギーに煽られた結果なのだ。政治制度は技術の力を借りて繁栄するので、この経路を進み続ける限り民主主義も繁栄できない。

だがこの経路にこだわる必要はない。ＩＴと民主主義は互いの最高の味方になれる。実際、大規模な「デジタル民主主義」の構想はまだ始まったばかりであり、それが多少なりとも実現されるためには、空前の技術が必要となる。それをこれから説明しよう。私たちの未来を想像しなおし、公共投資、研究計画、民間開発を転換すれば、その未来を実現できる。本書でその方法を示そう。まずは、他のどこよりもその未来が実現しつつある場所、民主主義とデジタル技術が提携し、さらに深く相互に絡み合っている場所の物語をお伝えしよう。

2-1

玉山からの眺め

婆娑之洋、美麗之島、
公民之國、在花之中。[1]

うねる太洋の中、美しい島、
多文化の中にある市民たちの国。

東アジア最高峰、玉山（翡翠の山）の頂上から、台湾を見下ろすと、この小さい山がちな島国が世界的な十字路だということもわかる。ユーラシアプレートと太平洋プレートの交点にある台湾は、地質学的な断層線に常に押し上げられているが、それは同時に定期的に地震も引き起こすので、それに対処して住民を守るため、厳格な建築規制が敷かれている。同じように、台湾の多様な文化、歴史、価値の衝突は、繁栄した革新的な社会を作り上げたし、また社会に貢献するデジタルイノベーションのおかげで、台湾は国民の分断から守られてきた。

今日の台湾は、投票率70％[2]で宗教多様性世界第2位、[3]先進的な半導体やチップの世界供給能力90％を誇る。地理的な制約を突破して、民主主義社会がその地域や世界と協力する回復力を実証してみせたのだ。

台湾はコロナ危機の間も、ロックダウンなしで世界で最低級の死亡率を実現し、同時に世界最高の経済成長率を維持し続けた。これは台湾の情報社会の多元（プルラル）精神の成果だ。マスクだろうとソーシャルディスタンスの地図だろうと、これらはすべて、協働的多様性の技術的な表れだ。そうした多様性は、台湾の日常生活に深く根ざしている。[4]

収斂の場所

台湾という名前の語源のひとつは、先住民族の言葉「タイボアン」で、「収斂（しゅうれん）の場所」を意味する。台湾は、地球上の他のどこよりも、ずっと前から長距離協力の出発点だったともいわれる。紀元前2千年紀にポリネシアの航海者が数千キロの旅を開始したのは台湾からだったとされている。[5]この島とその住民は、先住民族の文化、植民地列強、地域や世界の政治イデオロギーの影響を受けており、この場所の現状と可能性についての、さまざまな概念の間の継続的な対立と共創を核として作り上げられてきた。この騒々しく豊かな衝突のおかげで、絶え間ない激動の歴史によって形成された、独特な民主主義形態が生じたのである。

本書の筆頭著者（オードリー・タンとグレン・ワイル）による、2つの劇的な個人的体験が、この独特な文化政治的な状況を露わにしている。２０１４年3月18日、北京（ペキン）との新しい貿易協定の中身と決定プロセスに苛立った学生集団が、ウォール街占拠に始まった世界的な「占拠」運動に啓発されて、立法院を囲む柵を乗り越えた。その約七年後に起きた、アメリカの議事堂の似たような占拠はほんの数時間しか続かず、それでもアメリカ史上で最も対立を煽る出来事のひとつとなった。対して台湾の「ひまわり学生運動」（３１８学運）の占拠は百倍以上も続いた（三週間以上）。それでも抗議者たちの要求はやがて、コンセンサスとしておおむね受け入れられ、政権交代と新しい政党の台頭をもたらした。

おそらく何よりも、この運動は政治における深く永続的な変化をもたらした。当時の政府はこの運動を尊重し、大臣たちは若者や市民社会から学ぼうとして青年顧問を招いたのだ。特に積極的な政務委員のひとりであり、デジタル参加担当大臣として世界最初期のひとりである蔡玉玲は、本書の著者オードリー・タンを公務員として採用した。そしてオードリーは２０１６年にその役職に就任し、２０２２年には初のデジタル担当大臣となった。

それからほぼ10年後、著者のもうひとりグレン・ワイルは、２０２４年1月13日の総選挙を自分の目で見ようと台湾を訪れた。この総選挙は、空前の投票率となった「選挙の年」の発端で、

GPTなどの生成モデルがいきなり世間の意識にのぼった「AIの年」の直後でもあった。GPTなどのモデルが、専制主義アクターたちによる情報操作と干渉を加速させると予想する人も多い。この選挙はまさにそのテストケースとなるように思えた。世界中のどこよりも資金力のある政治的ライバルが、少数の人口に集中的に狙いを定めていたからだ。[6] その選挙前夜に台北（タイペイ）の街を歩いていると、そうした攻撃につけこまれそうな分裂は大量に目についた。与党の民主進歩党（DPP、以下民進党）の集会では、公式の旗はひとつもなく、島のプラカード、党のシンボルの緑色、そして時折レインボーフラッグが見られるだけだった。野党の国民党の集会では、中華民国（ROC）の国旗しかない。アメリカで民主党が歴史的なイギリス国旗を振り、共和党が星条旗を振ったら、故国アメリカでの分断はどれほど極端になってしまうことだろうか。

しかし、こうした極端な分裂にもかかわらず、ひまわり学生運動の結果として開発された技術のおかげもあって、1月13日の選挙は世界にとって前向きなモデルとなった。専制主義的な敵対勢力を向こうにまわした政党の候補者が、世論調査では優位に立ったし、選挙後にも平穏が広がり、社会全体でほぼ合意に基づく結果が実現したのだから。ひまわり学生運動後の10年にわたる活動のおかげで、ITと社会組織を活用すれば、大きく異なる見解を持つ人々を共通の進歩に導けるのだということが鮮明に示された。しかし、この能力にははるかに深い歴史的ルーツがある。そのルーツはさまざまな出発点から生まれたもので、それがデジタル民主主義のこの宿命的な10年間に収斂したのだ。

台湾の歴史的系譜

民進党と国民党とが強調するアイデンティティは対立してはいるが、それぞれ「この場所は何なのか」についての、違った側面と考え方に対応したものだ。これらは、台湾島という名前の別の語源「タイウ」－「アン」と共鳴している。これは、別の近縁の先住民言語（シラヤ語）で「人々」－「場所」を意味する言葉なのだ。国民党（テーマ色は青）にとって、住民のほとんどが北京語、台湾語（台湾福建語）、客家語などの中国語を話すことが台湾の身上となる。加えて彼らは、台湾は80％以上が北京語を第一言語として話し（中国本土では70％）、40％以上が道教などの伝統的宗教を信仰し（中国本土では20％未満）、公式の政府イデオロギーは輸入されたマルクス主義ではなく三民主義（詳細は後述）であるため、民族的・歴史的には中国本土よりも台湾のほうが「中国的」なのだとさえ主張する。対照的に、民進党（テーマ色は緑）の見解に傾く人々にとって、台湾は、多様で多文化的な歴史を持つ場所だ。属国だったのは清朝統治下のわずか2世紀にすぎない。自らの将来を自らが中心となって決める場所なのだ。これらの分裂を理解するため、この島と中華民国政府との歴史を簡単にたどろう。

台湾の歴史は、戦争、反乱、植民地化、そして国民独立の物語だらけだ。南シナ海の多くの島々と同様に、台湾の先住民は植民地拡大を図るスペイン、日本、オランダなどの帝国主義列強と遭遇した。17世紀までに、オランダ人が島の南部に、スペイン人が北部に定住した。どちらも貿易を目的とした港で、地形による困難と、先住民が植民地支配に激しく抵抗したために、欧州列強は島の大部分には入れなかった。[7]

南シナ海の商人（遭遇の仕方によっては海賊にもなる）も、日本、中国、東南アジア出身だったが、この島に定住したり、港を利用したりしていた。1662年、鄭成功または國姓爺は、新生の清朝（1644-1911）に対して公然と反乱を起こし、南部地域のオランダ人を権力の座から強制的に追放し、台湾から清に対する戦いを続けた。[8] しかし、1683年までに鄭一族の反乱は鎮圧され、台湾は名目上、清の支配下に入った。

それから200年余り後の1895年、清が日清戦争に敗れ、台湾の近代史を決定づける2つの出来事が始まった。まず清朝は台湾とその周辺の島々を日本に割譲し、半世紀に及ぶ日本の台湾への植民地支配が始まった。次に、この敗北がナショナリズム運動の台頭を促し、それが後に中華民国につながった。[9] これらの流れが分岐するにつれて、それぞれの流れを追う必要がある。

台湾では、日本による占領が民主化運動のきっかけとなった。台湾巡撫（じゅんぶ）の唐景崧は、支配国の交代に乗じて短命の独立国家、台湾民主国を樹立し、その鎮圧のために3万6000平方キロメートルの島で1万2000人が犠牲となった。日本による植民地支配では、台湾人を日本の文化と言語体系に組み入れる同化政策が採られた。言語、政府構造、都市建設、台湾のエリート層と知識人の教育を日本と徹底的に統合しようとするもので、その一環として、エリートや知識人の多くを日本に留学させたのだ。

大日本帝国は莫大な努力と資金を投じたが、台湾の抵抗とアイデンティティは消えなかった。各種の民族グループは「文明化」の度合いを評価され、文明化されていないグループほど日本政府は厳しく暴力的に対応した。このため、先住民、閩南人、客家人はそれぞれまったく違う日本統治を経験している。[10] 20世紀初頭の世界的な反植民地運動の勃興と日本国内の大正デモクラシーは、台湾の知識人や活動家に自己決定の思想的基盤を与えた。1935年に行われた地方選挙では、少数の資産家男性も有権者として認められ、台湾のエリート層に限られていたとはいえ、民主的な参加が初めて体験され、それがさらなる自治と表現の追求につながった。[11]

三民主義

中国本土では、アメリカで教育を受けた若きキリスト教徒の医師で活動家の孫文（孫中山）が、やはり清国が日本に敗れたことをきっかけに、革命的民主主義の方向に向かった。だがその理由はまったく違う。清朝は改革不可能だと結論付けた孫文と彼の興中会は、一連の蜂起を主導したが失敗し、日本に亡命せざるを得なくなった。そして日本で孫文は（台湾の日本留学エリートたちと同様に）初期の民主改革を身につけたのだった。孫文は、日本、キリスト教、アメリカの影響と儒教の伝統を踏まえ、1905年に「三民主義」を提唱し、中華民国の公式理念（および国歌）となる「三民主義」の基礎を築いた。

最初の原則は民族で、これは通常「ナショナリズム」と翻訳される。だがおそらくもっと注目すべきは民族の多元主義（五族共和）の強調で、これは当時の主要な民族を表す色を含んだ、古い中華民国国旗[12]に反映されている。2番目は民権で、これは通常「民主主義」と翻訳され、選挙、リコール、発議、国民投票の権利と、五「院」（ヨーロッパの伝統の立法、行政、司法、および儒教の伝統である監察と考試）間の分権だと述べられている。3つ目は民生（「市民生活」）で、通常は「社会主義」と翻訳されるが、土地の権利の平等、反独占、協同組合事業促進の主張で知られるアメリカの政治経済学者ヘンリー・ジョージの思想を含む、さまざまな経済哲学から引き出されたものとなっている。これらの思想については、本書の次の部分でさらに詳しく議論する。

孫文はこれらの考えを活用し、外国の同盟国や世界中の外国人からの国際的な支持を築いた。これにより1911年に清を打倒し、1912年に中華民国を建国した。だが初期の成功にもかかわらず、内紛により孫文はすぐに再び亡命を余儀なくされ、再び帰国して内戦に参加。1919年になんとか軍をまとめ、現代の国民党を建国した。

その年、彼は中華民国の思想に決定的な影響を与えた別の重要人物、ジョン・デューイにも出会った。デューイはヘンリー・ジョージの弟子で、ジョージの思想を社会全体の規模で展開できないかを見るためもあって中国を訪れていたのだ。おそらく最も高名なアメリカの哲学者であり、世界的にも民主主義の教育者および哲学者のひとりとして高く評価されている人物だ。デューイの「プラグマティック」民主主義理論（彼の中国人の弟子である胡適はこれを「実験主義」と訳した）については、本書の次の部分で詳述するが、これは中華民国初期の不確実で探究的な雰囲気と共鳴するものだった。

またこの流動的で実験的な新アプローチは、清や軍閥制に反対する民主主義者に人気のあった、道教の伝統とも多くの共通点を持っていた。[13] さらに多くの帝国主義的な外国のオブザーバーとは異なり、デューイは中華民国が「協働的問題解決」という独自の道を、現代の実験的なモデル学校の軸にするよう提唱した。これによりデューイは中華民国と西洋、特に米国との架け橋のような存在となり、中国で２００回以上の講演を行う一方で、『ニューリパブリック』などの新興メディアの月刊コラム連載で自分の経験を書いた。これにより彼は中華民国と米国との間に深く永続的なつながりを築くことに貢献した。

ほぼ同時期にロシア革命が成功したことで、それまでは弱小だった中国共産党に財政支援と軍事訓練がもたらされた。孫文は、中国共産党とは違うマルクス主義的な社会主義ビジョンに啓発されてはいたが、国を統一するために共産党と提携した。この取り組みは、１９２５年に彼が死去した時点でほぼ成功しており、国民党にとって彼は「国家の父」、共産党にとっては「革命の先駆者」となった。

しかし、その団結は長続きせず、その後20年間、共産党（毛沢東主導）と国民党（蔣介石主導）は内戦と同盟を繰り返し、軍閥や日本占領軍と戦い、１９４５年に日本軍が最終的に敗北するまでそれが続いた。共産党も国民党も、国の解放と自分たちの対立にばかり専念していたため、台湾は見すごされがちだった。[14]

戦後の台湾

１９４９年、共産党に敗れた蔣介石と中華民国軍の兵士と民間人２００万人は台湾に移住し、ここを「自由中国」の本拠地と宣言すると同時に、主に台湾語と客家語を話す８００万人の現地住民に戒厳令を敷いた。後に「白色テロ」と呼ばれたものだ。独裁者となった蔣介石は、中華民国こそ真の中国代表だと世界に訴えた。台湾住民は暴力的な部外者による政府を経験することになった。この政府は急速に島を掌握し、台湾人のアイデンティティの兆候を系統的に容赦なく弾圧し始めた。[15]

同時に、三民主義を公式イデオロギーとする政府は、台湾で後に民主化運動へと発展する社会改革の種をいろいろまき始めた。蔣介石は台湾やその地方エリート層と断絶していたので農村土地改革を施行できた。１９４９年の地代３７・５％への引き下げ、１９５１年の公有地の払い下げ、１９５３年の「耕作者への土地」政策による大規模私有地の分割などだ。これは１９７７年の、ヘンリー・ジョージ思想に基づいた地価税の導入にまで拡大された。その詳細は後述する。多くの学者が主張しているように、これらの改革は、その後の台湾の社会経済発展に決定的な影響を与える、平等主義の経済基盤となった。[16]

三民主義のもうひとつの成果は、合作事業の重視で、これは中華民国憲法第１４５条に明記されている。同条には「私有財産および民営事業は、均衡ある発展に有害であると見なされる場合、国家は法律によってこれらを制限する。（中略）合作事業（中略）および外国貿易は奨励を受ける」とある。ヘンリー・ジョージ思想の影響以外に、この産業合作事業および参加型生産への支援は、日本植民地支配の間に発展した農業および産業での協力の伝統にも大きく依存し、さらにＷ・エドワーズ・デミングのようなアメリカ人思想家の影響も受けた。デミングは、米国占領下の日本に貢献し、生産の向上のために現場労働者の権限拡大を強調した。[17]

こうした各種の影響で、台湾の産業と政治の将来にとってきわめて重要な、強固な民間および合作事業部門（総称して第三セクターと呼ばれる）が発展した。さらに、憲法上および歴史的な貿易重視と輸出支援インフラへの公共投資が、台湾の台頭を促進した。1970年代までに、台湾は西洋ハイテクの主要な部品供給国となった。

台湾の教育制度も同様に中華民国初期の知的動乱の影響を受けた。デューイの弟子である胡適は、国民党と共に台湾に逃れたが、国民党と対立することもあった。国立研究機関である中央研究院の院長で、指導的知識人であった胡は、台湾の教育制度の発展に強い影響力を持った。胡は儒教の伝統とデューイのプラグマティズム、平等主義、民主主義を融合させ、台湾の教育を世界の羨望の的へと高め、おかげで台湾はさまざまな基準で世界ランキングのトップに躍り出た。[18]

民主主義の到来

1960年代、アメリカの公民権運動に伴い、国民党と蔣介石に対して台湾の独立と真に民主的な政府を求める声が爆発的に高まった。台湾生まれの国立台湾大学教授の彭明敏（1921－2022）と彼の教え子2人、謝聰敏と魏廷朝は、台湾の解放と独立を訴え、中華民国を違法な政府として非難する「台湾自救宣言」を掲げた。[19] この運動は彭の亡命で終わったが、宣言は全国的な議論を引き起こし、民主主義支持者による国政選挙へのアクセス要求を高めることとなった。

中華民国は国連創設国だっただけでなく、安全保障理事会の唯一のアジア常任理事国でもあったため、白色テロの中で国連こそが中華民国の初期のアイデンティティの中心だった。この際立った国際的役割は中華人民共和国政権にとって最大の悩みの種であり、彼らの国際問題への参加を妨げるものだった。このため、当初台湾独立を支持していた中国共産党は、台湾征服に重点を置くイデオロギーへと立場を替えた。そしてアメリカがベトナムでの失敗を抑えようとする中で、リチャード・ニクソン大統領は密かに中華人民共和国との妥協を模索し、1971年10月25日の総会でアルバニアが提案した決議2758号を支持して「中国」の承認を中華民国から中華人民共和国に移し、最終的に1972年にニクソン大統領が中華人民共和国を訪問した。その結果、中華民国は国連から「脱退」し、そのアイデンティティと国際的地位も変わってしまった。

一方でこの脱退は、台湾の国際活動の範囲と経済貿易活動への参加能力を大きく制限した。またこの脱退により、米国と非共産圏の多くは中華民国との無条件同盟という立場から、利益と曖昧さを慎重に均衡させる立場へと転換させ、中華人民共和国の台湾に対する暴力を阻止しようと努める一方で、「ひとつの中国」の立場を認める政策も支持している。

台湾国内では、このアイデンティティの変化により白色テロの根拠はほとんど消えた。なぜなら「共産主義の反乱」を鎮圧する戦争に世界的な支持が得られる見込みは薄れてしまい、「自由中国」という憧れのアイデンティティも弱まったからだ。平等主義が進み、第三セクター主導で高度に進歩的な教育を受けた国民と、権威主義的で抑圧的な国家との間の矛盾は、特に1970年代末までに労働組合や政治的市民団体が発展し、蔣介石が死んだことで、ますます膨れあがった。著者のひとりオードリー・タンの両親は、これらの傾向を体現している。彼らはコミュニティカレッジや消費者協同組合運動の先駆者として、中華民国憲法の合作支援の恩恵を受けた。しかしジャーナリストとして、彼らは1979年の高雄事件で投獄された政治的反対派の指導者など、国家に弾圧された人々を取材し、支援し、民主化の基盤を築いたのだ。

台湾の国際的立場が弱まったことで、白色テロ中に亡命した反体制派が、蔣介石の息子で後継者の蔣経国への圧力を強化した。若き蔣経国統治下の1980年代の台湾自由化で、民主的な行動、抗議活動、エッセイ、歌、芸術により総選挙への信念の高まりが生じた。民主主義を訴えた人々は依然として亡命中か投獄中だったが、彼らの親族や友人は地方や国の議員に立候補し始めた。[20]

活発な民主主義世代

1984年、蔣経国は李登輝（1923-2020）を初の台湾出身の副総統に選出した。これは台湾の政治情勢の変化を告げるものだった。[21] 1988年に総統に就任した李登輝は、すぐに一連の民主改革を実施し、総統の直接選挙を呼びかけ、国家主権を中華民国の「自由地区の国民」（台湾諸島に住む人々）に付与した。これにより、1996年に彼は台湾で初めて直接選挙で選ばれた総統となった。インターネット時代の到来を告げるビル・ゲイツの「インターネットの津波」メモからわずか数カ月後のことだ。[22]

インターネットの津波は、すでに世界で最も技術集約的な輸出経済国のひとつだった台湾の経済と社会を、民主化に負けないほど席巻した。だからインターネットと民主主義は、台湾ではシャム双生児のようなものだ。4年後、はじめての民進党の総統、陳水扁が、国民党の分裂により僅差で当選。8年後の2008年には国民党が総統に復帰し、青陣営の「自由中国」ビジョンと緑陣営の「島国」ビジョンが交互に交代するシステムが、政治のパターンとして確立された。

しかし、ひまわり学生運動の原動力となったこの深く根強い分裂にもかかわらず、これらの視点の間には驚くほど重なり合う合意がある。

①多元主義：民進党と国民党の物語は、多元主義を強く強調するものだ。国民党にとって、それは現代文化と伝統文化（故宮博物院がその象徴）の融合と、三民主義の多元主義伝統を意味する。中華民国こそ正統文化伝承者であり、その指導者なのだというわけだ。民進党陣営は台湾に定住した人々の多様性に注目する。先住民、日本人、福建人、客家人、西洋人、新たな移民たちといった人々だ。

②外交的繊細さ：中華人民共和国との厳しい関係を乗り切るため、どちらの陣営もアメリカなどの同盟国が擁する安全保障面での態度や、中華民国と台湾の意味、「独立」という概念をめぐり、複雑で繊細な公的立場を採用せざるを得ない。

③民主的自由：どちらのイデオロギーでも、「民主主義」「自由」の発想が中核となる。民進党陣営にとって、こうした思想は白色テロと中華人民共和国の専制主義の双方を克服する、台湾の旗印の中核だ。国民党陣営にとって、三民主義の中核であり、中華民国の指導層が重視すべき性質なのだ。

④反専制主義：どちらの党も中華人民共和国での専制主義拡大を深く懸念している。特に過去10年、香港での「一国二制度」の破綻でそれがさらに顕著となった。

⑤輸出指向：どちらの党も、商業的な輸出国としての成功を称賛し、思想や文化の輸出能力が台湾の未来にきわめて重要と見なしている。国民党陣営にとって、これは中華人民共和国をもっと台湾化させるという話であり、民進党陣営にとっては「自由世界」に台湾自衛の必要性を尊重させるという話だ。

このイデオロギーの重なりに加え、どちらの陣営も、台湾が世界のエレクトロニクス産業で果たす中心的な役割から恩恵を受け、その役割に深く入り込んでいる。半導体とスマートフォンのサプライチェーンの中心地であり、世界最速のインターネット[23]も持つ台湾ほど、デジタル世界に深く関わっている国はない。

このように、多元的で、複雑であり、自由で、世界に向いた民主主義については、両党の意見は重なり合っており、コンセンサスとなっている。さらにそこで生じる曖昧さを乗り越えるために、デジタルツールがすぐに使えるのが台湾の特徴だ。この両者の組み合わせにより、台湾は過去10年間で、世界におけるデジタル民主主義の先進例となったのだ。

PLURALITY

THE FUTURE OF
COLLABORATIVE TECHNOLOGY
AND DEMOCRACY

2-2

デジタル民主主義の日常

「IoT（モノのインターネット）」を見たら、「生き物のインターネット」を考えよう。

「仮想現実」を見たら「共有現実」にしよう。

「機械学習」を見たら「共同学習」にしよう。

「ユーザー体験（UX）」を見たら「人間同士の体験」にしよう。

「シンギュラリティは近い」と聞いたら思い出そう。

「多元性」はいまここにあるのだと。


——オードリー・タン、ジョブディスクリプション、2016

台湾におけるこの成果が具体的にどんなものなのかは、台湾に住んでそれを日常的に体験しないと理解しづらい。だが台湾にずっと住んでいる人は、こうした特長が当たり前のものだと思っている。そこで、台湾のデジタル公共インフラが他のほとんどの国とどう違うのかを具体的に示し、定量的に分析しよう。事例が多すぎて詳細に説明しきれないため、2012年以降の2年間ごとに、主要な重点プロジェクトをざっとカバーできるように、さまざまな例を6つ選んだ。その後、その他のさまざまなプログラムも手短に説明しよう。

事例

▪零時政府／g0v

台湾におけるデジタル民主主義の市民社会基盤の何よりの象徴は、零時政府／g0v（発音はガブゼロ）である。高嘉良などの市民ハッカーにより2012年に創設されたg0vは、政府のデジタルサービスの品質とデータの不透明性に対する不満から生じた。[1] 市民ハッカーは政府ウェブサイト（通常はgov.tw）のスクレイピングを行い、ウェブサイトのデータ表示やインタラクションのやり方を変えてみせ、それをg0v.twでホスティングした。こうした政府ウェブサイトの「フォーク」版は、しばしばオリジナルよりも人気を集め、張善政などの大臣はそうしたデザインを政府サービスに「マージ」して採り入れ始めた。

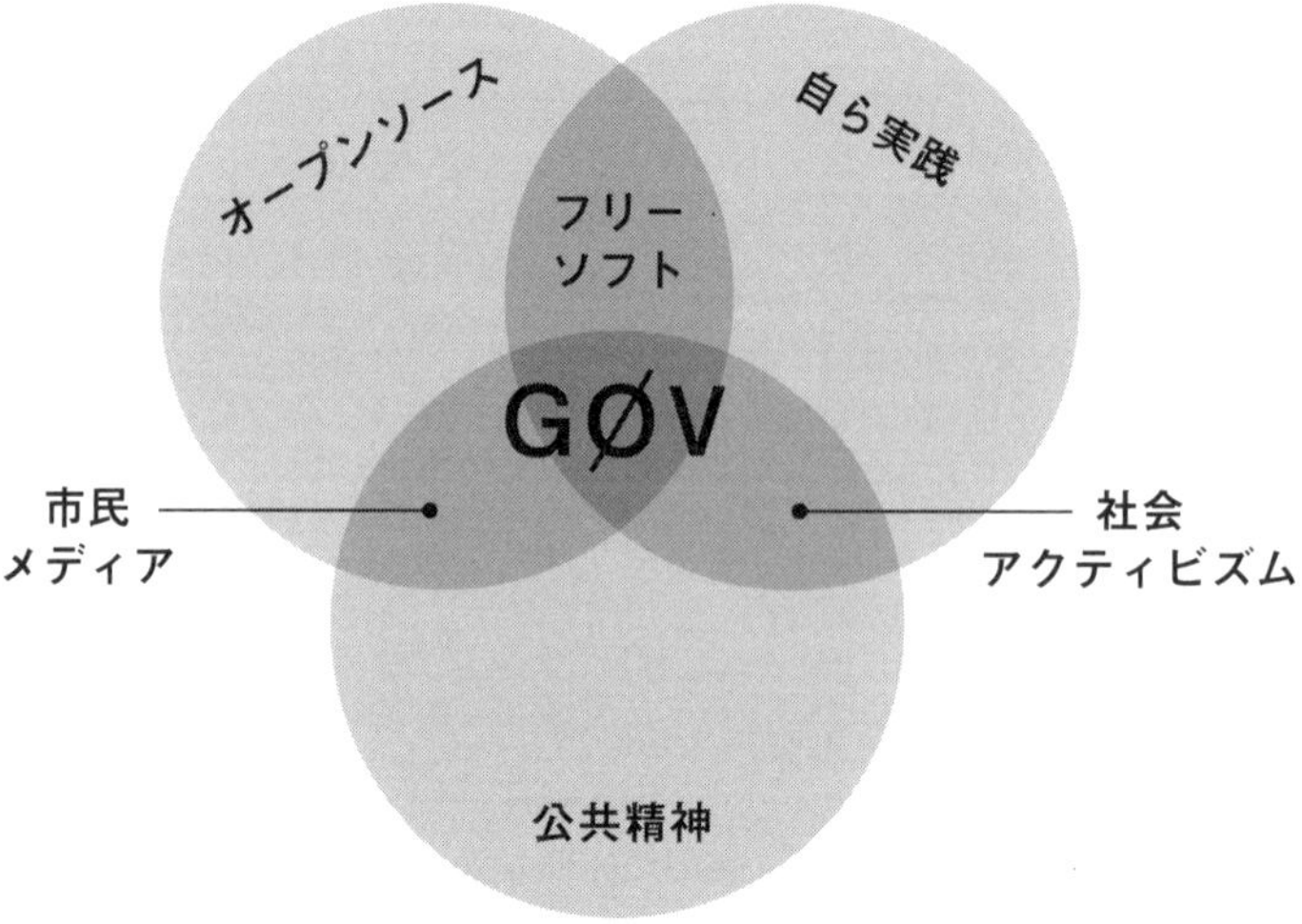

図 2-2-A　g0v 原理を示すベン図

g0v はこの成功をもとに、「ジョソン（揪松團）」という定期的なハッカソンを実施し、各種の技術に明るくない市民社会集団を、活発な市民ハッカーコミュニティと交流させた（この名前は北京語の言葉遊びに基づいており、大まかに「Join-athon」といったような意味となる）。ハッカソンは世界中でよく行われているが、g0v でのやり方の特長は、参加者の多様性（技術に明るくない人々のほうが多数派となることが多く、ジェンダーはほぼ完全に偏りがない）、商業的な成果よりも市民問題指向、各種の市民組織との密接な協働となる。こうした特長を最もよくまとめているのは「なぜ誰も（nobody）これをやっていないのか、と問うなかれ。あなたこそがその『誰も（nobody）』です！」というスローガンだろう。おかげで g0v 運動は「誰も」運動とも呼ばれるようになった。これはまた、運動の意図を説明するのによく使われる図

２–２–Ａのベン図にも反映されている。以下に示すように、ここで採り上げる取り組みの大半は、g0vやそれと密接に関連したプロジェクトから生じたものだ。

■ひまわり学生運動

g0vは当初から、大きな注目と支援を集めてきたが、それが表舞台に出たのは、前述のひまわり学生運動のときだった。立法院占拠には、g0vへの貢献者が何百人も参加し[1]、市民活動の放送、記録、広報を支援した。ライブストリームに基づくコミュニケーションは、国民の間に激しい議論を引き起こした。露店の店主、弁護士、教師、デザイナーたちは、腕まくりをして各種のオンラインやオフラインの活動に参加した[2]。デジタルツールはクラウドファンディング、デモ、国際的な支援の声のためのリソースをまとめた[3]。

２０１４年３月30日、50万人が街頭に出て、台湾では１９８０年代以来最大のデモが行われた。そこでは、両岸サービス貿易協定の可決前にレビュー手続きを経るという要求がまとめられ、占拠開始から約３週間後の４月６日に台湾の王金平院長によって受け入れられると、デモ隊はすぐに解散した。g0vが双方に貢献し、対立が解消されたことで、現政権はg0vの手法に意義があると考えるようになった。特に閣僚の蔡英文はオードリー・タンを青年顧問として採用し、またg0vの会議に出席して支援するとともに、g0vプラットフォームを通じてますます多くの政府資料を公開するようになった。

多くのひまわり学生運動参加者はオープンガバメント運動に身を捧げた。その後の地方選挙

（2014年）と総選挙（2016年）では、結果が約10ポイントも民進党に傾き、また、台湾の著名なロックスター林昶佐（フレディ・リム）などのひまわり学生運動のリーダーらが、新政党「新勢力党」を設立した。こうした出来事で、g0vの勢いは大きく高まり、著者のひとりオードリー・タンが、オープン政府、ソーシャルイノベーション、若者の参加を担当する政務委員（大臣）に任命された。

■ vTaiwanとJoin

g0vの制度化の過程で、紛争解決を可能にしたこれらの手法を、もっと幅広い政策問題に適用したいという要望が高まった。その結果、公共政策論争をめぐる審議促進用に、g0vが開発したプラットフォームとプロジェクトであるvTaiwanが設立された。このプロセスには多くのステップ（提案、意見表明、反映、法制化）が含まれ、それぞれがさまざまなオープンソースソフトウェアツールを活用している。特に有名なのは、当時（2015年）としては斬新な機械学習ベースのオープンソース「wikisurvey」とソーシャルメディアツールであるPolisの使用だ。これについては、以下の「5－4拡張熟議」で詳述する。簡単に言うと、PolisはX（旧Twitter）などの従来のマイクロブログサービスと同様に機能するが、次元削減技術を使用して意見をクラスター化して図2－2－Bのように表示する点が違う。Polisはエンゲージメントを最大化するコンテンツを表示するのではなく、存在する意見のクラスターを示し、それらを橋渡しするステートメントを強調表示するのだ。このアプローチにより、合意形成と、分割線のより良い理解の両方が促

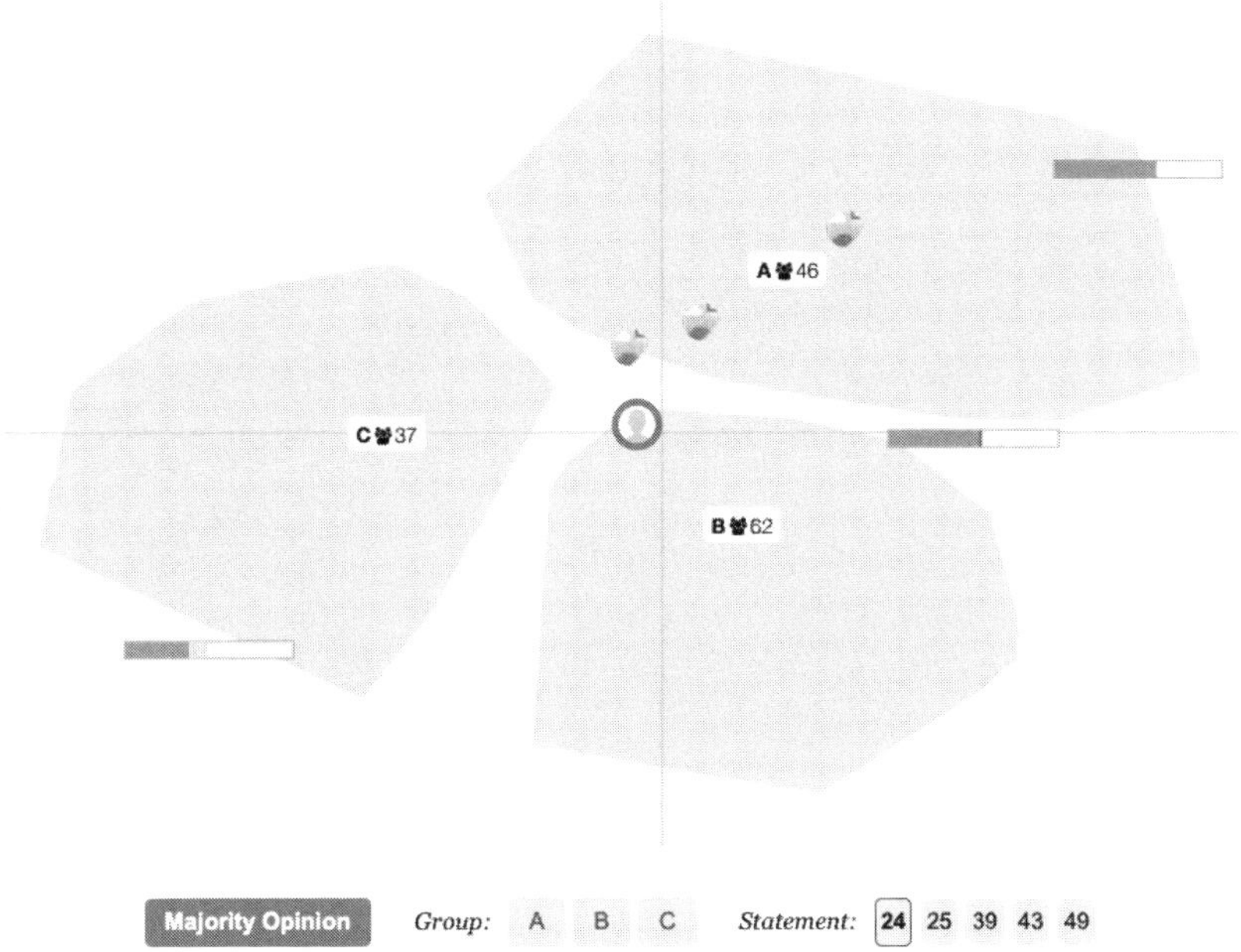

#24 弁護士として苦情申し立てを書くのにChatGPTを使い、そこで引用されたものが実在しなかったり間違ったりしていたら、責任は私にあり、OpenAIにはないと思う

主張24に投票した人の92%が賛成

図2-2-B　vTaiwanのPolisで生成された合意意見のクラスター
出典：vTaiwan.tw, CC0

進される。

vTaiwanは実験的で、人間的な接触のある集中的なプラットフォームを意図して設計された。ピーク時には約20万人のユーザー、つまり台湾の人口の約1％が参加し、28の問題について詳細な審議が行われ、そのうち80％が立法措置につながった。たとえばライドシェア規制、同意のないきわどい画像への対応、金融ＩＴの規制実験、ＡＩの規制など、ＩＴ規制に関する問題に焦点を当てた議論が多かった。

市民主導の分散型コミュニティであるvTaiwanは、市民ボランティアがさまざまな形で参加することで自然に進化し適応する、生命体のような存在でもある。コロナパンデミックの発生後、コミュニティへの参加が低下し、対面会議が中断され、参加者は減少した。集中的なボランティア活動が必要であること、政府に対応の義務がないこと、そして焦点がやや狭いことが、プラットフォームとしての課題となった。これらの課題に対応するため、vTaiwanのコミュニティは近年、国民と政府をつなぐという新しい役割を見つけ、台湾国内での規制問題という枠を超えて活動範囲を広げようとしている。

このため、vTaiwanや、以下で説明する他のプロジェクトと協力するために、オードリー・タンが大臣として２０１６年に設立した公共デジタルイノベーションスペース（ＰＤＩＳ）は、２つ目の関連プラットフォームであるJoinを支援した。JoinはPolisを使用することもあったが、Polisのユーザーインターフェースのほうが軽量で、一般の人々から幅広く意見や提案、イニシアチブを募ることを重視し、提案が十分な支持を得た場合には政府関係者が対応しなければならない実施メカニズムを備えている。さらにvTaiwanとは違い、Joinは高校の始業時間など、技術に関連しない問題を含む、さまざまな政策問題に取り組んでいる。創設以来、人口の約半数が継続的に使用しており、１日あたり平均１万１０００人のユニークビジターがいる。

vTaiwanを再活性化するための重要な取り組みとしては、２０２３年に行われた、OpenAIによるＡＩへの民主的インプットプロジェクトとの協力がある。チャタムハウス（英国王立国際問題研究所）との提携と、ＡＩ倫理とローカリゼーションをテーマにしたいくつかの物理的およびオンラインの討論イベントの開催を通じて、vTaiwanはＡＩと技術ガバナンスに関する世界的な議論に、地元の視点を提供した。２０２４年以降、vTaiwanは台湾および海外におけるＡＩ関連規制をめぐる議論に参加する予定だ。Polis以外にも、vTaiwanは新しい議論および投票ツールを常に実験しているし、要約作成のために大規模言語モデル（ＬＬＭ）も採り入れている。vTaiwanコミュニティは、民主的な実験と、政策立案のための国民の合意形成に取り組み続けている。政府の外で培ったvTaiwanの以前の経験は、Join公式プラットフォームの設計にも影響を与えた。このプラットフォームは、市民が政府に問題やアイデアを提案する手段として積極的に使用されている。

■ハッカソン、連合、クアドラティック投票

これほど活発なデジタル市民参加に驚く西洋人も多いだろう。だがこれは単に、ソーシャルメディア（むしろ反社会メディアの様相を呈しているが）での対立に浪費されるエネルギーを、ほ

んの少し公共の問題解決に転用しただけとも言える。総統杯ハッカソンなどさまざまな支援制度でg0vのハッカソンに政府の後ろ盾を与え、この原理のさらに集中的な適用も実現した。

この総統杯ハッカソンは、市民問題に対処するにあたり、公務員、学者、活動家、技術者の混合チームを招集した。このチームは自分たちの持つデータを交渉材料として、政府やＰＤＩＳ支援の「データ連合」プログラムが支援する民間アクターと「団体交渉」するためのツール、社会的慣行、および集団データ管理契約を提案した。たとえば大気汚染の監視や山火事の早期警報システムなどだ。参加者と一般市民は、クアドラティック投票（クアドラティックボーティング）と呼ばれる投票システムを使用して受賞者を選ぶ。この投票システムでは、さまざまなプロジェクトに対する支持の度合いを表明できる。これについては「5-6⿻投票」の節で説明する。これにより、幅広い参加者が部分的な受賞者となることが可能となった。誰もが何らかの受賞者を指示している可能性が高く、あるプロジェクトを強く支持している人は、そのプロジェクトを強く後押しすることができるからだ。優勝したプロジェクトにはトロフィーが贈られた。トロフィーは、台湾の総統が優勝者に賞を授与する様子を映したマイクロプロジェクターだった。g0vは前述したように正統性を獲得していたから、優勝者はこのトロフィーを利用して、関係する政府機関や地方自治体に自分たちのミッションへの協力を促せる。

最近では、この手法は技術的なソリューションの開発にとどまらない。さまざまな未来を思い描き、「アイデアソン」を通じてこれをサポートするメディアコンテンツの制作にも拡大している。また象徴的な支援だけでなく、「公益創新・徴案１００」（公共福祉イノベーション：プロジェクト１００件公募）ではクアドラティック投票を資金提供に拡張して、有意義なプロジェクト（農業や食品の安全性検査など）に実際の資金を提供している。これについては、「5-7社会市場」の節で説明する。

■パンデミック

このように、政府が機敏に市民参加を活用する多様なアプローチが最も劇的に威力を発揮したのは、コロナ禍のときだった。台湾はパンデミックの危機段階で、世界で最も効果的な対応をした国のひとつだとされる（この評価は「危機対応」の項で説明する統計に基づく）。特筆すべきは、ロックダウンなしで世界で最も低い死亡率を達成しつつ、世界最高水準の経済成長率も維持したことだ。島国であることと、即座に対応できる疫学者を副総統に擁し、渡航を制限した効果は明らかに大きかったが、さまざまな技術的介入も重要な役割を果たした。

広く報道され、前出の事例と最も整合しているのは「マスクアプリ」だ。コロナ以前にＳＡＲＳが流行したため、世界的にまだ誰もＣＯＶＩＤ-19など聞いたこともなかった1月下旬の時点で、台湾ではすでにマスクが不足し始めていた。呉展瑋（ハワード・ウー）率いる市民ハッカーたちはこれに苛立ち、マスクが入手できる場所をマッピングするアプリを開発した。これはg0v運動によって活用および強化された、オープンで透明なデータ慣行に基づいて政府が提供したデータを利用している。おかげで、初期段階では世界的に生産が追いつかずマスクの供給が大幅に不足していたのに、台湾では2月中旬までに市民にマスクが行き渡った。

台湾の対応のもうひとつの重要な側面は、地域内での病気の拡散を防ぐために、検査、追跡、隔離支援を厳格に使用したことだ。他国のほとんどは従来の方法で感染者の追跡を行ったが、台湾は電話ベースのソーシャルディスタンシングおよび追跡システムを採用した。それはきわめて高い普及率となり、台湾はコロナ対応の中でもそうしたシステムを重要かつ効果的に活用できた数少ない国のひとつとなったのだ。これもまた、政府の保健当局と、プライバシーに深い関心を持つg0vコミュニティのメンバーとの緊密な協力をPDISが促進したおかげだ。特に台湾には、独立したプライバシー保護組織がないので、g0vコミュニティの参画は重要だった。これについては後述する。これにより、強力な匿名化と分散化機能を備えたシステムが設計され、広く利用された。

■情報の正真性

しかし、台湾のパンデミック対応におけるデジタル面での最も重要な貢献は、誤情報や偽情報の意図的な拡散の試みに、迅速かつ効果的に対応できたことかもしれない。この「スーパーパワー」はパンデミックをはるかに超えて活用され、情報の正真性の欠如が他の多くの国などで課題となっている時期に、台湾の選挙成功に欠かせないものとなった。

これらの取り組みの中心となったのは、g0vのスピンオフプロジェクト「Cofacts」だ。参加した市民は、ソーシャルメディアのトレンドと、パブリックコメントボックスに転送された私的チャネルからの回答要求メッセージの両方に迅速に対応する。最近の調査[4]によると、これらのシステムは通常、対応能力がはるかに小さい専門ファクトチェッカーに比べ、噂に対して素早く、正確で、効果的に応答できることがわかっている。[5]

台湾の民間部門の高度な技術と、それに対する公共部門の支援は、他の面でも役に立った。MyGoPenのような組織やGogolookのような民間企業は、公共支援を受けてLINEのような私的メッセージングサービス用のチャットボットを開発し、急速に普及させた。これにより、市民は誤解を招きそうな情報に対し、匿名で迅速な応答を、素早く容易に受け取れる。政府指導者は、このような民間団体と密接に協力することで、「噂よりもユーモア」と「迅速で楽しく公平な」対応という方針を構築し、実践できた。たとえばパンデミック中に、マスクの量産によりトイレットペーパーが不足するという噂が広まり始めたとき、蘇貞昌首相は、そんな恐れはないことを示すため、お尻を振っている自分の写真を広めたことで知られる。

これらの政策は、ロックダウンなしでパンデミックと闘ったのと同じように、台湾が「インフォデミック（誤情報の蔓延）」に対してサービス停止せずに闘うのに役立っている。その集大成が、前述の2024年1月13日の選挙だった。この選挙では、前例のない規模の、AIまで動員した中華人民共和国による高度なキャンペーンが行われたが、それが選挙を二極化したり、目立った影響を与えたりすることはできなかった。

その他の活動

以上は台湾デジタル民主主義イノベーションの最も顕著な事例となる。他にも多くの例があるが、詳しく書ききれないため、簡単に列挙するにとどめよう。

①アライメント集会：台湾はＡＩ基盤モデルの規制と誘導のために、市民参加を招集している。これは世界でますます普及しつつある手法の先駆けだ。

②情報セキュリティ：台湾は悪意に基づきコンテンツをアクセス不能にしてしまうことを防ぐための分散ストレージと、市民アカウントのセキュリティ確保のための「ゼロトラスト」原理の活用において、世界最先端である。

③ゴールドカード（金卡）：台湾は「ゴールドカード」プログラムを通じ、きわめて多様な永住権取得への道を用意している。オープンソースや公益ソフトウェアに貢献した人々に永住権が与えられる「デジタルフィールド」も用意されている。

④透明性：著者オードリー・タンは政府全体のデータ透明性方針を拡大適用して、自分の公式会議の録音および書き起こしを、著作権フリーで公開している。

⑤デジタル能力教育：２０１９年以来、台湾は「技術、情報、メディアリテラシー」を国民の中核技能として掲げ、生徒たちが情報の受動的な消費者にとどまるのではなく、メディ

アの積極的な共同クリエイターや見識ある仲介者となれるようにしている。

⑥土地と周波数帯：ヘンリー・ジョージ思想に基づき、台湾は天然資源、土地、電磁周波数帯の十分な活用を確保するために、強制売却権など税制による革新的な政策を持つ（これについては「4-4財産と契約」「5-7社会市場」の節で詳述）。

⑦開放政府連絡人：ＰＤＩＳは、市民参加、政府部局間協力、デジタルフィードバックに注力する公務員ネットワークの創設を支援した。彼らは、ここに挙げた各種活動の支援者兼つなぎ役として活動する。

⑧ブロードバンドアクセス：台湾は、世界で最もユニバーサルなインターネットアクセスを持つ国のひとつであり、平均で世界最速のインターネットだと2年連続で認定されている。

⑨開放国会：台湾は世界的な「開放国会」運動の先導者となり、立法審議を国民に透明化する各種の方法を実験し、革新的な投票手法を試している。

⑩デジタル外交：同様の課題に直面し、デジタルツールを活用して市民参加と回復力を改善したい世界中の民主国に対し、台湾は以上のような経験を使って主導的なアドバイザーと

なっている。

さらに、これらの取り組みは社会と政府双方の信頼を十分に勝ち取った。このため2022年8月に台湾は、デジタル省を設立し、著者オードリー・タンを政務委員から昇格させて、この新設の省の長にした。

10年の成果

以上、興味深いプログラムの羅列ではあるが、どこまで成功したのか証拠を見せろという声も当然出るだろう。こんなに多くのプロジェクトの因果関係を正確に追跡するのはあまりに煩雑で、本書の範疇を超える。だが少なくとも、過去数十年間に各地の自由民主主義国を悩ませてきたさまざまな課題に対し、台湾が全体としてどこまで対処できているかは見ておこう。そうした課題をこれから分野ごとに検討する。残念ながら、台湾の国際的地位を取り巻く複雑な地政学のため、多くの標準的な国際比較指数は台湾をデータから除外している。それがなければ、もっと厳密な比較が可能だったはずだ。

■経済

台湾の実績を見るとき、経済は実は副次的なものでしかない。しかし定量化しやすいし、他の側面がどこから生じたかを理解する基盤としても有用だ。台湾はヨーロッパの多くの国と同様に、中所得国上位に位置し、国際通貨基金（ＩＭＦ）によると２０２４年のひとりあたりＧＤＰは３万４０００ドルだった。[6] しかし台湾の物価は他のほとんどの富裕国よりも平均ではるかに低く、これを使って調整すると（経済学者が「購買力平価（ＰＰＰ）」と呼ぶもの）、台湾は人口１０００万人を超える国の中で、米国に次いで世界第2位の富裕国となる。さらに以下で論じるように、各種の指標から見て台湾は米国よりもはるかに経済格差が小さいようだ。つまり台湾は、人口１０００万人を超える国の中では、おそらく世界で最も高い平均生活水準を持っていることになる。だから台湾は中所得国というよりも、絶対的に見て世界最発展国のひとつと考えるべきだろう。

台湾経済は、産業面での集中度も際立っている。完全に比較できるデータはあまりないが、台湾が世界で最もデジタル化された輸出集約経済なのはほぼ確実であり、電子機器や情報通信製品の輸出が経済の約31％を占めている。イスラエルや韓国など他の主要技術輸出国は、その半分以下となっている。[7] この事実は統計だけでなく具体的な現象からも世界的に知られている。世界の半導体、特に最先端の半導体のほとんどは台湾で製造されているし、台湾はフォックスコンなどのスマートフォンメーカーにとって主要な製造元であり本拠地でもあるのだ。

台湾は富裕国の中では税率が比較的低いという点でも異例だ。アジア開発銀行によると、台湾の税収はＧＤＰのわずか11％にとどまる。経済協力開発機構（ＯＥＣＤ）に加盟する富裕国の平均は34％だ。[8] また、ヘリテージ財団の経済自由度指数では台湾は世界第4位とされる。[9]

これを背景として、台湾の経済実績の中でもいくつかの特長が浮かび上がる。

①経済成長：台湾は過去10年の平均実質GDP成長率が3％だった。これに対しOECD平均は2％に満たず、アメリカは2％強、世界平均は2・7％にとどまる。[10]

②失業：台湾の平均失業率は、この10年で4％弱で安定している。OECD平均ではこれが6％であり、アメリカは5％、世界平均はおよそ6％だ。

③インフレ：インフレ率は世界の富裕国のほとんどで跳ねあがり、きわめて不安定だが、台湾のインフレ率は過去10年でかなり安定して0～2％の範囲にとどまり、平均は1・3％だ（IMFデータ）。

④格差：過去10年で、格差統計の計算手法についてはさまざまな議論があった。伝統的な手法を使うと、台湾の家計所得支出調査によれば台湾の格差ジニ係数（完全に平等だと0から、完全に不平等だと1の範囲となる指数）は過去10年で0・28あたりで安定しており、世界格差においては最低水準のオーストリア並み、アメリカのおよそ0・4よりもはるかに低い水準にとどまる。他の分析としては、エマニュエル・サエズ、トマ・ピケティ、ガブリエル・ズックマンら経済学者が先導した、革新的ながらも議論の分かれる税務アプローチに基づくと、台湾のトップ1％の所得シェアは19％でアメリカの21％にかなり近く、

フランスなどの13%よりはずっと高い。しかしこうしたデータですら、台湾のトップ1%の所得シェアは過去10年で1割ほど下がっている。この指標は、フランスでもアメリカでも、むしろ1割ほど上がっているのだ。さらに最近の多くの研究で、こうした手法は税当局のデータに頼っているので、租税回避を十分に考慮できず、このため税率が低く、累進性の低い国や時代において格差を高めにはじき出す傾向があるとされる。[11] 台湾の税率はアメリカやフランスより大幅に低いため、こうした指摘が妥当なら、台湾の格差はかなり過大に示されている可能性が高い。[12]

これらの事実を総合すると、台湾の経済面での実績は、その豊かさと極度の技術集約性にもかかわらず、力強いうえ、かなり平等——少なくとも不平等が拡大していないこと——が特筆される。右で述べたように、経済学者は、成長の鈍化、失業、格差の拡大など、最近の多くの経済問題を技術のせいにしてきた。しかし世界で最も技術集約的な台湾経済には、どうやらそれが当てはまらないらしい。

■社会

台湾は世界保健機関（ＷＨＯ）から排除されているため、国際的に比較できる社会指標は、経済指標よりもはるかに見つけにくい。しかしよく引用される2つの社会指標、孤独と、自己申告によるＩＴ依存については、ほぼ比較可能なデータがある。台湾の高齢者（65歳以上）の孤独率は約10％で、世界で最も孤独率の低い国（主に北欧）とほぼ同水準、北米（約20％）よりも低く、中国（30％以上）よりはるかに低い。[13] もうひとつ比べられるのが、自己申告による携帯電話中毒率で、台湾でもかなり高い（約28％）とはいえ、米国（58％）よりはずっと低い。[14] 規制薬物中毒率の違いはさらに顕著で、一度でも違法薬物を試したことがある台湾人は、違法薬物を少なくとも月に1回使用しているると報告しているアメリカ人の約10分の1である。[15]

台湾はまた、富裕国の中で宗教面でもユニークな特徴を持つ。富裕国のほとんどすべて（特に米国）は、単一の宗教集団（キリスト教など）が圧倒的多数を占めているし、さらに信仰の自称や実践などさまざまな尺度で、宗教性の劇的な低下が見られる。[16] これに対し、台湾の宗教ははるかに多様で、民間信仰、道教、仏教、西洋宗教、少数派宗教の4つの異なった伝統的宗教の信者がほぼ同数ずつ混在しており、そのそれぞれと同じくらいの比率で無信仰者がいる。[17] 同時に、これらのグループ間で多少の変動はあれど、過去数十年間に台湾で無信仰または非実践が大幅に増加したことはほとんどない。[18]

政治

台湾は、その民主主義の質と、ITによる情報操作に対する耐性の両方で名高い。Freedom House[19]、Economist Intelligence Unit[20]、Bertelsmann 財団、V-Dem などの組織が発表する各種の指標を見ても、台湾は一貫して地球上で最も自由で有効な民主主義国のひとつだ。[21] 正確な順位は指標ごとに異なるが（1位から上位15％以内まで）、台湾はほぼ常にアジア全体でも、民主化30年未満の国の中でも最も強力な民主主義国として際立っている。ソ連崩壊後に乱立した民主主義国を含めても、そのほとんどすべてが民主主義のスコアは台湾の半分以下、通常は1桁小さい規模にとどまる。したがって、台湾は少なくともアジアで最も強力な民主主義国、この規模の国として最も強力な新興民主主義国であり、多くの人から世界で絶対的に最強の民主主義国と見なされている。さらにこれらの指標によると、全体として過去10年間で世界のあらゆる地域で民主主義が衰退しているのに対し、台湾の民主主義スコアは大幅に上昇している。

この総合的な強さに加えて、台湾は世論の分断や情報の正真性に対する脅威への抵抗力も強い。さまざまな手法を用いた多くの研究で、台湾は世界で最も政治的、社会的、宗教的に分断の低い先進国のひとつとされる（ただし一部の研究では、ひまわり学生運動以降、政治的分断がわずかに上昇[22]）。これは特に、政治的反対者に対する否定的または敵対的な個人的態度を示すという感情的分極化の面で顕著だ。台湾は一貫して感情的に分断されていないトップ5か国に含まれている。

台湾は、地球上で最も大量の偽情報の標的にされていることが、各種の分析で示されているが[23]、それでも世論の極端な分裂はあまり見られない。この逆説的な結果の理由として、他の多くの状況とは異なり、台湾では外国による操作が党派間の分裂を悪化させないという、政治学者のバウアーとウィルソンの発見があるかもしれない。外国の干渉はむしろ、台湾人の団結姿勢を強化する傾向があるのだ[24]。

■ 法治

台湾は常に、世界で最も安全な国トップ5に入り、人口10万人以上の国としては、世界で最も安全な民主主義国として突出している。[25] 著者グレン・ワイルは初めて台湾を訪れたとき、飛行機代として大きな封筒に入った現金を渡されて驚いた。台湾はきわめて安全なので、みんな多額の現金を平気で持ち歩くのだ。さらに、米国などでは、特に暴力犯罪が急増しているのに、台湾の犯罪は着実に減少傾向にある。[26] しかし台湾は歴史的に、かなり強力な警官の配備（米国よりやや高い）と、米国には遠く及ばないものの、世界的に見れば高い収監率によってこれを達成してきたことは指摘しておこう。

台湾の司法・政治制度は、長年の社会的対立を包括的に解決する適応力も際立っている。2017年、憲法裁判所は、政府は2年以内に同性婚を合法化する法律を可決しなければならないと判決を下した。2018年に同性婚を認めるという単純な提案をめぐる国民投票が否決された後、政府はあらゆる立場の人々の利益に応える独創的な方法を見つけた。同性婚に反対する人々の多くは、台湾には大家族が結婚によって結びつくという伝統があるため、同性婚に反対する家族も同性婚への参加を強いられるのではないかと懸念していたのだ。一方でこの新しい規定を利用しようと考えている若者のほとんどは、結婚についてもっと個人主義的でパートナー中心のビジョンを持っており、家族を結びつけたいという願望もなかった。このことから政府は親族を同性婚の手続きから除外する規定を設けることで、同性婚合法化法案を可決したのだった。

■危機対応

危機はめったに起こらず、発生確率も低い。だから台湾がどこまでうまく危機を回避または緩和できるかは見極めにくい。しかし実際に発生した緊急事態に近いものとして、新型コロナウイルス感染症のパンデミックがある。前述のように、台湾はこの事態への対処において、世界で最高かそれに近い国のひとつと広く見なされている。ここではこの名声の定量的な根拠を示そう。

台湾が傑出した実績を示し、国際的に称賛されたのは、パンデミックできわめて重要だった初期段階でのことだった。当時、ワクチンが利用可能になる前に、世界の大部分が段階的なロックダウンを行っていた。この時期をパンデミックの「危機」段階と呼ぼう。この段階の終了は、米国でワクチンが広く利用可能になった２０２１年4月と考えられる。パンデミックの開始から２０２１年4月まで、台湾のパンデミックによる死者数はわずか12人であり、その時点では国際的に正確な推計値を持つどの行政区よりもはるかに低い死亡率だった。さらに、台湾はロックダウンなしでこれを達成し、２０２０年にはアイルランドを除くどの先進国よりも高い経済成長を実現した。より広い視点で見ると、台湾の平均寿命は世界最高水準で、医療制度はここ10年ほどNumbeo（生活環境データベース）によって世界で最も効率的に機能していると評価されてきた。[27]

しかし、２０２１年半ば以降の「危機後」の段階では、ワクチンの供給と接種がコロナ対応の最も重要な要素となり、国内でのワクチン生産と配布で生じた問題により、その後数年間で多大な人命損失が生じた。この段階での台湾の成績は、あまり目覚ましいものではなかった。中規模以上の国の信頼できるデータで見る限り、台湾は依然として死亡率は最も低く、経済実績も最高水準ではあった。しかしパンデミック初期に見られた並外れたリーダーシップは、危機段階の後も十分に持続したとは言えない。危機（ひまわり学生運動やパンデミックなど）が育んだ結束と市民参加により、台湾は世界のどこよりも高い対応力を示したものの、そうした取り組みを制度化し、持続可能にするための追加の配慮や努力が必要なのかもしれない。これは重要な方向性なので、以下でさらに議論する。

この課題に関わる緩やかに進行するもうひとつの危機に気候変動がある。台湾は他の多くの国々と共に、２０５０年までに温室効果ガスの実質ゼロ排出を目指すという野心を法律化し、この目標達成に向けた計画で称賛されているが、これまでの進捗はささやかなものにとどまっている。[28] もっと広い視点で見ると、台湾は環境保護の実績が高いとはいえ、傑出してはいない。[29]

それでも台湾は、制度、特に民主主義への人々の参加と信頼が他に類を見ないほど高い水準にある。投票率は、投票が義務付けられている国を除けば、世界で最高水準だ。[30] 国民91％が民主主義を少なくとも「かなり良い」と見なしている。長い歴史を持つ民主主義国の多くでさえ、近年は民主主義への支持が劇的に低下しているが、台湾はまったく対照的なのだ。[31]

要するに、他の国と同じく限界はあるものの、台湾は世界の模範として主導的な地位に値する。だがそれがあまりに見すごされている。西側諸国の左派は、スカンジナビア諸国をやたらに誉めるし、右派はシンガポールをほめそやす。確かにこれらの国々はすべて重要な教訓を与えてくれるし、多くの重要な点で台湾と重なり合っている。しかし今日の主要な課題に対処する上で、台湾ほど幅広い可能性を示し、ありがちな分断を超えて人々を惹きつける場所は、他にほとんどない。経済的に自由で、活発な参加型の自由民主主義国である台湾は、右から左まであらゆる政治的な立場の国々に提供できるものがあり、ますます衰退しつつある西側民主主義の慣行の克服を目指す人々にとっては、おそらく最も説得力のある例だろう。これは、豊富な天然資源や戦略的な位置を持たず、脆弱な地政学的状況にあり、人口は均質でまとまった規模ではなく、深く分裂しており、わずか数十年前に民主化され、極貧から脱出して1世紀も経っていないという台湾の出発点を考えると、なおさら強調すべきことだ。

もちろん、台湾のユニークで劇的なデジタル民主主義の実践と、今日の最も厄介な課題に立ち向かう中で台湾が達成したさまざまな成功との間の正確な因果関係を理解するには、何十年もの研究が必要となる。しかし、これほど見るべき点があるのだから、スカンジナビア諸国やシンガポールについて多くの人が行ったように、この世界で最も称賛されているデジタル民主主義の戦略の背後にある、一般化可能な哲学をまずは明確に記述するべきではないだろうか。本書ではこれからその作業を行う。

第 3 章

プルラリティ（多元性）

3-0

プルラリティ（多元性）とは？

「活動とは、物や物質を介さずに人間同士の間で直接行われる唯一の行為であり、多元性という人間の条件、つまりひとりの人間ではなく人間たちが地球上に住み、世界に暮らしているという事実に一致している」

——ハンナ・アーレント、『人間の条件』、１９５８[1]

「『社会的つながり』の理想は（中略）違いを超える橋渡しの絆が高い確率で形成される社会を意味する」

——ダニエル・アレン、「つながりのある社会に向けて」、２０１７[2]

「民主主義は技術である。どんな技術でもそうだが、民主主義もそれを改善しようと頑張る人が増えるとよくなるのだ」

――オードリー・タン、アジーム・アズハルによるインタビュー、2020[3]

民主主義とＩＴの間の緊張が高まる一方で、台湾は両者の極端な分裂から始まったのに、それを克服したように見える。ここから当然、次のような疑問が生じる。ＩＴと民主主義の相互作用について、台湾の経験をもとに、もっと広く適用できる教訓が得られないものか？　通常、技術は容赦なく進歩するものだと思われている。対して民主主義と政治は、さまざまな競合する出来合いの社会組織形態の中から、単純に選択するだけだと思われている。台湾の経験が示しているのは、技術の未来には多くの選択肢があり、もっと政治に似たものになる可能性があるということだ。そしてその選択肢のひとつは、私たちが共に暮らし、協力する方法を根本的に強化し、技術と同じように民主主義を進歩させてくれるのだ。また、社会的差異は対立を生み出すが、適切な技術を使えば、その対立が進歩の重要な源にもなれることも示している。

技術がこうした方向に向かう可能性は、特に目新しいものではない。おそらく最も典型的なＳ

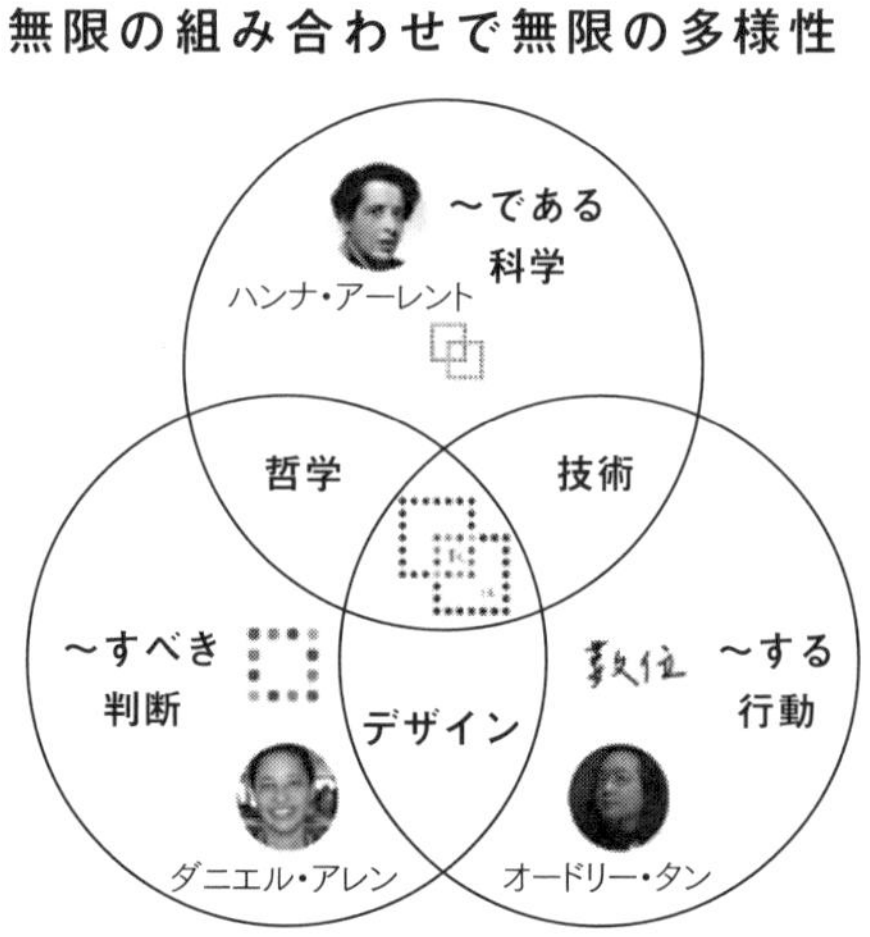

図 3-0-A ⿻数位 プルラリティ（多元性）の三部構成の定義

F作品であり、明るい未来のビジョンを示す作品は、『スタートレック』だろう。そのオリジナルシリーズでは、英雄的なバルカン人が「無限の組み合わせにおける無限の多様性……美しさ、成長、進歩など、すべては異なるものの結合から生じるという信念」という哲学を掲げている。この考えに沿って、本書のこれからの主題である「⿻プルラリティ（多元性）」を、「社会的差異を超えたコラボレーションのための技術」と簡単に定義しよう。これは、リバタリアニズムとテクノクラシーの共通要素、つまり世界がアトム（つまり個人）と社会全体だけで構成されているという発想（「一元論的アトム主義」と呼ぶ）とは対照的だ。両者は、個人と社会のそれぞれをどの程度重視すべきかという見方こそ違えど、「⿻プルラリティ（多元性）」の核心的な考え方を見逃している。その考え方とは、社会的世界の中核を織りなすのは、交差する多様な社会集団である、というものだ。そしてそれを作り出す多様で協力的な人々は、その集団の交差によってアイデンティティを作り上げるのだ。

もっと厳密には、多元性は3つの部分に分けられる。記述的、規範的、処方的な部分だ。それぞれが3人の思想家、ハンナ・アーレント、ダニエル・アレン、オードリー・タンと関連している。そしてこのそれぞれが述べる多元性の意味は違うが、ここで示したように、緊密に結びついた意味合いを持っている。それを示したのが右の図となる。

①記述的：社会世界は、孤立した個人の無秩序な寄せ集めでもなければ、一枚岩の全体でもない。むしろそれは、個人アイデンティティと集合的組織の両方を特徴づける、多様で交差する帰属性が織りなすものだ。私たちは、この概念をハンナ・アーレントと、特に彼女の著作『人間の条件』と同一視する。同書で彼女は多元性こそが、人間としての条件における最も根本的な要素だと述べる。この多元性の記述的な要素を、ユニコードの⿻で示そう。これは集団および個人のアイデンティティが持つ、交差的で重なり合う性質を強調している。さらに次節「3-1⿻世界に生きる」では、この記述が現代（複雑系）科学によると人間の社会生活にとどまらず、自然界のあらゆる複雑な現象に基本的に当てはまる、という事実を強調しよう。

②規範的：多様性は社会進歩の原動力であり、他の原動力と同様に爆発する（対立に発展す

る）可能性はあるが、社会が成功するには、その潜在的なエネルギーを成長のために活用しなければならない。私たちはこの概念を哲学者ダニエル・アレンの「つながりのある社会」理念と同一視し、本書の表紙にある精巧な⿻の画像と図３−０−Ａに見られる四角形の重なった部分に形成される、虹の要素と結びつけている。これらのアイデアを最も明確に説明したのはアレンだが、私たちが「３−３失われた道（ダオ）」で検討しているように、この思想はヘンリー・ジョージやジョン・デューイなど、台湾に深い影響を与えた多くのアメリカの思想家を含む哲学的伝統に深く根ざしている。

③処方的：デジタル技術は、産業技術が物理的な燃料を利用してその爆発を封じ込めるエンジンを作ったのと同じように、多様性の暴発を活用するエンジンの構築を目指すべきだ。この概念は、２０１６年から著者オードリー・タンが、ある技術アジェンダを指すときに使っている「プルラリティ（多元性）」という用語と同じである。さらにこの概念は、オードリーの肩書き（数位発展部部長／デジタル大臣）に使用されている伝統的な台湾華語「數位」と密接に関連している。この文字は、人に適用された場合は「複数」という意味だが、「デジタル」という意味も持つ。だからアーレントとアレンに登場した哲学と、デジタル技術の変革の可能性とを融合させたものという見方もできる。この章の「３−３失われた道（ダオ）」では、明示的ではなくとも「インターネット」と呼ばれるようになったものの発展の多くを牽引したのがこの哲学なのだと論じる。だがそれがはっきり表現されなかったため、

後にいささか見失われてしまったのだ。本書ではこれからこのビジョンを明確に述べ、それによって、今日の多くの議論を支配しているリバタリアン、テクノクラート、停滞した民主主義の物語に代わるものの実現を促進したい。

こうした豊かな定義と、伝統的な台湾華語や英語の伝統からの要素が入り混じっていることを表現したいので、本書では今後、ユニコードの⿻で名詞と形容詞の両方を示す。これは文脈次第でいろいろな読み方ができる。

- 概念として使う場合には「プルラリティ（多元性[4]）」
- 形容詞として使うときには「デジタル」「複数」「デジタル／複数」あるいは「インターセクショナル」「協働的」「ネットワーク」などさまざまな他の読み方

どの単語も、この観念の全体を完全には表現しきれない。場合によっては単に「重複」「重なり合い」と言うほうがよいこともある。これから⿻の中身、ビジョン、指向をさらに詳述していく。

PLURALITY

THE FUTURE OF COLLABORATIVE TECHNOLOGY AND DEMOCRACY

3-1

世界に生きる

最近まで、私が考える文明の最大のメリットは（中略）、芸術家、詩人、哲学者、科学者の誕生を可能にしたことだった。しかしいまや、これは最も偉大なことではないと思う。いま、私が最も偉大なことだと信じているのは、私たち全員に直接関係する問題だ。私たちは生きることよりも、生活手段にあまりにも気をとられすぎだといわれるとき、私はこう答える。文明の最大の価値は、生活手段をもっと複雑にすること、つまり、人々が衣食住を持ち、あちこちに移動できるように、単純で無秩序な知的努力ではなく、大きく統合された知的努力が必要となることなのだ。なぜなら、複雑で集中的な知的努力は、充実した豊かな生活を意味するからだ。それは、生をもっと増やすことなのだ。生はそれ自体が目的であり、生きる価値があるかどうかというのは、生が十分にあるかどうかが唯一の問題なのだ。

——オリバー・ウェンデル・ホームズ、1900[1]

> 原子は現実の独立した要素なのだろうか？　いや（中略）量子論が示すように、原子は（中略）他の世界との相互作用で定義される。（中略）量子物理学とは、現実のこのあらゆる場所にある関係構造がずっと下の水準まで続いているという認識にすぎないのかもしれない。現実は物の集まりではなく、プロセスのネットワークなのだ。
>
> ――カルロ・ロヴェッリ、２０２２[2]

技術は科学に従う。⿻を世界の可能性を示すビジョンとして理解したいなら、まずは世界の現状を見る視点として⿻を理解すべきである。テクノクラートとリバタリアンの視点は科学、つまり前節で説明した一元論的アトム主義に根ざしている。つまり、基本的な原子の集合に作用する普遍的な法則の理解こそ、世界を理解する最良の方法なのだという信念である。

テクノクラシーは、昔から科学と合理性によって正当化されてきた。１９００年代初頭に人気を博した「科学的管理法」（別名テイラー主義）では、社会システムを単純な数学モデルで表現し、それを検討する手段として論理と理性を使うことで正当化された。建築におけるハイモダニズムも、やはり幾何学の美しさからインスピレーションを得ている。[3] リバタリアニズムも物理学などの科学をかなり援用している。粒子が「最小作用の経路を取」り、進化が適応度を最大化するように、経済主体は「効用を最大化」するというわけだ。人間社会から星の動きに至るまで、世界のあらゆる現象は、一元論的アトム主義の見方では、最終的にはこれらの法則に還元できる。

　これらのアプローチは大成功を収めた。ニュートン力学はさまざまな現象を説明し、産業革命の技術にひらめきを与えた。ダーウィニズムは現代生物学の基盤だ。経済学は社会科学の中で公共政策に最も大きな影響を与えてきた。そして、チャーチ＝チューリングの「汎用計算」ビジョンは、今日きわめて広く使用されている汎用コンピュータのアイデアの元となった。

　しかし20世紀は、一元論的アトム主義の限界を超えれば、どれほどの進歩が可能かを教えてくれた。ゲーデルの不完全性定理は数学の統一性と完全性を揺るがし、さまざまな非ユークリッド幾何学が、いまや科学にとってきわめて重要になっている。[4] 共生、生態学、拡張進化統合は、中心的な生物学的パラダイムとしての「適者生存」を揺るがし、環境科学の時代を先導した。神経科学は、ネットワークと創発的能力を中心に見直され、現代のニューラルネットワークを生み出した。これらすべてに共通するのは、一種類しかない原子的なものに普遍的な一連の法則を適用するのではなく、複雑性、創発、多層組織、多方向の因果関係に焦点を当てていることだ。

　⿻の社会システムに対するアプローチも同じだ。企業はグローバルな競争というゲームに参加しているが、同時にそのゲームは、従業員、株主、経営陣、顧客が参加するゲームでもある。そこから生じる結果が、みんなの好みと一貫性を持つとは考えにくい。さらに、多くのゲームは交差している。企業の従業員は、企業だけでなく、彼らが外部の世界と結ぶ他の関係（政治、社会、宗教、民族など）からもいろいろと影響を受ける。国もまた、企業、宗教などが交差するゲームでありプレイヤーであり、国同士の行動と国内の行動とはきれいに切り離せない。この本の執筆自体も、まさにさまざまな方法でこれらの複雑な組み合わせとなっている。

　このように、⿻は20世紀の自然科学と大いに似ている。これらの影響と類似点を、過度に厳密さや普遍性にとらわれることなく挙げてみると、インスピレーションと再構成の先にある魅力的な道が少し見えてくる。リバタリアニズムとテクノクラシーはイデオロギー的な戯画だとも言えるが、科学的な観点から見ると、複雑性に対するありがちな脅威でもある。

　本質的にあらゆる複雑系は、流体の流れから生態系の発達、脳の機能に至るまで、「混沌とした」状態（活動が本質的にランダム）と「秩序立った」状態（パターンが静的で固定）の両方を示す。ほとんどの場合、どの状態が発生するかを決定する何らかのパラメータ（熱や突然変異率など）があり、その値が高いと混沌が、値が低いと秩序が起こる。パラメータがこれらの状態間の遷移の「臨界値」に非常に近い場合、つまり複雑系理論家が「カオスの縁」と呼ぶものになると、複雑な動作が発生し、予測不可能に発展する生命のような構造が形成される。この構造は、混沌でも秩序でもなく、むしろ複雑なのだ。[5] これは中央集権と反社会、テクノクラートとリバタリアンの脅威の間の「狭い回廊」という「2-0　ITと民主主義　拡大する溝」で強調した考え方と密接に対応している。

　このように、⿻は、この狭い回廊に向かって進み、それを広げることがきわめて重要だということを科学から学べる。これは、複雑系科学者が「自己組織化する臨界性」と呼ぶプロセスである。このプロセスを学べば、多くの科学の知恵を活用し、特定のアナロジーに過度にとらわれないようにできる。

数学

19世紀の数学では形式主義が台頭した。形式主義とは、矛盾や間違いを避けるために、使用する数学的構造の定義と特性を正確かつ厳密にすることである。20世紀初頭には、数学が「解決」され、あらゆる数学的命題の真偽を判断するための厳密なアルゴリズムさえ得られるのではないかという希望があった。[6] 一方、20世紀の数学は、複雑性と不確実性の爆発的な増加が特徴だった。

- **ゲーデルの不完全性定理**：20世紀初頭の多くの数学的な成果、中でも特筆すべきものとしてゲーデルの不完全性定理は、数学の主要部分には完全に解けない、根本的で還元不能な部分があることを示した。同様に、アロンゾ・チャーチは一部の数学問題が計算プロセスだけでは「決定不能」だと証明した。[7] これはあらゆる数学を基本公理に基づく計算に還元するという夢を潰した。
- **計算複雑性**：還元主義が原理的／理論的には可能な場合ですら、構成要素に基づいて高次の現象を予測するのに必要な計算量（計算複雑性）があまりに多すぎて、現実的に実行できないこともある。必要な計算量が、そうした還元から得られる理解を通じて回収できるよりも、はるかに多くのリソースを消費してしまうのだ。多くの現実世界におけるユースケースでは、この状況はおなじみの計算複雑性問題となる。これは「最適な」アルゴリズムによる処理にかかる時間が、問題の規模とともに指数関数的に増えてしまうために実用にならず、ほぼ常に経験則を使うしかないというものだ。

- **感度、カオス、還元不能の不確実性**：比較的単純な系でさえ、「カオス」な挙動を示すものも多い。初期条件のわずかな変化が、長い時間が経過した後の最終的な挙動に劇的な変化をもたらす場合、この系はカオスだと呼ばれる。最も有名な例は天候系で、蝶が羽ばたくことで数週間後に地球の反対側での台風発生を左右するといわれる。[8] このようなカオス効果がある場合、還元により予測しようとすると、達成不可能なほどの精度が必要となる。さらに悪いことに、実現可能な精度は「不確定性原理」により厳しく制限されてしまうことも多い。これは、精密機器がしばしば系に干渉し、前述の敏感さにより大きな変化を引き起こす可能性があるからだ。

- **フラクタル**：多くの数学構造は、まったく違うスケールでも似たようなパターンを示す。その好例がマンデルブロ集合で、たとえば複素数を二乗し同じオフセットを足すことを繰

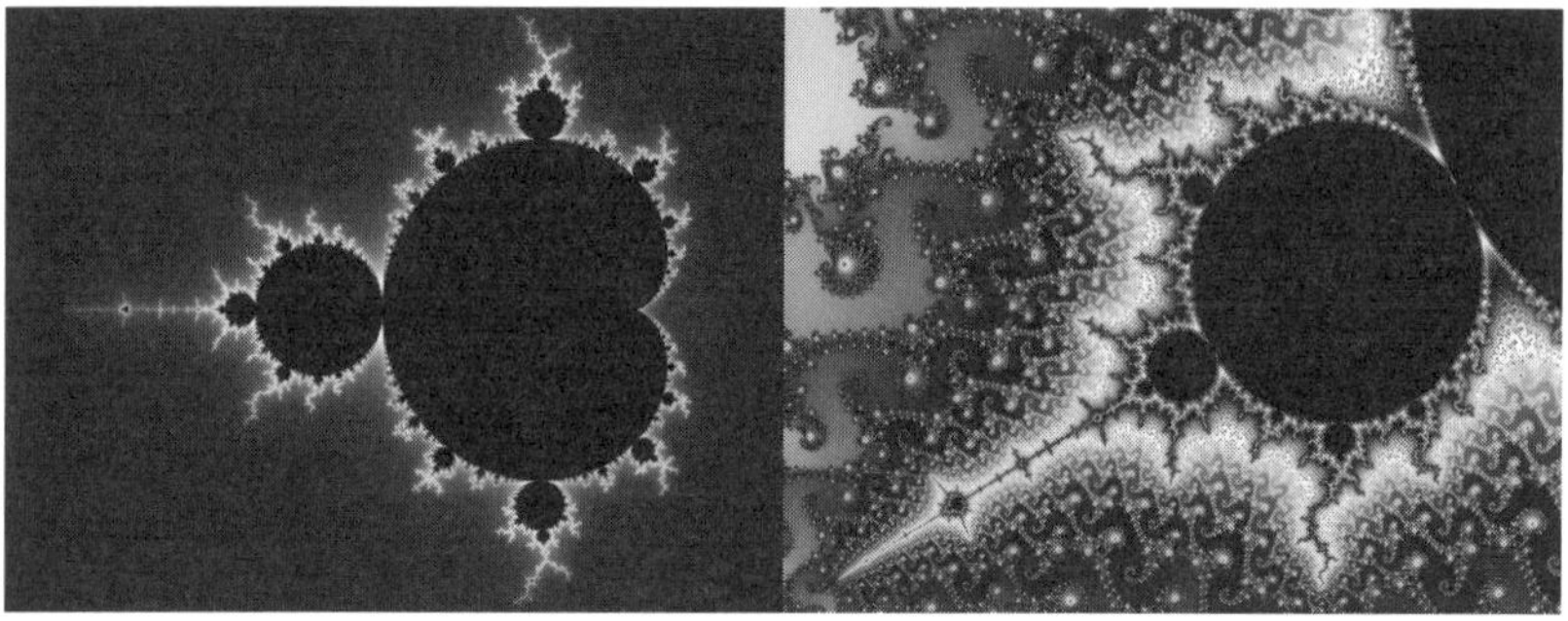

写真3-1-A　マンデルブロ集合（単純な二次関数が関数のパラメータ値次第で示すカオス的なふるまいの特徴）を2つのスケールで示したもの

出典：Wikipedia, CC 3.0 BY-SA, Created by Wolfgang Beyer[9]

り返すことで生成される。これらは、構造をアトム的な構成成分に分解すると、その本質的なマルチスケール構造が明らかになるどころか、むしろ不明瞭になる可能性を示している。

・**数学における関係性**：数学では、違う分野が相互に関連していることが多く、ひとつの分野の洞察を別の分野に適用できる。たとえば、代数構造は数学の多くの分野に遍在しており、数学的な対象間の関係を表現および検討するための言語を提供している。代数幾何学の研究は、これらの構造を幾何学に結びつける。さらに、位相幾何学の研究は、形状とその特性の関係理解に基づいている。多様性と相互接続性の混合こそが、現代数学の特徴だと言える。

物理学

1897年、ケルヴィン卿（ウィリアム・トムソン）は「いまや物理学で発見すべき新しいものは何も残っていない」と宣言して悪名を馳せた。実際には、20世紀はこの分野の歴史上、最も肥沃で革命的な1世紀だった。

・**アインシュタインの相対性理論**は、大規模または高速の物理世界を理解するときに、ユークリッド幾何学や衝突するビリヤードボールのニュートン力学の単純性をひっくり返した。物体が光速にかなり近い速度で運動するとき、そのふるまいを記述するにはまったく違うルールが登場するのだ。

・**量子力学とひも理論**も同様に、微小なスケールだと古典物理では不十分であると示した。ベルの不等式は、量子物理学は確率理論と隠れた情報理論のため、完全に記述すらできないのだと、はっきり実証してしまった。ある粒子は、同時に2つの状態の組み合わせ（または「重ね合わせ」）となれる。その2つの状態が互いに相殺し合うのだ。

・**ハイゼンベルクの不確定性原理**は右で述べたように、ある素粒子の速度と位置を計測するときの精度に、厳格な上限を設ける。

・**三体問題**は、いまや劉慈欣のSFシリーズで中心的な役割を果たしたことで有名だが、簡単なニュートン物理学の下にあるたった3つの物体の相互作用ですら、あまりにカオス的で、そのふるまいを単純な数学問題では予想できない。それでも、「温度」や「圧力」といった17世紀の抽象概念を使えば、日常に使用するには十分な程度に、兆単位の物体の問題を解くことができる。

20世紀物理学の革命の最も顕著で一貫した特徴は、固定された客観的な外部世界という仮定を覆した点かもしれない。相対性理論は、時間、空間、加速度、さらには重力が、根底にある現実の絶対的な特徴ではなく、物体間の関係の関数だと示した。量子物理学はさらに進んで、これらの相対的な関係も観測されるまで固定されず、したがって根本的には物体ではなく相互作用であることを示した。[10] このように現代科学は、違ったスケールでの物理世界のさまざまな側面を理解するために、異なる分野を混ぜ合わせたり組み合わせたりすることが多い。

物理的現実に関するこの豊かで、な理解の応用こそが、20世紀の栄光と悲劇の核心である。大国は原子の力を利用して世界情勢を形成した。グローバル企業は量子物理学の理解を活用して、かつてないほど小型の電子機器を顧客の手の中に詰め込み、空前の通信と情報処理を可能にした。何百万もの家庭による木材や石炭の燃焼は、世界中に散在する極小のセンサーから得られる情報によれば、生態系の破壊、政治的紛争、そして世界規模の社会運動の原因となっている。

生物学

19世紀のマクロ生物学（高度な生物とその相互作用に関するもの）の決定的な考え方は「自然

選択」だったが、20世紀の決定的な思想は「生態系」だった。自然選択が希少な資源を前にした「ダーウィンの」生存競争を強調したのに対し、生態系の観点（「拡張進化的総合」の考え方と密接に関連）は以下を強調する。

- **モデルの予測可能性の限界**：還元主義的な概念だと、動物行動の有効なモデルを構築する能力に限界があることが次々にわかってきた。たとえば行動主義、神経科学などは限界を迎えている。これは計算複雑性の実例だ。
- **生命体と生態系の類似性**：多様な生物の多く（「生態系」）が多細胞生物に似た特徴（恒常性、内部構成要素の破壊や過剰増殖に対する脆弱性など）を示し、創発性とマルチスケールな組織化を示すことがわかった。実際、多くの高次生命体は、そうした生態系と切り離せない（たとえば、単細胞生物間の協力としての多細胞生物、または個々の昆虫とアリのような「真社会性」生物）。これらの生物の進化が持つ独特の特性として、こうしたさまざまなレベルで突然変異と選択が発生し、マルチスケールな組織化が生じる。[11]
- **種間相互作用の多様性**は、伝統的な競争や捕食者と被捕食者との関係だけではない。そこには生物が他の生物が提供するサービスに依存し、その見返りに他の生物の維持を助けるという、各種の「相利共生」も含まれる。これは生物種同士の絡み合いや関係性を示す。[12]

・エピジェネティクス：遺伝が符号化しているのは、生物行動の一部だけであり、「エピジェネティクス」などの環境特性が進化と適応に重要な役割を果たしていることがわかっている。分子生物学でも独自の多レベルかつ多次元的な因果関係が示されている。

この変化は、単なる科学理論の問題ではない。20世紀における人間の行動と自然との関わりで、最も重要な変化のいくつかが、ここから生まれた。特に、環境保護運動と、それが生み出した生態系、生物多様性、オゾン層、気候を保護するための取り組みはすべて、この「生態学（エコロジー）」という科学から生まれ、この科学に大きく依存しているので、この運動自体がしばしば「エコロジー」と呼ばれるほどだ。

神経科学

現代の神経科学は、カミロ・ゴルジ、サンティアゴ・ラモン・イ・カハールらが、脳の基本的な機能単位として、ニューロンとその電気的活性化を分離した19世紀後半に始まった。この分析は、神経伝達の電気的理論を構築し、動物でそれを試験したアラン・ホジキンとアンドリュー・ハクスリーの研究によって、明確な物理モデルへと磨き上げられた。しかし最近では一連の発見のおかげで、カオスと複雑性の理論が脳の機能の中核に据えられるに至ったのだ。

・**脳機能の分布**：数学モデル、脳画像、単一ニューロン活性化実験から、多くの、いやほとんどの脳機能が各種脳領域に分布していることが示された。脳機能は物理的に局所化しているのではなく、主に相互作用のパターンから創発してきているらしい。

・**接続のヘッブモデル**では、ニューロンが繰り返し共発火することで接続が強化される。これは科学における「関係性」思想の最もエレガントな例だろう。これは人間関係の発達についてみんなが想像するものときわめて似ている。

・**人工ニューラルネットワークの研究**：すでに１９５０年代初頭には、フランク・ローゼンブラットを皮切りに多くの研究者たちが、脳について初の「人工ニューラルネットワーク」モデルを構築した。ニューラルネットワークは、最近の「人工知能」の進歩の基盤となっている。入力の線形な組み合わせにより、ある閾値（いきち）を超えることで引き起こされるニューロン活性化という仕組みを手本にしたネットワークが作られている。このかなり単純な原理で動く、何兆ものノードを持つネットワークこそが、言語モデルのＢＥＲＴやＧＰＴなどの屋台骨となる。

科学から社会へ

⿻は、科学的には人間社会についての理解に類似の視点を応用する。そして技術的には、⿻科学に基づく物理技術の構造と同様に、そうした構造を説明できて、しかもその構造自体と類似した、公式の情報ガバナンスシステムを構築しようとする。このビジョンが最も明解に現れたのは、ネットワーク社会学の主導的な人物マーク・グラノヴェッターの業績だろう。[13]そこには基本的な個別アトムはない。個人のアイデンティティは根本的に、社会関係とのつながりから生まれるのだ。また固定された単一の集合体はおろか、集合体の集まりすらそこには見られない。社会集団は絶えずシフトし必然的に再編される。人々の多様性と、彼らがつくり出す社会集団の多様性の間に見られる、こうした双方向的な均衡こそが⿻社会科学の本質なのだ。

さらにそうした社会集団は、さまざまな交差する非階層的な規模で存在する。家族、クラブ、町、地域、さまざまな規模の宗教団体、さまざまな規模の企業、人口統計上のアイデンティティ（ジェンダー、性的アイデンティティ、人種、民族など）、教育と学術訓練、その他多くのものが共存し、交差している。たとえば、世界のカトリックの観点から見ると、米国は重要ながら「少数派」の国であり、米国に住むカトリック教徒は全体の約6％にすぎない。しかし米国の観点から見ると、カトリックについても同じことが言え、アメリカ人の約23％がカトリック教徒なのだ。[14]

詳述する紙幅はないが、この見方の説得力について定量的かつ社会科学的な証拠を提供する文献は多い。[15]産業ダイナミクス、社会行動心理学、経済開発、組織の凝集性などの多くの研究で、多様性を生み出し活用する社会的関係が中心的な役割を持つことが示されている。[16] ここではむしろ、おそらく最も驚くべき、そして右記の科学的テーマに最も関連のある例をひとつだけ取り上げよう。科学的知識自体の進化だ。

成長を続ける学際分野「メタサイエンス」では、科学者とアイデアのネットワークから複雑なシステムとして科学的知識が生まれる様子を研究している。[17] この分野では、科学分野の出現と増殖、科学の目新しさと進歩の源、科学者が選択する探究戦略、社会構造が知的進歩に与える影響などが図解されている。とりわけ、科学的探究は、その分野内で頻繁に議論され、科学者間の社会的および組織的なつながりで重視されるトピックに偏っており、それが科学的知識の発見プロセスの効率を低下させることが示された。[18] さらに、手法が多様で、参照する既存文献の範囲が広く、独立性が高く重複しないチームで構成された分散型の科学コミュニティは、より信頼性の高い科学的知識を生み出す傾向があることもわかった。対照的に、共同研究を繰り返し、以前の研究からの限られた範囲のアプローチに制約されている中央集権型のコミュニティは、信頼性の低い結果を生み出しやすい。[19,20] また、研究チームの規模と階層構造と、開発された発見の種類（リスクのある革命的な科学と通常の科学）との間に強いつながりがあることがわかり、現代科学においてチーム（個人の研究ではなく）がますます支配的な役割を果たしていることが示された。[21] 最大のイノベーションは、既存の分野にしっかりと根ざしつつ、それを通常とは異なる意外な組み合わせで展開することで生まれやすいが、[22,23,24] 科学で使用されるインセンティブ構造のほとんど（たとえば、論文の掲載誌の品質や引用数に基づくもの）は、科学的創造性を制限する歪んだインセンティブを生み出すという。これらの発見により、科学コミュニティでは、イノベーションに報い、これらの偏りを相殺し、より□なインセンティブセットを作成できる新しい指標が開発されている。[25]

科学における□を直接的に説明し、強化する科学政策研究は、既存の知識の厳密さと新しい洞察の発見という両方の面で利点があることが実証されている。異質なコミュニティが異なるアプローチで既存の主張を検証すると、視点が独立しているので、その発見は反論や修正に対して堅牢さを増す。さらに、きわめて□な科学ベンチャーに見られる多様性をシミュレートして□原則に基づく分析モデルを構築すると、通常の人文科学を超える発見が得られる。[26]

したがって、科学の実践自体を理解するうえでも、社会組織の多くの交差するレベルに根ざした□的な視点が重要となる。科学についての科学で見出された、破壊的で革新的な知識の出現の原動力に関する知見は、特許やGitHubのソフトウェアプロジェクトなど、他の創造的なコラボレーションコミュニティでも再現されており、科学の□的な見通しがあらゆる種類の科学技術の進歩を超越できることを明らかにしている。

未来の□？

それなのに、先ほど論じた未来についてのテクノクラート的およびリバタリアン的なビジョンの想定は、こうした□な基盤とまったく乖離したものとなっている。

前章で論じたテクノクラートのビジョンでは、既存の行政システムの「乱雑さ」は、大規模で統一された、合理的で科学的、人工知能的な計画システムに置き換えられる。地域性と社会の多様性を超越したこの統合エージェントは、社会の分裂や違いを超越し、あらゆる経済的および社会的問題に「偏りのない」答えを与えるものなのだという。だからこのエージェントは、社会的多様性と異質性を、促進し活用するどころか、せいぜい覆い隠し、最悪の場合にはそれを消去しようとする。⿻的社会科学から見れば、その多様性や異質性こそが、関心、関与、価値の対象そのものを定義するというのに。

リバタリアンのビジョンでは、アトム的個人（またはいくつかのバージョンでは、均質で緊密に連携した個人のグループ）の独立主権こそ最も重要な狙いとなる。社会関係は、「顧客」、「退出」、その他の資本主義の力学に基づき理解すべきだとされる。民主主義や多様性に対処する手段は、利害関係のすり合わせが不十分で自由を達成できないシステムだけに必要な、失敗のモードと見なされる。

しかし、これらが進むべき唯一の道であるはずがない。⿻科学は、世界に対する⿻な理解を活用して物理的な技術を構築することがいかに強力かを示している。人間社会に対する同様の理解に基づいて構築した社会と情報技術を構築したらどれほど強力になることだろうか。幸いなことに、20世紀には、哲学的および社会科学的な基盤から、技術的表現の始まりに至るまで、そのようなビジョンが系統的に発展した。

プルラリティ（多元性）

PLURALITY

THE FUTURE OF COLLABORATIVE TECHNOLOGY AND DEMOCRACY

3-2

つながった社会

たとえば、産業や技術の発明は、関連する行動様式を変え、それが間接的に生み出す結果の量、性質、影響箇所を根本的に変える手段を生み出す。これらの変化は政治形態の外部で生じるものとなる。だがそうした政治形態は、いったん確立されるとそれ自体が惰性を持ってしまい、なかなか消えない。生み出された新しい公衆は、受け継いだ政治機関を利用できないため、ずっと未成熟で組織化されていないままとなる。一方、後者の政治機関のほうは、精巧でうまく制度化されているなら、新しい公衆の組織化を妨害しようとする。社会生活がもっと流動的で、硬直した政治や法の鋳型に押し込まれていなければ、急速に成長したかもしれない国の新形態の発展を、そうした政治機関は邪魔するのである。公衆は、自らを作り上げるために、既存の政治形態を破壊しなければならない。これが難しいのは、そうした形態自体が変化を実現するための通常の手段だからだ。その政治形態を生み出した公衆は消え去るのに、権力と所有欲は、死にゆく公衆が設立した役人や機関の手に残されたままとなっているのだ。だからこそ、国家形態の変化は革命によってしかもたらされないことが多いのである。

——ジョン・デューイ、『公衆とその諸問題』、1927[1]

20世紀には、自然科学と同様に社会科学にも根本的な変化が生じた。アメリカ史上、そしておそらく世界史上、最も売れ、最も影響力のある経済学書を書いたヘンリー・ジョージは、私有財産に対する痛烈な批判者として名を馳せた。社会学の創始者のひとりゲオルク・ジンメルは、個人主義的なアイデンティティの概念を批判する「ウェブ／網の目」という概念を生み出した。アメリカ民主主義の最も偉大な哲学者と広く目されるジョン・デューイは、この概念を具体化しようとする標準的な国家および州の制度は、民主主義に必要なもののほんの表面をかすめたにすぎないと主張した。ノーバート・ウィーナーは、このような豊かなインタラクティブなシステムを研究する分野を指す「サイバネティックス」という用語を考案した。これらの先駆者たちは、近代性の枠の構築に貢献しつつも、その枠の限界を認識することで、それを超えた社会的世界を考えられるようにしてくれる。そして多様性をまたがるコラボレーションの可能性を活用する、「つながった社会」のビジョンへの道を示してくれたのだ。

近代性の限界

私有財産。個人のアイデンティティと権利。国民国家の民主主義。これらは、現代の自由民主主義のほとんどの基礎である。しかし、どれも根本的に一元論的アトム主義を基礎としたものだ。個人はアトムで、国民国家はそれらを結びつける全体、というわけだ。すべての国民は、社会の網の目を形成する関係性のネットワーク（その中では、どの国家もひとつの社会集団でしかない）の一部というより、全体から見ると平等で交換可能な存在と見なされる。国家機関は、自由で平等な個人に対し、直接的で間に何もはさまない関係を持つ（ただし場合によっては、連邦およびその他の補助機関（市、宗教、家族など）も間に入る）。

この構造を最も鮮烈に描き出すのが、現代の社会組織の3つの基礎的制度、すなわち財産、ID、投票である。本書ではまず、これらがそれぞれの状況でどう機能するかを説明し、その後、社会科学の一元論的アトム主義の限界への取り組みと、そこから出てくる克服方法を示す。

■財産

単純でおなじみの私有財産という形態は、世界中の自由民主主義国できわめて一般的である。

この権利に対する制限や制約は、ほとんどが政府によるものだ。ほとんどの家は、個人または家族が所有しているか、またはひとりの大家が所有していて、それを別の個人または家族に賃貸している。政府以外の共同所有のほとんどは、標準的な株式会社の形態をとっていて、一株一票と株主価値最大化の原則がそれを仕切っている。公共の利益に基づいて、私有財産所有者の権利は大きく制限されているが、これらは圧倒的に、国、州、地方／市など、少数の政府レベルによる規制の形態をとる。これらの慣行は、歴史の大半の期間を通じてほとんどの人間社会で支配的であった財産制度とはまったく違う。かつての制度では、個人の所有権が完全に制度化されることはめったになく、さまざまな「伝統的な」期待が所有物の正しい使用方法と交換方法を規定していた。近代化と植民地主義によって財産が市場性のある「商品」にされ、社会的な文脈で行われるよりもはるかに幅広い交換と再利用ができるようになったため、このような伝統的な構造はほとんど消滅してしまった。[2]

▒ アイデンティティ／ＩＤ

近代以前、個人は血縁に基づく制度に根ざした家族に生まれ、その制度が生計、生活、意味などすべてを提供し、ほとんど誰もそこから逃れられなかった。人々は身近な知り合いの範囲を越えて移動することはめったになかったため、「公式身分証／ＩＤ」は必要ではないし、意味もなかった。こうした制度が崩れていったのは、ローマ帝国と、その後のキリスト教の広がりのためだ。[3] 10世紀から12世紀頃にヨーロッパの都市が成長すると、修道院、大学、ギルドなど、さまざまな血縁外の社会制度が出現し、「市民」（都市の人々）の非人格的な社会性が形作られるようになった。そしてそのような機関とのつながりを示す、紙ベースのマーカーが、非公式な血縁関係の知識に取って代わった。特に、教会の洗礼記録は、出生証明書の発行という広く普及した慣行の基礎となった。それがさらに、近代国家における各種の身分証明のあらゆる基礎となった。[4]

これで個人的な関係に依存せずにすむようになり、身元の基盤は国家との関係に基づいて構築されるようになった。それが転じて、子供のスポーツチームから医療提供者まで、他のさまざまな機関の信頼のアンカーとして機能するようになった。これらの抽象的な表象により、人々は、狭い社会世界の「知り合い」や「自分の居場所」ではなく、国家との関係に基づく、抽象化された普遍的な意味での自分として、世界中で活動できるようになった。つまり、この「ＷＥＩＲＤ」（Western／西洋　Educated／教育を受けた　Industrialized／工業化された　Rich／豊かな　Democratic／民主的な）普遍主義は、アイデンティティの社会的埋め込みを破り、人々を「解放」し、パスポートや国民ＩＤカードなどの政府発行の現代的な身分証明書により、広範囲に旅行したり交流したりできるようにした。他に重要な資格証としては教育修了証があるが、その構造はおおむね限定的で、特定の「カーネギー単位」構造（理論上は、講師と過ごす１２０時間）の課程修了で得られるいくつかの「学位」のどれかを意味する。しかし本来であれば、学習達成度については図３-２-Ａに示すような広範な認知を提供できてもいいはずだ。近代化によって私有財産の所有権が抽象化され、それが多くの社会的絡み合いから切り離されたのと同様に、個人のアイデンティティ／身分も、移動や新しい関係の形成を制限する社会的束縛から抽象化されたこ

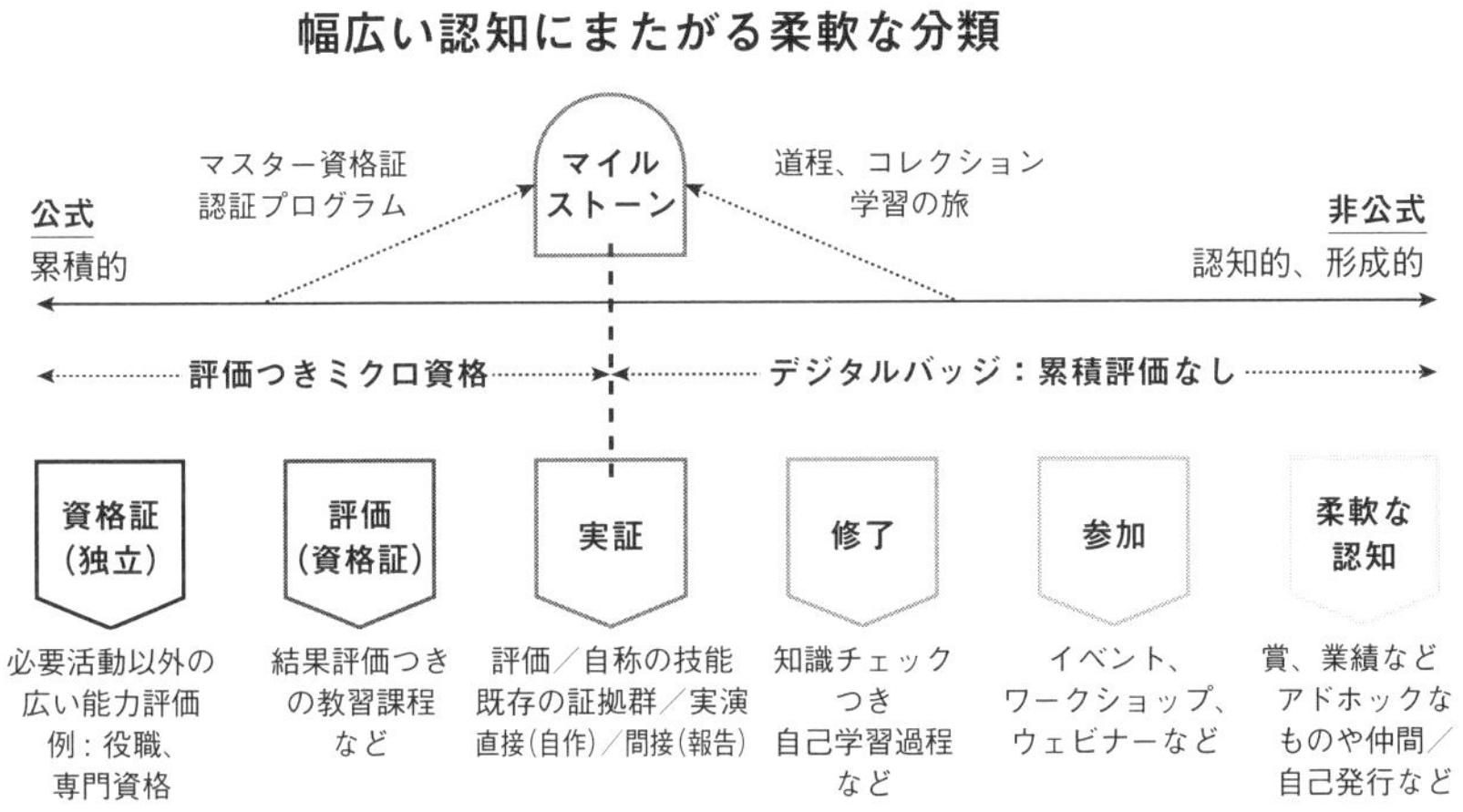

図 3-2-A 幅広い認知にまたがる柔軟な分類

出典：Learning Agents Inc.[5]

とになる。

■ 投票

ほとんどの自由民主主義国では、「一人一票」の原則が民主主義プロセスの神聖な核心と見なされている。もちろん、さまざまな代議制（複数議席の比例代表制か小選挙区制か）、抑制と均衡（議会は多院制か一院制か、議会制か大統領制か）、および連邦制の程度は実にさまざまだし、その組み合わせも多様ではある。しかし、世間的な見方としても、正式な規則の面でも、集団の社会的構成はどうあれ、多数派（または場合によっては超多数派）が優先されるべきだという考えは、民主主義についての一般的な理解の核心となる。[6] これも、世界のほとんどの地域と歴史のほとんどの部分での意思決定構造とは対照的だ。[7] それまでの意思決定は、家族、宗教、忠誠関係、職業など、さまざまな社会的関係に基づいており、広範かつ多様な代表を立てて行われることも多かった。ここでも同じパターンが繰り返されている。自由主義国家は、それまで社会の中に埋め込まれていた「個人」をそこから「抽出」し、抽象化された国家体制の中で、交換可能な独立市民に仕立てたのだ。

この体制は、ルネッサンスと啓蒙時代から広まった。この時代には、伝統的な共有地ベースの財産制度、コミュニティベースのアイデンティティ、多部門の代表制が、近代国家の「合理性」と「近代性」のために一掃された。[8] この仕組みは、19世紀の産業と植民地時代に確固たるものとなり、文字どおり世界を征服し、マックス・ウェーバーの著作で正統化された。そして、20世紀半ばの「ハイモダニズム」で頂点に達した。この時代には、財産がさらに規則的な形と大きさへと合理化され、身分証明書が生体認証で強化され、一人一票のシステムが幅広い組織に広まった。

世界中の政府や組織がこうした仕組みを採用したのも無理はない。この仕組みは単純でスケーラブルだし、まったく違う出自の人々がすぐに互いを理解し、生産的に交流できるようになる。かつての共有地に基づく財産制度は、部外者や実業家が地元のややこしい慣習を打破できないため、イノベーションが阻害されていた。私有財産制度は、変化を阻害するものを減らすことで、開発と交易への道を切り開いたのだ。20世紀に政府を変革した社会福祉制度の担当者は、権利に関する単一の、平坦で明確なデータベースがなかったら、年金や失業手当への幅広いアクセスを提供することは不可能だっただろう。そして、この仕組みがなければ、米国憲法に組み込まれたような微妙な妥協点には決して到達できなかったし、まして現代世界の複雑さに対応できるほど充実した妥協点などには達しようもなく、民主的な政府が広がる可能性もほぼあり得なかった。

実際、これらの制度は、現代の豊かな自由民主主義国家が台頭し、繁栄し、統治するための中核的な仕組みであり、それがジョセフ・ヘンリックが「世界で最もＷＥＩＲＤな人々」と呼ぶ人々を生み出した。ニュートン力学とユークリッド幾何学の洞察が、これらの文明に地球を制覇する物理的な力を与えたのと同じように、自由主義的な社会制度は、地球制覇のための社会的柔軟性を与えた。しかし、ユークリッド・ニュートンの世界観がひどく限定的であまりに単純であることが判明したのと同じように、これらの一元論的アトム主義的社会システムの限界を浮き彫りにすることで、⿻社会科学が生まれた。

ヘンリー・ジョージとネットワーク化された価値

社会思想家といえばカール・マルクスやアダム・スミスばかりが印象に残りがちだが、存命中および死からしばらくの間に最も大きな影響力を持っていたのは、ヘンリー・ジョージだろう。[9] 聖書以外では長年にわたり英語でベストセラーだった『進歩と貧困』の著者であるジョージは、20世紀初頭の最も成功した政治運動や文化的構築物の多くに影響を与え、それを自ら創始した面さえある。例としては次のようなものだ。[10]

- アメリカの中道左派。彼はニューヨーク市長選で労働党候補として当選目前だった。
- 進歩主義運動と社会福音運動。どちらも彼の著作にちなんで名づけられた。

・三民主義。「2-1玉山からの眺め」で述べたように、三民主義の経済的基盤はジョージ主義にしっかりと根ざしていた。
・ゲームの「モノポリー」。これは教育的装置「地主のゲーム」として始まり、ルールを変えると独占が回避できて、共通の繁栄が可能になることを示すためのものだった。[11]

ジョージはさまざまな話題を扱っている。無記名投票のアイデアにも貢献した。しかし最も名高いのは、土地に対する「単一税」の提唱だ。土地の価値は、個人の所有者に帰属するべきではないと彼は主張した。最も有名な例として、彼は美しく均質な土地でいっぱいの、開けたサバンナに、入植者がやってきて、家族のために恣意的に選んだ大きな区画を占有する話を挙げた。次の入植者は最初の入植者の近くに定住したがる。そのほうが仲間と楽しんだり、労働を分担したり、学校や井戸などの共有施設を享受したりできるからだ。入植者が増えても、みんな密集を選択し続け、土地の価値は上がる。数世代後、最初の入植者の子孫は、周囲に大都市が築かれたというだけの理由で、ほとんど努力なしに、想像を絶するほど裕福な、にぎやかな大都市の中心部のかなりの部分を持つ地主になる。

ジョージは、その一家の土地の価値が、その家族に帰属するのは不当だと主張した。その価値は集団の産物なのだから、課税して召し上げるべきだと言う。このような税金は公正であるだけでなく、経済発展にとって不可欠だ。この点は、本書の著者グレン・ワイルを含む後代の経済学者たちが大いに強調している。この種の税金は、特に台湾のように慎重に設計されている場合、土地所有者が土地を生産的に使用するか、他の人に土地を使わせるよう強いることができる。その税収は、土地に価値を与える共有インフラ(学校や井戸など)に使えるのだ。これは「ヘンリー・ジョージの定理」と呼ばれる発想となる。「5-7社会市場」の節で、こうした各種の点にまた戻ろう。

しかし、ヘンリー・ジョージの議論はレフ・トルストイからアルバート・アインシュタインなど各種の政治家や知識人を惹きつけてはいるが、細かく考えると問題がいろいろと出てくる。土地が個人の所有物ではないなら、誰または何の所有物なのか？　その都市？　国民国家？　世界？

これはＩＴに関する本なので、シリコンバレーのあるサンフランシスコ湾岸地域が事例としてエレガントだろう。そこは著者2人とジョージ自身が人生の一部を過ごした場所であり、世界で最も高価な土地がいくつかある場所なのだ。この土地の莫大な価値は誰のものだろうか？

- 住宅の所有者たちのものではないのは当然だろう。この人たちは単に、運良く自分たちの周りでコンピュータ産業が成長しただけなのだから。するとこの地域の各都市のものか？　多くの改革者は、この地域の都市は、そもそも方向性がバラバラだし開発を禁止したがる者が多いので、地価のすさまじい上昇を自分たちの手柄だなどと主張することはとてもできない、と論じる。

・スタンフォード大学と、カリフォルニア大学バークレー校はどうだろう？　多くの研究者はシリコンバレーのダイナミズムの相当部分が、これらの大学のおかげだと論じている。[12] 確かに、大学はある程度の役割を果たしたが、ベイエリアの地価をすべて、この2つの大学だけに帰属させるというのもおかしな話だ。特に、こうした大学はアメリカ政府の財務支援を受けて成功したのだし、全国の他の大学の協力も成功に貢献しているのだから。

・カリフォルニア州ではどうだろう？　だがそれを言うなら、州のレベルで行われたどんなことよりも、全国的な防衛産業の産学複合体のほうが、はるかに大きな役割を果たしたはずだ。この産学の研究複合体は（後述のように）インターネットをつくり出したのだから。

・じゃあ、アメリカは？　でももちろん、ソフトウェア産業やインターネットは世界的現象ではないか？

・では全世界ではいかがだろう？　そんな土地の価値を、まともな意味で受け取って分配できるような世界政府なんか存在しないという本質的な話以外にも、あらゆる地価をそんなに高いところまで抽象化してしまうというのは、あまりに無責任だろう。明らかに、右に挙げた多くの存在のほうが、単なる「全世界」などよりはソフトウェア産業の価値と関係が深いはずだ。こんな議論を認めたら、世界政府なる存在が、あらゆるものをデフォルトですべて仕切ることになってしまう。

さらにややこしい話として、不動産から得られる収益は、所有という意味のごく一部でしかない。法学者は一般的に、不動産を「usus」（土地にアクセスする権利）、「abusus」（土地に建物を建てたり処分する権利）、「fructus」（土地から利益を得る権利）という権利の束として説明する。ベイエリアの土地には、どのような状況で誰がアクセスできるべきなのか？　その土地に誰が何を建てられるのか、あるいは建てる権利を他人に独占的に売れるのは誰か？　こうした疑問のほとんどは、ジョージの著作では、解決はおろかほとんど検討もされていない。この意味で、彼の著作はむしろ、私有財産が提供する簡単な答えから一歩踏み出そうという、有益な誘いなのだ。おそらく、彼のアイデアが非常に影響力はあっても、エストニアや台湾のような少数の（確かに非常に成功している）場所で、部分的にしか導入されていないのはこのためだろう。

このように、ジョージが考察と具体的な姿の構想を呼びかけているこの世界は、⿻価値の世界であり、さまざまな規模に局在するさまざまなエンティティ（大学、自治体、国民国家など）がすべて、価値創造にさまざまな度合いで貢献する世界となる。これは波とニューロンのネットワークが、さまざまな位置に粒子がある確率や、心の中で起こる考えにさまざまな度合いで貢献するのと同じことだ。そして正義と生産性のために、財産と価値はこれらの交差する社会的なサークルに、さまざまな度合いで帰属すべきなのだ。この意味で、ジョージは⿻社会科学の創始者だった。

ゲオルク・ジンメルと交差的（非）個人

ジョージの著作にもネットワーク思考が暗黙のうちには含まれていたが、それを明示的にして、偶然にとはいえ命名したのは、大西洋を越えた別の思想家だった。ゲオルク・ジンメルは、20世紀初頭のドイツの哲学者で社会学者であり、ソーシャルネットワークというアイデアの先駆者である。彼の著作が「網の目／ウェブ」を重視しているというのは誤訳なのだが、これが結局、「世界」に広まった。ラインハルト・ベンディックスは、1908年のジンメルの名著『社会学』の1955年翻訳で、ジンメル思想の直訳「社会サークルの交差点」は「ほとんど無意味」だと考えて、それを「グループ帰属のウェブ／網の目」と表現した。[14] それが直接どこまで影響したかははっきりしないが、もしベンディックスが反対の選択をしていたら、インターネットについて「ワールドワイドウェブ」ではなく「交差するグローバルサークル」という言葉で語っていたかもしれない。[15]

写真 3-2-B　ゲオルク・ジンメル

出典：Wikipedia, public domain[13]

ジンメルの「交差的」アイデンティティ理論は、伝統的な個人主義／アトム主義（当時の社会学ではマックス・ウェーバーの著作の特徴で、リバタリアニズムに深く影響）と集団主義／構造主義（当時のエミール・デュルケームの社会学の特徴で、テクノクラシーに深く影響）に代わるものだった。ジンメルから見れば、この2つはもっと豊かな基礎理論の極端な還元／投影でしかない。

彼の見方だと、人間はきわめて社会的な生物であり、このために、そのアイデンティティは社会的関係を通じて深く形成される。人間は、社会的、言語的、および連帯的な集団に参加することで、自己意識、目標、および意味の重要な側面を獲得するのだ。単純な社会（孤立した、田舎の、または部族的な社会など）では、人々は人生のほとんどを、右で説明した親族グループとの交流に費やす。このサークルは（主に）集団として人々のアイデンティティを定義づける。このため単純社会の研究者のほとんど（たとえば人類学者マーシャル・サーリンズ）は、方法論として集団主義を好む傾向がある。[16] しかし、右で述べたように、社会が都市化すると社会的関係も多様化する。人々はひとつのサークルで働き、別のサークルで礼拝し、3番目のサークルで政治的な主張を支持し、4番目のサークルで娯楽を楽しみ、5番目のサークルでスポーツチームを応援し、6番目のサークルで差別されていると自認する、といった具合だ。これらの多様な帰属が合わさって、個人のアイデンティティが形成される。帰属するサークルの数が増えて多様になれば、その分だけ別の誰かがまったく同じ帰属の交差を共有する可能性は下がる。

これが起こると、人々は常に自己意識全体の中で周囲の人々と共有する部分が百％ではなくな

プルラリティ（多元性）

る。だから自分が「ユニーク」（肯定的に捉えるなら）、あるいは「孤立／誤解されている」（否定的に捉えるなら）と感じ始める。これにより、ジンメルの言う「質的個性」なる感覚が生じる。複雑な都市環境に焦点を当てる社会科学者（経済学者など）が、方法論として個人主義を好みがちなのは、このせいかもしれない。しかし皮肉なことに、ジンメルが指摘するように、そのような「個性化」は、まさに「個人」が多くの帰属先に分かれ、分裂するからこそ起こるものだし、その度合いはその分裂が多いほど高まる。したがって、方法論としての個人主義（および、右で強調したように、それが正当化した国民国家の「平等主義的個人主義」と呼ばれるもの）は「（非）個人（訳注：完全に切り離されて独立した個人ではないという意味）」を社会分析の不可欠な要素と見なすが、ジンメルはむしろ、現代の都市社会の複雑さとダイナミズムの創発的な特性として個人が可能になるのだと示唆する。

したがって、国民アイデンティティという仕組みがコミュニティの束縛から解放しようとする個人は、実際にはコミュニティの成長、増殖、交差から生まれるのだ。真に公正で効率的な財産制度は、このようなネットワーク化された相互依存を認識し、考慮するので、現代生活を真に強化し、サポートするＩＤシステムは、その⧉構造を反映する必要がある。

ジョン・デューイの創発的公衆

もし（非）個人のアイデンティティが流動的でダイナミックなら、それを構成する社会的サークルも流動的でダイナミックであるはずだ。ジンメルが強調するように、新しい社会集団は絶えず形成され、古いものは衰退する。彼が強調する3つの例は、当時としてはまだ新しい、労働者の一般的な利益を代表する産業横断的な産業労働組合の形成と、当時ちょうど出現してきたフェミニスト協会、そして産業をまたがる雇用主の利益団体だった。このような新しいサークルを形成する重要な経路は、この新しいグループが互いを知り、理解し、広い社会全体とは共有していないものを共有できる場所（労働者会館など）や出版物（労働者新聞など）の設立だった。こうした絆は秘密によって強化され、共有された秘密によって独特のアイデンティティと文化が生まれ、また部外者にはわからない形で共通の利益の調整も可能になった。[17] 共有されながらも隠された知識を開発することで、出現しつつあった社会集団は集合的エージェントとして機能できるようになるのだ。

ジョン・デューイ（「2-1玉山からの眺め」で登場）は、その政治哲学を定義した1927年の著作『公衆とその諸問題』で、こうした「創発的公衆」と彼が呼んだものの政治的意味と力学を考察した。[18] デューイの見解は、中国から帰国後に進歩主義運動の「民主主義」派のリーダーとして行った、左派テクノクラートのウォルター・リップマンとの一連の討論を通じて生まれたものだ。デューイはリップマンの1922年の著書『世論』を「現在考えられている民主主義に対する最も効果的な告発」と見なしたのだった。[19] この討論でデューイは、複雑でダイナミックな世界には既存の制度はふさわしくない、というリップマンの批判を完全に受け入れつつ、それでも民主主義を救おうとした。

デューイは社会のダイナミズムに貢献するさまざまな力を指摘したが、特に技術の役割にはっきり注目した。技術こそが新しい形の相互依存を生み出し、さらに新しい公衆の必要性をつくり出すのだ、という。鉄道は、それまで会ったこともない人々を、商業的にも社会的にも結びつけた。ラジオは何千キロも離れた場所に、共通の政治的理解と行動を生み出す。産業による公害は河川や都市の空気に影響を及ぼしていた。これらすべての技術は研究から生まれ、その恩恵は地域や国の境界をまったく無視して広がる。このような相互依存から生じる社会的課題（鉄道料金、安全基準、病気の蔓延、希少な無線周波数へのアクセスの公平性など）は、資本主義市場でも既存の「民主的な」統治構造でも、うまく管理されていない。

市場が失敗する理由は、こうした技術が市場支配力、広範な外部性（「ネットワーク外部性」など）を生み出し、もっと一般的には「スーパーモジュラリティ」（または「収穫逓増」）を示し、全体（鉄道網など）が各部分の合計よりも大きくなるためである（「5-7社会市場」を参照）。資本主義企業は関連する「スピルオーバー」をすべて計算に入れるわけにはいかないが、計算できる部分は活用して市場支配力を蓄積し、価格を引き上げ、参加者を排除しようとするので、収穫逓増によって生み出された価値は潰されてしまう。つまりこれらの相互依存性を「市場に」任せると、こうしたリスクと損害が悪化し、収穫逓増が持つ可能性を活用できなくなる。

デューイは民主主義を自身のキャリアにおける最も基本的な原則として尊重していた。文章のほとんどの段落で、彼は最後に民主主義に立ち戻っている。彼は、民主的な行動が市場の失敗に対処できると固く信じていた。それでも彼は既存の「民主的」制度の限界を、資本主義の限界と同じくらい厳しい目で見ていた。彼の見立てでは、既存の民主的制度は技術の生み出す新たな課題について真に民主的ではないことが問題だった。

特に、制度が「民主的」というのは、参加と投票があるだけではない。多くの寡頭政治も、そうした形式は持っているが、それはほとんどの市民を含まないものなので、民主的とは言えない。またデューイの考えでは、村の問題を全員参加の「民主主義」が直接仕切るというのも、民主的とは言えない。真の民主主義の核心は「関係した公衆」。つまり、問題となっている現象によって実際に生活が左右される人々の集合体がその課題を管理する、という発想なのだ。技術は絶えず新たな形の相互依存を生み出しており、それが既存の政治的境界と正確に一致することはほとんどない。だから真の民主主義には、新たな公衆が絶えず出現し、このため既存の行政範囲を作り直すことが必要となる。

さらに新しい形の相互依存は、ほとんどの人は日常生活で簡単には認識できない。だからデューイは「社会科学の専門家」と彼が呼んだ人々に、重要な役割があると考えた。それを「起業家」、「指導者」、「創業者」、「先駆者」、あるいは私たちの好きな表現として「鏡」と呼んでも、決して的外れではない。ジョージ・ワシントンの指導力が、米国が国家として、また彼の任期後に民主的に運命を選択しなければならない国家としての自認を助けたのと同様に、そうした鏡の役割は、新しい形の相互依存（労働者間の連帯、炭素から地球温暖化への連鎖など）を認識し、それを言葉と行動の両方で関係者に説明し、新しい公衆の結集を支えることだ。歴史的な例としては、労働組合の指導者、地方の電力協同組合の創設者、国連を設立した指導者たちがいる。この新生の公衆が理解され、認識され、新しい相互依存を管理する力を与えられると、ワシントンがマウント・バーノンに戻ったように、鏡の役割は消え去る。

このようにデューイの民主主義と創発的公衆の概念は、ジンメルの（非）個人的アイデンティティ哲学の鏡像であり、深く民主的だが通常の民主主義の概念に挑戦し、それを覆す。この概念における民主主義は、固定された国境を持つ国民国家の静的な代議制ではない。市場よりもダイナミックなプロセスであり、多様な起業的鏡によって主導されるのだ。そうした鏡となる人々は、未解決の社会的緊張の交差である自分自身の立場を利用して、社会制度を更新し、構想しなおす。ニュートン力学が、その根底にある量子的かつ相対的な現実の貧相な描写でしかないように、国民国家に基づく標準的な投票制度は、こうしたプロセスを貧相に表すものでしかない。真の民主主義は⿻であり、絶えず進化し続けなければならないのだ。

ノーバート・ウィーナーのサイバネティックス社会

こうした批判や考え方はどれも示唆に富むが、行動のはっきりした道筋は示してくれないし、さらなる科学的発展への道筋も教えてくれそうにない。社会組織の⿻的性質の理解は、社会組織の新しい形態の科学的エンジンになれるか？　この命題をもとにノーバート・ウィーナーは現代の「サイバネティックス」という分野を生み出した。これはデジタル技術を説明する「サイバー」という用語すべての語源で、後に類似の研究につけられた「計算機科学」という名称もここから来ていると、多くの人は主張する。ウィーナーはサイバネティックスを「動物や機械のような複雑な系の制御とコミュニケーションの科学」と定義するが、おそらく最も広く受け入れられている意味は「ネットワークに対する、ネットワークによる、ネットワークのためのコミュニケーションと統括の科学」といったところだろうか。[20] この言葉は「多くの漕ぎ手からの入力で進行方向が決まる船」という、ギリシャの比喩から引き出されたものだ（訳注：ギリシア語の「舵を取る者」を意味する言葉をもとに造語された）。

ウィーナーの科学的研究は、ほぼすべて物理的、生物学的、情報的なシステムに焦点を当てており、臓器や機械が恒常性を獲得し維持する方法の調査、情報伝達経路の定量化、そしてそうした均衡を達成するときの、それらの役割などを扱う。個人的にも政治的にも、彼は平和主義者で、サイバネティックによる安定化と恒常性の創出の基本原則に適合しない資本主義を厳しく批判し、根本的に技術のより責任ある使用と展開とを主張した。[21] 彼は、根本的な社会改革がなければ、自分の科学的研究が悪用されかねないと絶望し、『サイバネティックス』序文で次のように書く。「この新しい研究分野によってもたらされる、人間と社会のより良い理解の恩恵が、権力の集中（その存在条件そのものによって、常に最もろくでもない連中の手に集中する）に対する我々の偶発的な貢献に先回りして、それを上回るものとなることを期待する人々がいる。私は１９４７年にこれを書いているが、その希望は実に希薄だと言わざるを得ない」。だからウィーナーが、「この本に含まれる新しい考え方が、社会的に有効であることにかなりの期待」を寄せていた多くの社会科学者や改革者と親交を深めたのも無理はない。

しかし、彼はそうした信念を共有しつつも、そんな希望がおおむね「間違っている」と信じていた。彼はそうした計画が「必要」とは考えたが、「それが可能だ」とは信じられなかったのだ。彼の主張だと、量子物理学は素粒子レベルでの精度の不可能性を示しており、したがって科学の成功は、私たちが素粒子レベルをはるかに超えた水準で生きているという事実から生じたものだが、社会の中に私たちが存在しているという事実自体のため、同じ原理が社会科学を本質的に実行不可能にしてしまうのだ。だから彼はジョージ、ジンメル、デューイの研究を支える科学的基盤を提供したいと願いつつも、「そうしたものの可能性に対する過大な期待」には懐疑的だった。

これらの著者全員には、共通する考え方が多く見られる。社会は自然科学の各種現象よりもさらに大きな複雑さを示すことが多いという、社会の複雑性と階層性についての理解である。電子は通常、単一の原子または分子の周りを回り、細胞はひとつの生物の一部であり、惑星はひとつの恒星の周りを回るが、人間社会では、各個人、さらには各組織が複数の交差する大きな組織の一部であり、多くの場合、どの組織も他の組織の中に完全に包含されることはない。しかし、社会科学におけるこれらの進歩を、同じくらい高度な社会技術に変換するにはどうすればよいだろうか？　これについて、次に検討しよう。

PLURALITY

THE FUTURE OF COLLABORATIVE TECHNOLOGY AND DEMOCRACY

3-3

失われた道（ダオ）

コンピュータ技術の開発と活用に関する決定は、「公共の利益」のためだけではなく、国民自身が自分たちの将来を形作る意思決定プロセスに参加する手段を与えるために行われなければならない。

——J・C・R・リックライダー、「コンピュータと政府」、1979[1]

社会への⿻的理解は、量子力学や生態学などの分野が自然科学、物理技術、自然との関係にもたらしたような、劇的な社会変革の基盤を築けるだろうか。自由民主主義国は、しばしば自分たちが多元主義社会だと自画自賛する。すると⿻社会科学から得られる教訓をすでに活用しているのだろうか？　だが多元主義と民主主義を形式的には採用していても、ほとんどの国は、利用可能な情報システムの限界のため、そのような価値観と真っ向から衝突し、一元論的アトム主義の型に従って、社会制度を均質化し単純化せざるを得ない。⿻社会科学とその上に築かれた⿻の大きな希望は、ＩＴの潜在能力を利用してこれらの限界を次第に克服することなのだ。

⿻の打ち上げ

これは、ウィーナーの後を継ぎながらも、もっと人文社会科学分野の背景を持った若い世代が追求した使命だった。この世代には、人類学者のマーガレット・ミード[2]（インターネットの美学に大きく影響）、Ｗ・エドワーズ・デミング[3]（「2-1玉山からの眺め」で見たように、日本と、それには劣るが台湾の包括的な工業品質手法に影響）、スタッフォード・ビア[4]（ビジネスサイバネティックスの先駆者で、１９７０年代初頭のチリにおける短命なサイバネティック社会主義政権など、ウィーナーのアイデアの社会的応用の第一人者）など、応用サイバネティックスの先駆者たちがいる。彼らは、ウィーナーのビジョンに基づきながらも、もっと実務的な構築を行い、情報化時代を代表する技術を形成した。しかし、この研究の最も野心的で包括的な影響は、１９５７年10月に空を横切った点（訳注：世界初の人工衛星スプートニクの打ち上げのこと）を嚆矢（こうし）とするものだった。この物語は、Ｍ・ミッチェル・ワールドロップの『夢の機械』（未邦訳）

で見事に語られており、以下に述べる内容の多くはそこから拝借している。[5]

■スプートニクと高等研究計画局（ＡＲＰＡ）

ソ連による初の軌道衛星打ち上げの1カ月後、ゲイザー委員会の報告書が発表され、米国はミサイル生産でソ連に遅れをとっていると主張された。その後の道徳的パニックにより、アイゼンハワー政権は、米国の戦略的優位性を国民に再確認させるため、緊急措置をとるしかなかった。しかし軍人としての経歴にもかかわらず、あるいはそのせいで、アイゼンハワーは、科学者を大いに尊重する一方で、米国の「軍産複合体」と名付けた組織に深い不信感を抱いていた。[6] そのため彼は冷戦の情熱を、科学研究と教育を向上させる国家戦略に向けようとした。[7]

この戦略には多くの側面があったが、その中心のひとつは、国防総省内に設立された、準独立で科学的に運営される高等研究計画局（ＡＲＰＡ）だった。この局は大学の専門知識を活用し、国防に応用できる野心的で画期的な科学プロジェクトを加速させようとしていた。

ＡＲＰＡは多くの目的をもって開始され、そのうちのいくつかはすぐに米国航空宇宙局（ＮＡＳＡ）などの他の新設機関に移管されたが、二代目の局長であるジャック・ルイナの指揮下で、野心的で「ぶっ飛んだ」プロジェクトを最も熱心に支援する政府機関としての地位をすぐに確立した。このリスクを冒すやり方の特に代表格となる分野が、Ｊ・Ｃ・Ｒ・リックライダーが率いる、情報処理技術局だった。

リックライダーは、ジョージの政治経済学、ジンメルの社会学、デューイの政治哲学、ウィーナーの数学とはまた別の分野の出身だ。通称「リック」と呼ばれた彼は、１９４２年に心理音響学で博士号を取得した。初期のキャリアでは、技術（特に航空）と何かが起こった時の影響が大きい人間の相互作用における、能力向上のためのアプリケーションの開発に携わっていたが、次第に最も急速に成長している機械である「コンピューティングマシン」と人間の相互作用の可能性に関心を持つようになり、マサチューセッツ工科大学（ＭＩＴ）に入学し、リンカーン研究所と心理学科の設立に協力した。その後民間に移り、ＭＩＴからスピンオフした最初の研究スタートアップのひとつであるBolt, Beranek and Newman社（ＢＢＮ）の副社長となった。

ＢＢＮの経営陣を説得してコンピューティングデバイスに注目させたリックライダーは、当時台頭しつつあった人工知能の分野とは別の技術ビジョンを考案し始めた。心理学の知識を生かし、彼は「人間とコンピュータの共生」を提案した。これは彼の１９６０年の画期的な論文の題名でもある。リックライダーは、「やがて（中略）『機械』は、現在その領域のみで考えられている機能のほとんどにおいて人間の脳を上回るようになるだろう(中略)しかし(中略)人間とコンピュータが協力して主な進歩を遂げるかなり長い期間があるだろう（中略）その期間は人類史上、最も知的に創造的で刺激的な時期となるはずだ」という仮説を立てた。[8]

これらのビジョンは、ＡＲＰＡにとって、またとないドンピシャなタイミングで登場した。ＡＲＰＡは、急速に融合する国家科学行政の分野で、自らの立場を確保するための大胆なミッションを模索していたからだ。ルイナはリックライダーを、新設の情報処理技術局（ＩＰＴＯ）責任者に任命した。リックライダーはこの機会を利用して、後に計算機科学の一部となる仕組みの多くを考案して立ち上げた。

■銀河間計算機ネットワーク

リックライダーがＡＲＰＡに在籍したのはたった2年間にすぎないが、ＡＲＰＡは、この分野のその後40年間で展開する多くのことの基盤を築いた。彼はアメリカ全土に「時分割」プロジェクトのネットワークを広げ、それまではモノリシックだった大型計算機を複数の個人ユーザーが直接操作できるようにして、パーソナルコンピュータ時代への第一歩を踏み出した。これで支援を受けた5つの大学（スタンフォード大学、ＭＩＴ、カリフォルニア大学バークレー校、カリフォルニア大学ロサンゼルス校、カーネギーメロン大学）は、計算機科学という新興学術分野の中核となった。

現代のコンピューティングの計算的および科学的バックボーンを確立するだけでなく、リックライダーは特に、自分の専門である「人間的要素」に焦点を当てた。彼は人間の持つ社会的側面と個人的側面に対応する2つの形で、これらの野心をネットワークに表現させようとした。その一方で、計算機利用をもっと多くの人々の生活に近づけ、人間の心の機能と統合できそうだと思ったプロジェクトに特別な注意と支援を与えた。その代表例は、スタンフォード大学でダグラス・エンゲルバートが設立した拡張研究センターだ。[9] 彼はこれらのハブ間のコラボレーションネットワークを、いつもながら冗談めかして「銀河間計算機ネットワーク」と名付け、それがコンピュータを介したコラボレーションと共同ガバナンスのモデルとなることを期待した。[10]

このプロジェクトは、短期的にも長期的にも、さまざまな形で成果をあげた。エンゲルバートは、マウス、ＧＵＩとハイパーテキストの核となるビットマップ画面など、パーソナルコンピュータの多くの基礎的な要素をすぐに発明した。リックライダーの最初の資金提供からわずか６年後にエンゲルバートが行ったこの成果のデモ「oNLine システム」（ＮＬＳ）は、「すべてのデモの母」として記憶されており、パーソナルコンピュータの開発における決定的な瞬間だった。[11] これは、Xerox がパロアルト研究所（ＰＡＲＣ）を設立するきっかけとなり、その後パーソナルコンピューティングの多くがここで開拓される。『ＵＳニューズ＆ワールドレポート』は、リックライダーが資金提供した５つの学部のうち４つを、国内の計算機科学部のトップ４として挙げている。[12] 最も重要なのは、リックライダーが民間部門に移った後、銀河間計算機ネットワークが彼の協力者であるロバート・Ｗ・テイラーのリーダーシップの下、ここまで空想的ではなく、ずっと深遠なものに発展したということだ。

■ネットワークのネットワーク

テイラーとリックライダーは当然ながら同僚だった。テイラーは結局最後まで博士号を取得しなかったが、彼の研究分野も心理音響学で、リックライダーがＩＰＴＯを率いていた間、ＡＲＰＡから分離したばかりのＮＡＳＡでリックライダーの相方を務めていた。リックライダーが去った直後（１９６５年）、テイラーはＩＰＴＯに移り、アイヴァン・サザーランドの傘下で、リックライダーのネットワーク構想の発展を手伝った。サザーランドはその後学界に戻り、テイラーはＩＰＴＯと、彼が控えめにＡＲＰＡＮＥＴと名付けたネットワークの責任者となった。彼はその権限を利用して、リックライダーの以前の本拠地であるＢＢＮにＡＲＰＡＮＥＴバックボーンの最初の実用的なプロトタイプの構築を依頼した。エンゲルバートのパーソナルコンピューティングのデモとＡＲＰＡＮＥＴの最初の実験成功を通じてこの活動の勢いが増し、リックライダーとテイラーは１９６８年の論文「コミュニケーション装置としてのコンピュータ」で、パーソナルコンピューティングとソーシャルコンピューティングの将来の可能性に関するビジョンを明確に述べ、数十年後にパーソナルコンピューティング、インターネット、さらにはスマートフォンの文化となるものの多くを述べている。[13]

１９６９年頃には、テイラーはＡＲＰＡＮＥＴの使命が成功に向かっていると感じ、Xerox のＰＡＲＣに移り、計算機科学研究所を率いて、このビジョンの多くを実用的なプロトタイプへと発展させた。これらは、スティーブ・ジョブズが Macintosh 用に Xerox から「盗んだ」ことで有名な、現代のパーソナルコンピュータの核となり、ＡＲＰＡＮＥＴは現代のインターネットへと進化した。[14] つまり、１９８０年代と１９９０年代の技術革命は、１９６０年代のこの非常に小さな革新者グループにまで遡れるのだ。これらの有名な後年の展開については後述する。だがそれらを可能にした研究プログラムの核心については、ここでじっくりと検討する価値がある。

インターネットの発展の核心は、集中、線形、アトム化された構造を、⿻関係とガバナンスに置き換えることだった。これは次の３つのレベルで起こり、最終的には１９９０年代初頭に集大成されてワールドワイドウェブとなった。

①集中型交換機に代わるパケット交換
②線形テキストに代わるハイパーテキスト
③政府と企業のトップダウンの意思決定に代わるオープン標準設定プロセス

これら3つのアイデアはすべて、リックライダーが形成した初期のコミュニティの端から芽生えたもので、それがARPANETコミュニティのコア機能に成長した。

ネットワーク、冗長性、共有の概念はリックライダーの当初のビジョンにも浸透しているが、通信ネットワークが集中型ではなく分散型構造を目指すべき理由と方法を明確に述べたのは、ポール・バランの1964年のレポート「分散通信について」だった。[15]

バランは、集中型交換機は普通の状況なら低コストで高い信頼性を実現できるが、障害に対しては脆弱だと主張した。多数の中心を持つネットワークは、安価で信頼性の低いコンポーネントで構築できるうえ、かなりの破壊的な攻撃に対しても「被害を迂回してルーティング」することで耐えられる。事前に指定された計画に従うのではなく、そのときに提供されているものに基づいて、ネットワークの中で動的な経路を採ればいいからだ。バランはベル研究所の科学者から支援と激励を受けたが、そのアイデアは、高品質の集中型専用機械が文化に深く根付いている、全米電話独占企業AT&Tに完全に却下されてしまった。

パケット交換は民間企業AT&Tの利益にとっては明らかな脅威だったが、核ミサイル攻撃の

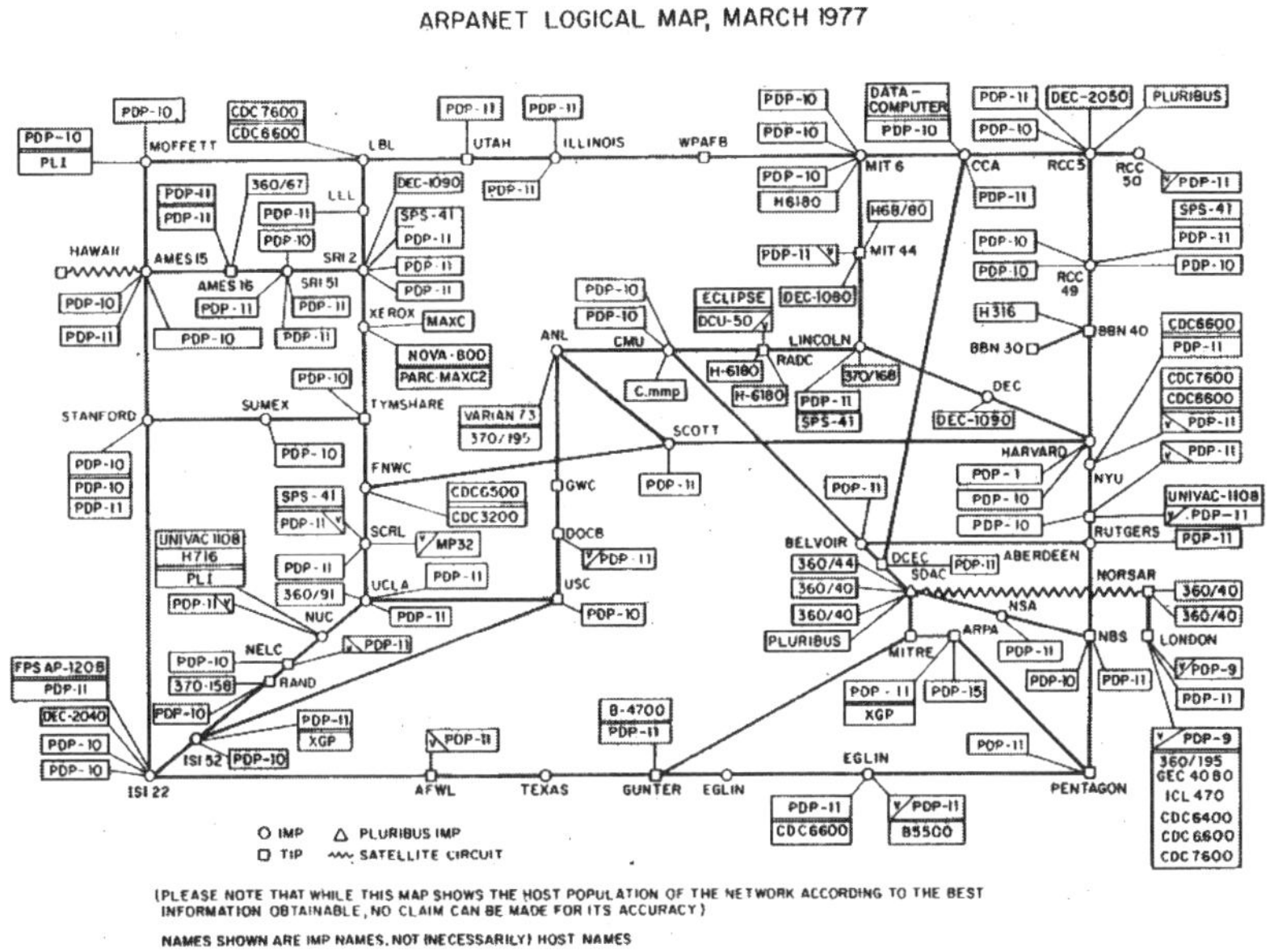

図 3-3-A 初期の ARPANET 論理構造

出典：Wikipedia, public domain[16]

脅威のおかげで生まれた別の組織、ＡＲＰＡからは好意的に見られた。１９６７年の会議で、ＡＲＰＡＮＥＴの最初のプログラム責任者ローレンス・ロバーツは、バランと同じアイデアを同時かつ独立して開発していたドナルド・デイビスのプレゼンテーションを通じてパケット交換について知り、バランの議論も学んでそれを活用し、チームにその概念を売り込んだ。図３－３－Ａは、そこから生まれた初期のＡＲＰＡＮＥＴの分散論理構造を示している。

このように、ネットワーク思考への道のひとつは技術的な回復力の要請から生じたものだったが、もうひとつ創造的な表現を求めて生まれた道もあった。テッド・ネルソンは社会学者として訓練を受け、１９５９年にサイバネティックスの先駆者であるマーガレット・ミードをキャンパスに招き、民主的で多元的なメディアのビジョンを学んで、作品のインスピレーションを得て、アーティストへと成長した。これらの初期の経験の後、20代前半からは「ザナドゥ計画」の開発に人生を捧げた。これは、コンピュータネットワーク用に、革新的な人間中心のインターフェース作成を目指したものだった。ザナドゥにはネルソンが不可欠と考えたコンポーネントが多すぎたため、２０１０年代まで完全にはリリースされなかったが、彼がエンゲルバートと共同開発した中核アイデアは、「ハイパーテキスト」と呼ばれるものだった。

ハイパーテキストは、原作者によって押し付けられた直線的な解釈の専横からコミュニケーションを解放するものだという。さまざまな順序で素材を結びつける（双方向の）リンクのネットワークを通じて、素材を通る経路の「多元主義」（と彼の名付けたもの）を強化する、というのがネルソンの構想だった。[17] この「自分独自の冒険を選ぶ」[18]という性質は、今日ではインターネット利用者のブラウジング体験で十分おなじみのものだが、１９８０年代にはすでに商用製品（ハイパーカードに基づくコンピュータゲームなど）として登場していた。ネルソンは、このようなナビゲーションと組み換えの容易さで、かつてない速さと規模で新しい文化と物語が形成されると想像した。このアプローチの威力が有名になったのは、１９９０年代初頭にティム・バーナーズ＝リーがそれをナビゲーションに対する「World Wide Web」アプローチの中心に据えたときだった。これでインターネットの広範な導入の時代が到来した。

エンゲルバートとネルソンは生涯の友人であり、多くの類似ビジョンを共有していたが、それを実現させようとして採った道はまったく異なっていた。どちらの道にも（後で見るように）重要な真実の種があった。エンゲルバートは先見の明がある一方で、徹底した実用主義者であり、巧みな政治運営者でもあり、パーソナルコンピューティングの先駆者と目されている。ネルソンは芸術的純粋主義者であり、列挙した17の原則[19]をすべて具現化したザナドゥを数十年にわたり執拗に追求した結果、キャリアが台無しになった。

　これに対し、リックライダーのネットワークに積極的に参加していたエンゲルバートは、他のネットワークノードに自分のアプローチを支持、採用、少なくとも相互運用するよう説得しなければならなかったため、野心のゴリ押しは抑えた。また、さまざまなユーザーインターフェースとネットワークプロトコルが急増するにつれて、彼は完璧さの追求を控えた。エンゲルバート、そしてプロジェクト全体の同僚たちは、しばしば競合する勤務先の大学間で、構築していた通信ネットワークの支援を受けた相互協力の文化を育み始めた。物理的に分離されており、ネットワークの緊密な調整は不可能だったため、最小限の相互運用と明確なベストプラクティスの普及を確保する作業は、ＡＲＰＡＮＥＴコミュニティの中心的な特徴となった。

　この文化は、スティーブ・クロッカーによる「Request for Comments」（ＲＦＣ）プロセスの開発に現れている。これは、地理的およびセクター（政府、企業、大学）に分散した多くの協力者による、非公式で主に付加的なコラボレーションであり、「wiki」のようなプロセスの皮切りのひとつと言える。これがさらに、共通のネットワーク制御プロトコル、そして最終的には伝送制御およびインターネットプロトコル（ＴＣＰ／ＩＰ）に貢献した。これはＴＣＰが最初にＲＦＣ６７５として配布された１９７４年から、ＴＣＰが公式のＡＲＰＡＮＥＴプロトコルになった

1983年まで、ヴィント・サーフとボブ・カーンの有名な、ミッション主導型でありながら包括的で応答性の高いリーダーシップの下で進められたものだ。このアプローチの核心は、「ネットワークのネットワーク」という構想であり、これが「インターネット」の名前の由来となる。つまり、大学、企業、政府機関にある多様なローカルネットワークが相互運用し、長距離間でほぼシームレスな通信を可能にするという構想で、これは政府によって上から下へと標準化された中央集権型ネットワーク（フランスの同時代のMinitelなど）とは対照的だ。[20] これらの3つのネットワークの側面（技術的な通信プロトコル、通信コンテンツ、標準のガバナンス）が融合して、今日私たちが知っているインターネットが誕生した。

勝利と悲劇

このプロジェクトから生まれた成果の多くはあまりに有名で、ここで繰り返すまでもない。1970年代、テイラーのXerox PARCは、高価で商業的には成功しなかったものの、革命的な一連の「パーソナルワークステーション」を製造した。これらのワークステーションには、1990年代のパーソナルコンピュータの特長の多くが搭載されていた。同時に、コンピュータコンポーネントが幅広い層に提供されるようになると、AppleやMicrosoftなどの企業は、もっと安価ながらユーザーフレンドリーではないマシンを広く提供し始めた。Xeroxは発明品の商業化に苦戦し、株式と引き換えにAppleの共同設立者スティーブ・ジョブズに自社の技術へのア

インターネット利用者のシェア

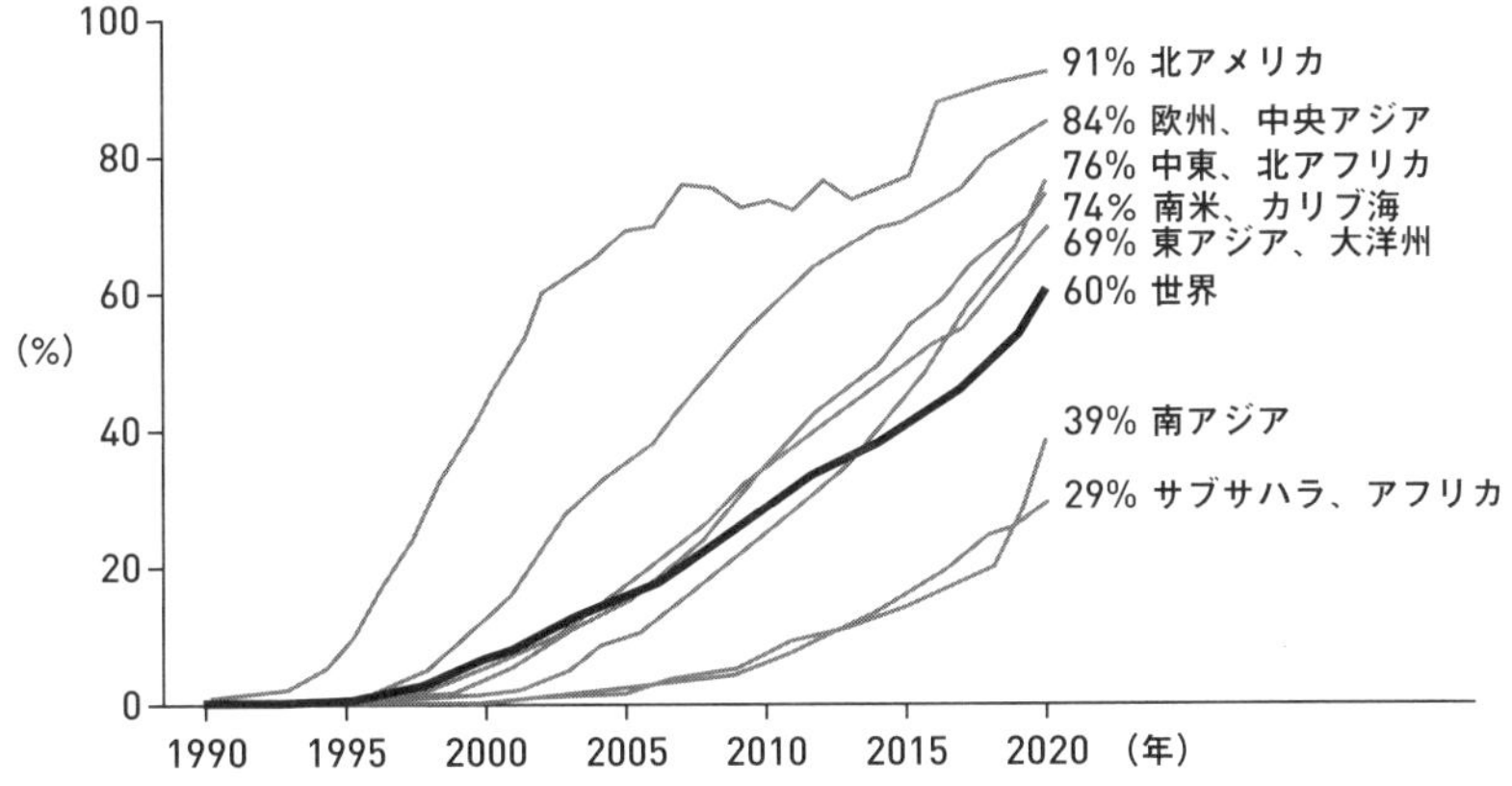

図 3-3-B　世界各地のインターネットアクセスを持つ人口比の推移

出典：Our World in Data[21]

クセスを許可した。その結果、Macintoshが現代のパーソナルコンピューティングの先駆けとなり、MicrosoftはWindows OSを通じて大規模なスケーリングを実現した。2000年までに、アメリカ人の大多数が自宅にパーソナルコンピュータを所有するようになり、インターネットも着実に普及した（図3−3−B）。

■インターネットと不満を抱く者たち

そして、当初から並行して発展してきたインターネットはパーソナルコンピュータ同士をつなぐようになった。1960年代後半から1970年代前半にかけて、大学、米国外の政府、国際標準化団体、BBNやXeroxなどの企業内など、さまざまなネットワークが、最大のARPANETと並行して成長した。カーンとサーフの指導とARPA（現在は「防衛」の重点を強調するためDARPAに改名）の支援を受けて、これらのネットワークはTCP／IPプロトコルを利用して相互運用を開始した。このネットワークがスケールするにつれ、DARPAは先進技術ミッションという限界を抱えていたため、ネットワークの維持管理を行う別の機関を探した。多くの米国政府機関から支援は得られたが、米国科学財団（NSF）が最も幅広い科学者の参加を得て、そのNSFNETは急速に最大のネットワークに成長し、ARPANETは1990年に廃止された。同時に、NSFNETは他の富裕国のネットワークと相互接続し始めた。

そのひとつであるイギリスで、研究者のティム・バーナーズ＝リーが1989年に「ウェブブラウザ」、「ウェブサーバー」、およびハイパーテキストマークアップ言語（HTML）を提案した。これらはハイパーテキストをパケット交換に完全に接続し、インターネットコンテンツの幅広いエンドユーザー利用をはるかに容易にした。1991年にバーナーズ＝リーのワールドワイドウェブ（WWW）が開始されて以来、インターネットの利用者は、約400万人（主に北米）から、2000年代末までに4億人以上（主に全世界）にまで増加した。シリコンバレーでインターネットの新興企業が急成長し、多くの人が家庭のコンピュータを通じて生活をオンラインに移行し始めたことで、ネットワーク化されたパーソナルコンピューティング（「通信デバイスとしてのコンピュータ」）の時代が到来した。[22]

2000年代の好況と不況の高揚感の中で、業界を悩ませていた亡霊、忘れ去られたテッド・ネルソンに注目する人はテクノロジー業界にはほとんどいなかった。理想的なネットワークと通信システムを求める探求を数十年続けたネルソンは、ＷＷＷ設計の安全性の欠如、搾取的な構造、非人道的な特徴について絶えず警告した。安全なＩＤシステム（ザナドゥ原則１と３）がなければ、国家と企業による無政府状態と土地の奪い合いが避けられない。商取引のための組み込みプロトコル（ザナドゥ原則９と15）がなければ、オンライン作業の価値が下がったり、金融システムが独占企業に支配されたりする。安全な情報共有と管理のための優れた構造（ザナドゥ原則８と16）がなければ、監視と情報のタコツボ化が蔓延する。一見成功したように見えても、ＷＷＷインターネットは悲惨な結末を迎えるしかない運命だ、と彼は主張した。

　ネルソンはいささか変人ではあったが、十分に成功したと胸を張れるはずの主流インターネットの先駆者たちでさえ、彼の懸念をきわめて広く共有していた。ＴＣＰ／ＩＰが統合されつつあった１９７９年という早い時期に、リックライダーは名論説「コンピュータと政府」の中で、コンピュータの将来について「２つのシナリオ」（良いシナリオと悪いシナリオ）を予見した。独占的な企業支配によって支配され、その可能性が抑制されるか、コンピュータが民主主義に奉仕し、それを支えるように社会全体が完全に動員されるか、というシナリオだ[23]。前者のシナリオではさまざまな社会悪が生じ、情報化時代の到来が民主的な社会の繁栄を多くの面で阻害しかねないという。たとえば次のような社会悪だ。

①監視が広まり、国民の政府への不信が深まる。
②政府が国民の使用する主流の技術に遅れをとってしまい、規制や法律執行能力が麻痺。

③クリエイティブな職業の品位低下。
④独占と企業による搾取。
⑤デジタル誤情報が広まる。
⑥情報のタコツボ化により、ネットワークの可能性の多くが損なわれる。
⑦政府のデータと統計がますます不正確でどうでもよくなる。
⑧言論と公共の議論のための基本的なプラットフォームが民間企業に支配される。

インターネットが普及すると、こうした批判は杞憂に思えてきた。政府がリックライダーの想像ほど中心的な役割を果たすことはなかったものの、2000年までには、彼の警告を知っていた数少ない評論家のほとんどは、コンピュータが民主主義を促進するというシナリオが実現していると考えた。しかし、新世紀の最初の10年後半までに、いくつかの場所では懸念が高まっていた。仮想現実の先駆者ジャロン・ラニアーは、二冊の本『人間はガジェットではない』と『未来を所有するのは誰？』（未邦訳）で警鐘を鳴らし、ネルソンとリックライダーのインターネットの将来に関する懸念を彼なりに述べた。[24] これらは当初、ネルソンの異端の考えを増幅させただけのように見えたが、「2-0 IT と民主主義　拡大する溝」で論じた一連の世界的な出来事により、最終的には世界中の多くの人々がインターネット経済と社会の限界に気づくようになり、テックラッシュも加速した。これらのパターンはリックライダーとネルソンの警告と驚くほど似ている。インターネットの勝利は、当初思われていたよりもはるかにもろいものだったのかもしれない。

道（ダオ）の喪失

ハイパーテキストとインターネットの創始者たちがこうした罠を明確に説明していたのに、なぜそれにはまってしまったのだろうか？　インターネットの開発を先導してきた政府と大学が、１９７０年代以降の情報化時代の課題に立ち向かわなかったのはなぜなのか？

１９７９年にリックライダーが「コンピュータと政府」を書くきっかけとなったのは、ＡＲＰＡ（現在のＤＡＲＰＡ）の焦点がネットワークプロトコルのサポートから、もっと直接的な兵器に焦点を当てた研究へと移行したのを危険信号と見なしたことだった。リックライダーは、これが政治的スペクトルの両極にある２つの力から生じた結果であると見ていた。一方は、後に「新自由主義」と呼ばれることになる「小さな政府を目指す保守主義」の台頭により、政府は産業と技術への積極的な資金提供と形成から撤退したこと。他方では、ベトナム戦争のため、左派の多くが国防当局による研究方針の設定に反対するようになったこと。これで１９７０年、１９７１年、１９７３年のマンスフィールド修正条項が制定され、ＡＲＰＡは「防衛機能」に直接関係しない研究に資金を提供できなくなった[25]。これらにより、ＤＡＲＰＡの焦点は、軍事に直接役立ちそうな暗号や人工知能などの技術へと転換したのだ。

しかし、たとえ米国政府の関心が転換していなかったとしても、インターネットは急速に成長したので、政府の管轄と管理の範囲をすぐに超えてしまっただろう。インターネットはますますグローバルなネットワークになったが、（デューイが予測したように）ネットワーク社会を広く成功させるために必要な、社会技術的課題に対処する必要投資を行うような、明確な公的機関は存在しなかった。リックライダーの言葉を引用すると

コンピュータ技術自体の観点からは、輸出は（中略）コンピュータの研究開発を促進するが、人類の観点からは、急速な開発ではなく賢明な（中略）開発が（中略）重要になるだろう。セキュリティ、プライバシー、危機対応準備、参加、脆弱性などの重要な問題を適切に解決しなければ、コンピュータ化とプログラム化が個人と社会にとって良いことだと結論付けることはできない。（中略）米国がこれらの問題を賢明に解決できると完全に確信しているわけではないが、他の国に比べれば、米国がその役を担う可能性が最も高いとは思う。そう考えると、コンピュータ技術の輸出よりはむしろ、米国が本当に望む未来を理解し、それを実現するために必要な技術を開発する努力を活発に行うほうが、人類に貢献できるのではないかと思えてしまう。

公共部門と社会部門による投資の役割が衰退したため、リックライダーやネルソンのようなリーダーがインターネットに期待していたコア機能／レイヤー（ＩＤ、プライバシー／セキュリティ、資産共有、商取引など。これらは本書でも後出）は、不在のままとなった。インターネット上で実行されるアプリケーションとＷＷＷの両方で大きな進歩は見られたが、リックライダー

の執筆時点で、すでにプロトコルへの基本的な投資はほぼ終了していた。「ネットワークのネットワーク」の定義と革新において、公共部門と社会部門はほとんど何も貢献しなくなった。

その結果生じた空白に入り込んだ民間部門は、パーソナルコンピュータの成功に沸き立ち、レーガンとサッチャーの感動的な祝賀会で膨らみ、ますます元気になっていた。リックライダーがインターネットの発展を支配し、阻害しかねないと恐れていたＩＢＭは、技術の変化に追いつけなかった。しかし意欲的で有能な引き継ぎ役はたくさんいた。ＮＳＦが自主的に手放したインターネットバックボーンは、少数の通信会社が引き継いだ。Netscape と Microsoft がウェブブラウジングの覇権を争うなか、ＡＯＬや Prodigy などのウェブポータルが、ほとんどのアメリカ人のウェブ接続を支配するようになった。無視されていたＩＤ機能は、Google と Facebook の台頭で埋められた。不在のデジタル決済は、PayPal と Stripe によって埋められた。そもそも「銀河間計算機ネットワーク」作業の動機となった、ストレージ、計算能力、データを共有するためのプロトコルも不在だったが、そのような共有を可能にするプライベートインフラ(「クラウドプロバイダ」としばしば呼ばれる Amazon Web Service（ＡＷＳ）や Microsoft Azure など）が、アプリケーション構築のプラットフォームとなった。[26]

インターネットバックボーンは、セキュリティレイヤーや多少の暗号化の追加など、限定的な方法で改善を続けたが、リックライダーとネルソンが不可欠と考えた基本機能は、ついに統合されなかった。ネットワークプロトコルに対する公的資金援助はほぼ枯渇し、残ったオープンソース開発は主にボランティアによる作業や民間企業の支援で行われた。世界がインターネットの時代に目覚めるにつれ、創設者の夢は薄れていった。

品質管理となめらかな社会

インターネットは主に米国で開発されたが、サイバネティックの考え方は世界の他の地域でも根付き、まったく異なる経路で進化していった。おそらく日本ほどそれが顕著だったところはないだろう。ウィーナーのアイデアの影響は、コンピュータネットワークを通じてではなく、産業組織や社会理論へのアプローチを通じて広まっていった。インターネットのパイオニアたちが技術的なネットワークを通じてコミュニケーションを再構築しようとしたのと驚くほど並行して、日本の実務家たちはサイバネティックの原理を応用して製造プロセス、ひいては社会組織そのものを再構築しようとしていた。

第二次世界大戦後、日本は物質的にも精神的にも壊滅的な打撃を受けた。それにもかかわらず、戦後の復興は目覚ましいスピードで進み、１９８０年代には日本は製造業における世界的リーダーへと変貌を遂げた。この変革に大きな役割を果たしたのが、「カイゼン」や「ＰＤＣＡサイクル（Plan-Do-Check-Act)」というフィードバックループによる管理と生産の実践である。このような製品管理の実践は、ウィーナーのサイバネティックのコンセプトを日本で実証した好例であった。

戦後間もない頃の日本は、工業製品を大量生産するための強固なインフラや、高品質な製造を保証するための強固な技術的枠組みがまだ整備されていなかった。製品はしばしば不良品と見なされた。１９５０年、日本科学技術連盟（日科技連）は、アメリカの統計学者であるＷ・エドワーズ・デミングに、日本滞在中に品質管理に関する講演会を開くよう依頼した。[27][28] 統計的品質管理と彼の経営哲学に関するこのシリーズは、多くの日本のビジネスリーダー、経営者、技術者、研究者に多大な影響を与えることになった。

デミングは、品質管理（ＱＣ）を単に「検査によって不良品を淘汰する」という問題として捉えるのではなく、生産ループそのものを統計的に管理し、改善を繰り返す総合的なプロセスとして捉えるべきであると強調した。また、デミングは経営トップに対して、技術者や労働者とのコミュニケーションを図り、ものづくりのトータルプロセスに対する意識を認識することで、プロセスを改善する組織風土を構築することを促した。このプロセス重視の改善への動きは、日本のものづくりの根本的なあり方を変えることになった。

１９５１年、日科技連はデミング賞を創設し、デミングの思想を確固たるものにした。品質管理の進歩に顕著な貢献をした企業や個人を表彰するものであった。同じ頃、後に世界有数の大企業となるトヨタ自動車は、検査中心の品質管理からプロセス中心のアプローチに移行した。このような進化は、「カイゼン」や「ＰＤＣＡサイクル」と総称されるようになり、やがて日本の産業界に広く受け入れられるようになった。[29] この実践は、自己適応のためのフィードバック・ループというウィーナーのサイバネティックスの概念を実証した具体的な成果のひとつである。

また、ウィーナーのサイバネティックフィードバックループは、１９８０年代に後に「複雑系」

プルラリティ（多元性）

と呼ばれるようになる土台となった。スチュアート・カウフマンらによって創始された複雑系は、人間、細胞、分子、コンピュータなど、多数の要素間の相互作用から生まれる高次のパターンや秩序（自己組織化や創発現象）に焦点を当てている。サイバネティックスと複雑系は、システムがどのようにダイナミックに変化し、学習し、秩序を維持・創造していくのかという共通の問題意識を持っている。

サイバネティックスを基礎に、複雑系、人工生命、人工知能、インターネット技術などの分野が自然科学や工学の分野で花開いた。1990年代にインターネットが急速に普及するにつれ、これらの技術を社会システムの改善にどのように活用できるのかという疑問が生じた。複雑系と人工生命の研究者であり、起業家でもある鈴木健は、2000年代に300年先の未来に実現するかもしれない「なめらかな社会」のビジョンを発表した。後に、彼は著書『なめらかな社会とその敵』にその考えをまとめている。[30]

なめらかな社会とは、テクノロジーによって人間の認知の限界を超えたシステムを創造し、人々が複雑性を最大限に活かして生きることのできる、よりネットワーク的な社会を生み出すビジョンである。鈴木は、世界を複雑な網の目のようなネットワークとして理解している。この世界の中で、細胞膜のように内（身体）と外（環境）の境界を作るシステムが出現し、身体が環境を認識するための自己適応システムを導く。

この膜のような存在はスケールフリーであり、進化の歴史を通じて社会に応用され、現代の国家のように厳格にメンバーシップを要求する制度につながった。一方、「核」のような存在もまた、

ＤＮＡのような自由度の少ないパラメータによって細胞そのものを制御するスケールフリーのメカニズムとして登場する。「核」は、個人レベルでは自己と他者の機能を区別する自我として、社会レベルでは国家権力として機能する。このような膜と核の特性が進化の歴史を通じて繰り返されるため、私たちの社会も膜（内と外の分離）と核（権力と権威）として形成され、二項対立の解消を阻んでいる。

彼のビジョンは、テクノロジーによってこのような膜と核の構造を解決し、私たちの生活をよりネットワーク的な構造にしようとするものである。なめらかな社会では、個人はもはやそのような存在ではなく、脳の神経ネットワークを含む複数の細胞の協働によって構築されたマルチエージェントシステムである「分人」(dividual) として存在する。[31] カール・シュミットの友敵の概念を引きながら、鈴木はなめらかな社会が暴力の円滑な技術的管理によって友敵の境界を乗り越えなければならないとも指摘した。[32] その結果、人々は、社会が単一のアイデンティティを維持することを期待することなく、同時に複数のコミュニティに属することができる。

２００５年頃、鈴木はさらに「構成的社会契約論」という構想を提唱した。これは、人間と機械が読み取り可能な法言語を使って自動的に実行される法の下の社会の実現を目指したものである。この構想は、ブロックチェーンによるスマートコントラクトの自動実行に基づく社会契約の基盤を構築した２０１４年のイーサリアムの発明に先行したものであった。鈴木は、デューイの創発的公衆が繁栄するためには、力の源泉そのものが創発的でなければならないと考えているようだ。このような考え方に基づき、鈴木は、票の分割・委譲を可能にする「分人民主主義[33]」や、貢献と価値が伝播する貨幣システム「ＰＩＣＳＹ（伝播投資通貨システム）」[34]などの実験的なアイデアや社会システムも提唱している。なめらかな社会のビジョンと実践は、デジタル・デモクラシーを実証して２０２４年の東京都知事選挙に立候補した安野貴博をはじめ、多くの日本の社会科学者やエンジニアに影響を与え続けている。[35]

日本の戦後復興から得た洞察、すなわちフィードバックループの実践と継続的改善の文化は、サイバネティックスの原理を反映している。これらの洞察を今日のデジタルでネットワーク化された世界に適用するという鈴木のビジョンは、「もうひとつの失われた道（ダオ）」を再発見し、再構築するプロジェクトと見ることができる。これらの発展は、インターネットの進化とほぼ並行して、またそれとは別に起こったものだが、サイバネティックな思考を実現するためのもうひとつの道筋を示している。

フラッシュバックス

しかし、夢は薄れても頑固に残り、一日中頭から離れないものだ。リックライダーは１９９０年に死んだが、初期のインターネット先駆者の多くは、その勝利と悲劇を目の当たりにするまで生きながらえた。

テッド・ネルソンやザナドゥ計画の多くの先駆者たちは、今日に至るまでインターネットに対する不満を持ち続け、改革を続けている。エンゲルバートは、２０１３年に死ぬまで、「集合的

写真 3-3-C テッド・ネルソン、慶應大学にて、1999 年

出典：Wikipedia, used under CC 4.0 BY-SA, Author: Belinda Barnet[36]

IQを高める」というビジョンについて講演、組織化、執筆を続けた。その活動の一環として、テレンス・ウィノグラッド（Google創設者の博士課程のアドバイザー）との協力で、スタンフォード大学を拠点とするオンライン熟議のコミュニティ支援も行われた。このコミュニティは、後述するように、次世代⿻の重要なリーダーを育成した。これらの取り組みはいずれも初期のような直接的な成功はなかったが、新しい世代の⿻イノベーターへのインスピレーション、場合によってはインキュベーションという重要な役割を果たし、⿻の夢の復活と表現に貢献したのだ。

■ 光のノード

第1章で強調したように、ITは主に

民主主義と衝突する方向に発展してきたが、この新しい世代のリーダーたちはそれとは対照的なパターンを形成した。それは、散在してはいるが、はっきりと識別できる光の点であり、新たな共通の行動によって、いつかＩＴを大きく活性化できるという希望を与えてくれる。平均的なインターネットユーザーにとって最も鮮明な例は、おそらくWikipediaだろう。

　このオープンで非営利の共同プロジェクトは、レファレンスと広く共有された事実情報の主導的なグローバルリソースとなっている。[37] 序文で強調したデジタル領域の多くに浸透している情報の断片化と対立とは対照的に、Wikipediaは広く受け入れられた共通理解のソースとなっている。これは、大規模でオープンで協力的な自己統治を活用することで実現したものだ。[38] この成功は多くの面でWikipedia独自のものなので、このモデルを直接拡張しようとしても、必ずしも成功するとは限らない。そのアプローチをもっと体系的に広めるのが、本書の以下の主な狙いとなる。それにしても、Wikipediaは実に驚くべき規模の成功を遂げている。[39] 最近の分析によると、ほとんどのウェブ検索の結果には、Wikipediaのエントリが大量に含まれる。商業インターネットは立派なものではあるが、この公共的で、熟議的で、参加型で、おおむねコンセンサスに基づくリソースこそが、おそらくその終着点として最も一般性の高いものなのだ。

　Wikipediaの名前の由来となった「Wiki」の概念は、ハワイ語で「素早い」という言葉に由来し、１９９５年にワード・カニンガムがwikiソフトウェアであるWikiWikiWebを作成した際に命名したものだ。カニンガムは、リンクされたデータベースを迅速に作成できるようにすることで、右で強調したハイパーテキストナビゲーションと包摂的な⿻ガバナンスというウェブの原則の拡張を目指したのだ。[40] Wikipedia は、専門家だけでなくすべてのユーザーが標準のウェブブラウザを使用して新しいページを編集または作成し、それらを相互にリンクできるようにする。これにより、ダイナミックで進化するウェブ環境が、⿻の精神に則って生み出される。

Wikipedia 自体も重要な役割を担っているが、これは「グループウェア」革命を促進するという点でさらに広い影響を持つ。多くのインターネット利用者はグループウェアというと、Google ドキュメントなどの製品のことだと思っている。この革命のルーツは、オープンソースの WebSocket プロトコルにある。[41] 共同作業が可能なリアルタイム Markdown エディター HackMD は、台湾 g0v コミュニティ内で、会議の議事録などの文書の共同編集、公開、共有に使用されている。[42] 共同作成文書はグループウェアの代表例だが、この精神はオンラインの世界自体の基盤そのものに広く浸透している。オープンソースソフトウェア（ＯＳＳ）は、参加型、ネットワーク化、国境を越えた自己ガバナンスというこの精神を体現している。LinuxOS に代表されるＯＳＳは、パブリッククラウド・インフラの大部分の基盤であり、１億人を超える貢献者を誇る GitHub などのプラットフォームを通じ、多くのインフラに接続している。スマートフォンの70％以上で使用されている Android OS は、主な保守者は Google だがＯＳＳプロジェクトなのだ。このような「ピアプロダクション」の成功と影響により、標準的な経済分析の根底にある多くの仮定は、大幅な見直しを余儀なくされた。[43]

ＯＳＳは、１９７０年代に出現したソフトウェア業界の秘密主義と商業主義への反動として登場した。ＡＲＰＡＮＥＴ初期の自由でオープンな開発アプローチは、公的資金の撤回後も、世界

ソフトウェア貢献者、勤労年齢成人に対する比率

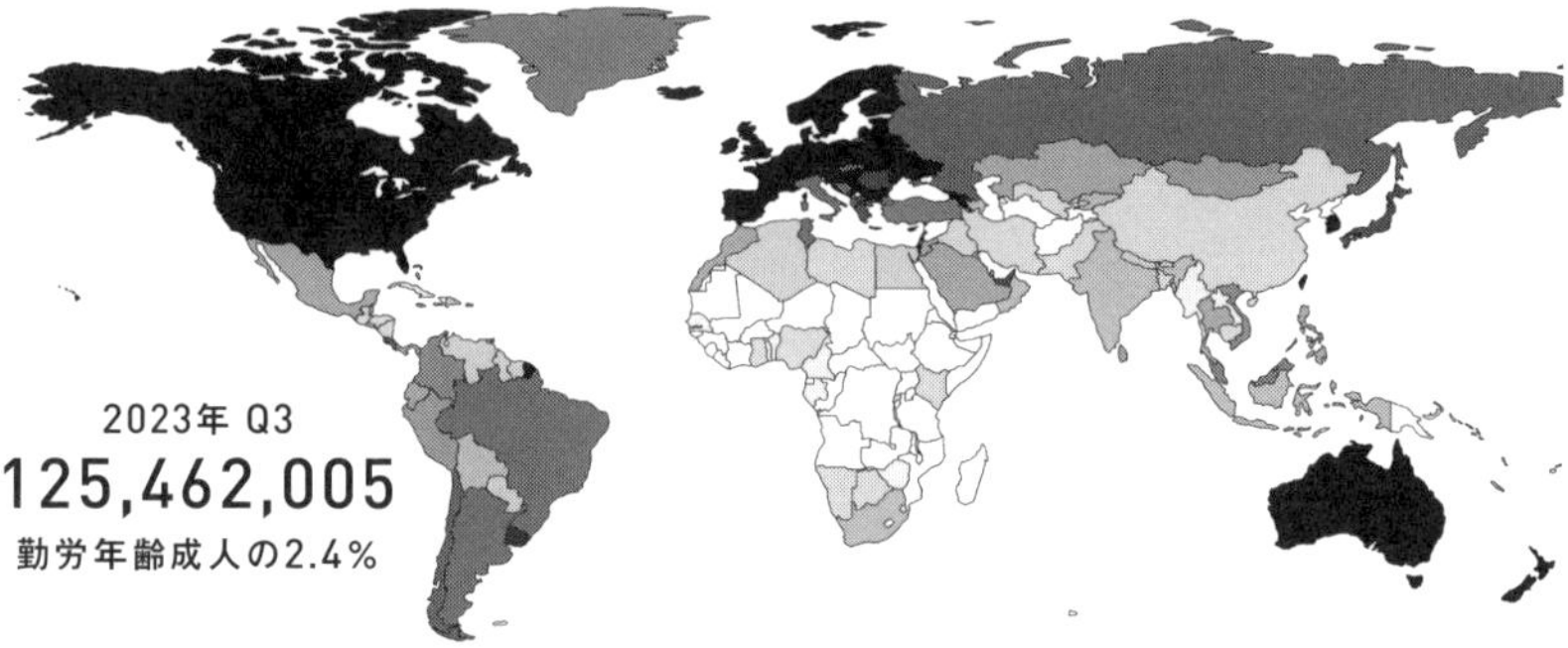

図 3-3-D　GitHub 貢献者、国別の勤労年齢人口比
出典：GitHub Innovation Graph[44]、World Bank[45]、台湾内政部[46]

中のボランティアの労働力のおかげで維持された。リチャード・ストールマンは、フリーでないソフトウェアがユーザに課す不公正な社会システムに反対して、１９８０年代以来フリーソフトウェア運動を率い、利用者がソースコードを実行、研究、共有、改変できる「ＧＮＵ一般公衆利用許諾」を推進してきた。１９９８年に、オープンソース・イニシアチブはその許諾の実務的な部分をＯＳＳと命名し、Unix をそれに代わる、リーヌス・トーヴァルズ率いるオープンソースの Linux に置き換えようと目指している。

ＯＳＳはさまざまなインターネットおよびコンピューティング分野に拡大し、いまや Microsoft のようなかつては敵対的だった企業からも支持を得ている。Microsoft は現在、大手ＯＳＳサービス企業 GitHub の所有者であり、著者グレン・ワイルの雇用主でもある。

これは、大規模な⿻の実践、つまり共有グローバルリソースの創発的な集合的共同構築の実例だ。コミュニティは共通の関心を中心に形成され、互いの作業を自由に活用し、無給のメンテナーを通じて貢献を精査する。そして相容れない相違がある場合は、プロジェクトを並行するバージョンに「フォーク」させる。プロトコル「git」は変更の共同追跡をサポートし、GitHub や GitLab などのプラットフォームは何百万人もの開発者の参加を促進している。本書もそのような共同作業の成果であり、Microsoft と GitHub に支援されている。

ただし、ナディア・エグバル（現在はアスパロウホワ）が著書『公共の場で働く』（未邦訳）[47]で検討したように、OSSは公的資金の引き上げによる慢性的な財政支援不足などの課題に直面している。メンテナーは何の報酬もなく、コミュニティ成長で負担は増加する一方だ。それでも、これらの課題は解決できないものではない。OSSは、ビジネスモデルの制約にもかかわらず、⿻が支援したいオープンコラボレーションの精神（失われた道〔ダオ〕）を維持するお手本なのだ。そのため、本書ではOSSプロジェクトの事例が多用される。

通信ネットワークへの公共投資削減に対する別の対照的な反応として、前述のラニアーの業績が挙げられる。AIの先駆者マーヴィン・ミンスキーの弟子であり批判者でもある彼は、AIと指向は同じながらも、人間の経験とコミュニケーションを中心に据えた技術プログラムの開発を目指した。既存のコミュニケーション形式は、言葉や画像のような耳と目で処理できる記号だけに制限されてしまっていると考えた彼は、触覚や固有受容覚（内部感覚）のような感覚でしか表現できない経験も含め、もっと深い共有と共感を可能にしたいと考えたのだ。１９８０年代の彼の研究と起業家精神を通じて、これが「仮想現実／ＶＲ」の分野に発展し、これはワイヤードグローブ[48]から Apple の Vision Pro[49] のリリースまで、ユーザーインタラクションにおける継続的なイノベーションの源泉となっている。

しかしすでに強調したとおり、ラニアーはコンピュータを通信デバイスとして捉える文化的ビジョンを推し進めただけでなく、インターネットの欠陥や失敗に対するネルソンの批判も支持した。特に、支払い、安全なデータ共有、ＯＳＳへの起源や財政支援をサポートするベースレイヤープロトコルの欠如を強調したのだ。この主張と、２００８年にサトシ・ナカモト（仮名）によるビットコインプロトコル発明のおかげで、新しい各種の取り組みが生じた。暗号とブロックチェーンを利用して、来歴と価値についての共通理解を生み出そうとする Web3 コミュニティの活動がその中心となる。[50] この分野の多くのプロジェクトはリバタリアニズムとハイパー金融化の影響を受けているが、GitCoin や分散型ＩＤなどの多くのプロジェクトにおいては、特にヴィタリック・ブテリン(最大のスマートコントラクトプラットフォームであるイーサリアム創設者)のリーダーシップの下で、インターネット本来の指向との永続的なつながりが強調されている。それが今日の⿻の中心的なインスピレーションとなっていることを以下で示そう。

こうした思想の各種先駆者たちは、起源や価値よりも、コミュニケーションとつながりのレイヤーに重点を置いた。彼らは自分たちの仕事を「分散型ウェブ」または「フェディバース」と呼び、クリスティン・レマー・ウェバーの ActivityPub のようなプロトコルを構築した。このプロトコルは、Mastodon や独立版非営利Ｘ（旧 Twitter）とも言うべき BlueSky イニシアチブに至るまで、主流のソーシャルメディアに代わる非営利の代替コミュニティ基盤となった。こうした代替コミュニティは、社会とコミュニティの関係を基盤としてＩＤとプライバシーを再考するための、創造的なアイデアもいろいろと生み出している。

最後に、政府と民主的な市民社会のデジタル参加を強化することで、初期のインターネットの公共および多部門的な精神と理想を復活させようという運動がある。これはおそらく私たち自身の道筋と最も密接に関連したものだ。これらの「GovTech」および「Civic Tech」運動は、ＯＳスタイルの開発手法を活用して、政府サービスの提供を改善し、より多様な方法で国民をプロセスに参加させている。この分野での米国の先鋒としては、GovTech の先駆 Code for America の創設者ジェニファー・パルカや、The GovLab の創設者ベス・シモーヌ・ノヴェクがいる。[51] 日本のシビックテックムーブメントを牽引する関治之は、２０１１年の東日本大震災後に開発されたデータ収集・可視化プラットフォーム sinsai.info の立ち上げを主導し、その後 Code for Japan[52] を設立した。

特にノヴェクは、⿻の初期開発と将来をつなぐ強力な架け橋となる人物だ。前述のオンライン討論ワークショップの原動力となったし、これらの目的を達成するためのソフトウェアに最初期から取り組み、vTaiwan などの活動に刺激を与えた Unchat 開発者でもある。[53] 彼女はその後、米国特許商標庁での活動、後に米国の副最高技術責任者として、右で強調した g0v 運動の中核となる、透明性と包摂性を備えた実践の多くに先鞭をつけた。[54] ノヴェクは g0v だけでなく、ジュリアナ・ロティチらが創設したケニアの集団危機報告プラットフォーム Ushahidi から各種ヨーロッパの参加型政策立案プラットフォームまで、世界中のさまざまな野心的なシビックテクノロジープロジェクトの重要なメンターである。その実績であるDecidimはフランチェスカ・ブリアらによって設立された。またg0vと並行して起こったスペインの「Indignado」運動を発端とするCONSULの理事もノヴェクは務めている。しかしこうした重要な活動にもかかわらず、個別環境のさまざまな特徴により、台湾でg0vがもたらしたような体系的かつ国家的影響にはつながらず、マクロレベルで追跡できるほどの影響をなかなか生み出せなかった。

もちろんデジタル民主主義について、個別の面で優れた事例はある。エストニアはその代表例だろう。この国は台湾と共にジョージ主義と土地税の長い歴史を共有し、世界で最もデジタル化された民主政府と呼ばれることも多く、1990年代後半からデジタル民主主義の先駆者となっている。[55] フィンランドはその隣国エストニアの成功をもとにして拡大し、デジタル包摂をエストニア以上に社会、教育システム、経済にまで広げ、デジタル化された民主的参加の要素も取り入れた。シンガポールは地球上で最も野心的なジョージ主義スタイルの政策を持ち、他のどの国よりも創造的な経済メカニズムと基本プロトコルを活用している。韓国はデジタルサービスとデジタル能力教育の両方に多額の投資を行っている。ニュージーランドはインターネットベースの投票を先駆的に導入し、市民社会を活用して公共サービスの包摂性を向上させた。アイスランドはデジタルツールを活用して他のどの行政地域よりも広範囲に民主的参加を拡大した。ケニア、ブラジル、特にインドは開発のためのデジタルインフラの先駆者である。これらの例の多くには、本書の中でまた触れる。

しかし、このどれひとつとして、セクターを超えた社会技術的組織へのアプローチの幅広さと深さという点で、台湾にはかなわない。これらを広範な国家的事例と見なし、それが拡大して国家、文化、セクターの隔たりを埋め、インフラ基盤とグローバルデジタル社会の使命の両方を形成する様子はなかなか想像しにくいし、それが実現した場合に、世界にとって⿻がどんな意味を持つのかというのもイメージしづらい。アンカーとなる台湾の事例に、いま挙げた他の事例から得られる知見を加えることで、今度はグローバルな未来が持つ機会を深く描き出してみよう。

第 4 章

自由

4-0

権利、オペレーティングシステム、⿻的自由

インターネットの創始者J・C・R・リックライダーは、これまでのインターネットプロトコルよりもはるかに広範な基本プロトコルこそがネットワーク社会の基礎となると考えた。しかし、彼の分析は哲学的分析というよりは、長々としたリストだった。社会の基盤に関する明確なビジョンを表明するために、この章では、⿻を定義づける概念を利用して、これらのプロトコルが何で構成されるべきか、社会的にどのような役割を果たすべきかを概説しよう。次に、現在の実装の限界、およびそれらをもっと完全な形で実現する方法を体系的に検討する。

⿻社会の基盤となるインフラは、形式と構造の両方で⿻の原則に沿ったものとなるべきだ。厳密に言えば、権利システムという政治的アイデアと、それに密接に関連したOSの技術的概念を、シームレスに組み合わせる必要がある。本質的には、社会を⿻的な理解に基づいてデジタルで表象しなければならない。つまり社会というものを、多様で交差する社会集団や、野心的で包括的なコラボレーションの共同実践者の集まりとして理解しなければならない。

民主主義の基盤としての権利

権利は、民主的な生活の基盤となる普遍的な特徴である。最も簡単に想像すると、民主主義（語源は「人民の統治」）は、政府が国民に対して行う一連の行動ではなく、国民による集団的な意思決定の政治システムである。しかし実際には、民主主義の最も基本的な特徴は、基本的な自由と権利だ。これらの「権利」は、時間的にも空間的にも、それぞれの民主主義国ごとに異なるが、幅広い共通性を持ち、それが国連の世界人権宣言（UDHR）などの文書の基礎を形成している。たとえば平等、生命、自由、個人の安全、言論、思想、良心、財産、結社などがある。しかし、厳密な構成や普遍性はどうあれ、最も重要なのは、なぜそれらが政治システムとしての民主主義の健全性にとってそれほど不可欠なのか、そしてなぜこれほど多くの人々や組織が、これらの権利を保護しないと民主主義が存在し得ないと信じているのか、という点だ。

著名な政治哲学者ダニエル・アレンは、最近の著書『民主主義による正義』（未邦訳）で、この関係を明確に説明している。「人々の意志」が安全かつ自由に表現されなければ、政府はそれに応えようがないのだ。[1] 良心に従って投票するとその人に危険が及ぶならば、投票結果は強制者の意志しか反映できない。市民が社会的および政治的団体を強制なしに形成できなければ、権力者の決定に団結して異議を唱えられない。彼らが多様な経済的交流を通じて生計を立てられなければ（たとえば、国家や主人の奴隷にされたりしていれば）、彼らの表明する政治的見解は当人の内なる声ではなく主人の代弁と考えるべきだ。権利がなければ、選挙は有名無実となる。
　自由が民主主義を弱体化させるのでは、という見方があるが、理論的にも現実的にも的外れだ。多くの著名な民主主義国は、その基盤となった権利を弱体化させたために「自殺」してしまった。おそらく最も有名な例はワイマール共和国だろう。この共和国は両大戦間の30年間にわたりドイツを統治したが、国会で国家社会主義ドイツ労働者党（ナチス）が多数議席を獲得したときに終わった。ナチ党が与党となってアドルフ・ヒトラーが首相に任命され、史上有数の悪名高い独裁国家が生まれてしまったのだ。[2] しかし、今日の多くの民主主義社会がそこまでいくかどうかはさておき、多くの国が選出してきた指導者や政府は、政治学者のスティーブン・レヴィツキーが「競争的権威主義」体制と名付けたものへと民主主義を転換させてきた。[3]
　民主主義が機能するために、なぜ人権が前提となるのだろうか？　市民は自分が参加する民主的コミュニティの集合的な生活を作り上げる能力を持つし、それを作り上げたいと思っているからだ。だから共通の利益を求めて結社集会を行い、それを政治的に伝えたいと願うのだ。もちろんこれは絶対的なものではなく、議論も分かれる部分はある。たとえば、スカンジナビア諸国は、いわゆる「積極的言論の自由」、つまり、手段に関係なくすべての市民が自分の意見を表明できる現実的な方法を持っていることの重要性を強調してきたが、米国などの他の国は、「消極的言論の自由」、つまり意見の表明を政府の介入で妨害できないことを強調する。一部の社会（たとえばヨーロッパ）は、市民社会が国家から独立して存在し、したがって政治が可能になるために必要な基本的権利としてプライバシーの重要性を強調する傾向がある。他の社会（たとえばアジア）は、集会と結社の権利を民主主義の機能の中心として強調しがちだ。だがこれらの相当部分は重なり合っているし、それが機能する民主主義社会の基本的な前提として、世界中の民主主義国はこれらを共同で維持するべきだと捉えている。

国家（および地方）政府、特に司法制度は、権利を尊重し、その境界を明確に定める上で、しばしば重要な役割を担う。しかし、権利を国家の法制度のみで考えるべきではない。権利は、さまざまな文化的背景（民族、地方、国境を越えたなど）に根ざした、深い信念や価値観を表す。権利は、人間の行動の可能性を切り開くだけでなく、そこに正当性も与える。たとえば、民間の職場やインターネットプラットフォームは、言論を制限することはできる。しかし、言論の自由があるために、従業員や顧客が受け入れる言論統制も厳しく制限される。同様に、世界人権宣言のような文書は世界的に強制することはできないが、南アフリカの最高裁判所の判決を含め、多くの国の法律に影響を与えている。[4] 大小さまざまな機関（裁判所、企業、市民社会グループなど）は、これらの共通の文化的期待を守る上で重要であり、その中で単一の機関だけが権利の「執行者」または「源泉」にはならない。この意味では、国家が権利の重要な擁護者のひとつではあるが、人権は国家をまたがり、国家を超えて存在すると言える。

また権利は、固定された達成可能な現実というよりは指向や目標でもある。米国の歴史の多くは、建国当初の平等指向の中で認められていなかったものが、実現に向かうドラマなのだ。[5] 多くの社会的、経済的権利（質の高い教育、適切な住宅など）は、特に開発途上国ではまだまだ政府の力が及ばず、すぐには実現できないが、それでも人々の最も深い願望を示すものとなっている。[6]

アプリケーションの基盤としてのオペレーティングシステム

オペレーティングシステム（ＯＳ）はデジタル生活のあらゆるところに存在する。Linux は、史上最も野心的で成功したオープンソースプロジェクトだ。Windows は、Microsoft が作ったもので、世界で最も有名なＯＳだ。ほとんどのスマートフォンは iOS か Android で動いている。

ＯＳは、その上で実行されるアプリケーションにできることを大きく定義する。ＯＳにはパフォーマンス、外観、速度、メモリ使用など、いくつかの基本的な特性があり、そこで実行されるアプリケーションはそうした特性を共有する。そしてそのＯＳプラットフォームで動作するためにはその特性を尊重する必要がある。たとえば、iOS と Android ではタッチインターフェースが可能だが、それ以前のスマートフォン（BlackBerry や Palm など）はスタイラスまたはキーボード入力しかなかった。今日でも、iOS アプリと Android アプリは外観、操作性、パフォーマンス特性が違う。アプリケーションは特定の（または複数の）プラットフォーム向けにコーディングされ、ＯＳに組み込まれているプロセスを利用して、できることとできないこと、カスタムで構築すべき動作、および基盤プロセスに任せられるものを決める。

ＯＳとアプリケーションの境界線は必ずしもはっきりしない。Macintosh はグラフィカルユーザーインターフェース（ＧＵＩ）ＯＳを搭載した初の量産コンピュータだったが、それ以前のコマンドラインインターフェースを搭載したコンピュータでも、ＧＵＩなどの要素を含むプログラ

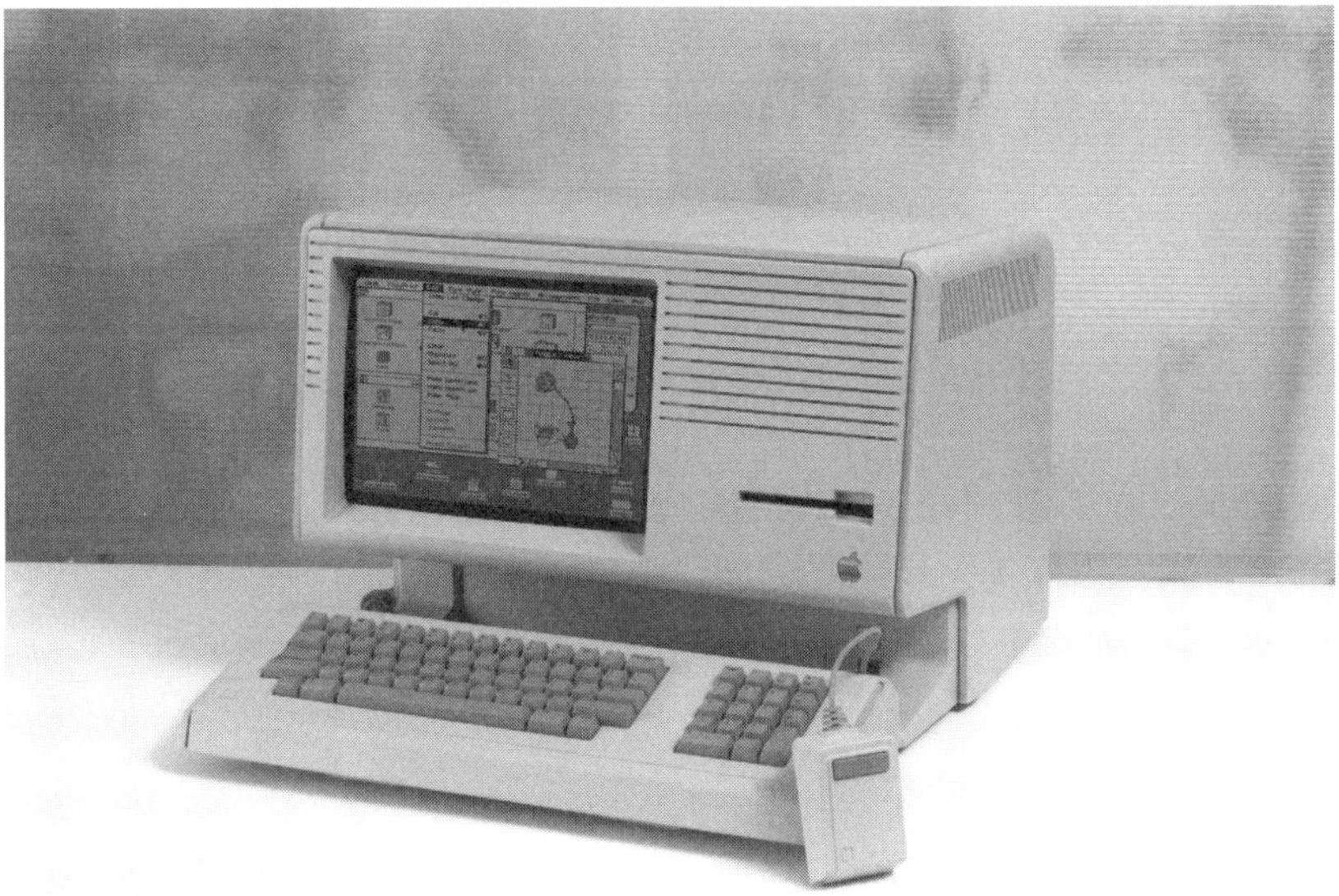

写真 4-0-A　Apple LISA II Macintosh-XL、グラフィカルユーザーインターフェースを採用した最初の市販パーソナルコンピュータのひとつ

出典：Wikipedia, public domain, Author: Gerhard »GeWalt« Walter[8]

ムはあった。同様に、仮想現実（VR）および拡張現実(AR)ヘッドセット(「5-2没入型共有現実（ISR）」を参照)は現在ではるかに実用的になったが、スマートフォンを適切に頭に装着して実行するVRおよびAR体験もある。さらにOS設計者は、基盤OSの整合性を侵害したり脅かしたりするようなアプリケーションの動作から保護するセキュリティプロトコルを組み込むが、それを完全に防ぐのは不可能だ。[7] ほとんどのコンピュータ「ウイルス」は、まさにそのような違反の例だ。OSは、このようにして、システム上のアプリケーションの通常動作を定義し、アプリケーションが利用できるツールと、他のアプリケーションに対する合理的な期待を提供し、簡単に実現できる範囲を定める。

ＯＳは、アプリケーションの予想外の動作に常に適応しなければならない。これは、望ましい動作（新しいアプリケーションを有効にする）と望ましくない動作（ウイルス対策）の両方を含む。これらの適応は、軽微で表面的な場合もある。たとえば、セキュリティ保護を目的としたスマートフォンＯＳのアップデートは多い。また、「顔文字」や「絵文字」は、ユーザーが文字の組み合わせで入力する方法から、ＯＳの入力機能にネイティブに統合する方法に次第に移行してきた。[9] もっと劇的な変更もある。たとえば、Googleは、自動車やテレビと互換性のあるAndroidバージョンを導入した。

ＯＳはさまざまな方法で自分の整合性を守る。セキュリティパッチは最も素早く直接的なものだが、開発者教育、開発者サポートの幅広いエコシステムの構築、顧客の使用状況と期待の段階的な発展も整合性を保つ手段だ。ＯＳ上に構築されたアプリケーションは、ＯＳの内部開発をサポートするだけでなく、ＯＳの更新や、元のＯＳを強化しそれと競合さえする新ＯＳ開発も促進する。またＯＳごとにも違いがあり、競合しつつも多くの共通するアフォーダンスを持つ。ＯＳは、少なくとも部分的にはクロス開発と下位互換性および上位互換性の両方を可能にする。これにより、以前のバージョン用に設計されたアプリケーションが引き続き機能し、アプリケーションは新しい世代に対して「耐将来性」を持てる。またユーザーが幅広いアプリケーションにアクセスできるようになる。

ほとんどのＯＳは、絶えず更新されている。完全にはサポートできなかった機能をサポートし、促進しようとするのだ。こうした試みの繰り返しから、ＯＳは再帰的に学習して、サポートを改善する。たとえば、最初にリリースされた有名な音声「スマートアシスタント」(Apple の Siri や Amazon の Alexa など)は、笑えるほど低品質なものばかりだったが、システム自体を通じたユーザーの参加により品質は次第に向上し、これらのOSで高度な音声機能が実現されるようになった。

⿻基盤

権利の仕組みとOSには多くの共通点がある。その上で実行される民主社会やアプリケーションの基盤として機能し、そのプロセスで想定されている背景条件を整え、システムの完全性を確保するために特別な防御と保護を必要とする。そして少なくとも一部は何を目指したいかという指針にとどまっており、まだ実現できていない不完全な部分もあり、時にはそれが内部で緊張関係に陥る。また、強力な執行メカニズムに支えられている一方で、明確に定義された制度とコードであるだけでなく、漠然とした文化の一部でもある。[10] ただし、これらの一般的な類似点を超えて、権利とOSの両方には⿻の観点において重要で決定的な2つの側面がある。それを抽出して、リバタリアンおよびテクノクラートのアプローチと対比しよう。

■ダイナミズム

OSは当然ながらダイナミックだが、考えてみれば権利の仕組みも同じだ。このダイナミズムは□□の中核である。権利はそれに基づく民主主義を支え、ＯＳはその上で実行されるアプリケーションを支える。権利の枠組みを作った人やＯＳの設計者は、そうした基盤がどのように使用され、悪用され、新しい見方をされるか予測しきれない（または、「ぼんやりとしたガラスを通して」しかそれを見通せない）。なぜなら異なる立場や、時には敵対的なアクターが（多くの場合は技術的な手段を通じて）実験やイノベーションを可能にするために、彼らが提供した空間を利用するからだ。

たとえば中国の金盾（きんじゅん）は、インターネットコンテンツを制限および検閲し、専制主義をコード化している。しかし、今日の民主主義国家に特有のグローバルＳＮＳプラットフォームは、敵対者による選挙干渉や誤報のためのマイクロターゲティングを含め、顧客の関心を売り渡すこともある。[11] したがって社会のあり方をめぐる民主的な会話を効果的に進めるには、そうした対話とそこでの権利表明を支える基本的な能力を開発し続ける必要がある。

ＩＴは言論の自由についての見方を変えてしまった。かつて言論の自由は、国民が自由に政治的立場を形成し、支持を得ることを保証する、権利の主要な表現と考えられていた。しかしその見方は、ＩＴのおかげで危うくなった。この見方は、情報が乏しい環境を前提にしていた。その環境では、発言を聞かせないようにするには、情報を抑圧するのが効果的だった。

現在の環境はまったく違う。情報は豊富だが、関心は限られている。そういう環境では反対派や望ましくないコンテンツを抑圧するよりも、単に気を散らすものやスパムであふれさせるほうが簡単な場合が多いのだ（これはゲイリー・キング、ジェニファー・パン、モリー・ロバーツの研究で劇的に記録されている[12]。

こうした状況では、検閲を防ぐよりも、多様で関連性のある本物のコンテンツに注目してもらうことが重要となる。言論の自由に関する保護もそれに応じて進化するべきなので、以下でこれを確実に実現するための道筋について説明しよう。

しかし、ダイナミズムはそれ自体が望ましいものではなく、手段にすぎない。複数の視点から全体的な構造を抽出し、総合的な究極の目標を追求するためのものではない。むしろダイナミズムは、システム上で動くアプリケーションや民主制度を明確に支援し、絶え間ないアップデートや改善能力の範囲内で、そうしたものがイノベーションを行い、未来を探求して発見できるよう支え、それが将来的にも発展し続けられるようにすることなのだ。OSと権利は、その上で実行されるアプリケーションと民主主義のニーズが変わるにつれて発展し続け、そのアプリケーションのエコシステムを支えねばならないが、企業利潤や国の利益といった、もっと大きな外部の目的のために自滅するなら、すべてが破綻してしまう。

■権利と関係性

権利の⿻理解でもうひとつ中核となるのは、権利体系の一部は個人についてのものではあるが、権利すべてが個人についてのものではないということだ。OSは、個別のアプリケーションとユーザーを保護するし、権利システムも当然ながら、それを使って自分が最も重視する価値観や利益を守ろうとする個人に対し重要な保護を提供する。だが権利は個人だけでなく、仕組みや集団にも影響する。

結社と宗教の自由は、結社や宗教自体と、それらを構成する人々を保護する。米国憲法のような連邦制は、個人だけでなく州や地域の権利も認める。ＯＳはシステム全体の機能以外にも、アプリケーションとユーザー同士のやりとりも保護する。コミュニケーションは、ＯＳの中だろうと「公共空間」の中だろうと、常に複数の参加者が関与する。そして「公共空間」やソーシャルネットワークの存在は、そうした参加と集合行動の安全性とに左右される。商業の自由でさえ、個人の選択と二者間取引の問題と思われがちだが、通常は法人の権利とその契約上の取り決め、および団体交渉の権利も積極的に保護する。

さらに、これらの自由を保護し擁護する主体は、国家とその関連機関よりずっと広範だ。代表例としては商法がある。アン＝マリー・スローターやカタリーナ・ピストールなどの学者が強調しているように、法的ルール、貿易協定、前例の相互尊重の国際ネットワークこそが、知的財産、独占禁止法、金融機関の資本要件などの重要なトピックの中心となる考え方を作り上げている。[13]これらはそれぞれ、専門家、国際機関、さらにはロビー団体の違ったネットワークに管理されている。したがって権利は、相互作用するネットワークを形成する多様なグループが保持するだけでなく、文化、機関、エージェントの同様の交差するネットワークが定義するものでもある。権利は、人々や社会集団が交差し、その社会的交流のネットワークを守り保護する、絡み合う社会集団の集まりなのだ。

■リバタリアニズムとテクノクラシーとの対比

⿻的権利とＯＳの動的でネットワーク化された適応型の基盤は、それぞれ民主的な探求とアプリケーション環境の進化をサポートする。そしてこれは、リバタリアニズムとテクノクラシーのイデオロギーに体現されている政治的および技術的な一元論的視点とはまったく対照的なものだ。リバタリアニズムは、明確に定義された歴史的権利の厳格で「不変」なセットに基づいており、主に個人の私有財産と、これらの財産関係に挑戦する「暴力」の防止を重視する。この見解では、権利は他の権利と、権利が生まれた社会的または文化的コンテキストの両方から抽象化または切り離されており、権利はアトムレベルの個人にのみ属し、技術システムはこれらの権利を徹底的かつ完全に変更や社会的侵入から隔離するべきだとされる。一方、テクノクラシーは、「客観性」「効用」「社会的厚生」という機能的な概念と合致する技術システムの設計を基盤としている。リバタリアンは権利を絶対的、明確、静的、普遍的なものと見なす。テクノクラートは権利を、定義可能な社会の利益を追求する上での単なる障害、または負担と見なす。

⿻自由

デジタルのシミュレーション世界（「メタバース」とも呼ばれる）に浸る未来に懐疑的な人でも、今日では多くの人が生活の大部分をオンラインで過ごしていることは否定できないはずだ。生活の中で成長を続けるオンライン領域では、人々の行動、発言、取引はＩＴが提供する可能性に制

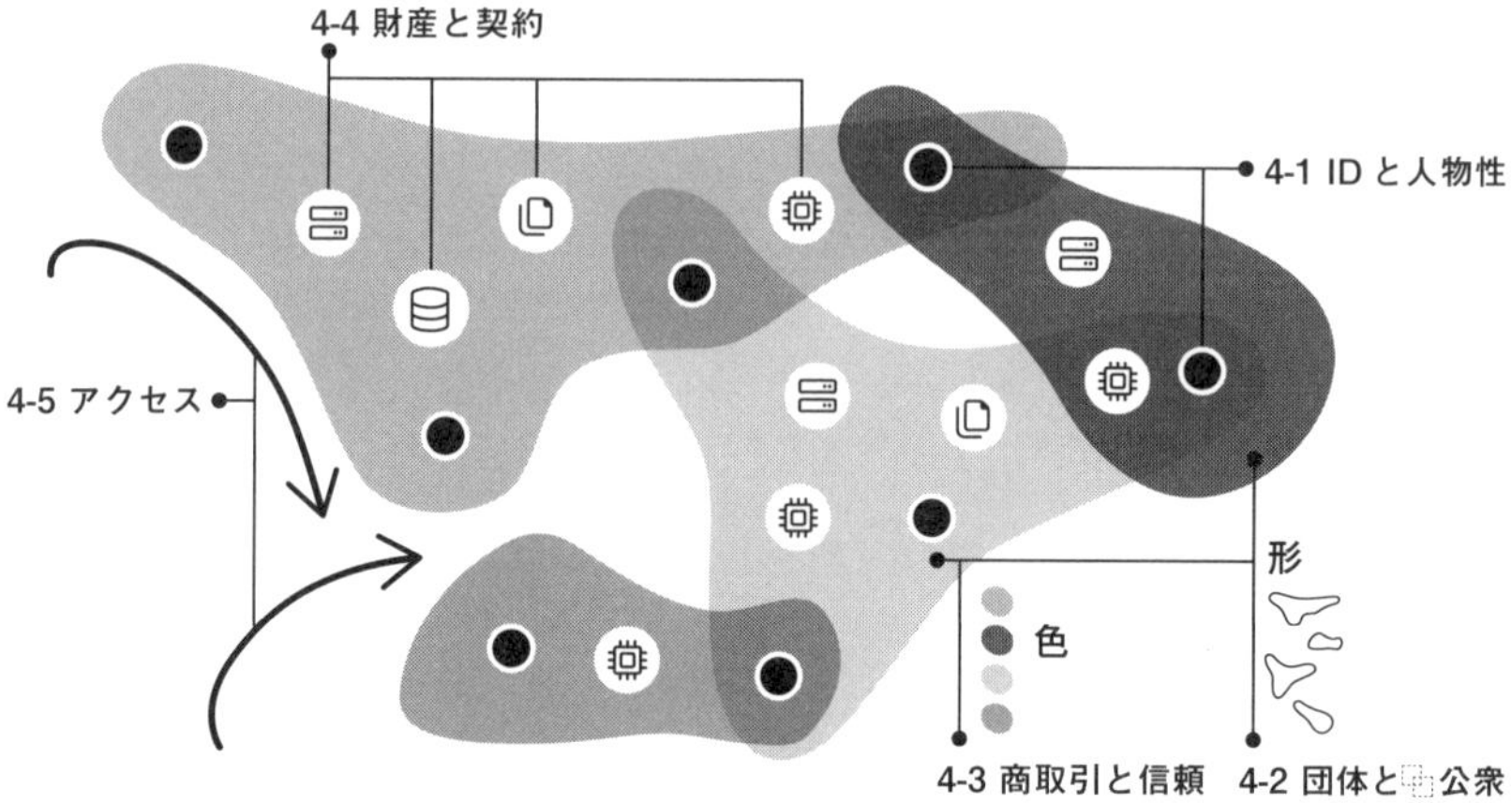

図 4-0-B　人、集団、関係、デジタル資産を視覚化したハイパーグラフ

約される。それが人々をネットワークで結びつけ、社会構造を織りなすのだ。この意味で、そのネットワーク内で人々を接続するプロトコルは、デジタル時代における権利を定義し、社会を動かすＯＳとなる。

　私たちが「３-２つながった社会」で説明した□の伝統は、知的かつ哲学的に、自由民主主義の基盤となる財産、アイデンティティ、民主主義の単純なフレームワークを超えて、社会生活の豊かさに見合った高度な代替手段に移行する必要性を重視するものだった。技術的に見るなら、コンピュータ間の通信のガバナンスフレームワークを提供した初期のネットワークプロトコルは、まさにそうした高度な代替手段を達成しようとしていた。それは権利とＯＳという類似ながら違ったアイデアを融合させるもので、人間間ネットワーク用のＯＳ構築を、□的権利の概念をサポートするために必要な基本能力の提供だと見ていたのだ。

　技術システムは定式化された数学的関係でインスタンス化されるため、社会の記述に直接対応する標準的な数学モデル、つまり図4-0-Bに示す「ハイパーグラフ」を使用すると必要なものが理解しやすい。ハイパーグラフは、ネットワークまたはグラフの一般的な概念を拡張し、双方向の関係だけでなく集団も容認する、「ノード」（つまり、ドットで表される人々）と「エッジ」（つまり、色を塗ったグループ）の集合となる。各エッジ／グループの色は、関係する関係の強さ（つまり、数学的には「重み」と「方向」）を表し、エッジに含まれるデジタル資産（データ、計算、デジタルストレージなど）は、これらのグループの共同基盤を表す。このようなデジタルモデルは、もちろん文字どおりの社会世界ではなく、その抽象化であり、実際の人間がそれにアクセスするには、図に入るための、矢印で表したさまざまなデジタルツールが必要となる。これらの要素は共同で権利／OSプロパティのメニューを構成する。次の5つのセクションでは、それぞれを個別に詳述しよう。その5つとはIDと人物性、団体と公衆、商取引と信頼、財産と契約、アクセスだ。

　これらを反映した共有デジタルプロトコル構築のプロジェクトは、「3-3失われた道（ダオ）」で示したようにまだ初期段階にとどまる。[14] 富裕な国でさえ、前述の自然なネットワーク機能をオンライン体験の基本として、多くの人に提供できていないのだ。オンラインでの生命と人格の権利を保護する、非独占的な識別プロトコル[15]は普及していない。自由な結社を可能にする、オンライン通信方法[16][17][18]とグループ形成のための非独占的なプロトコルも普及していない。現実世界の資産の商取引をサポートする非独占的な取引プロトコルもない。デジタル世界での所有権と契約の権利を可能にする、計算、メモリ[19]、データ[20]などのデジタル資産を安全に共有するためのプロトコルもない。そして、これらの課題に対処するほとんどのアプローチは、あまりに制約されたネットワークの基本概念に基づいており、交差するコミュニティが持つ中心的な役割を無視している。権利がデジタル世界で意味を持つためには、これを変えねばならない。

幸いなことに状況は変わりつつある。過去10年間のさまざまな開発が、インターネットの「失われたレイヤー」の役割を断続的に引き受けてきた。たとえばWeb3および「分散型ウェブ」エコシステム、ヨーロッパのGaia-Xデータ共有フレームワーク、さまざまなデジタルネイティブ通貨と支払いシステムの開発、そして最も顕著なものとして、過去10年間にインドで開発された「India Stack」に代表される「デジタル公共インフラ」への投資の増加などだ。これらの取り組みは資金不足で、国やイデオロギーで分断されており、小規模すぎたり、テクノクラートやリバタリアンのイデオロギー、あるいはネットワークに対する過度に単純化された理解で歪んでいたりする。しかしどれも、⿻の体系的な追求が実現可能だと示してくれるのだ。ここでは、これらのプロジェクトを基盤として、その将来に投資し、⿻的未来への道を加速させる方法を示そう。

4-1

IDと人物性

資格審査の行列が着実に進むにつれ、希望の感覚が露骨な不安と入り混じっていた。頭上の大画面は、難民資格の重要性について繰り返し述べていた。ムールーは、崩壊しかけたコミュニティの中では十分に尊重されている人物だが、重大な局面を迎えたところだった。気候変動が彼女の故国をボロボロにしたので、彼女は娘たちのために、新しい土地で平安と明るい見通しを得たいと思っていたのだ。

ムールーが前へ進み出ると、彼女の過去――豊かで活気あふれるもの――が目の前を駆け巡った。彼女は不確実な未来を、特に自分の娘たちのために恐れた。彼女たちは停滞に直面しかねない。政府の役人は、歓迎するように、親しみやすく、共通ヨーロッパ難民システム手続きのコードをスキャンするように告げた。

彼女の壊れかけたスマートフォンには、いくつか率直な質問の書かれたページが読み込まれた。

「共通難民システムに、以下についてはい／いいえの回答を要求することを認めますか？」

1…支援プログラムについてのあなたの適合性があるか

2…あなたが我々の社会に何か脅威をもたらす可能性があるか

3…過去の経験が我々の社会内で生産的な役割に貢献できるかどうか

彼女はすぐに画面に署名した。すると彼女のスマートフォンは、質問に正確に答える支援をするよう関連情報を表示し始めた。

・紛争で引き裂かれた村で、あなたは仮設学校を作り、子供たちの顔に微笑みをもたらしました。この希望の光は信頼できる情報源76カ所が述べており、その称賛は複数のデジタル資格証に示され、ＥＵが認知する機関の裏付けを得ています。

・ある記者会見で、有害な個人とコミュニティとの連携に反対するあなたの決然とした姿勢は大きな反響を得て、デジタル署名つきの41の肯定証言がそれを裏付けており、社会のひるまぬ保護者だと示しています。

・各種コミュニティと34の政府機関との対話を橋渡しするあなたの活動は、あなたを取り巻く信頼と安全性の盾を作り、それぞれがあなたの貢献の印となり、それがデジタル認知表彰により不滅のものとなっています。

・あなたのイノベーションは人生を変えるプロジェクトの源となり、あなたの同輩たちの78%が活気あるデジタルナラティブでそれを称賛し、工学部門に対するあなたの大きな貢献のダイナミックなタペストリーを織りなしています。

・あなたが支援した……

一覧はどんどん続く。彼女は、校庭に集まる子供たちの活気ある場面、自信を持って壇上に立つようインスパイアした導師たち、熱心な同僚たちと協働した無数の夜遅くまでの活動を思い出した。

役人のデスクに緑のランプが次々にともり、集められた証言と裏付けある実績をもとに彼女の申請を承認する。

彼女の娘たちも同様に承認され、彼女たちの新しい出発を祝う。心からの優しさで、役人は彼女たちを有望な世界へと受け入れた。その世界は彼女たちを理解し、受け入れる用意が十分にあるようで、ムールーと娘たちが再び繁栄できる、新しい出発を提供してくれたのだ。

最も根本的な人権は生命や人物性と市民権に関わるものだ。同様に、⿻社会の最も根本的なプロトコルは、参加者の身元を確立して保護するものとなる。権利を確保しサービスを提供するためには、そうしたものを得る権利を持つのが誰／何かの定義が必須だ。ある程度セキュアな身元ＩＤの基盤なしには、偽の資格証を最もたくさん作り出せる人に投票システムなども捕獲されてしまい、すぐに金権政治に堕落してしまう。１９９３年の『ニューヨーカー』誌に出た有名な漫画で「インターネットでは、こちらがイヌだとは誰も知らない」（訳注：インターネットの匿名性を示すもの。漫画ではコンピュータの前に座る大きな犬が、近くの小さな犬に「インターネットでは、こちらがイヌだとは誰も知らないんだ」と語る）というものがある。これはあまりに有名で、独自のWikipediaページ[1]があるほどだ。これが本当だとすれば、オンライン民主主義の試みは文字どおり、イヌも食わないものになりかねない。[2]これはまさにWeb3コミュニティで劇的に示されてしまったことだ。そこでは匿名性や無名性に大きく依存しているため、しばしば、物理的、金銭的なリソースを持つ者たちの利害に捕獲されてしまったのだ。[3]

このように、ＩＤシステムはデジタル生活の中心であり、ほとんどのオンライン活動へのアクセスの門番役となる。ＳＮＳのアカウント、ｅコマース、政府サービス、雇用やサブスクリプションなどすべてでこれが使われる。こうしたシステムが提供できるものは、それが利用者の身元をどれだけ「豊か」に確立できるかに大きく左右される。たとえばその利用者を確認できないシステムは、二重応募をチェックできないため、割引や無料提供が困難となる。利用者が誰かはわかるが、その属性を確認できないシステムは、万人に合法的かつ現実的に提供できるサービスにしか使えない。[4]オンライン攻撃が容易なので、ある人物の情報をきちんと識別できなければ人々の安全も守れないのだ。

その一方で、身元を確立する手続きをあまりに簡単にすると、ＩＤシステムそのものが役に立たなくなる。これは特にオンラインでは顕著だ。身元を確立するにはパスワードがよく使われるが、こうした認証が慎重に行われないと、パスワードはすぐに漏洩して、攻撃者たちのなりすましを可能にしてしまう。「プライバシー」はしばしば「あればうれしい」くらいの扱いとなり、「隠しごとのある人」だけがこだわるものとして軽視されることも多い。しかしＩＤシステムでは、個人情報の保護がその中核となる。ＩＤシステムの有効性は、身元を確立しつつ保護する能力で判断されるべきなのだ。

この課題の展開を知るには、ＩＤシステムの相互に関連する要素を把握しておくべきだ。

- **作成**：ＩＤシステムへの登録とは、アカウントをつくり、識別子を割り当ててもらうということだ。システムごとに登録の要件は異なる。これはそのシステム所有者が、各個人の提示する識別情報をどの程度信頼するか（保証レベルと呼ばれる）[5]で変わってくる。
- **アクセス**：継続的にアカウントにアクセスするために、参加者はパスワード、キー、またはＭＦＡ（多要素認証）を提示するなど、登録するときよりは簡単なプロセスを使う。

- **リンケージ**：参加者が自分のアカウントでシステムを使うと、そのやりとりの多くが記録され、システムが参加者を理解するための記録の一部となる。この情報は、あとで他のアカウント機能に使用できる。
- **グラフ**：蓄積されるユーザーデータの多くは、他のアカウントとリンクしている。たとえば、複数のユーザーがシステムを利用してメッセージを交換したり、一緒にイベントに参加したりする。これらは、複数のアカウントの相関データとなり、「ソーシャルグラフ」となる。
- **回復**：パスワードやキーは紛失や盗難にあうし、多要素認証システムも機能しなくなることがある。ほとんどのＩＤシステムには、秘密情報、外部ＩＤトークンへのアクセス、または社会関係を使用して、紛失または盗難された認証情報を回復する方法がある。
- **連携**：アカウントを作成するとき、参加者は外部ソースから自分に関する情報（多くの場合検証済み）を引き出す。同様に、ほとんどのアカウントも情報の一部を他のシステムでアカウントを作成するために使用される。[6]

この節では、既存のデジタルＩＤシステムの現状と、確立と保護という2つの必須事項をそれらのシステムが実践する際の限界について説明しよう。次に、これらの問題に対処するための、重要だが限定的な世界各地の取り組みをいくつか紹介する。加えて、そうした重要な取り組みをさらに野心的に構築および拡張し、豊かな未来を実現する方法を説明する。最後に、ＩＤの基本的な役割のため、それが他の基本的なプロトコルや権利、特に次の節で焦点を当てる結社の権利とどのように関連し、絡み合っているかを指摘しよう。

今日のデジタルＩＤ

正式な「ＩＤ（身分証明書）」といえば、通常は政府が発行した文書を指す場合がほとんどだ。これらは国によって違いもあるが、一般的な例としては、以下がある。

- 出生証明書
- 公的プログラムへの登録証明書（多くの場合、それと関連した識別番号付き（米国の年金と税金の社会保障制度、台湾の国民健康保険制度など））
- 自動車や銃器など、潜在的に危険なツールの所持使用許可証
- 一部の国では統一された国民識別カード／番号／データベース
- 国際旅行用のパスポート（暗黙のうちに国際的に連合された形で使われていることから見

て、おそらく最も広範な識別システムだろう）

これらのシステムは国ごとに違うが、一般的にいくつかの注目すべき特徴を共有している。

①これらはさまざまな状況で標準的で信頼性が高く、多くの場合「法的」または「真の」ＩＤとさえ呼ばれている。その他のすべてのＩＤは「仮名」か、正式なものを参照して正当性を得ている。

②右の理由もあって、特定の目的やプログラムに特化したシステムに登録するときにも、こうしたＩＤが使われる（例：バーでの年齢確認、銀行口座の登録、税金の支払い）。悪名高い例としては、米国の社会保障番号（ＳＳＮ）がある。これは、１９３０年代に新しい年金制度の管理用に作られた。[7] １９６０年代までには、それがさまざまな政府機関や民間企業から普通に要求されるようになった。この広範な使用により、さまざまな状況で人々の活動をプロファイリングできるようになる。１９６０年代後半から１９７０年代前半にかけて、こうした慣行に対する懸念が高まり、[8] 連邦政府の各種機関がデータを共有する能力を制限し、民間部門でのＳＳＮの使用も制限する一連の法律が可決された。[9] それ以来、連邦政府はＳＳＮの使用を減らそうとして、代替案を積極的に検討している。[10]

③こうしたＩＤは通常、その人の身元についての限られたシグナルに基づいて発行されている。つまり通常は、他の政府発行文書を参照するだけで、それを遡れば根底には出生証明書があり、そしてその出生証明書自体はひとりの医師の署名だけに依存する。時折、これらは本人の出頭によって補完されることもある。ただし、身元をめぐる紛争が続く場合は、面倒な法的手続きによって裏付けられることも多い。

これらの特徴が合わさると、ＩＤは不安定となる。政府発行のＩＤは現代生活の基盤であり、通常はプライバシーの侵害を避けようとする。しかし、非常に多くの状況で使用されるために秘密を維持できない。そして根拠となるシグナルが限られているため、身元保護には不十分なのだ。さらに、以下で説明するように、これらの問題は現在、生成基盤モデル（ＧＦＭ：Generative Foundation Models）などの技術進歩のため悪化している。ＧＦＭはコンテンツを簡単に模倣および変更できるし、公開シグナルから高度な推論を導き出せるからだ。さらに、これらのＩＤのデジタル版を作成するプロセスはあまりに時間がかかり、行政区域ごとにバラバラだ。こうした理由から、既存の物理的な（紙またはプラスチック）政府発行のＩＤはますます危うい立場にあり、本人確認とプライバシー保護との間で提供しているトレードオフは、かなりお粗末だ。

もうひとつ、広く使用されているＩＤシステムは、Meta、Amazon、Microsoft（Microsoft account、LinkedIn、GitHub）、Alphabet、Appleなどの主要な技術プラットフォームのアカウント管理となる。これらのプラットフォームでは、OAuth[11]やOpenID Connect[12]などのオープン標準を利用しており、ユーザーがそのプラットフォームのアカウントを使って他のシステムにログインできるようにしている。これは「シングルサインオン」（ＳＳＯ）とも呼ばれる。これらのサービスを使うことで、オンラインの認証インターフェースによく表示される「……でサインイン」ボタンが可能になる。この単一のサインインを通じて、ＩＤの発行者（別名「ＩＤプロバイダ」）である大規模プラットフォームは、自社アカウントを持ち、他の場所でそのアカウントを使用する個人が訪れる場所すべてを「把握する」。

各種の政府発行のＩＤに共通の特徴があるのと同様に、各種のＳＳＯシステムにも重要な共通点がある。

①ＳＳＯシステムは主に民間の営利企業が管理している。ＳＳＯシステムがもたらす利便性とＳＳＯシステムが依存するデータ（後述）は、顧客維持と価値を最大化するために使われる。

②ＳＳＯシステムは、ユーザーのさまざまなシグナルと特性を利用して、ユーザーＩＤの整合性を維持し、その価値を活用する。データの種類（購入履歴、ＳＮＳ接続、電子メールのやりとり、ＧＰＳ位置情報など）はいろいろあるが、いずれの場合も、複数のドメインにまたがる対象者の行動の完全なプロファイルを広範かつ詳細に、かなりの精度で把握している。[13]

③②を理由として、これらのエンドポイント識別子の提携は広範囲にわたり、そのSSOプロバイダと特に深い関係がなくても、さまざまなオンライン認証サービスで受け入れられている。

人々のID情報や属性を大量に収集する重要な組織が、他に2つある。これらの組織はSSOシステムと共通点も多いが別の存在で、情報を収集される人々が直接やりとりをすることはない。それは信用格付け、公安機関だ（公安機関は人々についての調査書を作る。一般的な監視と、その機関の業務クリアランスを得ようとする従業員たちの審査用である）。

これらの組織も、高い整合性とかなり幅広い用途を備えた豊富なシグナルを活用するが、標準的な政府IDのような公的正当性はない。したがって、これらのデータ収集システムは、トレードオフの分布の中で、政府IDとは対極にある。人々に関する豊富なプロファイルを提供する点ではるかに優れているが、「すべてを把握する」という性質は社会的に正当性がなく、少数の手に多大な権力が集中するため、主に陰で運用されている。

ほとんどの国では、これらの両極端の中間に、銀行口座や携帯電話などの重要／基礎的なサービスのアカウントがある。銀行業務は通常、政府によって規制されており、登録に政府発行のIDが必要だ（「顧客確認」またはKYCと呼ばれるプロセス）。通信プロバイダは、実効性のあるアカウント管理（請求書をどこに送るか）と回復（電話紛失時の本人確認）をリポートするために、政府発行のＩＤを要求することが多い。また、一部の国では、電話番号を取得する際に顧客の身元確認が求められる。銀行と電話会社はどちらも民間管理で、セキュリティに利用できる豊富なユーザーデータとリンクしているため、他のＩＤシステム（ＳＳＯシステムなど）への重要な入力情報として使われることも多いが、通常はＳＳＯシステムよりもはるかに規制が厳しいため、民間プロバイダ間での正当性とポータビリティは高い。多くの状況で、これらのシステムはセキュリティと正当性の便利な組み合わせと見なされ、多くのサービスでは、多要素認証を通じて、電話番号が多くのサービスでの最終的なセキュリティの根拠となっている。しかしこのＩＤは、企業による監視と安全性欠如という欠陥も抱えている。どちらも盗まれやすく、盗まれたら回復が難しく、政府発行のＩＤのような強力な法的根拠がないからだ。

このスペクトラムとはまったく別の方向として、もっと伝統的な場面とデジタルネイティブ的な場面で使われる、小規模で、多様で、ローカルなＩＤシステムがある。[14]

- 教育資格、専門職協会や労働組合、政党、宗教団体への加入など、市民社会の登録と取引
- 仕事関連の資格やアクセスなど、雇用の登録と取引
- ポイントカードや民間保険への加入など、商業の登録と取引
- 「ダークウェブ」フォーラム（例：4chan または Reddit）からビデオゲームや仮想世界への参加（例：Steam）まで、さまざまなオンラインの社会的および政治的やりとりで使用される仮名ＩＤ

・Web3で金融取引、分散型自律組織（ＤＡＯ、詳細は後述）、およびDiscordなどのサーバーでよく使用される、関連ディスカッションでのアカウント
・機械または生物（つまり精神）の基層に、共有された個人および関係の履歴、コミュニケーションのやりとりなどを記録する、個人のデジタルおよび現実のつながり

これらのＩＤは、これまで議論してきたものの中で最も⧉で、最も共通点が少ない。これらのＩＤが持つ共通性は、その断片化と異質性にはっきり関連した少数のものにとどまる。

①これらのシステムは大幅に断片化されており、現時点では相互運用性に乏しく、提携または相互接続されることはほとんどないため、適用範囲が非常に限られる。Verifiable Credentials（検証可能な資格情報[15]）などの新しい標準は、この課題に対処しようとするものだ。

②同時に、これらのＩＤソースは、最も自然で適切で非侵襲的に感じられる。トップダウンの命令や権力構造からではなく、人間の相互作用の自然な流れから生じるように思えるのだ。正当性はきわめて高いと見なされるが、確定的または外部の「法的」ＩＤの根拠となるものではなく、仮名またはその他の私的なものと見なされることが多い。

③豊富で詳細な個人情報を記録するものが多いが、それは狭い文脈や生活の一部として行われ、他の文脈とは明確に区別される。このため、個人的な関係に基づいた強力な回復方法を持てる。

④デジタルユーザー体験はおおむねかなり劣悪だ。まったくデジタル化されていないか、デジタルインターフェースの管理プロセスが非技術系ユーザーには使いにくい。

これらの例はおそらくデジタルＩＤにとって周縁的なものでしかない。しかしその総合的な状態を最もよく表しているとも言える。デジタルＩＤシステムは渾然としており、一般的にかなり安全性が低く、相互運用性も弱く、機能が限られる。その一方で、プライバシーを保護するために設立されたはずの集中的な権力を持つ組織が、広範な監視に従事し、プライバシーの規範を平然と破っている。この問題についての認識は広がり、多くのＩＴプロジェクトでその克服が目指されている。

公共分散デジタルＩＤ

ＩＤツールの最も影響力のある開発は、多くの場合「デジタル公共インフラ」という旗印の下、開発途上国を市場としてきた。これはＩＴの他の目立つトレンドとは正反対だ。その原因の一部は、途上国ではＩＤシステムが特に未発達なので、強いニーズがあることだ。しかし、おそらくその結果として、これらのシステムは、通常は生体認証に基づく、非常に統一的で集中化された構造を目指している。これは、デジタルネイティブのＩＤインフラの実力について、印象的なデモは提供できるが、ＩＤを豊かに確立し、強力に保護する点では不十分だ。

最も顕著な例は、インド政府がIndia Stack計画の一環として支援するＩＤシステム「Aadhaar」だ。当初Aadhaarに登録するには、各種の組織から発行された既存ＩＤを提示する必要があった——既存の州政府文書、配給カードなどだ（認められる書類の種類は膨大だった）[16]。各登録者は写真を撮影し、虹彩をスキャンし、10本の指紋をすべて登録する。新規登録者は、ＩＤに関連付けられた情報がデータベースと照合し、チェックされる。登録済みでなければAadhaar番号が発行され、それが記録されたカードが郵送される。インド固有識別番号庁（ＵＩＤＡＩ）[17]という、データベース認証の専門組織を通じ、認証サービスが提供される。政府サービスを使う人々は、Aadhaar番号を提示し、登録した指紋を示すと認証されたかどうかの回答が戻ってくる。

その後インド最高裁判所は、プライバシーの保護を理由に、民間部門によるこの制度利用を制限した[18]。それでもインド全土で登録者数を最大化するため、登録エージェントに報酬が支払われたので、Aadhaarはインド人口の99％以上を登録できている。

この成功にも触発され、OpenAIの共同創設者サム・アルトマンらを含む技術者のグループは、世界初のユニバーサル生体認証ＩＤを目指して、２０１９年にWorldcoinを立ち上げた[19]。彼らは独自技術の虹彩スキャナ「Orb」を使用して、これまでにほぼ開発途上国の数百万人の虹彩をスキャンした。暗号化技術を利用して、これらのスキャンを「ハッシュ化」し、表示または復元できないようにしつつ、将来のスキャンはそのハッシュ値と照合することで一意性を確保できる。彼らはこれを使用して、仮想通貨を預けるアカウントを初期化／開設する。人間をＧＦＭが模倣できるようになる中で、彼らが目指すのは、たとえば地球上のすべての人に平等な「ユニバーサルベーシックインカム」を提供し、投票やその他の普遍的な権利への参加に使える、安全なＩＤ基盤を確保することだ。

　こうしたシステムは、世界中のあらゆるＩＤ制度の中でも、規模、疎外されたコミュニティの包摂、セキュリティの、最も見事な組み合わせを実現したと評価されている。このため、世界的にそれが真似られている。アジア（フィリピン、スリランカなど）とアフリカ（ウガンダ、モロッコ、エチオピアなど）の国々は、インドの経験に基づくモジュラーオープンソースＩＤプラットフォーム（ＭＯＳＩＰ）[20]を採用している。これまでに約1億件のＩＤが作成された。

　その一方で、こうしたシステムはＩＤを確立し保護する能力に重大な限界を持つ。これほど広範なやりとりや手続きを、たったひとつのバイオメトリック識別子に紐付けると、厳しいトレードオフは避けられないのだ。（Aadhaar の場合のように）プログラムの管理者が認証に生体認証情報を常に使用している場合、幅広い領域にわたる市民の活動を空前の規模で監視できるようになる。さらに脆弱な集団に妨害工作をしたり標的にしたりできてしまう可能性もある。[21]活動家たちは、インドにおける少数派のイスラム教徒の地位について繰り返し懸念を表明している。

　また、Worldcoin のように、アカウントの初期化／開設にのみ生体認証を使用することでプライバシーが保護されている場合、システムはアカウントの盗難や販売に対して脆弱になる。人々が使うほとんどのサービスでは、本人であることを証明する以上のことが求められる（たとえば国籍、ある企業の従業員かどうかなど）。だから極端なプライバシー保護はシステムの有用性を台無しにしてしまう。さらに、このようなシステムは、生体認証システムの技術性能に大きく依存する。将来、人工知能と高度な印刷技術を組み合わせて、眼球を偽装できるようになった場合、そのようなシステムは、極端な「単一障害点」が生じかねない[22]。つまり、生体認証システムは包括的でシンプルだが、⿻のサポートに必要な豊かさとセキュリティとを備えたＩＤを確立して保護するには、あまりにも簡略化されている。

まったく違う問題意識から始まった別のＩＤ方式も、類似のトレードオフに直面する。「分散型ＩＤ」は、前述のデジタルＩＤをめぐる多くの懸念から生じたものだ。つまり、断片化、ネイティブなデジタルインフラの欠如、プライバシーの問題、監視、企業による管理などの懸念だ。重要な基本文書が、MicrosoftのＩＤアーキテクトであるキム・キャメロンの「ＩＤの法則」[23]である。この文書では、ユーザーの制御／同意、適切な関係者への最小限の開示、複数のユースケース、参加の多様性、人間のユーザーとの統合、コンテキスト全体にわたるエクスペリエンスの一貫性の重要性が強調されている。こうした原理に沿ったシステム実装のため、ブロックチェーンなどの「公開」データリポジトリを使って、ＩＤに対する個人の「所有権」を付与するプロトコルやオープン標準が作成され、誰でもこれらの識別子を使ったデジタル資格情報を発行する標準形式が作られた。

これらのシステムでは、個人が複数のアカウント／仮名を持てる。また、個人が自分のＩＤを真に「所有」するには、そのＩＤにアクセスするための究極の鍵を持つか、または上位の管理機関に頼らずにその鍵を確実に回復できねばならないという実務上の課題も共通している。おそらく生体認証（前述の問題）以外には、信頼できる機関なしで鍵を回復する広く合意された方法はなく、大規模で多様な社会で個人が確実に自己管理できる鍵の例もない。

こうした共通の課題はあるが、これらのスキームの詳細は大きく異なる。一方の極端な例としては、「検証可能な資格情報」（ＶＣ）の支持者は、プライバシーと、ユーザーが自分に関するどの主張を提示するか制御できることを優先する。他方の極端な例としては、「ソウルバウンドトークン」（ＳＢＴ）などのブロックチェーン中心のＩＤシステムの支持者は、公的資格情報を重視する。そうした証明書は、借金返済や、芸術作品を複製しないという約束といった行動の公的記録となり、その主張が公にＩＤに結びつく必要があるのだ。ここでも、回復をめぐる課題とＤＩＤ／ＶＣ–ＳＢＴの議論の両方において、ＩＤの確立と保護のジレンマが見られる。

ＩＤをめぐる最近の取り組みの多くは、ワクチン接種証明用の「スマート健康カード」からＥＵによるヨーロッパ全体での相互運用可能なデジタルＩＤ構築まで、ＩＤ問題を解決しようと苦労してきた。だがＩＤの識別と保護のどちらも中核的な重要性を持つので、こうした活動がなかなか進展を見ないのも無理はない。

交差としてのID

この一見相容れない対立を乗り越え、中央集権的な監視なしにIDの安全な確立と強力な保護を確保する方法はあるだろうか？　答えは当然、「3-2つながった社会」と「3-3失われた道(ダオ)」で説明した伝統、つまりアイデンティティの本質とその相互接続性、そしてネットワークアーキテクチャの可能性の活用となる。パケット交換が分散化とパフォーマンスを調和させて実際に結びつけ、ハイパーテキストが速度とテキスト経由の経路の多様性を調和させたのと同じように、実験と標準構築を適切に組み合わせることで、「交差的ID手法」というアプローチがIDの確立と保護という目標を調和させられそうだ。

基本的な考え方を最も簡単に理解するため、バイオメトリクスと対比しよう。バイオメトリクス（虹彩スキャン、指紋、遺伝情報など）は、個人を一意的に識別する詳細な身体情報の集合であり、原則として、その人にアクセスでき、適切な技術を持つ人なら誰でもその人が本人だと確認できる。しかし、人間は単なる生物学的存在ではなく、社会学的存在でもある。バイオメトリクスプロファイルよりもはるかに豊かなのは、他の人々や社会集団と共有された歴史や交流の集合なのだ。バイオメトリクスがそこに含まれる場合もある。なぜなら私たちは、誰かと直接会うときはいつでも、部分的にはその人のバイオメトリクスを認識しているし、そこに他の人の痕跡が含まれることもあるのだから。しかし社会的な交流は、バイオメトリクスをはるかに超えるものである。そこには社会的な交流の過程で自然に観察されるすべての行動や特件が含まれる。たとえば以下のようなものだ。

- **場所**：ある場所に一緒にいるという行為自体が、他人の居場所について共同知識を持っているということだ（法医学におけるアリバイの根拠でもある）。さらにほとんどの人はほとんどの時間を他人の近くで過ごす。
- **コミュニケーション**：常に少なくとも2人の参加者がいる。
- **行動**：それが仕事、遊び、ワークショップのいずれであっても、通常はそれを見ている人のために、またはその面前で行われる。
- **性格的な特性**：これは通常は他の人とのやりとりの中で現れる。

実際、他人のアイデンティティを考えるときには、外見や生物学的特徴ではなく、主にそのような「社会計量学」、つまりその人と一緒にしたこと、一緒に行った場所、彼らがしたこと、行動の仕方といったものを考えるのが普通だろう。このような社会的ＩＤは驚くほどの実用性を持っている。

・**包括性と冗長性**：これらのデータを合わせると、その人について一般的に知りたい情報はほとんど得られる。人の本質は、他者と共有するさまざまなやりとりや経験でほぼ決まる。他人に何か証明したいことのほぼすべてについて、専用の監視戦略がなくても、その情報を「保証」できる人々と機関（通常は多数）が存在する。たとえば、特定の年齢以上であることを証明したければ、昔からの友人、通った学校、さまざまな時期に年齢を確認した医師、そしてもちろん、年齢を確認した政府に頼れる。このような多要素検証システムは実際にはかなり一般的に使われている。政府発行の身分証明書を申請する場合、多くの管轄区域では、住所の証明として銀行取引明細書、公共料金の請求書、賃貸契約書などさまざまな方法が認められている。

・**プライバシー**：おそらくさらに興味深いのは、こうした属性を「裏付ける存在」はすべて、ほとんどの人が「プライベート」だと考えるやりとりからその情報を得ているということだ。つまり、企業や政府による監視とは違い、そうした社会的事実を知られていても心配する必要はないのだ。

・**段階的認証**：単一の要素による標準的な検証では、ユーザーがある事実／属性について得られる信頼度は、それを裏付ける証人／システムに対する信頼度と同じだ。段階的認証システムでは、信頼できる属性の証人を増やすと、もっと広い信頼を実現できる。これにより、ユースケースごとのセキュリティニーズに応じた対応が可能となる。

- **セキュリティ：**は、「単一障害点」の問題の多くも回避できる。少数の個人や機関が不正行為を行っても、その影響を受けるのはそれらに依存している人々だけであり、おそらく社会のごく一部だろう。そしてそういう人々がいても、右記の冗長性のおかげで、検証の信頼度は部分的にしか低下せずにすむ。これは、AIや印刷技術の進歩による生体認証システムなどへの潜在的なリスク（前述のとおり）を考えると特に重要となる。こちらの検証方法の基盤ははるかに多様なので（さまざまなコミュニケーション行為、物理的な接触など）、あるひとつの技術進歩だけでこれらすべてが破綻する可能性は、はるかに低い。
- **回復：**失われた資格情報の回復は、すでに述べたように最も難しい問題だが、このアプローチはそれに対する自然な解決策も提供する。右で述べたように、回復は通常、アカウントを回復してくれという請求が、本物かどうかを調査できる単一の強力なエンティティとのやりとりに依存する。それに代わるやり方としては、個人に完全な「所有権」を与える方法があるが、これは通常、ハッキングなどの攻撃に対してきわめて弱い。だが自然な代替案としては、関係者の集団に依存するようにすればいい。たとえば5人の友人または機関のうち3者が集まればキーを回復できるようにしたらどうだろう。このような「ソーシャルリカバリ」は、多くのWeb3コミュニティでの黄金律となっており、Appleなど主要なプラットフォームでも採用されている。[24] 後の章で検討するが、高度な投票アプローチを使うと、その人のネットワーク内で、その個人の利益に反するような結託で資格情報が奪われる可能性を引き下げ、セキュリティを高められる。これを「コミュニティリカバリ」と呼ぶ。[25]

これらの利点だけでも、前述のIDについてのトレードオフよりかなり優れている。これは本質的には、「3-3失われた道（ダオ）」で説明した、⿻構造が一般的に持つ中央集権型構造への優位性を拡張したものなのだ。この優位性のおかげで、通信ネットワークはパケット交換アーキテクチャへの移行が進んだ。だからこそ、Trust over IP財団など、こうした未来の実現を目指す主要な組織の一部は、インターネットプロトコル自体の作成の歴史ときわめてよく似た歴史をたどっているのだ。もちろん、このような⿻システムを機能させるには、次のような多くの技術的および社会的課題がまだある。

- **相互運用**：このようなシステムを機能させるには、現在の非常に幅広いIDおよび情報システムが、独立性と整合性を維持しながらこのシステムと相互運用する必要がある。そのためには、明らかに非常に困難な調整作業が必要だが、基本的にはインターネット自体の根底にあるものと同じだ。

- **複雑性**：非常に多様な個人や機関との信頼関係と検証関係の管理および処理は、ほとんどの人や機関の能力をはるかに超える。しかし、この複雑性に対処する常識的なアプローチがいくつかある。ひとつは、性能の上がってきたＧＦＭを活用することだ。その個人や機関の関係とコンテキストに適応するようにモデルをトレーニングして、多様な信号から意味を抽出するのだ。この可能性については、「５－５適応型管理行政」で詳しく説明しよう。もうひとつのアプローチは、管理すべき関係の数を抑えるために、仲介役（ジャロン・ラニアーと著者グレン・ワイルが「個人データの仲介者」またはＭＩＤと呼ぶもの）を担う中規模の組織（中規模企業、教会など）または「友だちの友だち」関係（私たちはこれを「推移的信頼」と呼ぶ）に頼ることだ。地球上のほぼあらゆる２人は、少数のリンク（およそ６つ）内で結びつくことが知られている。[26] この２つのアプローチの魅力、トレードオフ、互換性については後述する。
- **遠くからの信頼**：もうひとつ密接に関連する問題として、知らない人に出会ったとき、その人々の身元を証明してくれるはずの人々も、ほとんどがやはり知らない人々になってしまう。ここでも、後述のように、推移的信頼とＭＩＤの組み合わせを使用するのが自然となる。「４－３商取引と信頼」の部分で説明するように、通貨もここで役割を果たしそうだ。
- **プライバシー**：最後に、ほとんどの人は先述の自然な社会活動からの情報を記録しても抵抗を感じないが、認証や検証のためにそれを共有すると、プライバシーの問題が大きくなりかねない。このような情報は、自然な社会活動の中にとどまるよう意図されたものなので、身元確認のためにそれを使う場合は、これらの「コンテキストの整合性」の規範を破らないように細心の注意を払う必要がある。この課題への対処が、次のセクションの焦点であり、このセクションでも最後に説明する。

ID

ＩＤシステムに伴う複雑さと社会的距離の管理方法はどうだろう？　ＧＦＭの可能性については、「5－5適応型管理行政」で改めて扱う。ここではネットワークベースのアプローチに焦点を当てよう。2つの自然な戦略は、「3－3失われた道（ダオ）」で述べたインターネットの先駆者であるポール・バランが考えた2種類のネットワークに対応する「多極化」（「ポリセントリズム」とも呼ばれる）では、大規模な検証者が多数存在するが、ひどい複雑さを生み出すほどの数ではない。また、「分散型」では大規模な検証者はほとんど存在せず、前述の推移的な信頼を使用することで社会的距離を克服する。[27]これらの可能性を考慮する際に便利な基本的なヒューリスティックは、「ダンバー数」だ。これは、人類学者ロビン・ダンバーが主張したもので、情報技術がなくても人々が安定した関係を維持できる人数（通常は約１５０人）を指す。[28]本当に１５０人かどうかはさておき、ほとんどの人は明らかに、技術的支援がないと数百以上の関係や評判の評価などは扱いきれないらしい。

　多極アプローチは、プレイヤーの数を制限することでこの問題に対処する。これは明らかに□をある程度は制限してしまうが、参加者の所属先が十分に多様なら、大した問題にはならない。たとえば、人口が１００億人で、各人が検証してもらえそうな機関（政府、教会、雇用主など）と１００の関係を維持しているとする。検証がまともに機能するには、出会う２人はみんな少なくとも５つの同じ機関に所属する必要があるとしよう。所属先がランダムに分散している場合、検証先が３００機関なら、ランダムな２人の個人が検証に失敗する可能性は数百万分の一でしかない。もちろん、出会う個人がランダムであることはめったになく、所属先もランダムには形成されない。また、特にランダムに出会う人々の間なら、ほとんどのやりとりで所属先が５つ絶対に一致しなければならないケースはまれだろう。こうした議論から見て、そのような□関係の環境では、さらに多くの検証機関があっていい。

　だが検証機関の総数は当然ながら総人口よりはるかに小さく、せいぜい10万程度で、つまりは人口１００億人の10万分の1ということだ。これは現在のＩＤ環境よりもはるかに□で、自律性／統制や機能性／セキュリティの間のトレードオフがはるかに改善される。だがこれは実現可能なのだろうか？

　計量社会学における最も重要な発見のひとつは、ダンバー的な限界はあっても、わずか数次の隔たりでほとんどの人間が互いにつながっているということだ。これを理解するため、たとえば人間ひとりあたり１００の関係しか維持できないとしよう。すると２次の関係は 100^2=10,000 件、

3次関係が100^3=1,000,000件、4次関係が100^4=100,000,000件、5次関係が100^5=10,000,000,000件ある。これは世界の人口よりも多い。したがって、あらゆる人は、地球上の他のすべての人々と5次以内の距離にいることが十分にあり得る。各レベルで、これらの関係の一部は重複するため、実際の距離の次数は少し大きくはなるだろう。ほとんどの社会学的研究では、ランダムに選ばれた2人の間の距離はおよそ6次だ。[29] さらに、7次関係までいくと、2人の間の社会的つながりには通常、かなり独立した連鎖が多数存在する。

さらに、推移的な連鎖を通じて関係、情報、妥当性を確立するというアイデアは決して新しいものではない。これは紹介という概念、「伝言ゲーム」(これはその限界を示すゲームだ)や、職業的なSNSとして人気のLinkedInの背後にある概念となっている。社会的に離れた人々の間で起こり得る多くの紹介の連鎖を見つけて管理するには、明らかに何らかの技術支援が必要だが、それが可能だということは計算機科学で証明されている。この問題は、実務的にはインターネットを動かすパケット交換の根底にある問題と酷似している。

さらに、多極型戦略と分散型戦略を組み合わせることで、互いの威力を大幅に強化できる。簡単な例として、検証機関が10万あるという先ほどの話を考えよう。100億人の世界では、ひとり当たり平均して10万の参加者との関係を管理する必要がある。もし他の検証機関と同数の関係を管理できれば、すべての検証機関が他のすべての検証機関と直接つながることになる。2次の距離によって、何百万もの検証機関が同じ論理の下で共存し、他の検証機関の属性を利用して検証を行えるため、はるかに多くのことが実現できる。したがって、推移的信頼と多極性を組み合わせることで、後出のＧＦＭの魔法がなくても、非常に⬚で機能的かつプライベートなＩＤ環境を簡単に実現できるのだ。

アイデンティティと団体

残る重要な問題は、こうした多様な社会的検証のプロセスがＩＤの保護の障害にならないかという点だ。結局のところ、現在のＩＤ状況が機能不全に陥っているのは、まさにこの恐れのため、自由民主主義の政治体制がＩＤシステムの創設に抵抗してきたためなのだ。より良い代替案を構築するには、この側面での優秀性を確認する必要がある。だがそれには、「プライバシー」と「統制」が⬚的にはずばり何を意味するのかをまずよく考えよう。

右で述べたように、私たちに関するほとんどすべてのことは他の誰かに知られており、通常は私たちだけでなくその相手についての情報にもなる。この事実をプライバシーの侵害と感じる人はいない。実際、ファーストキスの記憶をそのキスの相手の心から消去することは、その片方がその情報を不適切に共有することと同じくらいプライバシーの侵害になる。したがって、人々が求めているものは、「プライバシー」という言葉ではうまく説明できない。人々が求めているのは、情報が意図された社会的な環境にとどまるということなのだ。これはプライバシーの権威であるヘレン・ニッセンバウムが「文脈の完全性」と呼ぶものである。[30] 実はこれにはある種の公開性が不可欠となる。情報が意図された人々によって共有され、理解されなければ、情報が過剰に共有された場合と同じくらい有害になりかねない。さらに、こうしたメッセージは本質的に社会的なので、個人の選択や保護よりも、むしろ情報に関する集団規範の侵害から人々の手段を保護することが重要になる。つまり中心的な問題は、別の基本的権利、つまり団体結社の自由に関するものなのだ。本質的に、人格権を支援し実装するシステムは、結社の自由を同時に強化する必要がある。結社の確立と保護という二重の課題は、アイデンティティの場合の課題と似ている。

PLURALITY

THE FUTURE OF COLLABORATIVE TECHNOLOGY AND DEMOCRACY

4-2

団体と⿻公衆

フランスの貴族で旅行家のアレクシ・ド・トクヴィルは、著書『アメリカの民主主義』の中で、アメリカの自治における市民団体の中心性を強調した。「アメリカの知的および道徳的団体ほど（中略）注目に値するものはない」。さらに、個人は平等になったので、もはやひとりだけでは大規模な行動は起こせない。したがって政治活動と社会の改善にはそうした市民団体が必須だと彼は信じていた。「人々が文明的であり続けるためには（中略）条件の平等性が高まるのと同じくらい、団結する技術の成長向上が必要である」

いかなる個人も、単独では政治的、社会的、経済的変化を成し遂げられない。政党、市民団体、労働組合、企業を通じた集団的努力は常に必要だ。⿻にとって、これらの団体やその他のあまり公式ではない社会集団は、個人と同じくらい社会構造の基本となる。この意味で、団体（アソシエーション）は最も基本的な権利の面で、個人性の陽に対する陰であり、同じ理由で暴君の天敵でもある。再びド・トクヴィルの言葉を引用すると、「人間の心の欠陥のうち、利己主義ほど専制主義に好都合なものはない。暴君は、臣民が自分を愛さなくても見逃す程度には鷹揚なのだ。彼らが互いに愛し合いさえしなければよい」。まともな主体性を持つ新しい団体を形成する能力を促進し、保護しないと、自由、自治、多様性など期待できるはずもない。

コンピュータとネットワークがそのような団体を促進できるというビジョンこそ、リックライダーとテイラーの論文「コミュニケーション装置としてのコンピュータ」の核心だった。「それらは共通の場所ではなく、共通の関心のコミュニティになるだろう」[1]。実際、本書執筆時点で、人気の英語辞書メリアム＝ウェブスター辞典のオンライン版では、団体をまさに次のように定義している。「共通の関心を持つ人々の組織」[2]。こうした団体は共通の目標、信念、傾向を持つので、リックライダーとテイラーは、これらのコミュニティがデジタル以前の団体よりもはるかに多くを達成できると信じていた。彼らが予見した唯一の課題は、『オンラインに行く』のを「特権」ではなく「権利」にできるかということだった。もちろん今日の最も著名な政治運動や市民団体の多くがオンラインで結成されたり、最大の成功を収めたりしていることから見て、このビジョンは信じられないほど先見の明があったことが裏付けられる[3]。

だが逆説的かもしれないが、インターネットの台頭は重要な意味において、自由な団体結成の中核的特徴のいくつかを脅かしている。リックライダーとテイラーが強調したように、団体やコミュニティを形成するには、その団体とその内部コミュニケーションの文脈を形成する、背景にある共通の信念、価値観、関心のまとまりを確立しなければならない。さらに、ジンメルとニッセンバウムが強調したように、この文脈を外部の監視から保護する必要もある。その団体へのコミュニケーションが部外者に監視されていると思われたら、そのコミュニケーションが想定外の人々に誤解されるのを恐れて、人々は共有コミュニティ環境を活用したがらないことも多い。

インターネットは、はるかに幅広い団体の可能性を実現する一方で、文脈の確立と保護を困難にする。情報が遠く、速く広がるにつれて、誰と話しているか、何を共有しているかがわかりにくくなる。さらに詮索好きな部外者によるスパイ行為や、団体メンバーによる意図された文脈の外での不適切な情報共有が、かつてないほど容易になっている。したがって、リックライダーとテイラーの夢を実現し、デジタル世界を団体が繁栄する世界とするには、情報のコンテキストを理解し、それをサポートして保護するシステムを構築しなければならない。

そこでここでは、団体に必要な情報に関する理論を概説しよう。次に、文脈の確立とその保護に役立ちそうな既存技術を説明する。次に、そうした技術を組み合わせて、プライバシーか公開かではなく、「⿻公衆」を実現する方法、つまり外部の監視から保護された、共通の理解に基づく多くの団体の繁栄を実現する方法、およびこれが他のデジタル権利をサポートするために非常に重要である理由について説明しよう。

団体

人はどのように「共通の関心を持つ人々の組織」を形成するのだろうか。明らかに、単に関心を共有する人々の寄せ集めでは不十分だろう。人々は関心を共有していても知り合いではないこともあるし、知り合いでも共通の関心を持っているとは知らないこともある。社会科学者やゲーム理論家が最近強調しているように、「組織」と呼ばれる集団行動には、「関心」、「信念」、または「目標」の共有についての、もっと強い概念が必要となる。こうした分野の専門用語では、必要な状態は彼らが「共有知識」と呼ぶものだ。

これはゲーム理論家にとってどんな意味を持つのか？　なぜ信念を共有するだけでは効果的な共有行動の実現には不十分なのだろうか。たとえばたまたま共通の第二言語を話す人々が集まっていたとしよう。ただし、誰も他の人がその第二言語を話せるとは知らない。みんなの第一言語が違うので、当初はなかなかコミュニケーションがとれない。言語を知っているだけでは、あまり役に立たないのだ。他の人もその言語を知っているということを彼らは学ぶ必要がある。つまり、知識自体だけでなく、他の人が何かを知っているという「高次の」知識も必要なのだ。[4]

集団行動におけるこのような高次の知識の重要性は、民間伝承にも取り入れられているほど有名だ。ハンス・クリスチャン・アンデルセンの古典童話『裸の王さま』では、詐欺師が王さまを騙して、高価な新しい服を織ったと信じ込ませるが、実際には王さまを裸にしてしまう。観客は王さまが裸なのがわかるが、それを口に出そうとしない。しかし、子供が笑ったことで、王さまが裸だということだけでなく、他の人もこの事実を理解しており、したがってそれを認めても安全だとわかるのだ。同様の効果は、さまざまな社会的、経済的、政治的な状況でよく見られる。

・銀行の取り付け騒ぎを止めるには、安心感を与える声明を目立つ形で行うことが必要だ。

他の人が取り付けに走るなら、みんな自分も走らねばと思ってしまうからだ。[5]

・「公然の秘密」である不正行為（性的不品行など）を告発すると、「#MeToo」運動のように他の人が「味方になってくれる」ことがわかり、告発が殺到する。[6]

・公開の抗議運動は、不満があるのだという共通認識を生み出す。それが政治力につながり、国民が長い間反対してきた政府を倒せることもある。[7]

数学的には、「共有知識」とは、あるグループの人々が何かを知っているだけでなく、全員がそれを知っていることも知っており、全員がそれを知っていることを知っていることも知っており、これが無限に続く状況として定義される。「共有信念」（信念の度合いで定量化されることが多い）とは、グループ全員が、全員がそれを信じていると信じていると信じている……このような共有信念が、上記のような「リスクのある集団行動」の状況で協調行動を行うための重要な前提条件だということが、ゲーム理論の分析で示されている。この状況では、十分な協調があれば個人は共通の目標を達成できるが、他人の支援なしに行動すると損害を被る。[8]

集団の共有信念は、その平均的なメンバーに実際に共有されている信念と明らかに相関はしているが、概念的には別物だ。誰でも、グループ内のほぼ全員が個人的には同意していないのに、そのグループ内で何らかの「通念」または規範がしつこく続いた例を知っているはずだ。実際、経済学者J・K・ガルブレイスが「通念」というアイデアを生み出したのは、まさにこうした状況を念頭においてのことだ。[9] さらに、このコミュニティ概念は、事実に関する信念だけでなく、道徳的または意図的な信念にも当てはまる。コミュニティの「共有信念」（道徳的な意味で）は、他のみんなが道徳的原則として持っていると誰もが信じており、そして誰もが他の誰もがそれを信じていると他の誰もが……といった具合だ。同様に、「共通の目標」は、他のみんなが意図していると誰もが信じており、誰もが他のみんなが意図していると誰もが信じていると誰もが……というわけだ。このような「共有信念」と「共通の意図」は、しばしば「正統性」と呼ばれる、何が適切かという一般的に理解されている概念にとって重要である。[10]

ゲーム理論では一般に、個人を意図／選好と信念の集合としてモデル化する。ここで述べたコミュニティ概念を使うと、集団を、それを構成する個人と同じようなやり方で、別物として把握できるようになる。共通の信念と意図は、その集団を構成する個人の信念や意図（の平均）と必ずしも同じではないからだ。集団の信念と目標は、その集団の共有信念と目標だ。この意味で、結社の自由は、共有信念と目標をつくる自由だと言える。しかし、結社だけでは不十分なのだ。前の章で、個人のアイデンティティ維持には秘密の保護が重要だと論じたが、同様に団体も監視から保護されねばならない。共有の信念が単なる全員の信念になってしまったら、その団体は独立の団体ではなくなってしまう。あらゆる秘密を暴露した個人が、守るべきアイデンティティを持たなくなることと同じだ。したがって、外部の監視や内部の過剰な共有からのプライバシーは、結社の自由の確立と同じくらい重要なのだ。

したがって、団体結社の自由と言って思い浮かぶ歴史的な技術や空間の多くが、まさに共有信念を実現し、部外者による外部の信念から共有信念を保護するものなのも当然だろう。オンラインの画像や政治哲学者の著作で「団体／結社の自由」を検索すると、通常、公共の場での抗議活動、公園や広場などの公共の場での集会、私的なクラブでのグループ討論のイメージが出てくる。[11] 先述のように、集団の会合や集団メンバーの前での公式発言は、その集団内での共有信念と理解を実現するために不可欠なものだ。私的なパンフレットは個人の説得には使えるが、共有された観察が伴わないので、みんなの前での子供の笑い声のような共有された宣言とは違い、共有信念を生み出せないというのがゲーム理論家の主張となる。

しかし、純粋な公共空間には重要な制限がある。一般の人々の目から離れて集団が意見を形成したり、行動を調整したりできないということだ。このため、集団の結束、外部に統一された顔を見せたり、内部の状況を活用して効果的にコミュニケーションをとったりする能力が損なわれかねない。だからこそ、団体はメンバーだけに開かれた閉鎖された集会場所を設けることが多いのだ。集団の有効性と結束にとって重要な秘密性（ジンメルが強調したもの）を可能にするためだ。[12] ここから出てくる重要な問題がある。「関心を共有するコミュニティ」というすばらしい新世界に、保護された共有信念をいままでと同じくらい、いやそれ以上にうまく作成するというアフォーダンスを、ネットワークコミュニケーションシステムがどのように提供すればいいのか、というものだ。

文脈の確立

公園や広場は抗議や集団行動の場にもなる。だからデジタル公共広場が求められるのも当然だ。多くのプラットフォームは自分がこの役割を果たすと主張している。[13] 当初のワールドワイドウェブ上のサイトは、さまざまな人々がメッセージを発信する空前の機会を提供した。しかしノーベル経済学賞受賞者ハーバート・サイモンの有名な発言にあるように、[14] 情報の氾濫は関心の欠如を生み出す。[15] すぐに誰がどのようにオーディエンスにリーチしているのか、わかりにくくなった。そこでGoogleのような独占検索システムや、FacebookやTwitter（現Ｘ）のような独占ＳＮＳが、デジタル通信のプラットフォームとして好まれるようになった。デジタル公共広場は私的な場になってしまった。そしてこれらの企業は、ターゲット広告を通じてユーザーのやりとりを監視し、収益化している。[16]

この問題に対処する取り組みが最近いくつか始まっている。ワールドワイドウェブコンソーシアム（Ｗ３Ｃ）は、クリスティン・レマー・ウェバーとジェシカ・タロンのActivityPub標準を、ＳＮＳのオープンプロトコル実現に向けた提言として公開した。これにより、Mastodonなどのオープンシステムが、Twitterに似た連合型の分散型サービスを世界中の何百万人もの人々に提供できるようになった。Twitterもこの問題を認識し、２０１９年にBlueSkyイニシアチブを開始した。これは、イーロン・マスクによるTwitter（現在は彼のリーダーシップの下でＸ）の買収後に急速に注目を集めた。慈善家のフランク・マコートは、分散型ネットワークのためのブロックチェーンベースの基盤として、Project Liberty[17]とその分散型ＳＮＳプロトコルに多額の投資をしてきた。これらのうちどれが普及し、どのように統合されるかなどを正確に予測するのは困難だが、Ｘの最近の苦戦とこの分野での活発な活動の多様性を組み合わせると、使いやすいデジタル出版物のためのオープンプロトコルへの協力と収束の可能性はある。

しかし、公共性はコミュニティや結社と決して同じではない。オンラインでの投稿は、公の抗議活動の開催というよりは、パンフレットの配布のようなものだ。投稿を見た人は、何人が同じ情報を消費しているか、それが誰なのかは知りようがなく、同じ情報に対する彼らの意見もなかなかわからない。投稿は人々の信念に影響を与えることはあっても、はっきりとした仲間集団内で共有信念を作り出すことは困難だ。投稿のバイラル性と注目度を強調する機能は多少役立つが、それでもメッセージをもとに聴衆を結束させることは、物理的な公共空間で人々を結束させるよりもはるかに粗雑になる。

近年、この課題に対処するための最も興味深い潜在的なソリューションのひとつは、ブロックチェーンなどの分散型台帳技術（ＤＬＴ）だ。これらの技術は、情報の共有記録を維持する。そして追加する必要があるという「コンセンサス」（追加する項目に対する十分な共通の承認）がある場合にのみ、そこに何かを追加する。このため暗号学者やゲーム理論家は、ＤＬＴはそれが保存されているマシン間に共有信念を作り出すという、特別な可能性を秘めていると考えている。[18]こうしたシステムが新しい通貨などの社会的実験の調整に使われたのは、おそらくこれが理由だ。しかしこうした機械間のコミュニティは、その機械を操作する人々のコミュニティそのものではない。この問題は（コミュニティづくりの観点からすると）、ブロックチェーンを維持するための金銭的インセンティブによって悪化する。金銭的利益を動機とするほとんどの参加者は、活動を直接監視するのではなく、「バリデータ（検証）」ソフトウェアを実行するだけなのだ。つまり共通の非営利活動に関心を持つ人ではなく、儲けを得たいだけの人々ばかりが参加することになってしまう。それでも、DLTが団体形成のための将来インフラの重要なコンポーネントになる見込みはあることを説明しよう。

文脈の保護

文脈確立とは主に、公開性というきわめて社会的な概念を生み出すということだ。これに対し文脈保護とは、プライバシーというきわめて社会的な概念を生み出すということである。そして公開性の技術と同様に、プライバシーの技術も、□社会性をサポートする技術よりも、主に一元論的アトム主義の方向で開発されてきた。

暗号学の分野は、情報を安全かつプライベートに送信する方法を長い間研究してきた。標準的な「公開鍵暗号」方式では、個人や組織が公開鍵を公開し、その管理用の鍵をプライベートに保持する。これにより、誰でもその人に暗号化されたメッセージを送信できる。このメッセージは、その人の秘密鍵でのみ復号できるのだ。また、鍵の管理者がメッセージに署名すれば、他の人がメッセージの信頼性を確認することもできる。このようなシステムは、インターネットやデジタル世界全体のセキュリティの基盤であり、電子メールをスパイから保護し、Signalなどのエンドツーエンドの暗号化メッセージングシステムやeコマースを可能にする。

この基盤から派生して、最近では強力なプライバシー強化技術（PET）が数多く開発されている。たとえば以下のようなものだ。

- **ゼロ知識証明（ZKP）**：基礎となるデータを漏らすことなく、ある事実を確実に証明できる。たとえば、特定の年齢を超えていることを証明するために、その主張の根拠となる運転免許証の全情報を提示しなくてすむ。
- **セキュアなマルチパーティ計算（SMPC）と準同型暗号化**：これらを使うと、人々がそれぞれ部分的に所有するデータを含むような計算でも、そのデータ自体を他の人に公開することなく実行できて、しかもそのプロセスを自分自身と他の人の両方が検証できる。たとえば、選挙結果を安全に検証しつつ、秘密投票を維持できる。[19]
- **偽造も否定もできない署名**：これを使うと、鍵の所有者は、鍵にアクセスしなければ偽造できない、または鍵が盗まれた場合以外には否定できない方法で文書に署名できる。[20]たとえば、（スマート）契約を締結する当事者は、このようなデジタル署名を要求できる。これは偽造と否認が困難な物理的な署名が、アナログ契約にとって重要なのと同じだ。

- **秘密計算**：右記と同様の問題に対するこのソリューションは、暗号への依存度が低く、代わりに情報漏洩に対するさまざまな物理的障害を持つ「エアギャップ」デジタルシステムで同様の目標を達成する。
- **差分プライバシー**：これは、計算の出力を開示したことで、計算に入力された機密情報が意図せず漏洩する可能性を測定する。[21] 技術者は、通常は開示にノイズを追加することで、このような漏洩を絶対に発生させない手法を開発した。たとえば、米国国勢調査局は、公共政策策定向けの概要統計公開と、ソースデータの機密保持の両方を法的に義務付けられているが、最近になって、差分プライバシーを保証するメカニズムを使用してこれらを両立させた。
- **連合学習**：連合学習は、基本的なプライバシー技術というよりは、他の技術の洗練された応用と組み合わせであり、物理的に分散した場所にあるデータに対して大規模な機械学習モデルを訓練および評価する方法となる。[22]

暗号に大きく依存するこれらの技術（特に最初の3つ）には、2つの基本的な制限があることを認識する必要がある。これらの技術には2つの重要な前提があるのだ。ひとつ目は、鍵は目的の人物が所有していなければならない。これは、前の節で説明したIDとその回復の問題に密接に関連する。2つ目は、現在使用されているほぼすべての暗号は、量子コンピュータの出現によって破られ、多くの場合、その保証が無効になる。ただし、量子耐性スキームの開発は活発に研究されている。

さらに、これらの技術的ソリューションは、プライバシーをサポートするさまざまな技術標準や公共政策とますます交差し、統合されつつある。たとえば政府設定の暗号標準、EUの一般データ保護規則（GDPR）や暗号の相互運用性に関する標準などのプライバシー規制や権利などだ。

しかし、こうした研究のほとんどすべてに共通する基本的な限界は、内部の過剰な情報共有よりも、外部の監視からの通信保護に重点を置いていることだ。外部からののぞき見を防ぐのは明らかに第一の防衛線だが、米国国家安全保障局（NSA）のリーク犯であるエドワード・スノーデンの事件を追った人ならわかるとおり、内部のスパイや情報漏洩も、情報セキュリティに対するきわめて重要な脅威のひとつなのだ。軍事情報が最も劇的な例だが、特にインターネット時代においては、この点はさらに広がる。ますます一般的になっているフィッシング攻撃は、攻撃者の「コード解読」能力ではなく、ソーシャルエンジニアリングに依存している。ダナ・ボイドの古典的な研究『つながりっぱなしの日常を生きる ソーシャルメディアが若者にもたらしたもの』からデイブ・エガーズの書籍および映画『ザ・サークル』に至るさまざまな作品で強調されているように、デジタル情報を信頼できる形で共有しやすくなったため、過剰な情報共有がプライバシーに対する絶え間ない脅威となっている。[23]

基本的な問題は、ほとんどの暗号と規制がプライバシーを個人に関するものとして扱っているのに対し、一般に言うプライバシーのほとんどは、集団に関係しているということだ。結局のところ、厳密にひとりの個人にだけ関係する自然発生的なデータはほとんどないのだから。前の部分で見た、データの社会生活の例をいくつか考えてみよう。

- **遺伝子データ：**遺伝子は当然、家族内でかなり共有されているため、ある個人の遺伝子データを開示すると、その家族に関する情報も明らかになり、その人とかなり遠くても親族関係にある人に関する情報もある程度は明らかになってしまう。遺伝的状態や伝染病に関連するデータなど、多くの医療データでもこれが見られる。
- **通信と金融データ：**通信と取引は本質的に複数当事者によるものであり、したがって複数の自然な参照先がある。
- **位置データ：**ほぼあらゆる時点で、人は少なくとも誰かひとりは物理的に近くにいる。だから、その2人は互いの共通する居場所についてどの時点でもわかっている。
- **物理データ：**誰にとっても個人的なものではないデータも多い（例：土壌、環境、地質）。唯一の真に個人的なデータは、意図的に個人を特定するため、IDスキームの一部として作成された、官僚的に作成された識別番号だけだ。そしてこれらでさえ実際には個人だけに関連するものではなく、それを発行する官僚組織との関係と関連している。

つまり、ほぼあらゆる場合に、ある個人がデータを一方的に開示すれば他の個人の正当なプライバシー権益を脅かすことになる。[24] したがって、プライバシーを保護するには、一方的な過剰共有に対する保護が必要となる。一般には、これを外部から強制することは基本的に不可能とされてきた。何かを知っている人は誰でも、その情報を他の人と共有できるからだ。したがって、このための戦略は主に、過剰共有、噂話などに対する規範、何を共有すべきでないかを個人が思い出すのに役立つツール、密かな過剰共有を困難にする試み、および過剰共有に関与した人を事後的に罰する政策に注目してきた。これらはすべて重要な戦略ではある。文献、メディア、および日常の経験は、過剰共有に対する非難と漏洩者に対する強制に満ちている。しかしそれらは暗号で確保される保証には遠く及ばない。それらは詮索者を非難するだけで、暗号のようにシステムから締め出すことはできないからだ。

過剰共有についても、同じことができないだろうか？　一般的なアプローチのひとつは、単純にデータの永続性を回避することだ。Snapchat は消えるメッセージで有名だし、それ以来多くのメッセージングプロトコルが同様のアプローチを採用した。もうひとつの、さらに野心的な暗号化技術は、「指定検証者証明」（DVP）[25] だ。これは、ひとりの受信者に対してのみ真正性を証明するが、他のすべての受信者には偽造された可能性があるように見えるのだ。[26] このようなアプローチは、独立検証できない情報に対してしか使えない。誰かがコミュニティパスワードを過剰に共有した場合、意図しない受信者がそのパスワードの有効性をすぐに確認できるため、DVPは役に立たない。

しかしほとんどの種類の情報は、即座の独立した検証はしづらい。宝物を埋めた場所でさえ、追跡して発掘するにはかなりのリソースが必要となる。だからこそ、秘密のお宝をめぐる各種の冒険物語はあれほど面白いのだ。生成基盤モデル（GFM）で説得力のあるインチキがさらに安く作れるようになれば、検証の重要性もそれだけ高まる。そのような世界では、検証を個人レベルに向ける能力と、過度に共有された情報の信頼性の低さに頼るやり方はますます強力になる。だからのぞき見と同じくらい、過剰共有からも、情報をもっと完全に保護しやすくなるかもしれない。

公衆

これらのツールを新世代のネットワーク標準に適切に組み合わせれば、従来の「公開」と「プライバシー」という表面的な区分を超えて、オンラインでの真の自由な団体結社が可能になるかもしれない。通常、公開とプライバシーは1次元のスペクトラムだと思われているが、もうひとつの次元も同じくらい重要であることは容易にわかる。

まず、「ありふれた光景に隠された」情報、つまり無関係な事実の山に埋もれ、誰でも利用できるものの、誰も気づいていない情報を考えよう。絵の中に隠れた縞模様のシャツを着た男性を見つけなければならない、人気のアメリカの子供向けゲーム『ウォーリーをさがせ！』と似ている。これを、約10万人の間で共有されていたものの、世界の他の人々からは厳重に隠されていたマンハッタン計画の秘密と比べよう。どちらも「プライバシー」対「公開」のスペクトラムの中間点に近い位置にある。つまりどちらもかなり広く共有されていると同時に、知られていない。しかし、これらは別のスペクトラムの両極端、つまり集中した共通理解から拡散した利用可能性までのスペクトラムの両端に位置している。

　この例を見ると、「プライバシー」と「公開性」だけでは単純すぎて、団体結社の自由の基盤となる共通認識のパターンを説明できないことがわかる。あまりにも単純化した言い方では、検討すべき豊かさを捉えきれないが、より適切なモデルは、これまで「公衆」と呼んできたものだろう。公衆とは、外部から遮断された強力な内部共有信念を持つ多様なコミュニティが共存できるような、情報標準を作成しようとするものだ。これを実現するにはシュレイ・ジャイン、ゾーイ・ヒッツィグ、パメラ・ミシュキンが「コンテキストの信頼性」と呼ぶものを維持せねばならない。このコンテキストの信頼性とは、システムの参加者がコミュニケーションのコンテキストを簡単に確立して保護できるということだ。[27]

　幸いなことに、近年、プライバシーと公開性の両方のオープン標準技術リーダーの一部が、この問題に注目するようになった。ActivityPubで有名なレマー・ウェバーは、ここ数年間スピリトリーに取り組んでいる。これは、公衆の精神に則り、自治的で強力に接続されたプライベートコミュニティを作成し、個々のユーザーがオープン標準を使ってコミュニティのコンテキストを明確に識別、ナビゲート、分離できるようにするプロジェクトだ。Web3およびブロックチェーンコミュニティの中でも、これらをプライバシー技術、特にZKPと組み合わせる取り組みを行う研究者グループが増えている。[28]

この研究によって開かれた最も興味深い可能性のひとつは、共有知識と開示不可能性の組み合わせの保証を定式化して実現するというものだ。たとえば、DVPを使用してコミュニティ集団のメンバー間で分散台帳を作成できる。するとこのコミュニティの共有知識である情報の記録が作成され、この情報（および共有知識としてのステータス）がこのコミュニティの外部では決して共有されないことが保証される。さらに、プロトコル内で「コンセンサス」を決定する手順が、現在よりも高度な投票ルール（たとえば「5-6 投票」で説明するようなもの）を使っていれば、現在の台帳よりも豊かで細やかな共有知識を実現できるかもしれない。

さらに、こうした話題を取り巻く分野はすべて、暗号、ブロックチェーン、ActivityPubなどのオープン通信プロトコルなどでの標準化作業が進んでいる。したがって、これらの標準は動的に進化しながらも、いずれは広く受け入れられている「集団」についての技術的な概念に収束し、したがって、オンラインでの集団形成と維持を可能にする、広く遵守される標準にまとまるのではないだろうか。それが実現すれば、デジタル団体／結社の自由の権利を確固たるものにできる。

団体、ＩＤ、商業

デジタル団体／結社の自由は、この章で論じる他の自由と密接に関連している。前節で見たように、「プライバシー」はＩＤシステムの完全性の核心だが、通常のプライバシー議論は、個人主義的な意味でのプライバシーにばかりこだわっている。団体／結社の自由の権利と人格の完全性の権利は切り離せない。人間は、多様な社会集団に絡み合うことで個人としての独自性が生まれるので、その多様性の完全性を守られてこそ、独立した人格が可能になる。そしてもちろん、集団は人々で構成されているため、その逆も成り立つ。明確に表現されたアイデンティティを持つ人々がいなければ、その人々の共有知識で定義される集団は作れない。

さらに、自由な団体／結社の権利は、商取引と契約の基盤でもある。取引は最も単純な形態の団体結社だ。現金の中心的な利点としてプライバシーがしばしば挙げられるが、それをデジタル取引システムで再現するには、どの取引をどのような解像度で誰が見ることができるかを決めねばならない。契約はもっと高度な形態の団体結社であり、法人はそのさらに高度な形態だ。すべては情報の完全性と義務の共通理解に大きく依存する。この意味で、ここで概説した団体／結社の自由と、前の部分で述べたＩＤとは、これから述べる内容の要となる。

PLURALITY
THE FUTURE OF COLLABORATIVE TECHNOLOGY AND DEMOCRACY

4-3 商取引と信頼

周囲の興奮のざわめきが屋外に響き渡り、遠くからの笑い声やおしゃべりがそれを際立たせた。地元の家族たちが、このコミュニティで深く大切にされている伝統である、愛すべきレトロ映画の夜に再び集まった。思い出のキャンバスのように、家族、恋人、そして十代の若者たちがキャンプ用の椅子に座り、広大な星空の下で古い映画の感動を追体験する用意を調えていた。

ベテランの参加者の中に、目新しい雰囲気で目立っている男、ツヴィがいた。町に来たばかりで、地元の学校で教師の職に就いた彼は、コミュニティの祭りに加わり、交流することに熱心だった。彼は誰かと分け合うつもりでポテトチップスの袋を掴み、列に加わって、その夜の独特の雰囲気を吸収した。

「ストリートアートへの寄付ありがとうございます」と、前方から声が響いた。ツヴィはチケット売り場に目を向けた。チャリティーイベント？　知らなかった、と彼は少し困惑しながら思った。

『ローグスターダスト』を観たい」。ツヴィはその声のしたほうに首を伸ばし、見慣れた顔を見つけた。学校の生徒が、誇らしげに学校のパーカーをひけらかしていた。

予想外だ、と彼は思った。

別の会話が耳に入ってきて、彼の考えは中断された。「奥様、今夜はどの映画を選びますか。あなたは老人ホームや地域での活動のために数票お持ちですよ」

優しい年配の声が返事をする。「もしよければ、『虚空のささやき』と『最後の錬金術師』をお願いします」

「ご協力ありがとうございます」窓口の男性は丁寧な口調で答えた。

すぐに、ツヴィの番になった。男性は、熟練したサーファーを思わせる落ち着いた雰囲気を漂わせていた。彼の温かい笑顔は伝染した。

「こんばんは、お客様！　よろしければ、ここで携帯電話をタップして、コミュニティ体験を共有してください。完全に任意ですが、私たちが町の皆さんの貢献に感謝する良い方法なので」と、係員はカウンターの小さくて目立たないスクリーンを指さしながら提案した。

興味をそそられながらも用心深いツヴィは、「やるとどうなるの？　プライバシーとか、そういうことが気になるんだけど」と尋ねた。

「もちろん、プライバシーは重要です。このデバイスは、単にコミュニティの公開メッセージと感謝のメッセージを、地元のコミュニティアプリに表示するだけです。アプリで誰でも見ることができる情報と同じです。デジタルで感謝の気持ちを伝え、ポジティブな雰囲気を共有する方法だと考えてください」と、係員は安心させる口調で説明した。

ツヴィは説明に安心し、参加することにした。デバイス上でスマートフォンをタップすると、画面が点灯し、地元の住民から届いた、コミュニティプロジェクトへの協力に対する感謝のメッセージと楽しい絵文字が色とりどりに表示された。

温かいメッセージに微笑みながら、ツヴィはこう答えた。「素敵な心遣いですね。特別な何かの一部になったような気分になります」

「そのとおりです！　そして、私たちのコミュニティの一員として、今夜の映画を提案することができます。ラインナップに加えたい作品は何ですか？」と、係員は目をキラキラと友好的に輝かせながら尋ねた。「それから、あの日は放課後に妹の子供の面倒をみてくださって、ありがとうございます。本当に妹の家族はずいぶん助かりましたよ」

歓迎を実感したツヴィの体には、温かさが広がった。心からの感謝のうなずきとともに、彼は集まりの中の居心地のいい一角へと向かい、近くにいる大喜びの子供たちとクラッカーを分け合った。

星がちりばめられた空の下、思い出に満ちた背景を背に、ツヴィは自分の大切な映画が上映されるのを見守った。この瞬間、彼は深いコミュニティ意識に包まれた。彼はただの観客ではなく、集合的な記憶と経験の鮮やかなタペストリーに織り込まれた不可欠な糸となったのだ。

このセクションで説明するプロトコルのどれもが、支払いと商取引を促進するための新しいアプローチとして、メディアや政策でほとんど注目されていないという事実は、現代世界がいかに商業化されているかを示すものだ。暗号資産は、過去10年間の焦点となる技術のひとつだった。しかし、それほど注目されないものの、はるかに広く採用されているのは、インド、ブラジル、シンガポールなどの政府IDを使用した即時決済技術、中央銀行デジタル通貨（CBDC）、中華人民共和国などの規制された相互運用可能なデジタル決済システムなど、政府やその他の公共の支払いに関するさまざまなイノベーションなのだ。新世代の決済システムは、普遍的な採用や相互運用には程遠いものの、世界中の多くの人々の生活にますます浸透し、デジタル空間での支払いは、過去の現金かそれ以上に簡単になっている。

しかし多くの点で、これらの取り組みが比較的急速に成功を収めていることは、それまでこの分野での進歩がいかに遅れていたかを示すものでもある。現金は、おそらくデジタル化以前の時代の「最もスマートでない」技術のひとつだ。現金は、ほぼ匿名の抽象化されたアカウント間でやりとりされる、単一の均質な物質だ。この基本的な機能の再現は実に困難だと明らかになったし、その意味で最近の進歩は重要ではあるが、別にこれはITがもたらした革命的な技術ではない。ハイパーテキストにより、それまでの文書が改善されたような進歩ではないのだ。この節では、これまでの進歩を要約し、現金やオンライン商取引のそれぞれの限界について説明し、最近の進歩に基づいてデジタル商取引のさらになビジョンを実現する方法について説明しよう。

伝統的な支払い

お金の初期の歴史は、後述するように最近多くの研究対象となっているが、ほとんどの人はお金という概念を、手から手へと渡されるトークンや紙幣の形をした通貨と結びつけ、他の形のお金は、この基本的な概念の抽象化だと考えている。この形の「交換通貨」は、バビロニア、インド、中国の初期の文明にまで遡り、紀元前1千年紀には、青銅、銀、金などの貴金属がますます多く使われるようになった。[1] これらの金属の耐久性、希少性、そしてその価値に対する幅広い信念により、こうした硬貨はさまざまな商品やサービスの支払いに広く受け入れられるようになった。

しかしこれらの特性はいずれも、貴金属である必要はないし、金属を硬貨にしてしまうと、武器、機械、装飾品など、もっと実用的な用途には使えなくなる。このため、多くの社会は貴金属そのものの使用から、希少性はあっても他に使い道のない価値表現へと移行した。それが手形、銀行券、および「法定通貨」と見なされ額面どおりの受け取りが義務付けられる、政府発行の紙幣などだ。

これに密接に関連していたのが、通貨やその他の貴重品を預かって、要請があればそれを返却すると約束し、さらにそうした預金を他人への貸付資金として使用するという、銀行の発展だった。銀行は預金された全額を同時に引き出されることはめったにないため、預金額以上の貸付をするようになった。これで「部分準備銀行制度」の仕組みが生まれ、銀行は新しいお金を生み出す源泉となった。これが引き起こす銀行取り付け騒ぎの明らかな危険性については、ここでは詳述する余裕がないが、この危険性のため、お金を生み出すプロセスを制御して銀行の破綻を回避するという「中央銀行」の自然な役割が生じた。

20世紀初頭までに、お金のほとんどすべては、紙幣などの通貨ではなく、口座の資金として保持されるようになった。通貨は、額面が固定されており、かさばるため、比較的小規模な取引以外は非効率だ。通貨と並行して、そしておそらく通貨よりも早く、柔軟に額面を設定できる銀行口座間の直接送金が開発された。これは、今日では一般的に「小切手」と呼ばれる。20世紀半ばまでに、これらは（総額で見て）資金移動の主流になった。小切手にはさまざまな形があり、銀行間の情報交換に依存するものもあれば、現金に似た動作（無条件で使途制限のない送金）をするものもある。

もちろん小切手は、記入に時間がかかり、決済には物理的に送付する必要があるという、おなじみの欠点を持つ。19世紀後半から、一部の店舗では常連客向けに「クレジットアカウント」を表すトークンを発行するようになり、エドワード・ベラミーなどのユートピア小説作家は、すべての支払いを1枚または数枚の軽量カードで行える世界を想像し始めた。[2] １９２８年には、クレジットカードの前身である課金プレートが運用を開始した。[3] その後30年間で、「いま買って後で支払う」カードの使用は、最初は航空業界、後には飲食業界に徐々に広がった。[4]
１９５８年、Bank of America は BankAmericard を発行した。これは明らかに現代のものと同じで、初の成功したクレジットカードとなった。最終的には米国内の他の銀行、そして世界中にライセンス供与された。[5] このシステムは、Visa の初代ＣＥＯであるディー・ホックのリーダーシップの下、１９７３年にコンピュータ化され、磁気ストライプによって処理が容易になり、取引時間が短縮された。１９７６年、すべての BankAmericard のライセンシーが共通ブランド Visa の下に統合され、銀行間の契約ネットワークを管理する銀行コンソーシアムが組織された。１９８０年代には、電子商取引端末によってカードの受け入れ範囲がより広がり速度がますます上がった。２０００年代にはチップとＰＩＮが広く追加されたことでさらに加速している。

小切手決済システムは、１９７０年代に自動決済機関（ＡＣＨ）が開発されたことで、データベースと通信ネットワークを活用し始めた。これらは、銀行の口座間の大量の入金および引き落とし取引を一括でネット決済ベースで処理する。このシステムは、政府から国民（従業員、年金受給者）への支払い、雇用主から従業員への支払い、企業間支払い、消費者から銀行への支払い（住宅ローン）、および銀行口座間で行われるその他の取引を支えている。初のＡＣＨであるＢＡＣＳは、１９６８年に英国で運用が開始され、米国ではサンフランシスコ連邦準備銀行が運営する最初のＡＣＨが１９７２年に取引の処理を開始した。２０１２年には世界で98のＡＣＨシステムがあった。[6]

こうした電子送金の加速により、銀行自体が国際送金手法を検討し始め、１９７３年に銀行が集まって、全銀行が所有管理する協同組合の国際銀行間金融通信協会（SWIFT）を設立した。SWIFTは、取引に関与する金融機関間の支払い指示など、各種メッセージ伝達の仕組みである。[7] 2018年までに、高額の国際送金メッセージの半数がこのネットワーク経由だった。[8]

およそ2010年代あたりまでは、この組み合わせがほとんどの取引をカバーしていた。現金と決済カードの組み合わせが物理的に近い場所での小額取引に使用され、電信送金は海外送金に使用され、高額取引は主にACHで行われ、電信送金と小切手はそれより少し少ない程度だった。どれもインターネットの出現以前のもので、インターネットの範囲、速度、柔軟性には遠く及ばない。支払いカードはかつてはオンラインでの使用が面倒で安全性に欠け、現金はオンラインでは出番がなく、ACHは非常に遅かった（通常3日）。当然ながら、リックライダー、ティム・バーナーズ＝リー、ネルソンらは、ネイティブ決済システムがインターネットの初期の開発で欠けていた中核機能のひとつだと確信していた。過去15年間、この欠陥に対処するためのさまざまな試みが行われてきた。

デジタル通貨とプライバシー

こうしたシステムの中で最初に登場し、最も注目を集めたのは、2008年のビットコインと、その後2010年代に登場したさまざまな「暗号資産」だ。[9] これらのシステムでは、前節で説明したDLTを内部生成の金融構造と組み合わせて、トランザクションを追跡する検証済みの基盤

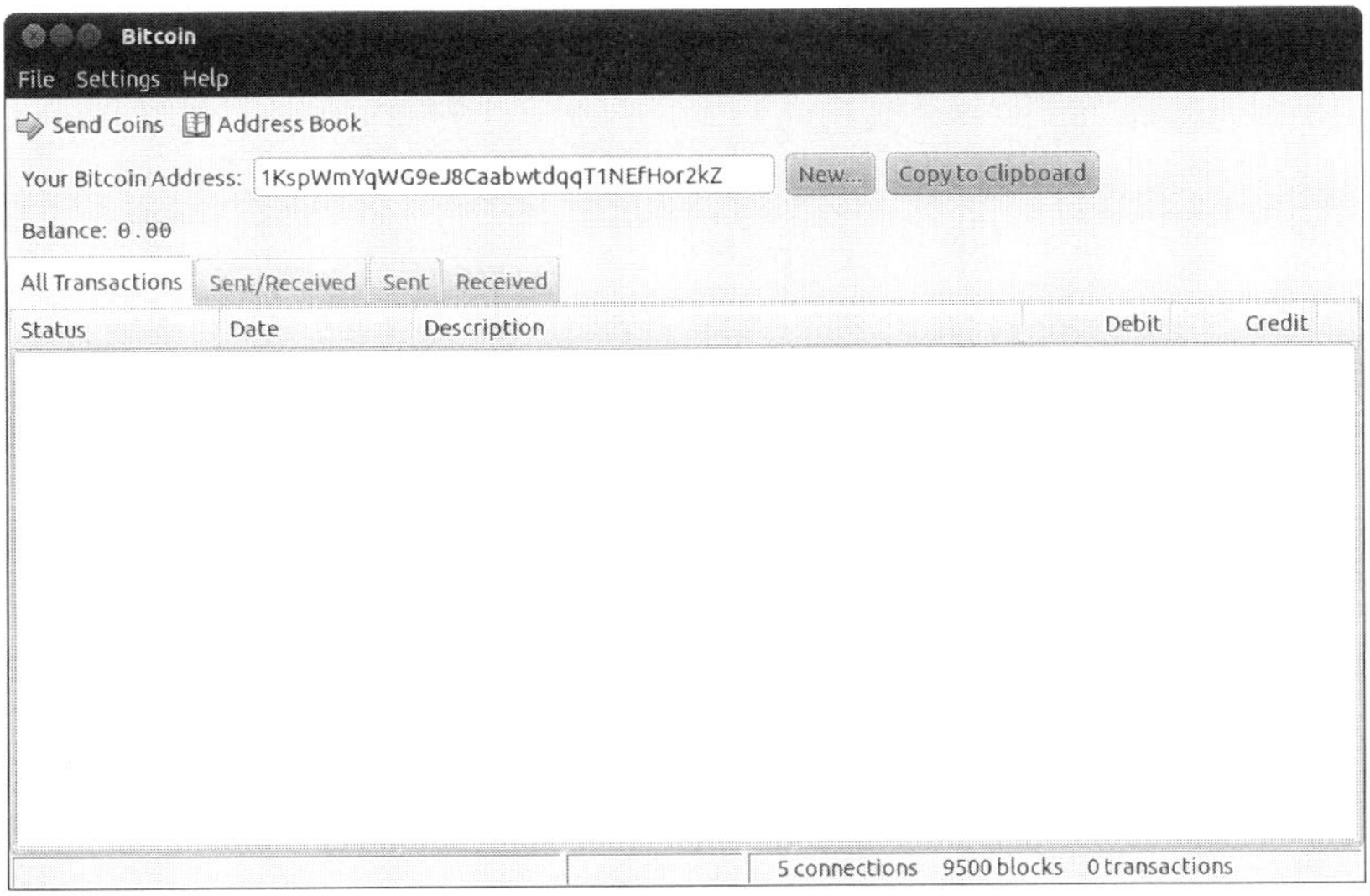

画像 4-3-A　ビットコインの初期の実装コード

出典：Wikipediapublic, domain[10]

を作り上げた。まず、人間の参加者だと確認するＩＤシステムの代わりに、何らかのリソースが使えることを証明するプロトコル（強力なコンピュータへのアクセスを必要とするパズル解決に基づくプルーフオブワーク：ＰｏＷプロトコルなど）を使用して、取引を横取りしようとする参加者からの保護を提供した。これで参加者に対する効果的な金融スクリーニングができた。一方、「正直な」参加者（トランザクションの記録が他の人の記録と一致している参加者）に、トランザクションで生成した「トークン」を報酬として与え、その参加者のアカウントに計上する。台帳はすべての参加者に公開されており、アカウントは匿名なので個人は複数の「ＩＤ」を持てて、グローバルな純粋金融台帳が作り出される。

　ビットコインの初期の成功は、少なくとも３つの理由で注目と関心を呼び起こした。

①ビットコインは、前述のデジタル決済分野の欠陥を埋め、比較的容易な国境を越えた送金を可能にしたように見えた。

②ビットコインは、中央集権的なＩＤおよび許可システムを持たない、大規模で「重要な」（実際の財務的影響を伴う）初のオンラインアプリケーションだった。

③ビットコインの金融構造と希少性により、コインの価値は急速に上がる可能性があった。実際その後15年間に何度か急上昇期を迎え、大きな富、投機、関心を生み出した。

多くの政府や主流のビジネス関係者は、最初の点の重要性は認識したが、分散化は不必要または無駄だと見る人が多く、暗号資産をめぐる投機は軽薄で不安定化を招きかねないバブルだと見ていた。このため、デジタル時代の決済システムを再考する多くの取り組みが生まれた。最も野心的な取り組みは「中央銀行デジタル通貨」であり、アフリカやアジアを中心に数十か国で導入または試験運用されており、他の多くの国でも検討されている。これらは、中央銀行に対する通貨のようなデジタル請求権を作成するというもので、暗号資産のトレンドに最も直接的に対応している。

しかし、通貨の保有と取引はここ数十年で多くの人々にとって当たり前に思えるようになったが、この部分の前後の説明を見ると、これは人類の歴史の中では決して当たり前ではないことがわかる。メディア学者のラナ・シュワルツが著書『ニューマネー』（未邦訳）で強調しているように、商業は支払い義務と、そのローカルな会計処理の伝達に大きく依存してきた。[11]したがって、過去10年間に最も広く採用された決済イノベーションの多くが、「通貨」そのものの創出ではなく、決済処理と口座振替への変化という形だったのも、決して意外ではない。

この認識は、興味深いことに、オンライン決済の最初の主要手段のひとつであるPayPalのサービス開発の歴史と似ている。PayPalは当初、創設者のマックス・レブチン、ルーク・ノゼック、ピーター・ティールによって新しいデジタル通貨として考案されたものだが、すぐにインターネット対応の決済処理事業へと移行した。[12]ビットコインの初期の成長に続いて、他の多くの民間の高速で低コストの決済処理業者も市場参入した。たとえばSquareやStripe（企業を対象）、Venmo（カジュアルな個人間の取引を対象）などで、すべてビットコインの発売直後に米国で設立されたものだ。さらに印象的だったのは、中国では微信支付、アジアの他の地域ではLINEペイを通じて、非常に低コストのソーシャルな支払いが急速に普及したことだ。これに続いて、Apple、Amazon、Googleなど、西側諸国の最大の技術プラットフォームも、同様のサービスを次々に提供し始めた。

これらのサービスを低コストでもっと包括的に、特に米国と中国発の各種サービスが十分に普及していない市場で提供するため、いくつかの主要な開発途上国の政府は、公的支援による即時決済サービスを構築した。たとえば２０１４年のシンガポールのFASTシステム、２０２０年のブラジルのPixシステム、２０１６年のインドの統合支払いインターフェース（ＵＰＩ）などだ。

米国でさえ、2023年にFedNowで追随した。国際的な相互運用にはまだ大きな障害があるが、デジタルチャネルを通じてオンラインおよび対面で即時決済を行うための当面のギャップは埋められたというのが、コンセンサスになりつつある。

しかし、暗号資産が提起した課題は、この分野への関心と最近の通貨価値が示唆するように、それほど簡単に解決するものではない。制裁制度の擁護者や経済学者ケネス・ロゴフのような金融犯罪者と戦う人々は、現金の衰退を歓迎したが、プライバシー擁護者や市民の自由を擁護する人々はそれを憂慮している。民間決済の崩壊は、個々のユーザーが支払い方法を選択する際に考慮に入れていない、システム全体に及ぶ影響をもたらすと彼らは主張する。[13] ビットコインの利点として挙げられるプライバシーは、十分なリソースを持つ分析者なら匿名アカウントの管理者をかなり容易に暴けることから、おおむね幻想だと証明されている。[14] しかし、プライバシー技術がこの分野で大きく注目され、Zcashのような高度にプライベートな通貨や、Tornado Cashなどの「ミキサー」サービス開発の原動力となっている。これらはプライバシーと法的責任のトレードオフに関する論争を刺激し、一部の法域では政府がさまざまなプライバシー機能を強制的に停止させる事態にまで至った。これらの対立は、誰がどのような活動を監視および規制できるかをめぐって各国が争う中で、デジタル決済システムのシームレスな国際相互運用を実現する上での根本的な課題にもなっている。

これらの課題の多くは、IDの話で強調したのと同じような、通常「プライバシー」と呼ばれる問題についての誤った定義から生じている。金融取引は不適切な監視から保護されるべきだという点については広く合意されている。また、適切な抑制と均衡があれば、犯罪行為を助長した個人や組織の責任を問えるという点についてもやはり広く合意されている。これらを調和させるという問題は、基本的に4章でここまで取り上げた問題と同じだ。つまり、多様な情報コミュニティが、整合性を維持しながら部分的に相互運用する方法という話なのだ。

　そもそも、金融取引は完全にプライベートではあり得ない。金融取引には常に複数の当事者が関与するし、それが行われるコミュニティでは取引の流入が経済環境に影響を及ぼすので、ある程度は他人から検出可能だ。したがって、目標はプライバシーではなく、コンテキストの完全性なのだ。つまり、この情報が他のコミュニティに重要かつ目立つ波及効果（まさに、受託者義務、金融およびビジネス倫理、さらに必要に応じて法執行機関が捕捉しようとしているもの）を及ぼさない限り、それが影響を受けるコミュニティ内にとどまるようにすればいいのだ。そういうことなら、コミュニティの文化がそのような外部に有害な活動を支援しないようにして、外部から不当な言いがかりをつけられたら活動を実施する権利を守るのは、そのコミュニティの責任となる。[15] 的な「抑制と均衡」の本質は、関係するコミュニティがそのような外部監視をある程度は認識し、関与すべきだということであり、それが非対称で外部から課されるものであってはいけないということなのだ。

　しかし監視は、頼母子講から国家に至る各種コミュニティが、こうしたコンテキストに合致した金融の自由を生み出すために引き受けるべき責任の始まりにすぎない。監視のほとんどは、単なるのぞき見趣味ではない。監視は、詐欺から国際法（制裁）に違反する侵略者との取引まで、さまざまな金融犯罪の防止を目的としている。このような明らかな違反以外にも、麻薬や武器の販売、他の債務の返済能力に負担をかける隠れた借金、課税対象の売上など、さまざまな取引が取引当事者以外の人々に影響を与えるので、非常に問題だと言える。こうした話を見れば、匿名で説明責任がないという現金と、政府による会計の集中管理のどちらも、商業信頼システムの理解には不十分なことがわかる。

通貨の歴史と限界

もっとな選択肢を考えたいなら、お金の歴史と、そもそもお金がなぜ進化したのかという問題に戻ることになる。人類学史家デイヴィッド・グレーバーは、お金という制度について記述した際に、R・G・ホートリー、ジェフリー・インガム、L・ランダル・レイ、サミュエルA・チェンバースなど、多くの主要な貨幣学者の見解を明確に述べ、お金が生まれるずっと前から、社会は互恵の規範の下で、さまざまな相互に有益な協力関係を築いていたと主張した。[16] これらは、正式な「価値」という観点から数値化されることはほとんどなく、単純な二者間の互恵交換にとどまらないさまざまな論理に従っていた。たとえば、漁師が村や長老に社会奉仕したら、コミュニティ全体が彼らに「借り」を作ることになり、彼らへの贈り物が慣習になったりする。こうした伝統はきわめて豊かで多様なので、それを定量化すると不自然になってしまうし、「4－1ＩＤと人物性」で説明した約１５０人の親しい仲間というダンバー数を超えて拡張するのも難しい。

協力と交換の及ぶ距離、時間、集団が増えるにつれて、複雑さを管理するために、負債と提供された価値を定量化して記録する必要が出てきた。いわば帳簿である。そうした帳簿で最初期のものは、提供された商品やサービスをもとに負債を細かく記録しようとしていたようだが、これもやはりすぐに手に負えなくなり、共通の定量化単位を使うことで会計を簡素化するようになった。これで「通貨」という最初の概念が生まれた。交換媒体、銀行とその紙幣、およびここまで議論したさまざまな形態のお金は、これらの帳簿を持ち運びやすくする方法として成長した。したがって、「クレジット／債務」は「現金」に先立っていたのだ。

しかし、通貨が前近代的な情報技術の限界に対処するための単純化として生まれたのであれば、当然、今日ならもっとうまくできるのではないか？　取引などの価値創造についてもっと多くの情報を記録するのは、今日では十分に可能だし、ほとんどの電子商取引では日常的に行われている。これらすべてを金銭送金に還元するのは、もはや必要な単純化ではなく、時代遅れの歴史的儀式の名残でしかない。

また、社会的に距離が遠い集団の間で信頼をまとめる手段というお金の役割も、今日では特に重要ではない。経済学者が金銭に基づく交換の利点について語る最も一般的な話のひとつは、「欲求の二重の一致」だ。つまり、AさんはBさんのほしいものを持っていても、Bさんのほうは直接それと交換できるものを持っていないかもしれない。お金があれば、集団全員を集めなくても、Aさんがほしがっているものを持っていそうなCさんに商品やサービスを簡単に提供できる。しかし、このような「交換取引サイクル」の必要性をお金で回避するのはすでに時代遅れだ。実際、現代の計算能力により「交換取引サイクル」アルゴリズムの実行コストが安くなっているため、今日の経済学者は、お金に頼らず、さまざまな状況で直接「交換取引サイクル」アルゴリズムをごく当たり前に使用している。[17]

同様に、「4-1 IDと人物性」で述べたように、遠い国の相手に対しては、将来贈り物を約束するよりも、黄金など広く評価されているトークンを提供する必要がかつてはあっただろう。そういう相手と今後また取引をする可能性は低いからだ。しかし、もはやそんな簡便法に頼る意義は激減した。誰もが6次の社会的隔たり内にあり、関係の信頼を数値化することは計算上些細なことであるため、今日では、関係の連鎖における対人「負債」を直接利用するのは、資金を送金するのと同じくらい簡単なのだ。

当然の疑問は、これらの新しい機能を利用することで何か意味のあるものが追加されるかということだ。商取引と信頼の適用に関する詳細な議論は次節に譲るが、お金が与える信頼と影響力を適切に配分する上で、そのような情報の重要性は明らかだろう。地域社会に多くの小さな利益をもたらしているが、その外ではほとんど交流がない独身者と、家族や職業に深く献身しているが、大都市で家族以外の社会的つながりがほとんどない人とでは、適切な社会的恩恵のプロフィールがまったく違う。この2人は、同じ「程度」の社会的評価を受けるに値するかもしれないが（そのような評価を数値化すべきかどうかはさておき）、その評価は大きく異なる。たとえば、前者は地域社会の市民的・政治的リーダーとなるのにふさわしいが、後者は当然、職業上の評価とある程度の物質的快適さを受ける資格がある。

　さらに、お金の重要性を正当化するために一般的に使用される経済理論自体が、社会の現実に適用してみると、この直感を裏付けるものとなる。十分に研究された特定の条件下では、個人が保有するお金で価値創造を追跡できる。ただしその条件とは、すべての商品が私的であること（すべてのものをひとりの個人が消費でき、他の人が消費すると消費できなくなる）、生産が「サブモジュラー」であること、つまり、人々または資産のグループを組み合わせると、個別に生産できる合計よりも少ない量しか生産されないこと（全体が部分の合計よりも少ない）が必要なのだ。一方、消費が少なくとも部分的に社会的であり、生産がスーパーモジュラーである場合、お金は価値を追跡する方法としては貧弱か、まったく役に立たない。

　オープンソースソフトウェア（ＯＳＳ）プロジェクトがその一例となる。複数の個人間のコラボレーションは、多くの場合、個人だけの行動よりも大きな価値を生み出す。これはスーパーモジュラー生産だ。そして、結果として得られる製品は複製され、多くの人々に効用を提供する。これは社会的消費だ。このような状況では、お金に基づく管理はうまく機能しない。２人の個人が協力して価値を創造し、両方の行動が必要なシナリオを考えよう。創出された価値を貢献者の間で分配する単純で明白な方法はない。創出された価値は基本的に共同のものだ。さらに、２人の参加者が複数の共同プロジェクトに携わる場合、どちらを優先するかは両者の好み次第で、選択は基本的に集合的なものとなり、その決定には商取引よりも投票に近いロジックが必要となる。[18]

　もっと広い意味では、社会学者がさまざまな面について記述しているように、社会的影響力はまさにこうした豊かな方法で機能する。人々は投票し、尊敬と権威を獲得し、さまざまな状況で評判を築く。医師の白衣、アスリートの地位、権威ある学術論文の賞などだ。これらはすべて影響力の源であり、それらを高く評価する人々から敬意を受けるため、これらの地位の印を持つ人は、それらを持たない人にはできないことを達成できる。

もちろん、これらのシステムは商業領域から完全に切り離されてはいない。リーダーシップ、高潔さ、技能についての評判は、(時には)収益化できる。たとえば、名声を持つ人物を利用して広告を出したり、その人物に対するアクセス料を請求したり、その信頼を利用して商業事業を実施したりできる。しかし、これらの変換はどれも決して単純で直線的なものではない。それどころか、社会的地位を直接「売っている」と見られると、そのような「裏切り」や「腐敗」によってその地位はすぐに損なわれかねない。したがって、「販売」と「変換」という最も単純なアイデアは、お金をこうした他の「表象的媒体」と相互運用するのに効果的な方法ではないことは明らかだ。こうなるとお金は、これらの他のシステムを定量化し、透明化し、スケール化する方法としてはほとんど役に立たない。すると問題はむしろ、⿻な価値体系がこの制限をどうやって克服するか、ということだ。次にこの質問に取り組もう。

⿻マネー

暗号資産の分散化には大きな期待が寄せられているが、普遍性を目指す通貨は本質的に、重要な意味で高度に集中化されている。つまり、誰もが同じものに価値を帰属させることで、信頼と協力が生まれるのだ。もっと[illegible]なアプローチは、「4-1 IDと人物性」で見たように、多極型または分散型構造のいずれかに従う。それは、同節で私たちが述べた考え方に人まかに沿うものとなるのだ。

多極型構造では、単一の普遍通貨ではなく、さまざまなコミュニティが独自の通貨を持ち、それぞれが限られた領域で使用できる。例としては、住宅や学校のバウチャー、フェアでの乗車券、さまざまなベンダーで食べ物を購入するための大学のクレジットなどだ。[19] これらの通貨は部分的に相互運用されることもある。たとえば、同じ町にある2つの大学が、食堂での交換を許可するかもしれない。だがコミュニティの同意なしにコミュニティ通貨をもっと広い通貨と交換するのは、ルール違反か、原則として不可能だ。[20] 実際、さまざまな通貨の実験が急増し、目的が類似しているものも多かったため、当時の『ビットコインマガジン』のライターだったヴィタリック・ブテリンがイーサリアムを思いついたのは、まさにそのような実験のプラットフォームとしてだった。ただし、安全なIDに関する課題があるため、コミュニティ通貨の実験は制限されている。アカウントを売却すれば、禁止された送金の規制をあまりに簡単に回避できてしまうからだ。[21]

このようなコミュニティ通貨は、本書の作成でも中心的な役割を果たした。貢献度を測定し、貢献者がテキストの変更の優先順位付けと承認を共同で決定できるようにするために、この通貨を使用したのだ。これについては、本書の後半で説明しよう。ただし、一部の最も高度なアプローチは使用せず、前節のツールを活用した。将来的には、コミュニティ通貨はコンテキストに統合されたチェーンに記録されるかもしれない。これにより、通貨保有者は、コミュニティ外の人に保有額を見せられなくなり、通貨を広範囲に使用しにくくなる。

分散型アプローチは、コミュニティ通貨の大規模なコレクションよりもさらに進んで、通貨を個人間の負債と信頼の直接的な表現に完全に置き換える。このようなシステムでは、人々は商品やサービスの支払いを受けるのではなく、事実上、自分に借りがある人から「恩恵を求める」ことになる。恩恵を受けていない人から何かが必要な場合は、「恩恵を受ける」ネットワークで6次の隔たりの原則を活用する。これについては、「4-1 IDと人物性」で説明した。このような恩恵の潜在的な経路は数多く計算可能であり、得られる「クレジット」の合計量は、ネットワーク内の2点間で流れる「最大フロー」(maxflow)を計算する古典的な計算機科学アルゴリズムで求められる。このような計算は、コーヒーを買うときにその場で行うには明らかに煩雑すぎるが、コンピュータネットワークにとっては簡単なのだ。普遍的に代替可能な通貨を通じて価値を定量化する代わりに、このような豊かで社会に根ざした代替手段によってそれを実施するのは、ますます現実性を増しているようだ。さまざまな社会的通貨(いいね、友達、ネットワークの中心性、引用など)は、将来の協力のためのはるかに豊かな基盤の、皮切りにすぎない。[22]

もちろん、これは広く採用されているプロトコルのサポートがあって初めて可能になる。そのプロトコルとは、前節で説明したものを拡張したコミュニティ台帳の形成と検証を容易にするもの、信頼と「負債」の長距離ネットワーク送信を容易にするものなどだ。これらは、TCP/IPが情報パケットを送信するのと同じような役割を果たす。これが前述のTrust Over IP財団などのオープンソースおよびインターネット作業部会や、Holochainなどの新興ベンチャーの目指すものだ。基本的な高品質のデジタルネイティブ決済システムを確立するという重要な作業以上に、この真にネットワーク化された的な次世代の商業信頼システムこそが、本書の残りの部分で説明する市場と協力の基盤となる。

社会の商取引

特に、社会的に遠い距離にまたがる信頼、信用、価値の確立は、前に説明したＩＤシステムと、次の部分で焦点を当てる契約および資産使用システムの両方の中核となる。ＩＤシステムは、第三者について誰かが行った主張を信頼／信用するという話だ。よく知らない人からのそのような主張を手当たり次第に受け入れる人は、壊滅的な攻撃にさらされかねない。一方、あまり信頼できない情報源からであっても、比較的重要でない事柄に関する主張なら、受け入れてもそれほど危険ではない。つまりＩＤシステムでは、検証者のネットワークによって確立される信頼は定量的であり、したがって、ネットワークにおける信頼の定量化、およびこの信頼を裏切った場合の罰則で決まってくる。まさにここで説明した種類のシステムというわけだ。同時に、これらのシステムは、ここで説明した商業関係のネットワークを形成する、コミュニティと人々の定義と情報構造を支えるにあたり、前の節で開発したＩＤと団体結社技術に明らかに依存している。そして、これから検討するように、これらすべては、デジタル時代の重要な資産であるストレージ、計算、データの共同使用、契約、および企業による活用に重要だ。これらのアイデアは、信頼に基づくとオープンソースの社会システムがモバイルおよびデジタル技術と相互作用し、モバイルマネーの概念を独自に発明し、ＩＤシステムのギャップ[23]に取り組みながら急成長するフィンテック産業の先駆けとなった、アフリカのコミュニティには[24]特に興味深いものとなるはずだ。

PLURALITY
THE FUTURE OF COLLABORATIVE TECHNOLOGY AND DEMOCRACY

4-4 財産と契約

今日の大規模な協力のほとんどは、有限責任事業組合、市民団体、宗教団体、業界団体、組合、そしてもちろん営利株式会社など、法人認可された団体に資産をプールして実施されている。それらの法的根拠は、共通の目的に向けた共通の事業における資産（不動産、知的資産、人的資産、および財務資産）の共有を規定した、契約上の取り決めにある。賃貸契約などの最も単純で一般的かつ小規模な契約でさえ、人々の間での資産共有が伴う。

リックライダーの「銀河間計算機ネットワーク」の中心的な目的は、ストレージ、計算能力、データなどのデジタル資産の共有を促進することだった。そして、ある意味では、そのような共有は今日のデジタル経済の核心であり、「クラウド」は共有計算とストレージの広大なプールを提供し、オンラインで共有される幅広い情報は、ＩＴ業界を席巻している生成基盤モデル（ＧＦＭ）の基礎を形成する。しかし、この取り組みが成功したとはいえ、デジタル世界の限られた部分に限定されている。そしてせいぜい一握りの国に拠点を置く、少数の非常に儲かっている営利団体に管理されており、機会の大きな浪費と権力の集中の両方が生じている。インターネットが広範かつ水平的な資産共有を可能にするという夢は、依然として夢のままだ。

本章で説明した他の基本的なプロトコルと同様に、これらのギャップに対処するための重要な取り組みが最近見られる。ここでは、デジタル資産の共有の可能性を確認し、既存のデジタル資産の共有の取り組みを概観する。そして既存の取り組みの成果と限界を見極め、堅牢で⿻なオンライン資産共有エコシステムへの道筋を描く。

デジタル時代の資産

ケイト・クロフォードの『ＡＩのアトラス』（未邦訳）で大きく強調されているように、デジタル世界は物理世界の上に構築されている。コンピュータ回路は、各種の社会的課題を引き起こしつつ採掘された希少金属から作られ、データセンターは発電所とよく似た働きをし、しばしば発電所と同じ場所に設置され、データはメアリー・グレイやシッダールタ・スリなどが記録した「ゴーストワーカー」のような人々によって作成される。[1] したがって、デジタル領域について本気で検討するなら、実際の財産関係も扱わねばならない。しかし、これらの物理基盤をもとにしつつ、デジタルネイティブの抽象概念として出現し、オンライン生活の重要な構成要素となる重要な資産がある。

ここでは、最も遍在する3つのカテゴリである、ストレージ、計算、データに焦点を当てる。

とはいえ、電磁スペクトル、コード、名前やその他のアドレス（URLなど）、仮想世界内の「物理的な」空間、非代替性トークン（NFT）など、これらと交差し、多くの関連する課題を抱える例は他にも多い。

ストレージ、計算、データは、基本的にすべてのオンライン活動の中核にある。オンラインで発生するすべてが、ある瞬間から次の瞬間まで存続するのは、どこかに保存されているデータのおかげだ。その発生は、命令とアクションの結果を決定するために実行される計算で実現される。そして、操作の入力と出力はすべてデータだ。この意味で、ストレージは実体経済における土地のような役割を果たし、計算は燃料のような役割を果たし、データは人間の入力（労働とも呼ばれる）や人が作成して再利用する成果物（資本とも呼ばれる）のような役割を果たす。

土地、燃料、労働、資本は、しばしば均質な「商品」として扱われるが、社会理論家カール・ポランニーの有名な議論にあるように、これは単純化されたフィクションだ。[2] ストレージ、計算能力、そして特にデータは、場所、人々、文化に結びついていて異質性を持ち、そうした結び付きは、それらのパフォーマンス特性および、デジタル経済と社会でそれらを使用する社会的影響と意味の両方とに影響する。これらの課題は、「現実の生活」におけるフィクション的な商品にとっても重要だが、ある意味ではデジタル資産の場合のほうがさらに深刻だ。社会として、経済構造と社会構造をそうしたデジタル資産の性質に適応させる時間がはるかに少なかったのは間違いない。こうした課題は、共有、財産、契約の機能的なデジタルシステムの阻害要因の主要なものだ。

銀河間計算機ネットワーク

リックライダーの1963年「メモ：銀河間計算機ネットワークのメンバーおよび関係者向け」は、同時代およびその後の著作の多くを特徴づけるオンラインのソーシャル化や商取引の可能性には焦点を当てていない。[3] 代わりに、おそらく当時の聴衆が科学系の人々だったため、分析ツール、メモリ、ストレージ、計算、研究結果を共有することで、科学者がコンピュータネットワークを通じて生産性を大幅に向上できるのではという話と、これが関連する軍事用途にもたらす可能性を強調している。これは、リックライダーが資金提供した最初のプロジェクトのひとつである「時分割」システムの自然な延長でもある。多くのユーザーが大型計算機へのアクセス共有を可能にすることで、大型メインフレームコンピュータの時代に、後の「パーソナルコンピューティング」体験に似たものを実現しようとしたのだ。この意味で、インターネットは、そもそもがここで扱う大規模な計算リソース共有のためのプラットフォームとして始まっている。[4]

なぜこんな退屈そうな話題が、これほど（いつもは）壮大な考えを抱く人物を刺激したかを理解するには、彼が克服しようとしていた限界を振り返る必要がある。そして彼のビジョンを実現することで私たち自身がどんな限界を克服できるのかも考えよう。1950年代から1960年代にかけて、コンピューティングの主流は、主にIBMが販売していた大型の「メインフレーム」だった。これらは、企業全体、大学の学部といった大規模集団のニーズに応えるための高価なマシンだ。これらのマシンにアクセスするには、ユーザーは中央管理者にプログラムを持ち込む必要があり、希望する計算を実行する「高リスク」のチャンスが1回だけ与えられるのが常だった。バグが見つかった場合（ほぼいつもだ）、出直してくるしかなく、実践的なテストなしでこれらのエラー修正を綿密にやらねばならない。またプログラムの準備とマシンの管理が非常に困難だったため、ユーザーの時間の多くは、プログラム実行の順番待ちでアイドル状態になっていた。

　これを今日のパソコンの世界と比べよう。先進国のほとんどの人々は、デスクトップ、ラップトップ、手首、ポケットの中にコンピュータを持ち、目が回るような計算を処理しつつ、ほぼ瞬時のフィードバックを得ている。もちろん、その多くは、1単位あたりの計算能力が18カ月ごとに2倍になるというムーアの法則によって実現されている。しかし、リックライダーと、マサチューセッツ工科大学などの大学で彼が資金提供した初期のプロジェクトのいくつかが気づいたのは、当時のコンピュータでも、効率的に使用し、航空機のインターフェースの設計で彼が研究した人間のフィードバックの必要性にもっと注意を払えば、ある程度はパソコンのような使い方もできるということだった。

　当時は限られた計算能力がアイドル時間に浪費されており、ユーザーが望むフィードバックのためには各デスクにフル装備のマシンは必要なかった。各ユーザーは基本的なディスプレイと入力ステーション（「クライアント」）をネットワーク経由で中央マシン（「サーバー」）に接続し、その時間を共有すればよかった。このセットアップはその数年前にイリノイ大学アーバナ・シャンペーン校のPlatoプロジェクトでコンピュータベースの教育システムとして初めて導入された。[5]これにより、ダグラス・エンゲルバートなどのARPANETメンバーは、メインフレーム時代にいながらパソコンの未来をシミュレートできたのだ。

計算資産を効果的に共有できれば、どんなすばらしい未来をシミュレートできるだろうか？デジタル資産の活用度合いを現在よりも厳密に計算しないと、それはなかなかわからない。しかし、休眠状態のデジタル資産をもっとうまく活用するだけで、ムーアの法則の有効期間を少なくとも5年は延命させられそうだ。データ共有の可能性はもっと豊かで、さらに変革をもたらすことができる。医療診断、環境資源の最適化、工業生産などは、組織や行政区の境界を越えてデータを共有するという現在の課題のために制約されてしまっている。それを解決し、ＧＦＭによって解き放たれるパワーを適用できれば、今日の最も解決困難な問題の多くに答えが見つかる。

共有の現状

半導体業界の調査によると、個人用デバイス（ＰＣ、スマートフォン、スマートウォッチ、ビデオゲームコンソールなど）に使用される半導体の数は、クラウドインフラやデータセンターに使用される半導体の数倍に上る。[6] 系統立った調査はほとんどないが、個人的な経験から見て、これらのデバイスの大半は、ほとんど一日中遊んでいる。これは、非常に価値のあるグラフィックス処理ユニット（ＧＰＵ）を不釣り合いに多く搭載しているビデオゲームコンソールで特に顕著だ。クラウドインフラでさえ無駄が蔓延している。ここから見て、かなり、いや相当部分の計算とストレージが常に休眠状態にある。データはさらに極端だ。こちらは定量化がさらに困難だが、データ科学者なら誰でも経験上、切実に必要なデータの圧倒的多数が組織または管轄区域のタコツボ内に存在し、共同インテリジェンスやＧＦＭの構築を阻害していることはよく知っている。

資産共有は、国家安全保障や環境などといった価値にも大きく影響する。資源の無駄は、国家安全保障政策が最大化を目指してきた半導体の供給を減らすも同然で、他の無駄と同様に、単位出力あたりの環境資源の需要を増加させる。ただし、分散デバイスで使用されるエネルギー源と、このエネルギーを計算に変換する効率は、クラウドプロバイダよりも低いかもしれないという点には留意しよう。だからデジタル資産共有の改善と消費者の電力網のグリーン化を組み合わせることが重要となる。おそらく、デジタル資産共有が安全保障に及ぼす最も重要な影響は、これらの共有ネットワークの参加者間の相互依存性が高まることで、参加者間の地政学的すり合わせが緊密になるという点だろう。このため、特にプライバシーとコラボレーションの規制の整合が必要になってくる。

これらの数字がどれほど衝撃的か理解するには、物理的な資産と比較してみよう。物理的な資産は、輸送や物理的な再配置の難しさを考えると、共有し、十分な活用を確保することが困難なのは当然だろう。労働者の失業率や住宅の空室率がひと桁を超えたら、通常は政治的に大問題となる。だがこの程度の無駄はデジタルの世界ではどこにでもある。物理的な資産の無駄率（実効的な過少雇用および失業率）がデジタル資産の水準に近づくだけでも、世界的な危機と見なされる。

この静かな危機が数字上で見るほど衝撃に思えないのは、主にこれらの純粋にデジタルな資産が比較的新しいためだろう。社会は、その成員のニーズを満たすために、さまざまな社会組織システムの実験に数千年、いや数万年を費やしてきた。[7] 現代の財産システム（賃貸システム、資本管理）、労働、および抽象的な価値表現を伴う慣行[8]（証書、人々に発行された文書、サプライチェーン取引、お金）の起源は、1000年の文化的慣習の後に生じたある種の社会的心理的性質にまで遡れる。キリスト教ヨーロッパでのいとこ婚の禁止により、新しい制度を自由に形成し、財産の保有方法を再構成できる人々が出現し、以前には存在しなかった新しいタイプの民主的な機関が生まれた。[9] 車を効率的にレンタルする方法や、こうした資産の共有を改善するためにデジタルツールを活用する方法（ライドシェアやハウスシェアのプラットフォームなど）を解明するには、何十年もかかった。デジタル資産、特に技術者以外の大勢の人々の手に渡ったデジタル資産は、ほんのここ数十年の産物でしかない。したがって、私たちの前に立ちはだかる重要な課題は、物理的資産に求められる水準の効率でデジタル資産を活用する上での、社会的および技術的障壁が何かを見極めることだ。

計算資産の共有を何が阻んでいるか考える方法のひとつは、比較的成功している分野を検討し、そうした分野とこれまでほとんど失敗している分野との違いを明らかにすることだ。右記の3つの重点分野、つまりストレージ、計算、データを検討しよう。

資産共有のオープン標準に最も近いフレームワークは、ストレージ分野で見られる。これは、Interplanetary File System（IPFS）を通じて実現されている。IPFSは、明らかにリックライダーのビジョンをお手本に、ジュアン・ベネットと彼のプロトコル・ラボ（PL）が開発した。PLは、本書の作成をサポートしたソフトウェア構築のパートナーだった。このオープンプロトコルにより、世界中のコンピュータが、ピアツーピアの、断片化、暗号化、分散化された方法で、合理的なコストで相互にストレージを提供できる。そして冗長性、堅牢性、データの機密性／整合性が確保される。このプロトコル上に構築された著名なサービスは、台湾のデジタル省などの各国政府も使用している。そうした国は、より中央集権的なサービスプロバイダに対して強い影響力を行使しかねない強力な敵に直面しているからだ。PLは、データとストレージ市場の永続性を確保するために、Filecoinシステムも作成し、商業取引を可能にし、ユーザーがネットワーク全体のデータをできるだけ多く保存するように促している。しかし、IPFSでさえ、世界中の多くの場所から迅速にアクセスできるようにファイルを保存する必要がある「リアルタイム」ストレージでは限定的な成功しかおさめていない。したがって、IPFSが生き残れたのは、「ディープ」ストレージ（現実世界でコモディティサービスとして提供される「パブリックストレージ」スペースに相当するもの）が比較的単純であるためなのだろう。

遅延を最適化するというもっと複雑な課題を扱っているのが、大規模な企業「クラウド」プロバイダ、たとえばMicrosoft Azure、Amazon Web Service、Google Cloud Platform、Salesforceなどだ。先進国で消費者におなじみのデジタルサービス（個人ファイルをデバイスをまたがる形で保存するリモートのストレージ、音声やビデオコンテンツのストリーミング、ドキュメント共有など）はこうしたプロバイダに依存している。また今日のほとんどのデジタルビジネスの中核でもあるビジネスデータの60％は独占クラウドに保存されており、中でもトップ2のクラウドプロバイダ（Amazon と Microsoft）が市場の3分の2近くを占める。[10]

しかし、少数の営利企業支配という欠点以外にも、これらのクラウドシステムは多くの点で、リックライダーのような先見の明のある人々のビジョンにはかなり劣る。

まず、この機会を追求するよう同社を説得した Microsoft チームなどの「クラウド時代」の先駆者たちは、クラウドによる利益の多くは、テナントやアプリケーション間でリソース共有効率を上げ、完全な利用を保証することから生まれると考えていた。[11] しかし、実際には、クラウドによる利益のほとんどは、テナント間のまともなリソース共有から来るものではない。十分な電源を併設し、効率的に維持されているデータセンターの物理的なコスト削減から生まれている。この種の市場を効果的に促進しているクラウドプロバイダはほとんどなく、共有リソースをうまく機能させる方法を見つけた顧客もほとんどいないからだ。

さらに劇的なのは、クラウドは主に世界中の新しいデータセンターに構築されている。だが世界中のパソコン所有者のポケットや膝や机の上にある利用可能な計算能力とストレージのほとんどは、まったく活用されていないのだ。さらに、これらのコンピュータは、特注のクラウドデータセンターよりも、計算リソースの消費者に物理的に近いし、緊密にネットワーク化されていることが多い……それなのに、クラウドシステムは実に近視眼的に、それらを体系的に無駄にしてきた。つまり、クラウドは多くの成功を収めてはいるが、リックライダーが実現を支援した時分割処理の指向を実現するどころか、それに先立つ「メインフレーム」モデルよりも中央集中的な代物に退行した面すら多いのだ。

しかし、データ共有面のお粗末さを見れば、こうした限られた成功ですらずっとマシに見えてくる。今日の最大規模のデータ利用は、企業や機関の境界内にタコツボ化されているだけでなく、それらのタコツボ内ですら、各種のプライバシー方針によって極度に細分化されている。そうでなければ、データ作成者の認識どころか同意もないまま取り込まれた、オンライン公開データに基づくものとなっている。後者の代表的な例は、GFMが訓練に使用した未公開のデータセットだ。公衆衛生や病気の治療など、明らかに公共の利益となるケースですら、データ共有を認めようと何年も前から多くの形で主張されてきてはいるが、民間部門でもオープン標準ベースのコラボレーションでもほとんど進展がない。

この問題は広く認識されており、世界中でさまざまな動きが見られる。たとえばEUのGaia-Xデータ連携インフラとデータガバナンス法、インドの国家データ共有およびアクセシビリティ政策、シンガポールの信頼できるデータ共有フレームワーク、台湾の多元的イノベーション戦略などは、こうした課題を克服しようとする試みのほんの一例だ。

共有の障害

これらの失敗から、デジタル資産をもっとうまく共有する上での障害についてどのような教訓が得られるだろうか。最も成功していないのがデータ共有だという点、ストレージ共有で最も苦労しているのがデータ共有をめぐる問題だという点を見ると、データ共有にまつわる課題こそがデジタル資産共有の相当部分で問題の核心になっているのではと見るのが自然だろう。結局のところ、データ共有に関連する課題は、これらすべての領域で繰り返し発生しているのだから。IPFSの構造とそれが直面する課題の多くは、データのプライバシーを維持しながら、このプライバシーを維持しようとしている個人または組織から離れた場所にデータを保管する方法をめぐるものだ。クラウドプロバイダの中心的な利点は、顧客データのセキュリティとプライバシーについての評判となる。それを維持しつつ顧客自身はデバイス間でデータを共有し、大規模な計算を実行できることが評価されているのだ。

こうした課題を理解するためには、データと多くの現実世界の資産との基本的な違いを理解すべきだ。右で説明したように、資産の貸し出しとプールは経済のいたるところで行われている。そこで重要なのは、資産に対する権利を分解できるかどうか、という点となる。法律学者は、通常、財産の3つの属性を「usus」（使用する権利）、「abusus」（変更または処分する権利）、「fructus」（それが生み出す価値に対する権利）と定義する。たとえば、標準的な賃貸契約では、usus は借り手に譲渡され、abusus と fructus は家主に留保される。企業は、多くの資産の usus を従業員に付与し、abusus は上級管理職にのみ付与し、多くの場合はそこに抑制と均衡の仕組みを必ずつける。そして fructus は株主のために留保される。

この重要な分離をデータで実現しようとすると、話が違ってくるし困難さも増す。データの usus へのアクセスを許可する最も簡単な方法では、アクセスを許可された人がデータを悪用したり他の人に転送したりすること（abusus）と、データから他の人が金銭的利益を得て（fructus）、下手をするとデータを共有した人が犠牲になる可能性も許可されてしまう。GFMに組み込まれたデータのオンライン公開を選択した人の多くは、他の人が使用できるように情報を共有しているつもりだったが、共有がもたらす影響を完全には理解していなかった。もちろん、規範、法律、暗号化はすべて、この状況の改善に貢献できる。これらについては後述する。だが現状では、これらはすべて企業ガバナンスや住宅賃貸などより未発達であり、それがデータ共有を普及しづらくしている。

さらにやっかいなのは、このような一連の標準の決定は、「4－2団体と公衆」で強調した理由により、データのもうひとつの重要な特性という壁にぶちあたるということだ。その特性とは、データをめぐる利害は、ほとんどの場合にはある個人だけの権利として捉えてもほとんど役に立たないという問題だ。データは本質的に集団的、社会的、交差的であるため、この問題に対する最も単純な「お手軽な解決策」の多くは（お手軽というのは、プライバシー規制と暗号化の観点からの話）あまりにも不適合で、進歩を促進するよりむしろ妨げてしまう。

さらに、これらの課題に対する明確な解決策があったとしても、それを直接実装するのは容易なことではない。契約というのは、最も単純に言えば文書化され相互に合意された当事者間の約束だ。契約の自由は、これらの強制を要求するものでしかない。しかし、現実はもっと複雑だ。契約書で発生する可能性のある紛争のすべてについて、解決方法を指定しておくことは不可能だし、可能だったにしても、そんな詳細な文書を読んで処理できる人は誰もいない[12]。

契約書は必然的に多くの点で曖昧であり、重要ではあるが正確に特定するのが難しい多くの問題（「労働者は本当に業務に専念すべきである」や「雇用主は公平であるべきである」など）には意図的に触れない。したがって、ほとんどの契約上の取り決めは、主に慣習的な期待、法的先例、対応する法令、相互に期待される規範などによって規定される。多くの場合、このように発達してきた原則に反する契約条項は無効とされる。これらの規範と法的構造は、賃貸や雇用などの標準的な関係を規定するために数十年、さらには数世紀にわたって共進化しており、正式な裁判所ベースの契約条項と法執行が果たす役割を最小限に抑えている。つまり自己執行型のデジタル契約「スマートコントラクト」でそのような規範をスムーズに実装できても、データコラボレーションの仕組み、さまざまな関係者に何を期待できるか、さまざまな法的および技術的な執行メカニズムがいつ発動すべきか、発動されるかについての安定した社会的理解を構築するプロセスは不可欠なのだ。

データなどデジタル資産の共有インフラを構築する取り組みでは、こうした課題が山積している。基本的な問題は、情報にはほぼ無限の用途があり、当事者が情報をどのように使用するかを正確に定義しようとする「契約主義」的なアプローチは、手に負えないほど複雑になるということだ。そのような契約の「不完備性」の領域は圧倒的な広さを持つ。なぜなら、遺伝情報や地理位置情報などの情報について、将来あり得るすべての用途を、想像することなど不可能であり、ましてそれをカタログ化して交渉するなどなおさら不可能だからだ。つまり、データ共有の最も有望な利点（それを実現するには、世界中の遠く離れた当事者への情報伝達など、新しい技術的アフォーダンスの利用が必要）は、同時に最も危険で手に負えないものでもあるということになる。したがって、潜在的な市場は身動きがとれない。従来の契約でこれらの問題に対処できなければ、情報共有の理想的な範囲は、私たちの所属団体の範囲と一致することになる。つまり、団体的なつながりのマップ改善と、本書の他の部分で議論したように、信頼されたコミュニティからのものを含む情報漏洩を防げるような保証が必要なのだ。

もちろん、デジタル資産共有のハードルは、他にいくらでもある。遅延の最適化、セキュリティ対策のマッピング、計算単位の適切な標準化といった技術的な障害も重要だ。しかし、共有中のデータを保護する明確で実効性のある標準（法的および技術的）の欠如によって生じる課題は、スケーラブルなデジタル協力のほぼすべての側面に波及する。もちろんそのような標準に到達するためには社会的実験と進化が必須で、演繹的な分析だけではすまない。だが右記の中心的な緊張に対処できそうな、いくつかのコンポーネントと取り組みに光を当てることはできる。したがって、デジタル資産の共有に対する現在のハードルを乗り越えるには、そうした演繹的な分析も社会的探索のために重要になるはずだ。

財産

最初に取り組むべき最も単純な問題は、計算資産の共有に関するパフォーマンスとセキュリティの標準だ。ユーザーがデータを保存したり、計算を他の人に委託したりする場合、そのデータが第三者に侵害されないこと、計算が期待どおりに実行されること、さまざまな場所にいる人々によって、ユーザー自身または顧客がデータを取得できて、その際の遅延も予想どおりの分散となることなどを保証する必要がある。現在のクラウドプロバイダの価値提案の中心はこうした保証だ。計算サービスを提供する幅広い個人や組織が簡単に満たせる標準があれば、強力な企業が市場を独占する必要はなくなる。類似の例は「https」の導入だ。これにより、さまざまなウェブホスティングサービスがセキュリティ基準を満たせるようになり、ウェブコンテンツの消費者は、悪意ある監視の心配なしに、そのウェブサイトからデータにアクセスできる。もちろんそうした標準を、各種の性能やセキュリティ機能など、検索やリクエストとマッチングについての標準形式と組み合わせることも可能だ。

しかし右で述べたように、最も厄介な問題はパフォーマンスや第三者からの攻撃ではなく、データコラボレーションの核心にある問題に関係するものだ。つまり、当事者Aが共同作業者Bとデータなどのデジタル資産を共有する場合、BはAのデータについて何を知るべきなのだろうか。当然、これには唯一の正解はないが、参加者がコラボレーションから利益を得られるような方法でパラメータと期待値を設定できるかどうかが、データコラボレーションを実現可能かつ持続可能にするための鍵となる。幸いなことに、このような関係に技術的な足場を提供できそうなツールがいくつか登場している。

これは「4-2団体と⿻公衆」で述べたが、改めてその関連性を指摘しよう。セキュアマルチパーティコンピューティング（SMPC）と準同型暗号化により、複数のパーティが一緒に計算を実行し、各パーティが入力を他のパーティに公開することなく、集合的な出力を作成できるのだ。

最も単純な見本としては、平均給与の計算や選挙での投票の集計などがあるが、GFMの訓練や微調整など、はるかに高度な可能性もますます実現可能になっている。これらの野心的なアプリケーションのおかげもあって、「連合学習」と「データ連合」という分野が生まれた。これにより、これらの野心的なアプリケーションのどれかに必要な計算を、分散ネットワーク上にある個人または組織のコンピュータでローカルに実行し、モデルへの入力を安全にやりとりできる。基礎となる訓練データは、通信の各パーティのマシンやサーバーから外に出ることはない。国連などの国際機関は、OpenMinedなどこうしたツールのオープンソースプロバイダと連携して、データコラボレーションを実験的に公開するプラットフォームの構築を増やしている。[13] この分散アプローチの別の手法として、ある計算の実行は検証できるものの、その中間出力に誰もアクセスできない特殊な「機密コンピュータ」を使用する方法もある。ただしこれらのマシンは高価であり、限られた企業にしか作れないので、分散コラボレーションよりも、信頼できる中央組織による制御に適している。

これらのアプローチは、不要な情報が伝達されることを防ぎつつ共同作業を実現するのに役立つが、共同作業で作成された出力（統計やモデルなど）に含まれる情報に対処するには、他のツールが必要となる。モデルは、入力情報を漏らす可能性がある（たとえば、モデルが特定の人物の病歴の詳細を再現してしまうなど）。あるいは逆に、情報源を不明瞭にしてしまう可能性もある（たとえば、ライセンスに違反して、入力された創作テキストを帰属表示なしで再現してしまうなど）。これはどちらも、データ共同作業の大きな障害となる。共同作業者は通常、データの使用についての主体性を持ちたがるからだ。

これらの課題に対処するツールは、暗号よりも統計的なものだ。差分プライバシーは、出力データの集まりから入力データを推測できる程度を制限し、「プライバシーバジェット」を使用して、開示された結果を集めても入力が明らかにならないようにする。透かし／ウォーターマークは、消去、無視、場合によっては検出さえ困難な方法で、コンテンツにその起源を示す「署名」を入れられる。「影響関数」は、あるデータ・コレクションがモデルの出力を生成する際に果たす役割を追跡し、「ブラックボックス」モデルの出力についても、少なくとも部分的な帰属の同定を可能にする。[14]

これらの技術はすべて、GFM開発の速度、規模、パワーにやや遅れをとっている。たとえば、差分プライバシーは、事実の文字どおりの統計的回復可能性を主に重視するが、GFMは探偵のように「推論」を実行できることが多く、たとえば、後に通った学校、友人関係などに関する緩く関連した事実の集合から、誰かの最初の学校を推測してしまえる。これらのモデルの能力を活用してこうした技術的課題に取り組み、データ保護と帰属の技術的標準定義を導き出すことこそが、特にモデルがさらに進歩するにつれて、データコラボレーションを持続可能にするための核心的な問題となる。

しかし、データコラボレーションの課題の多くは、純粋に技術的なものというよりも、組織的かつ社会的なものだ。前述したように、ほとんどすべてのデータは関係性に基づくため、データに対する関心が個人だけに対するものであることはめったにない。この最も基本的な点にとどまらず、個人レベルでデータの権利と制御を組織化することが非現実的な理由はいろいろある。たとえば、次のとおり。

- **社会的漏洩**：データが直接の社会的交流から生じていない場合ですら、ほとんどの場合、そうしたデータには社会的影響がある。たとえば、親族の共通の遺伝子構造により、人口の1％程度の統計サンプルがあれば、遺伝子プロファイルから個人を特定できるため、遺伝子プライバシーの保護はきわめて社会的に重要な取り組みとなる。
- **管理上の課題**：各種データ共有による金銭的および個人的な影響を個人だけで理解することはほぼ不可能となる。自動化ツールは有益だが、それをつくるのは社会集団なので、そうした社会集団は個人データの信託管理者になる必要がある。
- **団体交渉**：大規模なデータセットの主な消費者は、世界最大かつ最も強力な企業だ。世界中の何十億ものデータ作成者は、集合的に行動できない限り、彼らとの契約交渉で合理的な条件は達成できないし、そうした企業が誠意をもって交渉するはずもない。

「データ主体[15]」の権利と利益を集団的に代表する役割を担える組織には、データ信託[16]、協働組織[17]、協同組合[18]、または著者グレン・ワイルが提案した「個人データの仲介者」（ＭＩＤ[19]）など、さまざまな名前がある。既存の組織の路線をごく自然に踏襲できるものもある。たとえば、コンテンツを代表するクリエイティブワーカーの組合や、ボランティア編集者と寄稿者の集団的利益を代表するWikipediaなどだ。コード生成モデルの学習に使用されているオープンソースコードの貢献者、二次創作の著者、Redditページの執筆者など、新しい形式の組織が必要になる場合もある。これらの組織では、独自の形式の集団的代表をまとめねばならない。

これらの正式な技術、組織、標準以外にも、データコラボレーションの問題を広く理解し、貢献者が公正な合意を結び、協力者に責任を負わせられるように、広範で分散した概念、期待、規範を開発する必要がある。データコラボレーションをめぐる技術変化と適応のペースを考えると、これらの規範はきわめて広範に普及し、適度に安定し、しかも動的で適応的である必要がある。これを達成するには、次章で説明するように、技術の変化に遅れをとらない教育と文化的関与の実践が必要だ。

いったん十分に発展し普及すれば、データコラボレーションツール、組織、およびその慣行はかなり広まって、常識や法律慣行に「財産権」と同じくらい深く組み込まれるだろう。しかし前述のように、それはほぼ間違いなく、土地の私有や株式会社の組織を規定する標準的なパターンとは違う形となる。すでに述べたとおり、そこには多くの技術的および暗号要素、集団ガバナンスと信託義務を重視したさまざまな種類の社会組織、およびＭＩＤのメンバーによる一方的な開示を防止する規範または法律（労働組合に対する一方的なスト破りの禁止と似たもの）を含めるべきだ。これらは、デジタル世界における未来の「財産」を形成するだろう。そしてそれはデータというものの特性にはるかに適合したものになるはずなのだ。

実物財産

財産の実現は困難だが、他の領域でも多くの所有権制度が争われ、流動的であることを忘れてはいけない。ある意味で、データは深い社会的特性を持つので、実物世界の財産とは一線を画しており、そのため所有権や契約制度を設計する既存の方法は、データには簡単に適用できない。しかし別の見方をすると、データの深い社会的特性はまさになじみがないからこそ、従来の所有権制度が今日の実物資産の管理にすら適していない点がいろいろあることを、浮き彫りにしてくれるのだ。

ここでは純粋なデジタル財産の世界から一歩離れて、デジタルにも関係していて財産権レジームが急速に変化している2つの例に目を向けよう。電波周波数帯とインターネットの名前空間だ。伝統的に、ある地理的範囲内で、ある周波数で放送を行う権利は、（米国を含む多くの国で）事業者に割り当てられたりオークションで売却されたりする。そのライセンスは低コストで更新される。これにより、事実上私有財産のような権利が創出された。そのもとになっているのは、同じ場所にいる多くの事業者が同じ帯域で運用できてしまうと、その電波が干渉し合ってしまうことと、帯域に対する所有権を持つライセンス所有者が帯域を管理するという考え方だ。しかし、この前提はかなり妥当性が怪しくなりつつある。多くのデジタルアプリケーション（Wi-Fiなど）は周波数帯を共有できるし、そうした周波数帯の使われ方が急速に変わって（無線放送から5Gワイヤレスへの移行など）干渉パターンが激変し、周波数帯の再編が必要になっているのに、従来のライセンス保有者がしばしばそれを邪魔しているのだ。[20] このため財産権システムに大きな変化が生じ、米国連邦通信委員会などのライセンス供与機関は、電波オークションを通じて既得権益者たちを整理できるようになった。また、この分野のリーダーからは、「5－7社会市場」で説明するように、レンタルと所有権の要素を組み合わせたさらに過激な設計や、特定の共有用途のために周波数帯を無免許のままにする提案も出ている。[21]

インターネットの名前空間における財産権の進化はさらに過激だ。従来、ＩＣＡＮＮは、財産権に似た周波数帯のライセンス制度と同様に、比較的低コストでドメイン名を登録し、わずかな料金でそれを更新できるようにしていた。この仕組み自体も進化はしてきたが、もっと根本的な変化として、今日ではほとんどの人が直接のナビゲーションではなく、検索エンジンを通じてウェブサイトにアクセスするようになっている。これらのエンジンは通常、さまざまな（ほとんどは公表されていない）ユーザーとの関連性のシグナルに基づいて、各種の名前に関連付けられたサイトをリストアップし、さらにそこにリアルタイムでオークションされる有料広告もいくつか含める。[22] 関連性アルゴリズムの中身は不明だが、考え方としてとっつきやすいのは、Googleの創設者であるセルゲイ・ブリンとラリー・ペイジが最初に考えた「ペイジランク」アルゴリズムだ。これは、ウェブページの「ネットワーク中心性」に基づいてページをランク付けする。これは「5

－6投票」で説明するネットワークベースの投票システムとも関連する考え方だ。[23] したがって、一見すると、今日のインターネットの名前空間の事実上の財産権体制は、（ドメイン所有者ではなく）ブラウザの利益を指向する集合的な方向性と、ドメイン所有者のためのリアルタイムオークションの組み合わせだと言える。どちらも伝統的な財産制度とはかけ離れている。

だからといってもちろん、これらが理想的だということではない。どちらも間違いなく、社会的に正当性がない。これらのシステムは、一般の目にほぼ触れないところで、テクノクラート的なエンジニアや経済学者のチームによって、一般の理解なしに設計されてきた。そんな仕組みの存在すら認識している人はほとんどおらず、それが適切だと信じている人はなお少ない。[24] その一方で、創造的な方法で実際の課題に対応する手法であるのは間違いない。そしてその手法で対処できる問題は、電波周波数帯やインターネットの名前空間といった狭い領域をはるかに超える。既得権益者の居座り問題と周波数帯共有への対処は、国民が広く要求し、国家安全保障の問題ですら中心と見なされているデジタル開発を可能にする上で、中核的な役割を果たす。同様の既得権益者の居座り問題は、都市空間の再開発や共通インフラの構築にも広がっており、現在私有財産として保有されている多くの土地は、公園などの共有スペースにできる（その逆もある）。

名前空間を私有財産として扱うことは、争われている名前（例：「ABC.com」）を所有している人がドメイン・スクワッターだったり、限られたユーザー層にサービスを提供する旧所有者だったり、ブランドを悪用する詐欺師だったりする可能性を考えると、あまり意味がない。所有権によってもたらされる安定性と、所有者の支払い意欲に基づく重要性のシグナルは、明らかにある程度は重要だ。だが検索エンジンで使用されるシステムは、安定性という公共の利益と名前空間に支払いをする人からのリアルタイムの要求を明示的に考慮しており、単純な私有財産システムよりも、安定性と支払い意欲のバランスをうまくとっているとさえ言える。繰り返すが、これらの問題は、商標などの知的財産から古代遺物や都市の歴史的場所の所有権まで、「実物世界」の領域でも頻繁に発生する。デジタル領域で進化し、進化し続けている実物財産の革新的な代替手段が、はるかに優れた公共の関与、教育、擁護と組み合わされば、さらに広い意味での実物財産システムを[illegible]的な方向で見直せるはずだ。このテーマについては、以下の「5-7社会市場」の部分でさらに詳しく検討しよう。

4-5

アクセス

インターネットが台頭するずっと前から、情報へのアクセスは常に重要な人類の文明の一部だった。フランシス・ベーコン卿が何世紀も前に言ったように、「知識は力なり」。今日の情報化時代、そして本書で説明する未来においてはなおさら、この格言が持つ文字どおりの真実性はますます存在感を増している。本章のこれまでの部分では、デジタル生活のうち人権を保障する部分に注目してきたが、そこで思い描いている世界に、あらゆる人が安全かつ忠実にアクセスできなければ、そんな話は人間の生活にとって無意味だ。ここでは、そのようなアクセスを基本的人権にするというのがどういう意味を持つべきかを探ろう。

重要なのは単なるアクセスではなく、正真性を持つアクセスだ。一部の人が受け取る情報が正確で、他の人の情報が不正確なら、後者がまったくアクセスできない場合よりもひどい。民主主義は、完全性を持った形で参加できる国民に依存する。すべての声が重要だ。一方で、コミュニティごとに事実のパターンを理解する方法は異なる。しかし、この視点の多様性が⿻な未来に貢献するためには、改ざんされていない入力データへの共通のアクセスが基盤として不可欠だ。誰しも、自分の人生の意味を自分で作れるし、作るべきだが、人々の一部がグローバル情報コモンズへの入力データについて、改ざんされたバージョンしか受け取れないなら、それを行う平等な権利を否定されてしまう。

1948年の国連世界人権宣言の採択から、2022年のインターネットの未来に関する宣言の採択まで、人類社会は表現の自由とアクセスの自由の重要性を常に強調してきた。これら2つの文書は、基本的人権からデジタル時代の自由と安全の原則へと続く道を示す。2023年には、オンライン情報の完全性に関する世界宣言が、生成型AIとその大量操作の可能性によってもたらされる集団的課題を直接取り上げている。

要するに、誰もが文脈的に完全な情報に、平等にアクセスできるようにすべきだ。そうでなければ、情報は無価値か、有害な武器になりかねない。この必須事項は、デジタル技術だけでは解決できない。民主的な構造に支えられた、集団的、普遍的、包括的なデジタル同盟も必要だ。インターネットへのアクセスがデジタル人権と見なされる今日の時代では、⿻の精神は古代の「道(ダオ)」の概念と同様に、世界中にシームレスに流れている。この精神は0と1から織りなされ、「生き物のインターネット」を継続的に拡大し、民主的なガバナンスと協働テクノロジーを組み合わせて社会構造に統合する。したがって、「アクセス」は技術的な可用性を意味するだけでなく、すべての人の生来のビジョンの実現にも貢献し、自然に信頼、相互尊重、安全性を育むのだ。

次に、インターネットアクセスの現状、アクセスに向けた各国の取り組み、デジタル環境への期待、今後の発展の見通しを明らかにする。

デジタルデバイドの橋渡し

世界的なデジタル化の過程で、台湾、エストニア、スカンジナビア諸国などは、インターネット開発に対する政府の積極的な支援、分野横断的なコラボレーション、政策および実施の主要参加者としての地域コミュニティワーカーの関与を通じて、デジタルアクセスを基本的人権とする原則を導入する先駆的な存在だ。しかし、これはデジタル公共インフラをサポートするために必要な長期投資にとって、皮切りにすぎない。こうした共同の取り組みは、社会の変化を推進するだけでなく、民主主義の価値観を強化し、集団的コンセンサスを確立することにも役立つ。アクセスで先陣を切るこれらの国々が、次章で説明する実効性あるデジタル民主主義を最も強く受け入れている国々なのも当然だろう。

しかし、こうした好ましい結果はさほど普及していない。デジタル格差は、特に都市部と農村部の間に見られる、社会の二極化の典型例だ。コロナパンデミック以前は、世界中の都市部の世帯の76%が自宅でインターネットを利用できた。これは農村部の39%のほぼ2倍だ。パンデミックにより、仕事や教育から社交まで、生活の中でオンラインに移行する領域が増え、こうした格差に対する世間の注目が高まった。国際電気通信連合（ＩＴＵ）の報告によると、２０２０年だけで４億６６００万人が初めてインターネットを使用したという。[1] インターネット利用者の数と世界的な普及率は増加し続けているが、アクセスにおける多面的な不平等は依然として残る。これらは、経済的、政治的、社会的などさまざまな不平等の一因だ。

本書のこれまでの部分をもとに、基本的なアクセス権を観点から把握すべきだ。そこでは政策立案者の役割がきわめて重要となる。政策立案者は、世界的なデジタル格差に注目し、アクセスの不平等を解決するための適切な措置を講じる必要がある。また、オンラインでのやりとりのコンテキスト完全性を保護するデジタル公共インフラへの投資も、こうした措置に含まれるべきだ。

オープン性を促進する一方で、デジタル参加者は、インターネット上に存在する暗くて厄介な部分について啓蒙し、互いに警告し合う努力も必要だ。もちろん、この問題は世界的な社会構造と文化的多様性に関係する。幸いなことに、もはやド・トクヴィルのように海を渡らなくても、デジタル民主主義と持続可能な開発の構築におけるさまざまな国の貴重な経験を学べる。安全でオープンなデジタルアクセス環境を保護し、確立するためには、2つの重要な行動方針がある。

①デジタルインフラ：「5－7社会市場」で説明する集合行動の課題を克服する、国際インフラの相互運用可能なモデルを開発し、公平なサービスを世界規模で提供する。

②情報の完全性：模倣モデル（いわゆる「ディープフェイク」）がもたらす課題に対処し、セマンティックセキュリティを維持し、デジタル時代の便益を継続的に享受できるように

する。

この2つの基本的権利を推進できれば、ここで説明する他の権利は、すべての人々の生活体験にまで浸透し、「オンライン」の集合知の基盤としてだけでなく、世界中のすべての人の日常生活の基盤として機能する。本書でずっと強調してきたように、今日のデジタル環境における多くの公共サービスとソーシャルな交流は、資本主義に圧倒されてしまっている。今日、「インターネットアクセスは人権である」は、民主主義国の間でほぼコンセンサスとなっている。あとは民主主義とインターネットアクセスの間のややこしい部分を解きほぐせばいい。

情報の完全性を実現するインフラ

林業の専門家スザンヌ・シマードは、森林を知的システムと見なし、森林の協調的な性質の探求に取り組んでいる。[2] これらの森林は、自己認識と自発的な発達能力を備えているだけでなく、さまざまな生態学的な構成要素間の密接な相互作用も特徴としている。シマードは、カナダのブリティッシュコロンビアにある古代の森林の土壌層で、樹木の根と共生する菌根菌との間のコミュニケーションを研究した。彼女らは、菌類ネットワークによって駆動されるこの環境では、異なる種類の樹木が互いに警告信号を送り、必須の糖、水、炭素、窒素、リンを共有できることを発見した。[3]

このような活気に満ちた森林では、1本の「マザーツリー」が何百本もの他の樹木とつながりを持つこともある。マザーツリーが複数あると、重なり合うネットワークを通じて集合的な有機体としての森林全体の連続性が確保され、オープンなつながりを通じて安全で堅牢な環境が確保される。

デジタルインフラは、オープン標準（プロトコル）、オープンソースコード、オープンデータを通じて、これと似たパターンをたどる。これは、グローバルコミュニティに開かれた公共の基盤として機能し、何万ものデジタルコミュニティと連携しながら、オープンで安全なインターネットアクセスを提供し、差し迫ったデジタル脅威から共同で防御を行う。

Cloudflareのレポートによると、台湾は分散型サービス拒否（DDoS）攻撃の世界有数のホットスポットだ。[4] 台湾政府は、前節で説明したIPFSフレームワークをウェブサイトに採用し、プライベート・デジタルサービスと新興のオープンネットワークの両方と相互接続できるようにしている。この構造は、突然のDDoS攻撃に対する耐性を高めるだけでなく、グローバル技術コミュニティとのオープンなコラボレーションと相互サポートにも役立つ。これは、情報操作に対してシステムの堅牢性を高める方法を示している。

さらに、人々がコンテキスト的に安心して情報にアクセスする権利を確実に持てるようにすべきだ。オープンガバメントデータの主な目標はこれと整合したものだ。市民にさらなる権限を与え、政府の透明性と説明責任を高めることで、腐敗と効果的に闘い、民主的なシステムが効率的に人々に奉仕できるようになる。ウクライナの「Diia」とエストニアの「mRiik」は、信頼できるネットワークと情報のオープン性が双方向な特徴を強調した好例だ。
　エストニアとウクライナはどちらも、国民参加に向けたデジタル化に積極的に取り組んでいる。両国は、デジタル技術を国民にとって真に必要な社会的ツールにし、市民が政府のサービスやリアルタイムの情報にアクセスできるように、安全でオープンなデジタル公共サービスを提供している。Diiaは、デジタル技術が長年の汚職を打破できることを世界に示した。今年、エストニアはウクライナのアプリDiiaに大きく影響を受けた最新のアプリmRiikをリリースした。[5]
　デジタルインフラは万能の解決策を示すものではなく、各国は独自の開発ニーズに基づいて適応する必要がある。しかし、基本的な機能と民主主義の本質はどこでも似た価値を持ち、拡大のための共通の基盤を提供する。台湾、エストニア、ウクライナは、情報の完全性とデジタルインフラが社会の回復力を高めるために絡み合う様子を示す。
　結論として、アクセス権はデジタル民主主義と社会的包摂性を達成する基礎となる。そのような未来に向かうには、技術革新や政策協力など、多面的な取り組みが必要だ。次章では、これらの絡み合った問題をさらに深く掘り下げよう。

第 5 章

民主主義

PLURALITY

THE FUTURE OF COLLABORATIVE TECHNOLOGY AND DEMOCRACY

5-0

協働テクノロジーと民主主義

この本は、⿻を本当に実践しつつそれを説明すること、つまり、伝えるだけでなく見せることを目的としている。そのため、本書自体がこの章で説明する多くのツールを使用して作成されている。原稿は、オープンソースのプログラマーがソフトウェアのバージョン管理に使用するGitプロトコルを使用して保存および更新された。原稿は、クリエイティブ・コモンズ0ライセンスの下で自由に共有されている。つまりここに含まれるコンテンツに対する権利は作成コミュニティに留保されず、自由に再利用できるのだ。本稿執筆時点では、本書冒頭のクレジットで強調されているように、あらゆる大陸から何十名もの多様な専門家や市民が執筆に貢献している。そして物理的な本の出版後も、さらに多くの人々が「5-3クリエイティブなコラボレーション」の節で説明している実践を体現する形で、テキストの継続的な進化に貢献してほしい。

作業は共同で優先順位付けされ、報酬は、「5-7社会市場」で説明している「クラウドファンディング」アプローチで決定された。今後のテキストの変更は、以下の「5-6⿻投票」

の節で説明されている高度な投票手順と予測市場を組み合わせて、コミュニティによって集合的に承認される。貢献者は「4-1 IDと人物性」と「4-3 商取引と信頼」の節で説明したように、コミュニティ通貨とグループIDトークンを使用して認識され、本の未解決の問題の投票と優先順位付けに使われた。そうした優先事項は、その課題に取り組んだ貢献者が受ける定量的な評価を決定する。私たちはこのアプローチを「⿻管理プロトコル」と呼ぶ。[1]これらすべては、金銭的インセンティブではなくオープンソースの参加に基づいたオープンソース・プロトコルGitRulesを通じて分散型台帳に記録された。論争の的となった問題は、「5-4 拡張熟議」で説明するツールを通じて決められた。この本は、コミュニティによって翻訳および校正され、「5-5 適応型管理行政」の節で説明する多くの言語間およびサブカルチャー間の翻訳ツールによって強化されている。

　出版過程での資金的ニーズを支えるために、「5-7 社会市場」で説明するツールをいくつか活用した。「5-2 没入型共有現実（ISR）」の技術を活用して、世界中の読者に本のアイデアを伝え、探求したい。

　こうした各種の理由から、この本を読むことで、アイデアについて学び、その意義を評価すると同時に、それを実践することで生み出せるものも体験できる。その内容に特に批判的に触発された場合は、Gitのプルリクエストを通じて変更を送信するか、多数の貢献者のひとりに連絡してコミュニティの一員になることで、このドキュメントとそのすべての翻訳の生きたコミュニティ管理の継続に貢献してほしい。この作業に対する批判者の多くが、オープンソースのマントラ「だったらおまえが修正しろ！（so fix it!)」に触発されることを願う。

人権というオペレーティングシステムは基盤だが、ほとんどの人にとってこのシステムが重要なのは、その上に構築されるもののためだ。人権という基盤の上で、自由民主主義社会は開かれた社会、民主主義、福祉資本主義を走らせている。オペレーティングシステムの上で、顧客は生産性ツール、ゲーム、さまざまなインターネット通信メディアを運営している。この章では、前節の⿻社会プロトコルの基盤の上に構築できる、協働テクノロジーを説明しよう。

章題は「民主主義」だが、ここで説明しようとしているのは、従来のこうした記述でありがちな、国民統治システムとしての民主主義の説明をはるかに超えたものだ。むしろ、基本的な社会プロトコルの上に⿻を構築するには、コラボレーションと協力、つまり複数のエンティティ（人またはグループ）の共通目標に向かう協力を、アプリケーションがどのように促進できるか、総合的に検討することがここでの狙いだ。いまの表現でさえ、私たちが注目している重要な点を捉えきれていない。それは協力して作業することで、各部分が個別に作成できるものの合計よりも大きなものを作成できるという点だ。

数学的には、この考え方は「3-2つながった社会」でも述べたが、「スーパーモジュラリティ」と呼ばれ、アリストテレスの発言とされる「全体は部分の総和より大きい」という古典的な発想と同じだ。[2] スーパーモジュラリティの定量的応用の初期の例として、「比較優位」という考え方がある。これは、私たちが知る限り、1817年にイギリスの経済学者デイヴィッド・リカードが初めて包括的に説明したものだ。[3]「比較優位」とは、大まかに言えば、誰かがすべてのものを最も効率的に製造できる場合でも、それぞれの人が自分の最も効率的な製品の製造に特化して取引すれば、経済全体の厚生が最大化されるというものだ。つまり比較優位は、市場メカニズムを通じて実現できる多様性からは、確実な利益があることを示す「経済法則」だとされる。この考え方は新自由主義経済学に非常に大きな影響を与えてきた（「5-7社会市場」を参照）。ただし、その後この理論は深掘りされ、リカードのものよりも高度になっており、貿易による利得を享受するために、単細胞な「自由貿易」支持になる必要はない。さらに本書の多様性重視の観点からすると、ここでの「利得」の意味は状況次第で変わり、単純に経済的なものである必要はない。むしろ、そこに集まる個人やコミュニティの規範や価値観で定義されるのだ。さらにここでの焦点は、人々や集団そのものではなく、それらを貫き、分離する構造、つまり社会的差異にある。だからここで説明するのは、最も正確に言うなら、ITで社会的差異をまたがるスーパーモジュラリティ、またはもっと口語的に言えば「多様性をまたがるコラボレーション」を強化する方法だ。

この部分では、本章の枠組みを示し、多様性をまたがるコラボレーションが基本的かつ野心的な目標である理由を明らかにする。次に、コラボレーションの深さと幅のトレードオフに基づいて、コラボレーションを追求できる各種領域を定義しよう。次に、その領域の中で、拙速な最適化とやみくもな実験の罠を避けるための設計の枠組みを明らかにする。しかし、多様性をまたがるコラボレーションの可能性を活用すると、将来のコラボレーションに利用できる多様性が減るというリスクも生じる。これを防ぐために、多様性を再生する必要性を説明しよう。最後に、本章の後続の各節で準拠する構造を説明してこの節を終える。

多様性を超えたコラボレーション　その意義と課題

なぜ多様性をまたがるコラボレーションにこだわるのか？　これを簡単に理解するために、エネルギーシステムとのアナロジーを使おう。産業化以前は、強力な熱力学的効果（地中の石油火災など）とのまれな遭遇は恐怖を引き起こし、こうした大火災の鎮圧が試みられた。しかし化石燃料の産業利用の出現により、こうした爆発に山師としての目を向け、爆発が生み出す潜在的エネルギーを生産的な利用に向けるほうが一般的になった。紛争に悩まされている世界では、冒頭で紹介した台湾の例のように、紛争を引き起こす潜在的エネルギーを有用な仕事に変換するエンジンの構築方法を学ばねばならない。⿻時代は、産業時代が化石燃料に、核時代が原子力に対してやったように、社会的および情報的な潜在エネルギーの活用を学ばなければならないのだ。[4] そのような時代には、マタイ伝20章16節の預言「最後の者が最初になり、最初の者が最後になる」

が実現するかもしれない。なぜなら、地球上で最も多様で紛争に悩まされている場所（特にアフリカ）は、地球上のどこよりも多くの潜在エネルギーを保有していると言えるからだ。

これはある意味では目新しい見方だが、同時に、人類最古の思想として、最も普遍的に共感されるもののひとつでもある。すべての生命は生存と繁殖に依存しており、違いを超えた協力は、致命的な衝突を回避するだけでなく、特に近親交配を避けるため、異なるものが集まらねばならない繁殖にも不可欠なのだ。おそらく、歴史を通じて世界中の宗教の最も普遍的な特徴は、違いを超えて平和と協力を達成した人々を称えることだった。

もっと実用的で定量的な志向を持つ人々にとって、おそらく最も説得力のある証拠のひとつは、経済学者オデッド・ガローが『格差の起源』で広めた発見だろう。[5] 長期の経済発展を比較するクアムルル・アシュラフとの共同研究をもとに、彼は経済成長の最も強力で根本的な原動力は、社会の多様性の可能性を、生産的かつ協力的に活用する社会の能力だと主張する。[6]

ガローらは、アフリカ（右記のように多様性が最大）からの移住距離を「多様性」の代理指標にして、多様性はさまざまな形を取り、さまざまな異なる結果につながるとその後主張している。[7]

「多様性」という言葉は、多くの文脈において、今日の世界、特に文化的に支配的な米国などの社会において、歴史的に組織的な抑圧を受けてきた一部の側面だけを指すことが多い。だがそんな定義は、私たちの世界を定義する途方もない多様性に比べると単純すぎる。

- **宗教と宗教性**：世俗主義、不可知論、無神論の形態を含む多様な宗教的慣行は、世界中のほとんどの人々の形而上学的、認識論的、倫理的観点の中心となっている。

- **行政区**：人々は、国民国家、州、都市など、さまざまな行政区に所属している。
- **地理的類型**：人々は、田舎と都会、国際的な都市と伝統的な都市、さまざまな気象パターン、地理的特徴への近さなど、さまざまな種類の地理的地域に住んでいる。
- **職業**：ほとんどの人は、人生の大部分を仕事に費やし、職業、工芸、または貿易によってアイデンティティの重要な部分を定義する。
- **組織**：人々は、雇用主、市民団体、専門家グループ、運動クラブ、オンラインの関心グループなど、さまざまな組織のメンバーだ。
- **民族言語**：人々はさまざまな言語を話し、これらの言語集団またはそのような言語関連の歴史に関連する「民族」グループに属している、または他者から属していると認知される。これらは歴史言語学者によって大まかな系統樹にまとめられている。
- **人種、カースト、部族**：多くの社会では、実際のまたは認知されている遺伝的および家族的起源に基づく文化的な集団分類が特徴で、特にこれらの特性に基づく深刻な紛争や抑圧の遺産もあり、集団的な自己認識と社会認識を部分的に形作る。

- **イデオロギー**：人々は、暗黙的または明示的に、さまざまな政治的および社会的イデオロギーを採用しており、それらは社会的な文脈によって大きく違う形で区分されている（たとえば、「左」と「右」は一部の文脈では重要な次元だが、文脈によっては宗教的または国籍の分割のほうが重要になる）。
- **教育**：人々の教育達成にはさまざまな種類とレベルがある。
- **認識論／分野**：教育訓練の分野が違うと、それが思考を構成する。たとえば、人文学者と物理学者は通常、知識へのアプローチが異なる。
- **性別とセクシュアリティ**：人々は、生殖機能に関連する身体的特徴、これらに関連する社会的認識と自己認識、およびこれらに関連する親密な関係のパターンが異なる。
- **能力**：人々は、生まれつきおよび後天的に身につけた身体能力、知性、課題の面で大きく異なる。

- **世代**：人々は年齢と人生経験によって違う。
- **種**：右記のほとんどすべては、人間だけの話だというのが前提だが、ここで説明するＩＴの一部は、人間と他の生命体、さらには非生物的な自然界や精神世界とのコミュニケーションやコラボレーションを促進するためにも使用できる。これらの世界は、明らかにそれぞれの内部でも、また人間の生活との関係でも非常に多様だ。

さらに、これまで繰り返し強調してきたように、人間のアイデンティティは、こうした多様性の組み合わせや交差によって定義されるものであり、それを単に羅列するだけではすまない。ＤＮＡの４つの塩基対という単純な構成要素が、生命の多様な多様性を生み出すことと同じだ。

しかし、歴史の教訓があるなら、それは多様性をまたがるコラボレーションは、いかに可能性があっても困難だということだ。社会的な違いは通常、目標、信念、価値観、連帯感／愛着、文化／パラダイムの差を生み出す。信念と目標の単純な違いだけなら、克服はかなり容易だ。情報を共有したり、意見の相違を認めたりすれば、多くの信念の違いは埋められるし、客観的な状況の共通理解があれば、目標に関する妥協はかなり簡単となる。しかし価値観となると、双方が妥協したり容認したりすることを嫌がる要素を含むため、より困難だ。

最も埋めにくい違いは、通常、意味づけ（文化）における識別／アイデンティティの仕組み（連帯感／愛着）に関連する差だ。連帯感と愛着は、自分が「運命共同体」や利益を共有していると感じたり、自分が何者であるかを定義したりする集団と関係する。文化は意味付けの体系であり、人はそれによって、本来はどうでもいいシンボルに意味を付与できる。言語は最も単純な例だが、あらゆる種類の行動やふるまいは、文化的背景に応じて意味が違う。[8]

連帯と文化がこれほど面倒なのは、それが情報や目標に関する具体的な合意を邪魔するからではない。コミュニケーション、相互理解、そしてそうしたやりとりのできる、価値のあるパートナーとして相手を見なす能力を阻害するためだ。これは抽象的な意味では信念や価値観に関わる話だが、連帯と文化は、実際には人間の発展においてこれらに先行している。人は意識的に意見や目標を抱くずっと前から、家族や守ってくれる人たちを意識し、コミュニケーションをとることを学ぶ。非常に基礎的なものだからこそ、これは安全に調整したり変えたりすることが最も難しく、通常、それを変えるには人生を形作る共通の経験や強力な親密さが必要となる。

違いを克服する難しさを超えて、それはまた重大な危険をはらんでいる。コラボレーションのために違いを埋めると、しばしば違いが薄れてしまう。すると違いの可能性を活用できるようになる一方で、将来活用できそうな違いが減ってしまう。これは紛争からの保護のためには望ましくても、将来の多様性の生産能力にとっては重要なコストとなる。典型的な例は、グローバル化が料理の多様化など取引による利益をもたらした一方で、文化を均質化させ、将来的にそのような利益を得る機会を減らしかねないというものだ。したがって、⿻における重要な懸念は、多様性を超えたコラボレーションを活用するだけでなく、多様性を再生し、多様性を活用する過程で、新しい形の社会的差異の創出によって多様性が補充できるかということだ。これもまたエネルギー系と似ている。持続可能な成長を実現するためには、エネルギー源を収穫するだけでなく再生しなければならないからだ。

深さと広さのスペクトル

コラボレーションと多様性の間に緊張関係があるため、当然のことながら、深さと広さとの間でトレードオフを行うさまざまなアプローチがあるだろう。人によっては、深く豊かなコラボレーションの実現を目指して、このコラボレーションを小規模および/または同質の集団に限定するという代償を払う。コラボレーションの「深さ」は、決まった参加者の集合に対するスーパーモジュラリティの度合いだと大まかに考えられる。つまり、参加者が個別に作成できるものの合計よりも、参加者全員が作成するものが、参加者の目から見てどれだけ大きいかということだ。愛などの深いつながりによる関係は、参加者が単独では知り得なかった、人生、意味、再生の根源的な変革も引き起こすので、最も深い関係のひとつだ。一方、市場ベースの資本主義に浸透している表面的で取引的で、多くの場合匿名の関係は、わずかな利益をもたらしはするが、親密な愛のつながりの深さには遠く及ばない。

これらの相互作用モードの違いを定量化する大まかな方法として、情報理論の概念である帯域幅を考えよう。資本主義は、すべてをお金という単一の数字(スカラー)に還元する傾向がある。

一方、親密さは、通常、すべての感覚にしみ渡るだけでなく、それを超えて「深部感覚」（運動感覚としても知られる）に触れる。これは、神経科学者がすべての感覚入力の大部分を構成すると考えている、自分の体と存在の内部感覚のことだ。[9]この両者の間に中間の様式がいろいろあり、それぞれ構造化された象徴形態や限られた感覚群を刺激する。

だがそこには自然なトレードオフがある。大規模で多様な集団の中では、高帯域幅のコミュニケーションを確立することが難しいのだ。だからこそ、資本主義は普遍的な親密さには取って代わられなかったのだ。薄く浅いコラボレーションのほうが規模を拡大しやすいからだ。最も単純な規模の概念は、そこに関与する人数だが、これは簡略化しすぎだ。コラボレーションの広さは、単なる人数の多さよりも、社会的および文化的距離の境界を越えた包摂をもとに理解することが最も適切だ。たとえば、世界中に散らばって異なる言語を話す少数の人々よりも、物理的に同じ場所にいて、言語と宗教を共有する大規模な拡大家族の中のほうが、深いコラボレーションはずっと容易だろう。

ここから考えて、この両者のトレードオフを表すような、深さと広さの全範囲を示すスペクトルがあるはずだ。経済学者は、技術をよく「生産可能性フロンティア」（PPF）で表現する。これは、緊張関係にある2つの望ましいものの間での、現在可能なトレードオフを示す。図5－0－Aでは、このようなPPFとして協力のスペクトルをプロットし、以下で検討するさまざまな個別様式を大まかに3つに分類した。豊富だが狭いコミュニケーションを持つ「コミュニティ」、どちらも中間的な「国家」、浅いけれど幅広い協力モードを持つ「商品」だ。⿻の目標は、図の

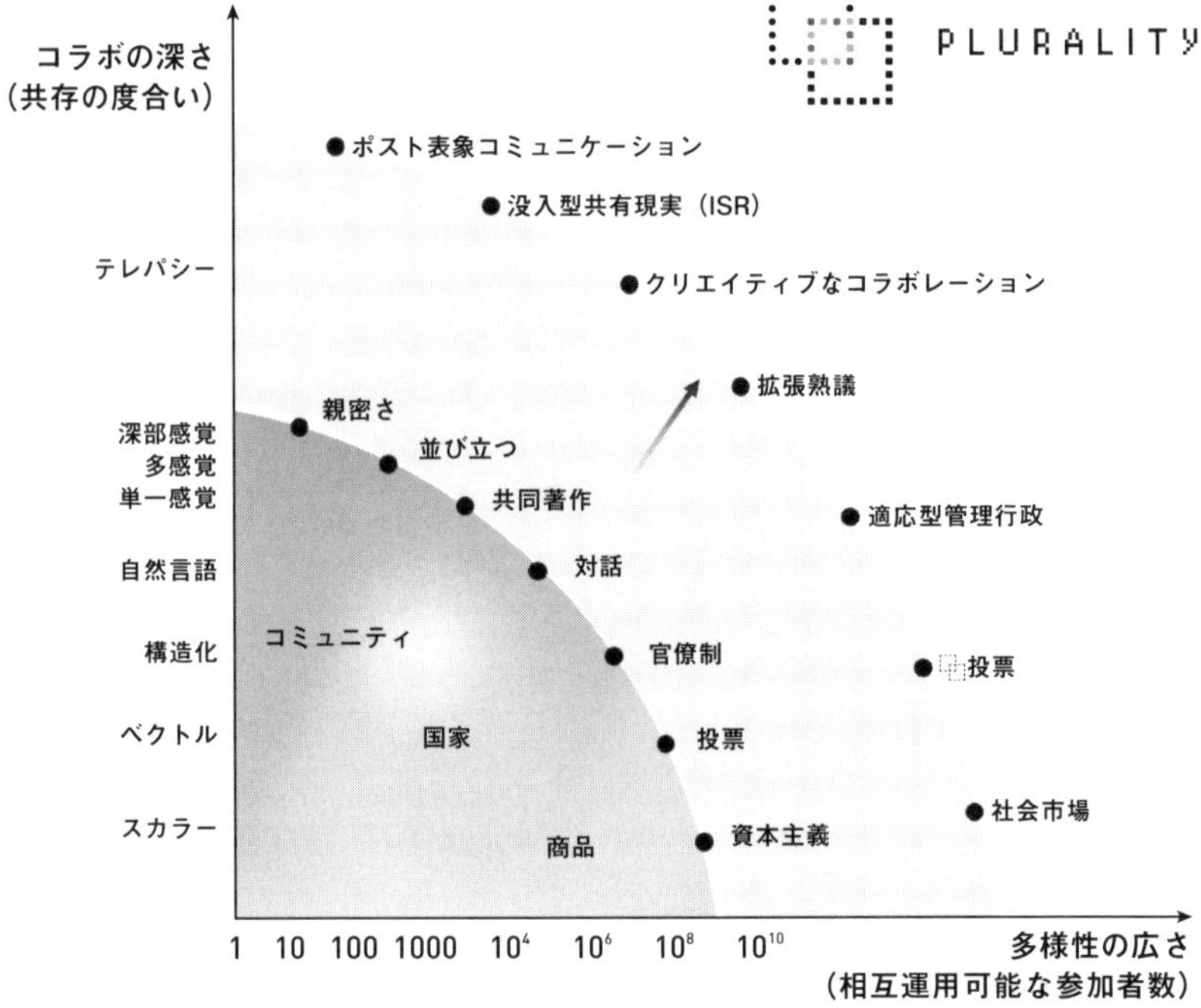

図 5-0-A　コラボの深さと多様性の広さのトレードオフを生産可能性フロンティア上の点として表現。はこのフロンティアを外に広げることが目標

7つの点で示したように、このフロンティアに沿ったあらゆる点を外側に押し広げ、それぞれを技術的に強化し拡張することだ[10]。

　このトレードオフの一例は、政治学でよく登場する。民主的な政治体制において、投票と熟議の価値を比較する議論がそれだ。質の高い熟議は、伝統的に小集団でしか実行できないと考えられており、このため代議制の政府選挙や抽選（参加者を無作為に選択する）など、もっと大規模な人口を代表する小集団の選択プロセスが必要となる。それでも熟議は豊かなコラボレーション、参加者の視点の十分な表明、したがって最終的な集団選択の改善につながるとされる。

一方、投票は、はるかに低コストで、はるかに大規模で多様な人口を相手にできるが、各参加者が（通常は）事前に決定された選択肢のリストのどれかに同意するという形で、自分の視点についての薄い信号しか提供できないというコストが生じる。

しかし、「熟議」民主主義の支持者と「選挙」民主主義の支持者の間で激しい論争はあるが、これらはスペクトル上の2つの点にすぎない（どちらも主に「国家」カテゴリ内）。この2つは、そのスペクトル上の両極端の点を示すものですらないのだ。対面での審議は豊かではあっても、献身的なチーム（軍隊など）や長期にわたる親密な関係の構築がもたらす共有、つながり、共通の目的とアイデンティティの構築の深さには遠く及ばない。また、投票は数億人が決定に口をはさめるようにするが、非人格的でグローバル化された市場が毎日行っているような方法で社会的境界を越えたことは一度もない。これらの形式にはどれもトレードオフがあり、歴史的に人々は実に多様なやり方でそれらを活用してきたし、その手法も次第に改善されてきた（ビデオ会議の出現など）。それを見ると、協調的な開発によってこれらのトレードオフが根本的に改善され、ずっと幅広い社会的な違いを超える、もっと豊かなコラボレーションが実現する可能性は十分にありそうだ。

目標、アフォーダンス、多極性

とはいえ、トレードオフの「改善」を目指すといっても、何をもって改善と見なすかについて、ある程度は決めておこう。コラボレーションを良いもの、有意義なものにするものは何だろうか？社会の違いだの多様性だのというのは、そもそも何のことなのか？　この双方をどう測定すればいいのか？

特に経済学など定量化を重視する分野では通常、進歩を判断するためのグローバルな「目的」または「社会的厚生関数」を決めたがる。もちろんこの問題は、社会生活には無限の可能性があるため、そのような基準を決めようとすれば、未知のものや、知り得ないものに足下をすくわれるだけだ。⿻を追求しようとして、そんな基準を強く適用すれば、その基準はそれだけ堅牢性を失う。なぜなら、大きな違いをまたがって他の人と深くつながれば、何がいいかという当初のビジョンの欠陥に気づく可能性も、それだけ高まるからだ。世界の形を学ぶ前にそんな基準を決めようとしたら、拙速な最適化になってしまう。これは、著名な英国のコンピュータ科学者トニー・ホーアがかつて「諸悪の根源」と名付けたものだ[11]。

中でも最悪なのは、世界の豊かさと多様性を覆い隠してしまうことだ。典型的な例はおそらく、新古典派経済学における市場の最適性に関する結論だ。これはきわめて単純化した前提に依存しており、それが多用されたのは、収穫逓増、社会性、不完全情報、限定合理性などの問題を考慮した社会資源管理の仕組みを探すのが面倒だったからにすぎない。これ以降の節で明らかになるように、こうした特徴に配慮した社会システムを構築する方法さえあまりわかっておらず、ましてそれを最適化する方法など見当もつかない。これは、最適化したいという欲求、つまり善の単純な概念を追い求めたがる欲求が、⿻の追求に役立つ面もあるが、むしろ⿻の指向からの逸脱をもたらすことが多い理由だ。人は本当に追い求めているものではなく、説明が簡単で達成しやすいものを最大化したい誘惑に駆られてしまいがちなのだ。

最適化、特に社会的厚生関数の追求における最適化には、別の落とし穴がある。それは、「神を演じる」こと、つまり偶像崇拝だ。社会福祉を最大化するには、「どこからでもない」視点を取り、普遍的なレベルで状況を左右できると考えねばならないが、そんなレベルに到達できる人はいない。人はすべて、特定の人々やコミュニティから、そして特定の人々やコミュニティのために行動する。目標と可能性は、その人が誰か、どこにいるか、誰がその発言を気にするかで制限され、しかもそれは他の力のネットワークの中に置かれ、それらが願わくばうまく連携し、大惨事を回避できるパターンとなるのだ。抽象的で普遍的な視点にのみ役立つツールは、単に行きすぎているだけではない。それを実際に採用できる人などおらず、誰にも魅力がないのだ。

同時に、真逆の極端な危険もある。私たちが単に生命の特徴を模倣した設計だけを追求し、目的や意味をまるで考えずにそっちに向かってしまうと、人間の最も暗い動機にあっさり利用されかねない。今日の世界の多くを形作っている利益動機と権力ゲームは、当然ながら公益の合理的な定義には役立たない。ニール・スティーヴンスンのディストピア小説『ブラックミラー』シリーズ（テレビドラマ）、近未来のナイジェリアを舞台にしたSFアニメーション『イワジュ』での技術者ツンデ・マーティンスの苦境は、人間の価値観から切り離された技術の進歩が、社会の絆を弱め、権力欲の強い人々が他人を収奪し、支配し、奴隷化しかねない罠になれることを思い出させてくれる。

そんな仮想的なシナリオに目を向けるまでもなく、もっと広範な指針となるミッションなしに魅力的な技術を追求する危険性は明らかだろう。Google、Facebook、Amazon などの Web2.0 時代の支配的なオンラインプラットフォームは、まさに現実世界の社会性の重要な特徴（つまり、集団で決定された新興の権威、ソーシャルネットワーク、商取引）をデジタル世界にもたらすという考え方から生まれた。これらのサービスは世界中の何十億もの人々に多くの重要な利益をもたらした。だがすでに説明した各種の欠点もあり、さらにもっと広範な公共の目標を指針としないため、危険な方向性を示している。現実の多様な人々の実感されたニーズに応え、彼らの実際の立場に応じてそれを満たすツールを構築しよう。ただし彼らが置かれている広範な社会的文脈と、ニーズのようなものを満たすと、かえって対立を悪化させる可能性もある点には留意しよう。

幸いなことに、中道的で現実的な⿻の道は可能だ。神の視点や地上レベルの視点だけを取る必要はない。親密な家族や友人から大国まで、さまざまな社会集団の目標を追求するツールは構築できる。その際、常にそれぞれの視点の限界に目を向け、つながるべき他の並行する発展方向にも目配りして、そこから学ぶ必要はある。社会的厚生に注目して市場機能の改革を目指すのもいいが、もっと細やかな視点を追求する人々が明らかにする、社会の豊かさの主要な特徴をモデルに加え続けるべきだ。それをきちんと取り込めなければ、どんな解決策もある程度は失敗することに自覚的になろう。人々が他人の内面的な経験に共感するための豊かな方法を構築するのもいい。だがそのようなツールは、熟議、規制、適切に構造化された市場の規律と組み合わせなければ、悪用される可能性が高いことも認識しよう。

しかし、このアプローチが強調する様式の多様性は、人々の築くつながりや解決する対立が、多様性を超えたコラボレーションプロセスの一段階にすぎないという希望を与えてくれる。前進するたびに、認識できる世界にはますます困難な形の多様性がもたらされ、自分自身についての理解と自分の指向が作り直され、それらを橋渡しするためにさらなる苦労が求められる。そのような願望には、客観的な関数を最大化したり、行き先などお構いなしに技術の進歩と社会の豊かさを追求するといった、心落ち着く単純さはないが、だからこそ、それは追求する価値のある困難な道なのだ。『スタートレック』の別のスローガンである『ad astra per aspera』つまり「逆境を乗り越えて星へ」、あるいはノーベル賞受賞者アンドレ・ジッドの言葉を借りれば、「真実を求める者を信頼せよ、だが真実を見つけた者を恐れよ」ということだ。

多様性の再生

しかし、前で述べたように、これらの落とし穴を避けて多様性をうまく橋渡しし、利用できたとしても、その過程で多様性が提供するリソースを枯渇させるリスクが生じる。これは、スペクトルのどの点でも、また技術高度化のどの水準でも起こる。家族を作り上げる親密な関係は、参加者を同質化し、情熱を燃え上がらせた補完性の火花そのものを弱めかねない。政治的な合意を形成したら、政党政治のダイナミズムと創造性は弱まりかねない。[12] 翻訳と言語学習は、他の言語や文化の微妙な点への関心を弱めてしまう。

しかし、橋渡ししたら必ず均質化が起こるとは限らない。既存の文化が再統合され、両者の平均的な溝が縮まる効果はあり得るが、必ずそうなるわけではない。なぜなら、橋渡しは防御的な役割だけでなく、積極的で生産的な役割も果たすからだ。科学分野の学際的な橋渡しは、その分野の内部基準を緩め、それによってもたらされる独特の視点を緩めることもある。しかし同時に独特な新しい分野を生み出す可能性もあるのだ。たとえば、心理学と経済学の出合いは、新しい「行動経済学」分野を生み出した。計算機科学と統計学の出合いは、「データサイエンス」と人工知能の誕生に貢献した。

同様の現象は歴史上いろいろある。政治的分裂を橋渡しすると、過剰な均質化につながるかもしれないが、新しい政治的分裂の誕生につながるかもしれない。家族はしばしば子供を産みだし、その子は親と違う視点をもたらす。斬新な芸術や料理は、ほとんどが既存のスタイルの「ブリコラージュ」または「フュージョン」から生まれる。[13] テーゼとアンチテーゼが出合ったときに生まれるジンテーゼは、必ずしも妥協ではなく、議論を再調整する新しい視点だったりする。[14]

これはどれも、決まったものではない。もちろん多様性を潰してしまう交差の実例は多い。しかし、こうした各種の可能性を見ると、問題に慎重に取り組めば、多くの場合はそこに力をもたらす多様性を刷新するアプローチを設計できるはずだという希望は生じる。

無限の組み合わせの無限の多様性

本書のこの章では、違いを超えたコラボレーションへのさまざまなアプローチと、⿻のさらなる進歩がそれらを拡張および発展させる可能性を（ごく一部ながら）検討しよう。各節は、この節と同様に、現在使用されている最先端に近い技術の解説で始まる。次に、その分野で一般的で、生まれつつあるアプローチの概要を説明する。次に、研究中の将来の開発の可能性、これらのツールが⿻にもたらしそうなリスク（均質化など）と、他の節で説明するツール活用などによるリスク軽減方法に目を向ける。ここで強調する幅広いアプローチによって、⿻の本質だけでなく、そのアプローチとの一貫性も明らかにしたい。⿻補完的でネットワーク化されたアプローチがないと、⿻の将来発展は支えられないのだ。

5-1

ポスト表象コミュニケーション

東京を見下ろす、日本科学未来館の中には「老いパーク」がある。これは加齢によりボロボロになった心身への入り口を提供してくれる珍しい場所だ。[1] 訪問者たちは視界のぼけや、白内障を体験できる。音は高音部を除去されている。年齢認知の苦労を反映した鏡の写真ブースでは、顔の表情がぼやけ、かすれている。ペダルを踏んで足首に重りをつけ、カートによりかかりながら足踏みするのは、身体への時間がもたらす損傷や、姿勢に時間が与える重荷のシミュレーションだ。老いパークはただの展示ではなく、現在見すごされている人口群である高齢者との、もっと深いつながりを育むものとなる。

老いパークは、深部感覚のポスト表象コミュニケーションの感動的な例だ。参加者は言葉や記号を解釈するだけでなく、身体のあらゆる感覚形成を活用し、親密な感覚体験を通じて情報を受け取り、感覚の衰えを直接体験させる。

「ポスト表象コミュニケーション」の誕生は、人々の考えや感情の伝達の新時代を告げるものだ。このモデルは言語や従来の記号の限界を超える。言語や記号は、文化的な境界や主観的な解釈に制約されがちだからだ。「ポスト表象コミュニケーション」は神経インターフェースや媒介現実、GFM（生成基盤モデル）といった最先端技術を活用して、もっと直感的で直接的な人間のやりとりを促進する。

この節では、こうした技術の一部を紹介し、ポスト表象コミュニケーションの概念や最先端を検討し、それが人間のつながり、教育、コラボレーションにもたらす革命的な影響を考察する。言語で話したり書いたりする必要なしに、思考や感情や感覚体験を伝える技術の可能性も考える。この部分では、こうしたコミュニケーションが社会、個人のアイデンティティ、集合意識の理解にどう影響するかを考察する。さらに、ポスト表象コミュニケーションが文化的な議会や紛争といったグローバルな課題に対し、もっと深い共感と共有体験の促進にどう影響するかも検討しよう。

この節はまた、この深い相互接続に伴う倫理的な問題についても検討する。たとえばプライバシーの懸念や、個人の知的自立性保護といった問題だ。このコミュニケーション革命の突端にいる私たちは、思考や感情が言葉のように自由に伝わり、理解は言葉の曖昧さに阻害されず、個人体験と同じくらいの鮮明さで体験を共有する未来に備える必要がある。

今日の親密さ

ジャロン・ラニアーが作った造語、ポスト表象コミュニケーションは、言語と表象の領域を超えて、直接的で没入感のある共有体験の可能性を探るものだ。[2] ラニアーは、タコのような動物に見られる、複雑な非言語コミュニケーションに啓発された。タコは、複雑なメッセージを伝えるため、自身の形や色を変えるのだ。こうしたコミュニケーションモデルは、抽象から具象へのコミュニケーションの進化を提起しており、仮想空間を通じて人間が直接かつ鮮明な思考を表現できるようにする。

現状でも、このポスト表象的な可能性は各種の人間交流に見られる。たとえば踊りや身体的な親密さは、一言もなしに複雑な感情状態や物語を伝えられる。音楽では、ミュージシャンと演者と観客との間に共有された脳活動の証拠が見られる。一部の研究はｆＭＲＩ（磁気共鳴機能画像法）を使って、聞き手の脳の反応に同期が見られることを明らかにしたし、[3] 脳波計を使って楽隊の脳活動を追跡した研究もあり、[4] こうした同期と音楽の享受につながりがあることもわかった。[5] 別の例は母親と子供の絆だ。母親と胎児の心拍の同期、特に母親がリズミカルに呼吸しているときの心拍の同期は、本質的なコミュニケーション経路を示唆する。[6] こうした例はすべて、発話や書字といった言語を超えるコミュニケーションの深い可能性を示唆している。

だがポスト表象コミュニケーションで最も普遍的ながらも見すごされている感覚は「匂い」だろう。ポスト表象コミュニケーションにおいて化学信号の役割は、まだまだ研究の余地がある。化学信号は、動物界ではコミュニケーションに広く使われているし、人間の間でも精妙な役割を果たしている。生化学メッセンジャーは感情状態を伝え、多くの場合無意識のうちに他人の反応を引き起こせる。たとえば、研究によると、人間の汗には、他人が感知するとストレスや恐怖を伝え、受け手の認識や行動に影響を与える化合物が含まれる。[7] こうしたコミュニケーションは生物学に深く根ざしており、伝統的な言語手法を超えて、受け手の情動や、意識連続体の全体の近くに影響を与えられる。

つまり今日の親密な体験には、ポスト表象コミュニケーションの縁に触れる例が豊富にある。生理学的信号の同期から、人間行動やそのやりとりに精妙に影響する化学信号まで、私たちは非言語的なコミュニケーションの力を理解し活用し始めている。

明日のポスト表象コミュニケーション

ハイテク分野、特にＡＩの領域では、ポスト表象コミュニケーションに類似した発展が見られる。DALL-E などの先進ＡＩプラットフォームがその好例だ。こうした技術は想像力に匹敵する速度で思考の視覚的な表象を生成できる。いまや自分で絵を描いたり、高度なＣＧソフトを使ったりしなくてもいい。心の中にしか存在しなかったイメージや場面をすぐに作り出せるのだ。思考をすぐに視覚形式に表現できるというのは、ポスト表象コミュニケーションの時代に大きく踏み込むものとなる。それは抽象概念と具体的な表象とのギャップを埋めてくれるので、考えや感情をもっと直接かつ直感的な形で伝達できるようにする。この能力は単なる芸術表現を超えるものだ。人が互いの内的体験やクリエイティブなビジョンを共有し理解する方法に深い影響を与えるものなのだ。

テクノロジーとポスト表象コミュニケーションの交差をさらに検討するとき、ホムンクルス柔軟性の概念はすばらしい視点を与えてくれる。[8] この概念は、人が自分の体とは大きく異なる仮想の体の制御を学べることを示す。人の動き（入力）と、そこからレンダリングされる動き（出力）の関係を変えることで、人は物理的な体の限界を超越できる。これは幻肢のような現象を理解しシミュレーションするのに特に重要な洞察だ。幻肢とは、人が存在しない手足を知覚してやりとりできるという現象を指す。この概念をもとに、最近のAIやアニメーションの進歩、特にリアルタイムのアニメーション制御でAIを使えば、ヒューマノイドの柔軟性の範囲はさらに拡大する。こうした技術は自然言語入力を解釈し、仮想環境で応答性の高い本物のようなキャラクターを生成できる。[9] AIを利用して、人は複雑なアニメーション制御を自然言語で行い、アバターや環境にもっと直感的に指示してやりとりできるようになる。このシナジーは各種の状態や行動を表現する能力を高め、仮想的なやりとりをもっとリアルで没入的にする。

さらに神経インターフェースをこのポスト表象コミュニケーションの分野に取り入れると、すばらしい最先端領域となる。脳と直接つながる神経インターフェースはますます高度化しており、すでに脳インプラントが身体麻痺のある患者の意思を身体的な動きに結びつける研究が進んでおり、思考と行動のギャップを埋める神経インターフェースの驚くべき可能性が示されている。[10] これによりポスト表象コミュニケーションを実現する大きな可能性の進歩が示されており、思考や感情の伝達が直接かつシームレスに行えるようになる。

こうした技術進歩を、人間の認知や知覚の理解向上と組み合わせると、もっと広い人間体験や状態を包含するコミュニケーションの未来が拓かれる。ポスト表象コミュニケーションでは、ホムンクルス柔軟性と神経インターフェースの組み合わせで、もっと包摂的で共感的なやりとりが生まれ、ポスト表象にとどまらず、深く共感的なコミュニケーション形態が実現するかもしれない。もはや物理的な制約が、深く意義あるつながりの障害とはならない、フィルタなしの体験や情動の共有という、想像もつかない形でのやりとりが実現するかもしれない。

ポスト表象コミュニケーションのフロンティア

心拍の同期から、画像を通じた思考の仮想表現まで、私たちは着実にコミュニケーションの境界が広がる現実へと移行しつつある。これにより、もっと深い共感や創造性、共通理解が可能になるかもしれない。将来的にはポスト表象コミュニケーションはすばらしい未来をもたらしてくれる。神経インターフェースを通じたテレパシー通信、制御された環境における明晰夢の共有、情動状態の直接伝達などがすべて可能になる。研究者たちは既存技術だけを使って工夫するにとどまらず、人間のつながりを一変させる大胆なイノベーションの道を拓いている。

こうした技術の発展を見ると、人々の間の障壁は今後次第に消え、もっと密接で直接的なコミュニケーションが可能になりそうだ。この新しい領域を人々が活用できるようになれば、新しい芸術、社会的な交流、集合的な問題解決の新しい形式が見つかるはずだ。それは、かつて思いもよらなかった形で私たちに共通する人間性を活用するものとなるだろう。

ポスト表象コミュニケーションの限界

ポスト表象コミュニケーションへの旅には、それなりの危険がある。もっと深いつながりを約束するツールそのものが、個性の喪失につながりかねない。各人をユニークな存在とする細やかなニュアンスが、均質な集合体験に埋もれてしまうからだ。これはプライバシー、親密な交際、個人アイデンティティの未来について深刻な懸念をもたらす。

こうした課題に対応するには、これまで論じてきた倫理的な枠組みや民主原理を活用する必要がある。ポスト表象プラットフォームにそうした原理を組み込むことで、深い統合を目指しつつ個性が確実に温存されるようにできる。⿻社会の基本原理を、こうした新領域に合わせて強化し、個人の自立性の低下を防いで、人間文化の特徴となる豊かな多様性を温存しなければならない。

PLURALITY
THE FUTURE OF COLLABORATIVE TECHNOLOGY AND DEMOCRACY

5-2 没入型共有現実（ISR）

没入型共有現実技術（ISR）は、最先端の仮想現実（VR）、拡張現実（AR）、複合現実（MR）システムを活用して、人間の相互作用の新たな章を開く。こうした技術は、深く共有された価値重視の多感覚的な体験を、どこでも提供し、連帯とコミュニティ感覚を育む。ここでは、没入型技術の見通し、応用、可能性を検討しつつ、それをもっと広いデジタル・物理的な交流の中に位置づける。この部分では、物理的、仮想的、集合的な体験の統合を促進する没入型共有現実（ISR）に注目する。こうした技術が従来の社会的、空間的な制約を超えて、交流を促進する様子を見るだけでなく、こうした技術が環境や気候的な取り組みにも貢献し、持続可能で気候耐性の強い共有現実を作り出す様子を見よう。

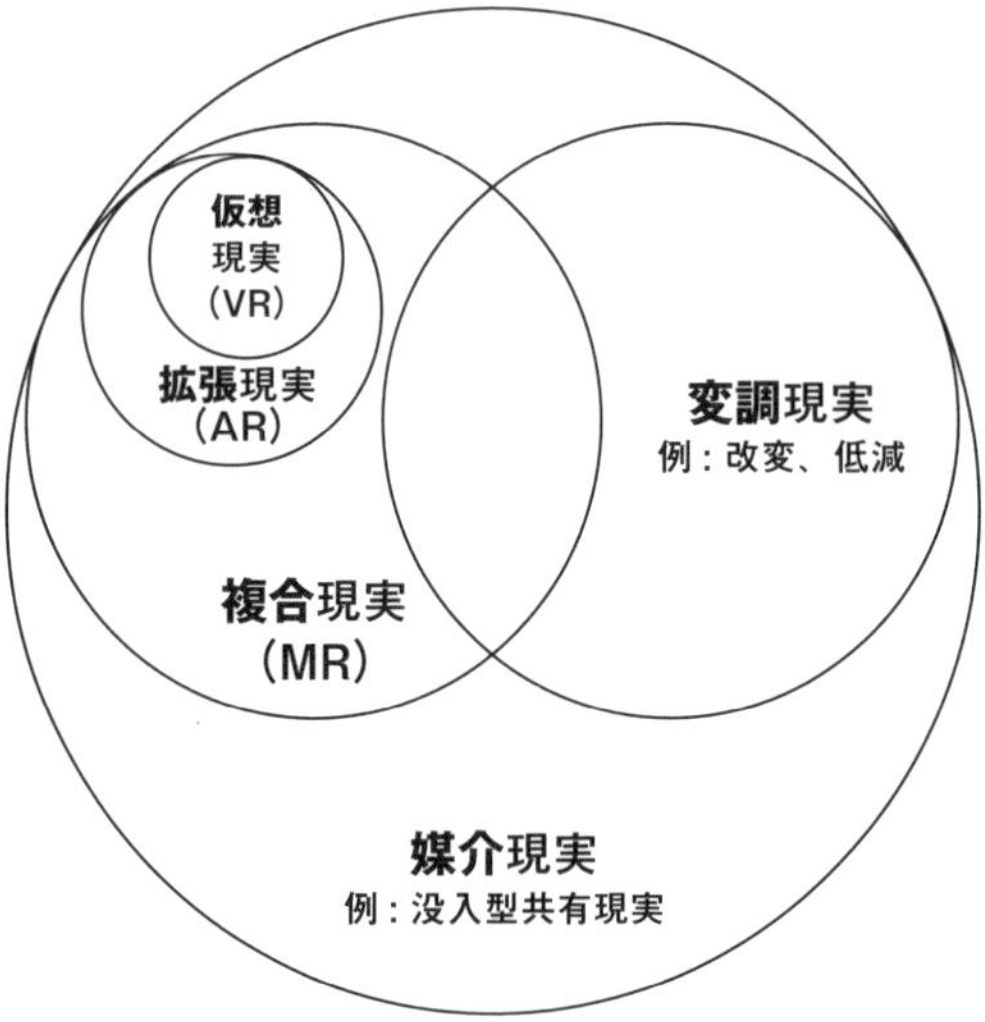

図 5-2-A　媒介現実のフレームワーク、Mann and Nnlf（1994）に基づく
出典：Wikipedia、CC 3.0 BY-SA, Author: Glogger[1]

今日のＩＳＲ

ＩＳＲは、ユーザーがリアルタイムで交流できるような共有バーチャル環境を作る技術利用を指す。この種の「現実」は「媒介現実」の応用と見なせる。これは、１９９０年代にスティーブ・マンが考案した用語だ。「媒介現実」はもっと意味が広く、現実の知覚を媒介できる各種の技術を指す。たとえば仮想現実（ＶＲ）、拡張現実（ＡＲ）、複合現実（ＭＲ）などがここに含まれる。その最も一般的な応用としては、ゲーム、エンターテインメント、アート、医療、教育などがあるが、通常は没入型共有現実だ。

今日のＩＳＲは、エンターテインメント、アート、コラボレーションの活発な組み合わせとなっている。バーチャルコンサート、オンラインのマルチプレイヤーゲーム、リモートのチーム構築やバーチャル旅行などがある。ビリー・アイリッシュのようなアーティストは、すでにバーチャルコンサートを開いて、観客を音楽のパルスのどまんなかに引き込んでいる。コーチェラのような音楽フェスティバルは、物理的な会場で起こる、売り切れなどの制約を受けないVRの恩恵を活用している。この共有体験は、オンラインのマルチプレイヤーゲームのように、プレイヤーが競争するだけでなく、友情を育み、バーチャルとリアルの境界を打ち破れることもある。VR技術を使ってリモートのチーム構築を行うと、海をはさんだ同僚が共有デジタル空間の中でチームメイトになることができ、チーム精神や友情を育める。バーチャル旅行を使えば、旅行者は自宅にいながらにして遠くの習俗を体験し、歴史的な町を散策して、エキゾチックな風景を楽しめる。

だがこうしたプラットフォームは娯楽の提供にとどまらず、文化、距離を超えた共通の理解と共感の場を作り出し、遠く離れた人々の間に感情的なつながりと認識を生み出す。たとえば言語学習アプリは、ユーザーが他人の言語や文化に入り込めるようにしてくれるし、VRセラピーは、精神面の課題を抱えた人々にセラピーと安心を提供できる。どの例も、ISRが娯楽ともっと深い社会的つながりをどのように組み合わせることができるかのユニークな側面を示している。こうした技術が成熟すれば、現実をシミュレートするだけでなく、それを補い、文化の橋渡しを行い、グローバルコミュニティの間に出自や言語を問わない共通体験や相互理解を促進できる。

明日の没入型共有現実

生まれつつある新技術を使えば、ＩＳＲ体験は深まり、複数の感覚を同時にシミュレートする合成世界にユーザーを包摂することで、没入体験をもたらして、人間の交流を刷新する。視覚と聴覚が従来の焦点だったが、触覚、嗅覚、さらには味覚の統合も進み、ＩＳＲを深めてくれそうだ。ＩＳＲの可能性を見ると、多感覚の統合はもはや当然のものになりそうだ。新しいセンサーとアクチュエーターで、五感すべてを再現どころか拡張できるようになり、ＩＳＲ体験はさらに深まるだろう。

音と視覚のインターフェースがデジタル領域では先駆的に取り組まれてきたが、いまやそれが触覚にも広がっている。先進的な触覚フィードバックシステムは、物理的な接触のニュアンスを再現できる。嗅覚は、かつてはデジタル領域では手の届かないものとされたが、いまや技術的に可能となり、香りや匂いがＶＲの物語や教育、小売り体験の一部にすらなりつつある。味覚もまだ萌芽期ながら、すでに味覚誘導技術により発展を遂げている。これは食べる前に口の中に化学的な改変物質を入れることで味の知覚を変える。[2]これは、食事が共有バーチャルアドベンチャーとなる未来を示唆するものだ。

多感覚の増幅は、拡張だけでなくもっと重要な目的でも使える。それは、没入空間における包摂的な平等性を促進することだ。たとえば、ハイパーリアルなソーシャルＶＲプラットフォームは、アクセシビリティを考慮して設計できる。視覚・聴覚障害者は他の感覚を通じて参加できるようになる。バーチャルな集会場所は、遠くにいる人が同じ部屋にいるかのように会話できる設計となっている。たとえばポータル警察プロジェクト（Portals Policing Project）は、統制されたリアルな仮想チャンバー内で、人々が警察などから受けた実体験を共有し、双方の理解と信頼を向上させる。[3]公共インターネットサービスの好例と言えるだろう。同様にTreeプロジェクトは、ユーザーを熱帯雨林の木に変えて森林破壊や気候変動の脅威を体験させる。これはＶＲを使って自然環境への共感と思いやりを呼び起こす一例だ。[4]

没入型共有現実のフロンティア

ＩＳＲの最前線では、私たちは単なる傍観者ではなく、多感覚統合の革命の積極的な参加者となる。[5]媒介現実の技術が進歩し、これまで使われなかった嗅覚や味覚などをもっと高度でコントロールのきいた形で使えるようになれば、仮想空間で感覚パターンが再現され、導入方法も高度化する。こうした嗅覚や触覚刺激の慎重な操作と、視聴覚を組み合わせることで、説得力のある幻覚的な現実を作り出し、参加者の感情や記憶に深く共鳴できる。このような刺激は、睡眠中に再活性化されると、これらの記憶を強化するだけでなく、[6]意識の変化した状態[7]や明晰夢の共有[8]も促進する。

こうした感覚統合の重要性は、ＩＳＲのもっと大きな重要性も示すものだ——逃避ではなく、現実の拡張を作り出し、気候変動などの重要な世界問題に対するユーザーの理解と取り組みを高めることができるのだ。仮想環境では、気候変動の厳しい現実、たとえば海面上昇や異常気象の影響などをシミュレーションして、身近でない概念を即時に個人的な体験にできる。これは恐怖を煽る戦術ではなく、人々を感情的、認知的に引き込む教育ツールであり、人間行動の環境的な影響をもっと深く理解させるものだ。特に、そうした現実の中でアフェクティブコンピューティングを活用すると強力になる。システムはユーザーの反応、生理機能、記憶や好みに基づいて環境を適応させ、気候問題についての認識と共感を高めるフィードバックループを作成できるのだ。

こうしたＩＳＲ体験は、環境運動やコミュニティ構築活動にとっても可能性を持つ。バーチャルデザインスタジオではコミュニティのメンバー、建築家、エンジニアが集まり、未来の緑地を共同で創造する。これは単なる「計画」にとどまらない。参加者は実際の種が植えられるより先に、環境を感じて共感できる。植栽予定の木の樹皮にバーチャルに触れ、庭園に植える予定の香りのよい花の匂いを吸い込める。参加者のフィードバックにより、シミュレーションをリアルタイムで変更できるため、コミュニティのビジョンは詳細な３Ｄモデルになるだけでなく、ＩＳＲ内の大規模３Ｄ印刷を通じて現実のものとなる。このプロセスは循環経済の原理を活用している。使った物質は、無駄を作り出すことなく、調達され、活用され、最後は大地に戻されるのだ。住宅や地域施設の３Ｄ印刷は、従来の建設手法とはまったく違うものとなる。

ＩＳＲでの会話に基づく緻密なデジタル図面をもとに、自動プリンタがバイオ素材を重ねて壁や建築の各種部分を従来のモデルでは及びもつかない速度で作り出す。このプロセスは建設廃材を大幅に減らし、従来の建設技法では困難か不可能な、複雑で有機的な設計も可能にする。未来の住民の集合的な想像力からコミュニティを「印刷」するという発想は、もはや空想にとどまるものではない。

ＩＳＲは、バーチャル環境で住民が自分の居住空間を共創できる強力なデザインツールでもある。こうした世界は共有体験、集合的な記憶の形成に貢献し、この新興技術を、前節のポスト表象コミュニケーションの新時代に組み込むことになるのだ。

没入型共有現実の限界

ＩＳＲの可能性は大きいが、明確な倫理的懸念や社会的課題もある。バーチャル現実逃避、現実世界の活動の低下、現実世界の責任や人間関係の放棄などだ。仮想体験と物理的体験の区別がつかなくなれば、中毒や、現実生活のニーズ軽視の危険も生じる。こうしたデジタル領域の魅力が高まれば、現実世界の課題に対処する能力も低下しかねない。

こうした問題を解決するためには、バーチャルコミュニティの構造に、倫理的、民主的な原理を慎重に埋め込む必要がある。他の部分で触れた洞察をもとに、参加型統治システム（たとえば民主的な投票の仕組み）を仮想環境に入れることが有望だろう。このシステムでは、みんなが地に足のついた存在となり、説明責任を果たし、仮想空間と現実責任の役割や責任のバランスを維持するようにする。活発な市民活動と責任ある当事者意識をこうしたプラットフォームで育てれば、活発な社会の基盤となる[illegible]性と多様性も守られるのだ。

5-3

クリエイティブなコラボレーション

西暦79年、ヴェスヴィオ山の大噴火により、ローマ都市ポンペイとヘルクラネウムが埋もれた。そこには紀元前1世紀と2世紀のパピルスの巻物1800巻もあった。これらの巻物は、本来なら時間の経過とともに劣化してしまったはずだ。古代世界の重要な哲学的および文学的遺物を含むこれらの巻物は、長い間学者たちの悩みの種だった。これらの巻物を解こうとする初期の試みは18世紀から続くが、もろく炭化した文書の破壊に終わる場合がほとんどだった。しかし、現代の画像技術により、歴史、ハイテク、共同の問題解決の交差点となる画期的な賞、「ヴェスヴィオチャレンジ2023」に代表される、新しい探究の道が開かれた。このチャレンジでは、参加者はスキャンされた巻物にコンピュータでアクセスし、それらを仮想的にほどくことで、各種の賞を獲得できるのだ。

情報の囲い込みを防ぐため、主催者は、参加者にコードの公開やオープンソースによる調査を義務付け、コミュニティ全体の共有知識ベースを充実させるために、2カ月ごとに授与される小規模な「進捗賞」を導入した。注目すべき貢献としては、ブレント・シールズ研究室のセス・パーカーらによる「ボリューム地図製作ソフト（Volume Cartographer）」や、ケイシー・ハンドマーによる独特の「はじける」パターンを形成する文字の特定などがある。[1] 後にユセフ・ネーダーはこれらの発見にドメイン適応技術を活用した。[2] 競争が進むにつれて、この仕組みのおかげで勝者は発見と方法論を共有するだけでなく、賞金を機器の強化と技術の改良に再投資できるという力学が育まれた。この環境は、グランプリ受賞者の例からもわかるように、新たなコラボレーションの形成にも適していた。

２０２４年2月5日に発表されたグランプリ賞金70万ドルの基準は、１４０文字ずつの文章４つの解読と、文字の85％以上の復元だった。学際的かつグローバルなコラボレーションの成果として、ルーク・ファリター（21歳の大学生でSpaceXのインターン）、ネーダー（ベルリンの博士課程の学生）、ジュリアン・シリガー（最近ＥＴＨチューリッヒでロボット工学の修士課程を修了）からなるチームが画期的な勝利を収めた。彼らの成果を合わせると、追加で２０００文字を超える11列のテキストを復元するという、期待を上回る成果をあげたのだ。各チームメンバーは、それぞれ独自の専門知識と以前の業績をこの共同作業に持ち込んだ。彼らの成功は、学術的に重要なマイルストーンとなっただけでなく、デジタル考古学の分野全体をも前進させた。

音楽、視覚芸術、演劇、建築、映画、さらには料理などのメディアを通じた芸術的表現は、社会集団を定義する共有文化を形成するための、最も強力で標準的な基盤のひとつだ。それは、完全な多感覚共有体験ほど強力ではないが、はるかに広範囲に広がり、口頭でのコミュニケーションよりも豊かにひとつの、時には複数の感覚体験を完全に活用できる。今日、創造的なコラボレーションを可能にするデジタルツールとプラットフォームの組み合わせにより、地理、専門知識、さらにはオーディエンスの境界さえも消滅しつつある。ここではこうした技術による、前例のないアクセシビリティ、リアルタイムのインタラクション、共有された創造空間を特徴とする、共同創造の新しい時代の促進を検討しよう。アーティスト、教育者、起業家は、どのようにしてクラウドソーシングとオンラインプラットフォームの力を活用し、障壁を打ち破って創造プロセスを拡大しているのだろうか？　こうした技術は個人を結びつけるだけでなく、これまで以上に包括的でダイナミックで拡張性の高い共有創造プロセスを促進するのだ。

今日の共創

芸術的な共作は目新しいものではない。何千年もの間、ミュージシャン、ダンサー、俳優はバンドを結成してきた。聖書、バガヴァッド・ギータ、ホメロスの叙事詩など、最も有名な文学作品のいくつかは、間違いなく何世代にもわたる多くの人々によって書かれている。映画のエンドロールがときに長すぎるのも、ここに理由がある。

しかし、文化を定義するこれらの共同プロジェクトは、伝統的に時間も費用もかかり、成果物へのアクセスと創作プロセスへの参加の両方が制限されていた。たとえば、共同執筆の場合、一貫性があり理解しやすい物語を実現するために、何カ月、何年も、あるいは何世代にもわたる再話、脚色、書き直しなどが必要なのが通例だ。大規模なライブエンターテインメント業界を見れば、多様な観客に創造的な共同作業の体験を提供するためのチームを世界中に送る費用の高額ぶりがわかる。冒頭で強調したような科学的共同作業など、他の形の共作は、伝統的にロスアラモス研究所のような、物理的に同じ場所にある巨大な研究所で行われてきた。

しかし、「3-3失われた道(ダオ)」で取り上げたテッド・ネルソンのような人々が構想し、インターネットの構造の一部となった初期の⿻技術は、すでに共同のクリエイティブな実践と共有の可能性を一変させた。

- **オンラインコラボレーション**：Slack、Asana、Notion（このプロジェクトで使用）などのツールは、地理的な場所に関係なくチームがリアルタイムでコラボレーションできるようにして、ワークスペースに革命をもたらした。これらのプラットフォームは、コミュニケーション、プロジェクト管理、ドキュメント共有のインフラストラクチャを提供することで、ソフトウェア開発からマーケティングキャンペーンまで、幅広いクリエイティブプロジェクトを支える。これらは、デジタルワークスペースが生産性を高め、チームメンバー間のコミュニティ意識を育むことができる例となる。

・**クラウドベースのクリエイティブソフト：**Adobe Creative Cloud、Autodesk、GitHub（この本の執筆に使用された主なプラットフォーム）は、デザイナー、エンジニア、開発者が共有プロジェクトで同時に作業する高度なツールを提供する。この技術により、リアルタイムのフィードバックと反復が可能になり、構想から作成までの時間が短縮され、流動的でダイナミックなクリエイティブプロセスが実現する。さらに顕著なのは、Googleドキュメントなどの共同ワードプロセッサにより、さまざまな地域の多くの人々によるリアルタイムの共同編集が可能になったことだ。

・**オープンソースプロジェクト：**最も野心的なクリエイティブコラボレーションの一部は、Wikipediaなどのオープンソースの共同編集プロジェクト上のものだ。そこでは何千人もの人々がコンテンツを共同で作成し、その進め方もきちんとしたものになってきた。GitHubやGitLabなどのプラットフォームは、ソフトウェアの同様の共同開発を促進するが、Hugging Faceなどの他のプラットフォームでは、ＧＦＭ（生成基盤モデル）開発にこれを活用できる。この共同モデルは、グローバルコミュニティの集合知を活用し、多様な入力と視点を通じてイノベーションを加速し、ソフトウェアの品質を向上させる。

・**リモート芸術コラボレーション：**アーティストやクリエイターは、Twitch、Patreon、

Discord（このプロジェクトについて議論するために使用した主なコラボレーションプラットフォーム）などのプラットフォームを使用して、プロジェクトのコラボレーション、創作プロセス共有、リアルタイムの視聴者交流を行う。これらのプラットフォームにより、アーティストは他のアーティストやファンと共同で創作できるし、クリエイターと視聴者の間の障壁が取り除かれ、創作プロセスに参加型文化が育つ。

- **教育的コラボレーション**：Coursera、edX、Khan Academy などのオンライン非営利教育プラットフォームは、世界中の教育者と学習者を結びつける。これらは、共同学習体験、ピアツーピアのフィードバック、グループプロジェクトをサポートし、教育へのアクセス性を高め、グローバルな学習コミュニティを育成する。
- **クラウドソーシングによるイノベーション**：Kickstarter や Indiegogo などのプラットフォームでは、起業家が一般の人々と協力して、新しい製品やプロジェクトの資金調達や改良ができる。このコラボレーションモデルは、幅広いユーザーからの意見やサポートをもたらし、アイデアを検証し、潜在的なユーザーのニーズや要望を満たそうとする。

今後、共同イノベーションの可能性は、広がりも深さも増し、もっと大きな（さらには世界規模の）コミュニティの集合知、多様な視点、独自の貢献によって発展し、イノベーション、芸術、科学、教育の境界が再定義されることになるだろう。

明日のクリエイティブコラボレーション

実践の先端では、すでに高度な計算モデルに支えられた、リアルタイムのグローバルコラボレーションが標準となり、創造的プロセスを包括性と革新性の新たな高みへと押し上げる世界が登場している。冒頭のヘルクラネウムの巻物の物語には、過去と未来をつなぎ、多様な専門知識を融合して未知の世界を明らかにする、コラボレーションによるイノベーションの本質が詰まっている。私たちの探求にとって、これほど象徴的な始まりもないだろう。それはあらゆる偉大な発見の根底にはコラボレーションの精神、つまり想像力の限界を超えて人類を前進させ続ける精神があることを、改めて教えてくれる。ヴェスヴィオチャレンジとその受賞者は、例外的な存在などではない。むしろ、よくあるパターンなのだ。2009年のNetflix Prizeを考えてみよう。この賞では、社内の映画推奨アルゴリズムを10%上回ったチームに100万ドルが提供されることになっていた。賞金獲得競争は2年半以上も続き、最終的にトップチームが単独での作業をやめ、多様な他のチームと多様なアルゴリズムを組み合わせることでようやく成功した。[3] この概念を使えば、ニューラルネットワークをソーシャルネットワークと捉え直し、多様な視点を持つ人々の間の多様性と論争のシミュレーションもできる。おそらく、この複数の視点の同時シミュレーションこそ、ニューラルネットワークが幅広いタスクで優位に立っている理由なのだろう。[4]

この未来の萌芽は、すでにさまざまな新しい実践の中に見られる。

・**合成楽器とジェネレーティブアート**：1980年代に台頭した電子音楽は、これまでは高度な楽器操作が必要か、従来の楽器では不可能だった幅広いサウンドプロファイルを、電子的に合成できることが利点だった。今日では、さらに急進的な革命の芽が見られる。ますます多くのアーティストがGFMを利用し、はるかに幅広い人々が目もくらむようなさまざまな体験を合成できるのだ。たとえば、著名アーティストのホリー・ハーンドン、マット・ドライハーストとその協力者は、GFMを利用して、歴史上の人物やその場にいない他の人々の声で歌ったり、他の人が彼らの声で歌ったりできるようにしている。アーティスト兼ミュージシャンのローリー・アンダーソンは、さまざまなモデルを使用して、歴史的な様式と知恵を援用し、現代の社会問題を語るテキストを制作した。「ジェネレーティブアーティスト」と呼ばれるこの世代は、これらのモデルに埋め込まれた交差する創造性を探求し、集団精神の要素を引き出してきた。本書のプロジェクトでも、小規模ではあるが、多くの参加者の音声サンプルをブレンドして、共通の声で読み上げられるオーディオバージョンが作成された。

・**異文化コラボレーション**：かつては言語と文化の誤解がさまざまなコンテキストを横断する創造的なコラボレーションの主な障壁となっていたが、GFMは言語だけでなく文化スタイルも翻訳できるようになり、音楽、映画などでの融合がますます充実してきた。

・**エイリアンアート**：ＧＦＭは人間のアイデアの出し方を模倣し、自動化できるが、それ以外に人間が見つけそうにない方向に思考を導く「エイリアン知性」を生成できるので、多様性をまたがるコラボレーションの新素材を生み出せる。[5] たとえば、Google の DeepMind は当初、AlphaGo を訓練するとき、囲碁での人間の戦略を模倣させた。しかし次のバージョン AlphaGo Zero は、他のＧＦＭだけを相手に訓練され、ギョッとするような、面食らうが効果的な「エイリアン」戦略を生み出し、多くの囲碁名人を驚かせた。これらの多様なＡＩ戦略とのやりとりにより、囲碁の斬新な取り組みや多様性が高まったことが実証されている。[6] このようなアプローチを、ゲームではなく文化の領域に適用すると、エイリアンの機械知能に対する「驚嘆」や共鳴を呼び起こす新しい芸術形式が出現し、それがフィードバックされて人間の新しい芸術形式を刺激するかもしれない。ちょうど「東洋との出会い」が西洋の現代美術の創造に不可欠だったことと同じだ。

・**クリエイティブテストのためのデジタルツインとシミュレーション**：高度なシミュレーションとデジタルツイン技術により、クリエイティブチームは現実世界の環境の仮想レプリカでアイデアを試し、改良できる。人間の行動を正確に模倣するＧＦＭによって駆動されるデジタルツインにより、前例のないスピードと規模で、マシン内社会実験を実施できる。たとえば、人間のソーシャルメディア利用者を模倣する大規模言語モデル（ＬＬＭ）エージェントが交流し合うマシン内ソーシャルメディアプラットフォームに、代替ニュースフィードアルゴリズムを展開することで、そうした代替アルゴリズムが対立や分極化などのマクロレベルの社会的結果に与える影響を調査し、検証できる。[7]

まもなくデジタルツールは、ＧＦＭとのリアルタイムの高帯域幅リモート同期によって増幅され、調和された、心のシンフォニーを解き放ってくれるだろう。しかし、これは人間とデジタルのコラボレーションによる壮大な協奏曲の序章にすぎない。これらのデジタルツールを活用し、クリエイティブコラボレーションの領域を広げる中で、人は進化し続けるダンスの中に自分たちがいることに気づくはずだ。技術は私たちを助けるだけでなく、その視点を改造し、多様なアイデアと才能の迅速な統合を促進する。いま起こっているのは、新しいクリエイティブプロセスの出現だけではない。私たちは包括的で学際的な世界的ルネッサンスの誕生に参加しているのだ。これは、次の世代の創造性と問題解決の展望を一変させるだろう。

クリエイティブコラボレーションのフロンティア

技術に支援され、増幅された「心のシンフォニー」は、単なるアイデアや創作物の交換を超えて、集合意識が創造性を再定義する領域へと進化しそうな勢いさえ見せている。

- **テレパシー的な創造的交流**：ポスト表象コミュニケーションの進歩により、共作者同士はアイデア、ビジョン、創造的衝動を心から心へ直接共有できるようになる。このテレパシー的交流により、クリエイターは言語や身体表現の制限を回避し、瞬時に共感し、深い直感を伴うコラボレーションの形を実現できる。

- **生物種間コラボレーションプロジェクト**：コミュニケーション技術が非人間的な視点を含むように拡張されると、創造性の新たな境地が開かれる。コラボレーションは他の知能種（イルカ、タコなど）にまで広がり、彼らの知覚や経験を創造プロセスに取り入れることが可能となる。このようなプロジェクトは、地球とその住民に対するさらに総合的な理解に基づいた、前例のない形の芸術とイノベーションにつながるかもしれない。

- **遺産とタイムトラベルのコラボレーション**：デジタル遺産と、意識の中でタイムトラベルを可能にする没入型体験の創造により、将来の共作者たちは同時代の人々だけでなく、過去や未来の人々の心とも関われるようになる。この時間的なコラボレーションにより、さまざまな時代の洞察が会話に持ち込まれ、世代を超えて蓄積された多様な視点と知恵で創造のプロセスが豊かになる。

・**地球規模の課題に対する集団的創造性**：コラボレーションプラットフォームによって世界中の人々がアイデアや解決策を提供できるようになるため、人類が直面している課題に対して統一された創造力で対処できる。この集団的創造性は、気候変動などの問題に対処し、多様な視点と革新的な思考の力を活用し、持続可能で影響力のある解決策を生み出すのに役立つ。

このコラボレーションの旅に乗り出すことで、人類は創造性そのものすら刷新できるかもしれない。その未来では創造性が単なる共有の努力ではなく共有の経験となり、参加者が集合的な想像力と革新の網で結びつく。しかし、人間の潜在能力が最高潮に達し、協働による天才的なシンフォニーが頂点に達したとき、私たちは倫理的な考慮と限界についても検討しなければならない。

クリエイティブコラボレーションの限界

クリエイティブなコラボレーションの未来は、新しいコラボレーション・パラダイムの可能性に満ちている一方で、さまざまな制限や倫理的なジレンマも抱えている。距離、言語、さらには個人の認知の障壁を解消する技術が可能にする、クリエイティブな相乗効果の頂点が見える一方で、ディストピア的な結果の可能性がそこに大きな影を落としている。デイブ・エガーズの名作『ザ・サークル』は、絶え間ないクリエイティブな共有が、クリエイティブな才能の源である自己意識そのものを侵食するという危険性を浮き彫りにしている。コラボレーションの拡大を追求する中で、常に次の点に留意しなければならない。

①プライバシーと自律性の喪失：あらゆる考え、アイデア、クリエイティブな衝動を即座に共有できる未来では、私的な思考の神聖さが脅かされる。絶え間ない監視と生活のあらゆる側面を共有するよう圧力をかけられる社会は、クリエイティブなコラボレーションが侵襲的になる可能性と裏腹であり、オープンさを常に求めることで個人の創造性と自律性が抑えられてしまう。

②創造性の均質化：コラボレーションプラットフォームが高度になると、相乗効果を高めるために設計されたアルゴリズムが、アイデアの均質化につながりかねない。独自の視点や型破りなアイデアが、コンセンサスとアルゴリズムの予測可能性のために平準化されてしまい、真のイノベーションが抑制されかねないのだ。これは、斬新で異質なアイデアの探索と接続に報酬を与えてくれるような、クラウドソーシング・プラットフォームとＡＩの設計が急務であることを示している。たとえば、プラットフォームで接続されにくい既存のアイデアとコミュニティを橋渡しするＡＩがあれば、クラウドソーシングによるイノベーションと共同創造のプロセスはさらに促進されるかもしれない。[8]

③技術への過度の依存：将来のコラボレーションは、技術インターフェースとＧＦＭ主導のプロセスに大きく依存してしまい、創造プロセスにおける人間技能と直感の価値が低下しかねない。この過度の依存は、社会的交流と検証のための技術依存の危険性をもたらし、従来の創造的スキルの衰退につながりかねない。

④デジタル格差と不平等：技術と情報へのアクセスによって階層化された社会では、クリエイティブなコラボレーションの将来は、既存の不平等を悪化させかねない。最先端のコラボレーションプラットフォームにアクセスできる人は、アクセスできない人よりも明らかに有利になり、技術を持つ人と持たない人の格差が拡大し、アクセスできる社会階層内で創造性が独占されかねない。

⑤操作、搾取、崩壊：企業の行き過ぎた介入によって、クリエイティブなコンテンツやアイデアが搾取される可能性がある。これは大きな懸念事項となる。企業が所有するデジタルプラットフォーム内でクリエイティブなコラボレーションが増えるにつれて、知的財産が盗用、収益化、または監視や操作に使用されるリスクが高まり、クリエイティブプロセスの完全性が脅かされる。こうした罠は、創造性へのインセンティブを減らしてしまい、金の卵を産むＧＦＭの訓練に必要な創造性と多様性という、そもそものガチョウを殺すリスクがある。

⑥文化的多様性の浸食：創造的なコラボレーションがグローバルなプラットフォームを介して行われる世界では、地域の文化的表現や少数派の声が支配的な物語に圧倒されてしまうかもしれない。これは創造的な成果における文化的多様性の希薄化につながり、最終的には異論や多様性を均質化した平板な文化に陥りかねない。

これらの課題に対処するため、創造的なコラボレーションの未来は、人間の創造性を高める技術の計り知れない可能性と、それがプライバシー、自律性、文化的多様性を犠牲にする可能性との間で、繊細なバランスをとりつつ進まねばならない。その中心となるのは、オープンソース技術と⿻の原則の活用だ。オープンソース・プラットフォームは、その性質上、透明性と共同所有権を促進し、独占システムで発生する可能性のある隠れた独占や共謀のリスクに対抗できる。これらは、次に説明する多くの経済モデルとガバナンスモデルによってさらに強化できる。すでにそうした実践も見られ、ホリー・ハーンドン、ジョセフ・ゴードン＝レヴィット、ウィル・アイ・アムのような一流アーティストは、ＧＦＭを活用するだけでなく、それがクリエイターに帰属、称賛、そして持続可能な生活が得られる設計となるように注意している。

さらに文化の均質化のリスクの多くは、単一のメディアがより広範な生活に侵入することから生じる。そのメディアは感覚の面で制約があるかもしれないのだ。創造性を維持するためには、創造性の基盤となる、深い親密なつながりと熟考のための空間を強化すべきだ。幸いなことに、これはまさに、前の節で説明した親密なテクノロジーの役割であり、共有される音楽や芸術的なマッシュアップの無限の流れが、物理的および文化的再生の基盤である深い人間関係を圧迫しないようにしてくれるのだ。

5-4

拡張熟議

すでに述べたように、SNSについてのありがちな懸念のひとつは、それが既存の社会分断を強めてしまい、「エコーチェンバー」をつくり出して、共有された現実の感覚を踏みにじってしまうということだ。[1]「協調フィルタリング」に基づくニュースフィードアルゴリズムは、ユーザーのエンゲージメントを最大化できそうなコンテンツを選択し、ユーザーの既存の信念を強化し、同じような考えのコンテンツを優先して、多様な情報からユーザーを隔離してしまう。これらのアルゴリズムが本当に政治的二極化を悪化させ、熟議を妨げているかどうかについてはさまざまな調査結果があるが、人々を「橋渡しする」という正反対の意図に基づいてこれらのシステムを設計しなおせないかと思うのは当然だろう。この最大規模の試みは、X（旧Twitter）のコミュニティノート（旧バードウォッチ）システムだ。

コミュニティノートは、コミュニティベースの「ファクトチェック」プラットフォームである。Xコミュニティのメンバーが誤解を招く可能性のある投稿にフラグを立て、投稿が誤解を招きかねない理由について、追加のコンテキストを提供する。参加者は、これらのノートをプラットフォームに送信するだけでなく、他の人が提案したノートにレーティングもつけられる。そうしたレーティングをもとに、そのノートが役立つかどうか、およびXプラットフォーム上に公開していいかどうかが判定される。[2]

具体的には、評価者は意見の1次元スペクトル上に配置される。このスペクトルはデータの統計分析から得られるが、実際にはほとんどの場合、西半球の多くの地域での政治の「左派と右派」の分裂に対応する。次に（または実際には同時に）、各ノートがコミュニティメンバーから受ける支持は、このスペクトル上の位置への親和性と、位置に依存しない根本的な「客観的な品質」の組み合わせに起因するものとして評価される。全体的な評価に比べ、この客観的な品質が十分に高い場合、そのノートは「役に立った」と見なされる。システムは、偏った、同じ考えを持つ利用者集団に支持されるノートを優先するのではなく、政治的および社会的断片化が引き起こす偏りを修正し、多様な利用者集団が支持するノートに報酬を与える。

このアプローチは、ソーシャルメディアのアルゴリズムとは異なったものを活用して人間の熟議を強化し、多様性をまたがるコラボレーションの原則に基づいてコンテンツの優先度を決める。これは⿻にも沿ったもので、それを現在毎週何億人もの人々が目にしているのだ。[3] この手法は、誤情報をモデレートする以前の方法と比較すると、政治情報が多様化されることが示されている。[4]

ここでは、人間の会話が持つ大きな力とその限界を探り、⿻の進歩で会話が、これまで想像もできなかったような形で多様な視点を増幅し、結びつける強力なエンジンになってくれる可能性を検討しよう。

今日の会話

最古の、おおむね最も豊かで、今でも最も一般的な会話の形態は「対面での会合」だ。民主主義の理想化された描写は、投票やメディアではなく、伝統的な部族、アテナイの市場、ニューイングランドの市役所などで行われたような、対面での会話による議論を指すのが一般的だ。最近の映画『ウーマン・トーキング　私たちの選択』は、トラウマを抱えたコミュニティが議論を通じて共通の行動計画を立てる様子を描写しており、この精神を見事に捉えている。友人集団、クラブ、学生、教師はすべて、対面での会話を通じて視点を交換し、学び、成長し、共通の目的を形成する。対面でのやりとりはインタラクティブな性質を持つし、参加者が物理的な状況を共有し、会話中の他の人の表情、ボディランゲージ、ジェスチャーなど、多くの非言語的な手がかりを認識できるため、非言語コミュニケーションの要素も豊かなことが多い。

それに次いで古く、最も一般的なコミュニケーションの形態は、書くことだ。対話性ははるかに低いものの、書くことによって、言葉ははるかに大きな距離や時間を超えて伝わる。通常、ひとりの「著者」の声を捉えると考えられている文書コミュニケーションは、印刷や翻訳の助けを借りて、世界中に広まる。書かれたコミュニケーションは何千年も存続し、円形劇場や拡声器よりもはるかに遠くまでメッセージを「放送」できる。

　これは、重要なトレードオフを改めて示すものだ。対面での話し合いの豊かさと即時性と、書き言葉の広範な到達範囲と永続性との間で、トレードオフがあるのだ。多くのプラットフォームは、対面と書き言葉の両方の要素を融合しようとする。対面での会話は物理的および社会的に近い個人間のリンクとして機能し、書き言葉は地理的に離れた人々を結びつける橋渡しとして機能して、ネットワークを作る。The World Cafe[5]または Open Space Technology[6]の手法は、数十人、いや何千人もが集まり、対話のために小グループに参加し、それらの小集団からの文書メモが統合されて広く配布される。その他の例としては、憲法やルールの制定プロセス、読書会、出版物の編集委員会、グループインタビュー、調査、およびその他の研究プロセスがある。典型的なパターンは、グループが文章について審議し、それが別の熟議グループに提出され、その結果として別の文書が作成され、それがもとのグループに戻されるという手順である。これは、口頭および書面による議論に基づく司法の伝統や、学術的なピアレビュープロセスにも見られる。

　この種のやり方が克服しようとしている最も根本的な課題は、多様性と帯域幅のトレードオフだ。[7]非常に多様な視点を持つ人々を会話に参加させようとすると、議論は効率が悪くなり、長くなり、高くつき、時間もかかる。これは多くの場合、明確でタイムリーな結果を出しにくいということだ。その結果、企業環境でよく嘆かれる「分析しすぎで身動きがとれない」や、「社会主義だとたくさんの晩を費やすことになる」という不満（オスカー・ワイルドの言葉とされることもある）が生じる。

一方では、会話の帯域幅と効率を高めようとすると、多様な視点を包摂するのに苦労するのが常だ。会話に参加する人々は、地理的に分散していることが多く、言語も違い、会話規範も異なる。会話スタイル、文化、言語の多様性は、相互理解を妨げがちだ。さらに、全員の意見を長時間聴くことは不可能なので、幅広い社会的多様性をまたがる会話には、何らかの代表制の考え方が必要となる。これについては後述する。

おそらく、これらすべてのアプローチの根本的な限界は、「ブロードキャスト／放送」（多くの人がひとつの発言を聞ける）の手法が劇的に改善された一方で、「ブロードリスニング／幅広く聴く」（ひとりの人がさまざまな視点を思慮深く消化できる）が依然として非常にコストがかかり、時間がかかるということだ。[8] ノーベル経済学賞受賞者で、計算機科学の先駆者ハーバート・サイモンが述べたように、「情報の豊富さは注意力の貧困を生み出す」[9]。多様な視点を検討するときに個人が注げる注意力には認知的な限界があるので、多様性と帯域幅、および豊かさと包摂性の間には大きなトレードオフが生まれかねない。

過去も現在も、こうした課題を大規模に解決するために、さまざまな戦略が使われてきた。会話のための代表選出には各種の手法がある。

①選挙：選挙運動と投票プロセスによって代表者が選ばれる。代表者は地理的集団や政党集

団に基づいて選ばれるのが通例となる。これは政治、労働組合、教会で最もよく使われる。幅広い参加、正当性、専門知識をある程度付与できるという利点があるが、しばしばあまりに硬直的で高価だ。

②抽選：複数のグループがランダムに選ばれる。グループ間のバランスを保つために、抑制や制約が課されることもある。これは、グループインタビュー、アンケート、および論争の多い政策問題についての市民審議会[10]で最も一般的に使用される。[11]低コストで妥当な正当性と柔軟性を維持できるが、専門知識を犠牲にし（またはそれにより補完する必要があり）、参加が制限される。

③管理運営：官僚的な割り当て手順によって、「実力」または管理上の決定に基づき、関連するさまざまな視点や構成員を代表する人々が選出される。これは企業やおよび専門組織で最も一般的に使用され、低コストで比較的高い専門知識と柔軟性を持つ傾向があるが、正当性と参加は低くなる。

熟議の参加者が選ばれて集まっても、その人々の間で有意義な対話を促進するのも同じくらい難しく、それ自体が技能とすら言える。どんなコミュニケーションの様式やスタイルでも、すべての参加者の意見が十分に考慮されるためには、明確な目的と議題の設定、積極的な参加、小グループによる分科会、メモの慎重な管理（しばしば多くの小集団の会話の「収穫」とさえ呼ばれる）、順を追った発言、積極的な傾聴の奨励、そして多くの場合、聴覚と視覚のコミュニケーションスタイルにおける能力差の間での翻訳と調整など、さまざまなソーシャル技術と実践が必要となる。過去50～60年間で、「対話と熟議」に関する研究と手法の非常に豊富な分野が革新され、対話熟議全国連合（National Coalition For Dialogue & Deliberation）はそれを探求する拠点となった。[12] これらのツールは、包括的で民主的な統治の試みにしばしば影響を与える「構造がないことによる暴政」を克服するのに有益だ。これは、不公平な非公式の規範と支配的な階層構造が、包摂的なやりとりの意図を押し潰してしまうという現象を指している。[13]

デジタル技術の適切な使用で、議論のためのソーシャル技術を強化できる。この2つの組み合わせが効果を発揮することもある。物理的な移動距離は、かつては熟議の大きな障害だった。しかし、電話会議やビデオ会議によってこの課題は大幅に緩和され、さまざまな形式の遠隔会議や仮想会議が、重要な議論の場として当たり前のものとなっている。

電子メール、掲示板／ユーズネット、ウェブページ、ブログ、そして特にＳＮＳなど、インターネットを介した書き込みの増加により、書面コミュニケーションにおける「インクルージョン」は大幅に拡大した。これらのプラットフォームは、ユーザーインタラクション（「いいね」や「再投稿」など）やアルゴリズムによるランキングシステムを通じ、個人が簡単に認知と関心を集めるユニークな機会を提供する。このパラダイムシフトにより、かつては従来のメディアの編集手順によって厳格に管理されていた一般の人々への情報の拡散が可能になった。ただし、これらのプラットフォームが関心を最適に配分できているかどうかは、依然として意見が分かれる。共通の欠点は、情報の拡散におけるコンテキストとしっかりしたモデレーションの欠如で、これが「誤情報」や「偽情報」の拡散や、十分なリソースを持つ組織の優位性などの問題の一因となっている。さらに、アルゴリズムによるランキングへの依存により、意図せず「エコーチェンバー」が生まれ、ユーザーが自分の既存の信念を反映した狭いコンテンツストリームに閉じ込められ、多様な視点や知識に触れる機会が制限されかねない。

明日の会話

最近の進歩により、トレードオフの力学が徐々に変化し、効率的でネットワーク化された、充実した対面熟議の共有が可能になった。同時にこれらの開発により、ますます包摂性の高まるソーシャルメディアで、思慮深く、バランスのとれた、文脈に沿ったモデレーションが促進され、これらのプラットフォームの全体的な品質と範囲が向上している。

「2-2デジタル民主主義の日常」で説明したように、台湾で最も成功した例にvTaiwanがあり、これはPolisと呼ばれるOSSを使っている。[14] このプラットフォームは、XなどのSNSとの共通点もあるが、関心の配分とユーザー体験の中に、包摂的なファシリテーション原理の一部を抽象化して組み込んでいる。Xと同様に、ユーザーはプロンプトに対して短い応答を送信する。しかし互いのコメントを増幅したり返答したりするのではなく、単に賛成または反対の投票を行うだけだ。これらの投票は集計され、ユーザーの視点を形成する共通の態度がパターン抽出される。各種意見グループの視点を強調する代表的な発言が表示され、ユーザーが重要な視点を理解できるようにする。また分裂を「橋渡し」する視点、つまり、分裂のどちら側でも同意を得られている視点も表示される。この進化する会話に応答して、ユーザーは、橋渡しをさらに促進しそうな追加の視点を提供したり、既存の立場を明確にしたり、まだ目立っていない新しい意見グループを引き出したりできる。

Polisは、一流の技術者アヴィヴ・オヴァジャとルーク・ソーバーンが「集合応答システム」や「橋渡しシステム」と呼び、他の人が「wikisurvey」と呼ぶものの典型例だ。[15] その他の代表的な例としては、All Our Ideas や Remesh などがあり、どれもユーザーエクスペリエンス、オープンソースの度合い、その他の機能に関してさまざまなトレードオフがある。これらのシステムに共通するのは、ＳＮＳの参加性、オープンでインタラクティブな性質と、思慮深い傾聴、会話力学の理解、共有された見解や大まかな合意点の理解の慎重な出現を促す機能を組み合わせていることだ。このようなシステムは、配車アプリの規制や、主要な生成基盤モデル（ＧＦＭ）の方向性など、ますます重要な政策や設計の決定を行うために使用されている。[16] 特に、Anthropicが ＮＧＯであるCollective Intelligence Project（ＣＩＰ）と協力して最近リリースしたClaude3モデルは、多くの人からＧＦＭの現在の最先端と考えられており、モデルの動作を誘導する憲法を抽出するのにPolisを使用した。[17] 現在、ＧＦＭのもうひとつの主要プロバイダOpenAIも、ＣＩＰと緊密に連携して「ＡＩへの民主的な入力」に関する助成金プログラムを運営し、この分野の研究を劇的に加速させた。そのプログラムに基づいて、OpenAI のモデルの運営にこれらの入力を組み込む「集合アライメントチーム」が現在結成されている。[18]

同様の目標を持ちながらも出発点が少し逆のアプローチとして、対面での会話を中心に据えつつ、洞察をネットワーク化して共有する方法を改善する試みもある。このカテゴリの代表的な例は、マサチューセッツ工科大学の建設的コミュニケーションセンターが市民社会の協力者と共同で開発した Cortico というアプローチだ。このアプローチと技術プラットフォームの別称は Fora と呼ばれ、本書の第4章で説明したＩＤおよび関連付けプロトコルと自然言語処理を組み合わせて、難しいトピックに関する会話の録音を保護および非公開にしつつ、そこから得られる洞察を浮上させ、それをこれらの会話全体に伝え、さらなる議論が起こるよう刺激する。コミュニティメンバーは、発言者の許可を得て、政府、政策立案者、組織内のリーダーシップなどの利害関係者に重要なハイライトを伝える。Cortico はこの技術を使用し、２０２１年にミシェル・ウーがボストンで米国大都市初の台湾系アメリカ人市長に選出された時など、市民活動に対する情報提供を行ってきた。[19] 十分なサービスを受けていないコミュニティと協力して、詳細な会話データを介して視点を求める行為は、高速コミュニケーションの様式にはない正当性をこの取り組みに与える。StoryCorps や Braver Angels などの組織では、さまざまな洗練度を持つ類似ツールが使用され、何百万もの人々の意見をまとめている。

3番目のアプローチは、参加者に新しいコンテンツの作成を促すのではなく、既存のメディアコンテンツややりとりを活用し、それを整理しようとするものだ。これは、「デジタル人文学」

に関する学術研究と密接に関連しており、コンピューティングを利用して人間の文化的成果を大規模に理解および整理するアプローチだ。ソーシャル・ライブラリーのような組織は、政府の文書、ＳＮＳ、書籍、テレビなどからの資料を収集し、手持ちの事実を表面化させるなど、議論の概要を明確にして市民に提供する。この実践は、以下で説明する各種のツールを使って異なる場所での会話をネットワーク化し、熟議の規模を拡大する。デジタル技術の活用により右記の伝統を拡張することで、これはますますスケーラブルになっている。

他にも、「5-2没入型共有現実（ＩＳＲ）」の部分で説明した手法と密接に連携した実験的な取り組みとして、遠隔地の間での熟議の深さと質を高め、対面でのやりとりに見られる豊かさと即時性を再現する試みがある。最近の劇的な実例は、Meta のＣＥＯであるマーク・ザッカーバーグと著名なポッドキャストホストのレックス・フリードマンとの会話だ。[20] 両者は仮想現実の中でも相手の細かい表情を認識できた。もっと地味ながらも意義深い例は、ポータル警察プロジェクトだろう。このプロジェクトでは、警察の暴力が見られる都市に貨物コンテナが設置され、物理的および社会的距離を越えて、そのような暴力に関する経験をビデオベースで豊かに話し合えた。[21] その他の有望な要素としては、高品質で低コストで、ますます文化に配慮した機械翻訳ツールや作業の普及がある。それにより同様のシステムを活用し、人々が自然言語による文章から価値観を統合し、共通の基盤を見つけることができる。

拡張熟議のフロンティア

実験の中でも野心的なものは、さらなる未来を指し示している。特にＧＦＭの言語機能を活用して「ブロードリスニング」の問題にさらに取り組み、これまで想像もできなかった質と規模の審議を可能にするというものがある。インターネットで大規模なコラボレーションが可能なのは、共同作業のできる空間を減らすからだ。たとえばそれを売買の市場取引に還元し、情報伝達も５つ星評価システムなどにより似たような形で削減したりする。情報を伝達して理解する能力がうまく向上すれば、困難で微妙な社会問題についての熟議能力もそれに応じて向上するはずだ。

活発に開発されている最も明らかな方向性のひとつは、Polisやコミュニティノートなどのシステムを現代のグラフ理論とＧＦＭで拡張する方法となる。たとえば、ＡＩ目的研究所（AI Objectives Institute）[22]のTalk to the Cityプロジェクトは、ＧＦＭを使用して集団の見解を特徴づける主張の一覧を、対話型エージェントに置き換えられるそうだ。このエージェントと会話すれば、そうした視点がわかるのだ。まもなく、参加者はＧＦＭを通じ、限られた短い主張や単純な賛成／反対の投票を超えて、会話に反応して自分自身を完全に表現できるようになる。一方、モデルはこの会話を要約し、その後参加できる他の人が読みやすいようにする。モデルは、単に共通の投票だけでなく、表明された立場の自然言語理解と応答に基づいて、大まかに合意できる部分を探すことにも役立つ。

このような最先端のアプローチは、政策審議やコミュニティの対話だけでなく、選挙プロセスにも現れ始めている。２０２４年の東京都知事選挙では、安野貴博候補がGoogleスライドやGitHubを活用してマニフェストを発表し、XやGoogleフォーム、ＡＩによる着信やGitHubで有権者の意見を募り、Talk to the City[23]で視点を可視化し、GitHubのディスカッションで政策を練り直した。[24] さらに、24時間体制で質問に答えるＡＩのバーチャルアバターを（ＡＩあんの）[25]YouTubeに展開することで、「ブロードリスニング」のインタラクティブな形を示した。安野は比較的無名の候補者であったにもかかわらず、15万を超える票を集めた。これは、Talk to the Cityに代表される技術的な可能性と、vTaiwanやPolisのようなプラットフォームの参加型、熟議型の特質が、選挙領域に有意義に拡張できることを示唆している。[26]

最近の大規模な研究によれば、このようなツールはオンラインの民主的な議論の強化に貢献する。その実験では、会話の参加者たちによる政治的な議論の質を高めるため、ＧＦＭを使って証拠に基づく提案をリアルタイムで提供した。[27] 結果として、会話の全体的な質が著しく向上し、民主的で対話のあるアイデアの交換が促進された。

「橋渡しシステム」に関する議論のほとんどは合意形成を重視するが、もうひとつの強力な役割は、多様性と生産的な対立の再生を支援することだ。一方でこうしたシステムは、歴史的前提やアイデンティティだけでは決まらない、さまざまな意見グループを選り分けるのに役立つ。それにより、こうした集団が互いを見つけ、その視点を中心に団結できるようになるかもしれない。その一方では、多様な支持を得ているコンセンサスの立場を代表する視点を浮上させることで、それが多様な反対意見をつくり出し、そうした反対意見が既存の分裂とは別の新しい対立をもたらし、その視点を中心に団結が起こる可能性もある。つまり、集合的な対応システムは、対立を動的にマッピングして進化させるのに大きく貢献するだけでなく、生産的な対立のナビゲート支援にも役立つのだ。

同じような考え方で、コミュニティノートの設計要素を活用して進化させ、SNSの力学をもっとホーリスティックに作り直すことも考えられる。現在、このシステムはプラットフォーム全体のすべての意見を単一のスペクトル上に並べているが、プラットフォーム内のさまざまなコミュニティをマッピングし、その橋渡しに基づくアプローチを利用して、コミュニティノートの優先度を決めるだけでなく、そもそも注目すべきコンテンツの優先度を高めてもよい。さらに橋渡しは、プラットフォーム全体だけでなく、さまざまな規模で、さまざまな交差グループに適用できる。

以下の「6-3メディア」の部分で強調することだが、将来的にはフィード内のさまざまなコンテンツが橋渡し的なものとして強調表示され、メンバーであるさまざまなコミュニティ（宗教コミュニティ、物理的にローカルなコミュニティ、政治コミュニティ）間で共有され、さまざまな社会的所属におけるコンテキストと共通の知識と行動を強化できるかもしれない。

社会生活のこのような動的な表現は、対面や豊かな没入型共有現実（ISR）など、より深い熟議のための参加者の代表と選択へのアプローチを、劇的に改善することができそうだ。関連する社会的差異を豊かに説明できれば、どの集団の意見を求めるべきか見極めるにあたり、地理や単純な人口統計や技能以上のものを使えるかもしれない。それに代わるものとして、アイデンティティティの十全な交差性の豊かさを、包摂と代表選出を考慮するための基礎としてますます活用できるようになるかもしれない。そして、それで定義されたメンバーが選挙権を持つことになるのだ。または抽選の代わりに、たとえば既知の社会的つながりと所属に基づいて、最も疎外されたメンバーたちが、なるべく疎外されないように代表を出せる集まりを選択するなど、熟議のために最大限に多様な委員会を選択するプロトコルを考案できる。このようなアプローチは、抽選、管理、選挙の利点の多くを同時に実現可能だ。特に、「5-6 投票」の節で説明する流動的な民主主義のアプローチのいくつかと組み合わせると、その可能性が高まる。

代表の概念をさらに根本的に再考できる可能性すらある。GFMは、個人のアイデアやスタイルをより正確に模倣するように微調整できる。[28] Talk to the City のように、そのコミュニティのテキストでモデルを訓練すると、そうした人工知能はひとりの視点を表すのではなく、その集団のかなり直接的な代表として機能し、そのグループを代表するはずの人物の裁量を補助、補完、またはチェックできる可能性がある。

極度に大胆な発想として、このアイデアは原理的には生きている人間以外にも拡張できる。これについては、「6-4 環境」で詳述する。哲学者のブリュノ・ラトゥールは『虚構の「近代」科学人類学は警告する』の中で、自然の特徴（川や森林など）は「物の議会」に代表を出せるべきだと主張した。[29] もちろん問題は、それらがどうやって発言するかということだ。GFMは、そうしたシステムの状態の科学的測定を、一種の「ロラックス」に変換できるかもしれない。ロラックスは、自分では話せない木や動物を代弁する、ドクター・スースの児童書に出てくる架空の生き物だ。[30] キム・スタンリー・ロビンソンの『未来省』のように、まだ生まれていない将来の世代についても、同様の代表を考えられるかもしれない。[31] 良くも悪くも、このようなGFMベースの代表者は、ほとんどの人間が理解できるよりも速く熟議を実行し、その後、その要約を人間の参加者に伝えられるだろう。これにより、個人を含む熟議が可能になり、自然言語交換の他のスタイル、速度、スケールも含められるようになる。

拡張熟議の限界

自然言語は人間の交流の中心にあるため、それが持つ厳しい限界のことはつい忘れがちになる。言葉は数字よりも豊かな表象だが、人間の感覚体験の豊かさ、さらには深部感覚には比べものにならない。「筆舌に尽くしがたい」ことは、筆舌に尽くせるものよりはるかに多いのだ。言葉がどんな感情的な真実を持っていても、それは単なる情報にすぎない。だから言葉によるやりとりよりも、共通の行動や体験に注目するほうがずっと論理的だとさえ言える。したがって、どれだけ熟議が進んだとしても、すでに説明したもっと豊かな形のコラボレーションの代わりにはならない。

だがここで説明した高度な方法を用いても、話し合いには時間がかかる。多くの決定は熟議が完全に終わるまでは待てない。特に、大きな社会的距離を埋める必要がある場合は、一般的にプロセスが遅くなる。以下で説明するコラボレーションへの他のアプローチは、タイムリーな決定の必要性というありがちな問題に対処するものだ。

議論のペースの遅さを克服できる方法の多く（たとえば、大規模言語モデル（ＬＬＭ）を使用して部分的に「コンピュータによる」熟議を行う）は、会話のもうひとつの重要な限界を示している。他の方法は、多くの場合、簡単に透明性を持たせられるので、広く正当性を持てる。だが会話が入力を受け取り、出力を生成する方法は、人間同士だろうと機械だろうと、完全には説明しづらい。

実際、自然言語を機械に入力し、機械に口述筆記をさせることでさえ、単に洗練された非線形の投票形式だとも言える。しかし、次の2つの節で説明する管理ルールと投票ルールとは対照的に、この変換の中身について共通の理解と正当性を獲得し、投票や市場のような共通の行動の基礎にすることはかなり難しいかもしれない。したがって、こうした他の仕組みから生じる熟議の発生方法と実施方法に対する抑制は、今後当分重要になりそうだ。

さらに、民主的なプロセスでの熟議は、人間がますます有能になるＧＦＭをまともに監査できるかどうかによっても制約される。ＧＦＭはまた、指示に盲目的に従うため、一部の観点を検閲しかねないことも実証されている。[32] 適切な⿻モデルとなるためには、さまざまな合理的な応答を提供し、さまざまな観点に適応してそれを反映できるようにし、個別集団のニュアンスに合わせて正確に調整する必要がある。

最後に、熟議は、分裂を克服して真の「共通の意志」に到達することに役立つのだ、と理想化されがちだ。しかし、重複点や大まかな合意への到達は共通の行動にとって重要だが、多様性と生産的な対立を再生してダイナミズムを促進し、将来の熟議への生産的な入力を確保することも重要だ。したがって、熟議と他のコラボレーション様式とのバランスを考えるにあたっては、右で説明したように、紛争の解決と爆発的な紛争の緩和と同じくらい、生産的な紛争を刺激することも常に重視する必要がある。

5-5 適応型管理行政

Microsoft のＣＥＯサティア・ナデラはＡＩ元年といわれる２０２３年に、スイスのダボスで開催された世界経済フォーラムで、インドの田舎で現地語を話す農民が、大規模言語モデル（ＬＬＭ）バックエンドと組み合わせたガラケーを使って公共サービスにアクセスする様子を実演した。このモデルは音声を理解し、現地語を関連フォームが利用できる言語に翻訳し、記入すべき内容を案内し、音声で農民にガイダンスを返す。

このデモは、AI4Bharat、Karya、IVR Junction などの長年の取り組みと多様な関係者の協力に基づいて構築されたものだ。これらの組織は、インド人を雇用して現地の言語に関するデータを収集し、そのデータを活用してＬＬＭが各種言語間で翻訳できるようにすることで、シンプルなガラケーしか持っていない、読み書きできないインド人を「音声ベースのインターネット」に接続できるようにした。これらを組み合わせることで、あまり一般的ではない言語を話し、都市から遠く離れた場所に住む人々が、生活を維持するために必要な公共サービスにアクセスできるようになり、インドの文化的多様性の維持と強化に役立ちそうだ。

写真 5-5-A　この活動の成果はすでに実現している

出典：Microsoft 提供

これらのデモをもとに、インドの企業、民間団体、政府機関は、各種機能を大規模に活用するサービスを開始した。農家金融支援プログラムへの申請をサポートする政府提供のチャットボットや、さまざまな公共サービスに関するガイダンスを提供する無料のWhatsApp ベースの多言語チャットボットなどだ。

行政と官僚制度は、世界の多くを組織する中心的な特徴だ。行政と官僚制度は、構造化されたコミュニケーションと、自然言語の慣習よりもはるかに形式的で厳格な情報のルールに縛られた処理を行う。行政と官僚制度は、正当性、公平性、手続き上の公正性の達成を目的とすることが多く、感覚的な体験としてはあまり豊かではない。しかし、投票や市場の厳密な数学的かつ機械的なやりとりとは違い、通常はある程度の拡張されたコミュニケーションが可能となる。したがって行政と官僚制度は、効果的に実施され、慣習が活用されて違反されないようにするため、参加者間の深い共通理解を必要とする。行政は、個人または中小企業と、政府または大企業との間のほとんどのやりとりの中心に位置する。また、緊密な社会的つながりのない政治体制内の人々の間で、中期的な関係を形成する上でも中心的な役割を果たす。行政は、法律、財産制度、身分証明、雇用、入学と私たちが考えるもののほとんど、および「行政国家」と「企業官僚制度」のほとんどの機能を司る。

官僚機構と行政に対する典型的な不満は、行政におけるさまざまな裁定的地位にある人々に過度の裁量権を与えているので気まぐれだということと、個別のケースのニュアンスにも官僚機構の期待の範囲外の文化的状況にも適応できず、硬直的だというものだ。ここでは、デジタル技術、特に生成基盤モデル（ＧＦＭ）の進歩が、これらのトレードオフの一部を軽減し、より多様な人々の集団が、自分たちの生活様式を尊重しながら行政システムで協力できる方法を示してみよう。

今日の管理行政

人生で最も重要な節目の多くは、私たちが人生の大半を過ごす方法よりもはるかに希薄な情報構造（さまざまな種類の「書類」）に基づく管理結果に左右される。例として以下のようなものがある。

・身分証明書および旅行書類
・成績証明書、履歴書など「人生の道筋」の各種要約（経歴書／ＣＶ）
・不動産登記書および契約書などの法的文書
・納税申告書
・構造化された業績評価
・医療受入および評価フォーム
・法的提出書類（ただし、これらには通常、右記よりも詳細でコンテキストが含まれる）

これらの構造化された情報形式により、市場や投票のように普遍的に透明なルールに頼るには複雑すぎる配分または選択の可能性について、「公正」、「公平」、「無私」な評価を可能にする。公平性を実現するために、これらのシステムは多くの場合、さまざまな情報を意図的に破棄する。これは、ヨーロッパの伝統におけるさまざまな擬人化された表現に見られる、正義は盲目だという主張によって劇的に示されている。先駆的な社会学者マックス・ウェーバー以来の学者たちが指摘しているように、公平性を維持しながら投票や市場よりも豊富な情報を活用するという２つの目標を達成するために、行政システムは大規模な「官僚機構」と大量のデジタル処理を採用し、規則と手順に従ってこれらの構造化されたデータを評価する。[1]

このように、行政は相反する2つの不満に直面する。この不満は、それが可能にするコラボレーションの豊かさの限界と、社会の多様性を網羅する行政能力の限界にほぼ対応している。[2]

ひとつ目は「硬直性」の問題と呼べる。つまり、官僚的なルールは、多くの詳細を捨て去ることで、個別ケースや地域の状況の重要な特徴を反映しない結果をもたらしてしまう。例は、ありふれたものから、抑圧的で単純にばかげたものまで多岐にわたる。たとえば以下のようなものだ。

- ほとんどの行政区域では、安全確保のために自動車の速度制限がある。しかし、運転時の安全な速度は、道路、環境などの関連条件で大きく変わる。つまり、ほとんどの場合、速度制限は状況に対して高すぎるか低すぎるかのどちらかだ。同様の論理は、商品の価格から労働者に許可される休憩時間まで、ほぼすべての行政政策設定に当てはまる。
- 世界中の多様な文化を持つ人々は、高給職に就くために、自分の仕事や人生における業績を正確に記入するのではなく、行政官僚や採用担当者が読みやすいように設計された、履歴書や成績証明書の形式に当てはめねばならない。
- 1990年代後半、あるオランダの航空会社は、スキポール空港を通過するための適切な書類がなかった何百匹もの生きたリスを物理的に細断するはめになった。これは特に残酷な例だが、飛行機に乗ったことがある人なら誰でも、航空旅行を管理する官僚制度の厳格さはご存じだろうから、この結果もさほど意外ではないはずだ。

しかし、官僚制度は硬直的で「冷酷」で「無情」だが、それと同じくらいありがちで正反対の不満も抱えている。それが「複雑性／ややこしさ」だ。つまり、官僚制度は不可解で、手に負えないことが多く（フランツ・カフカの古典作品『城』を参照）、官僚主義に満ち、恣意的な官僚に過剰な裁量を与えているように思えるのだ。[3] こうした問題は官僚制度の最も腹立たしい特徴のひとつであり、リバタリアンの絶え間ない不満の元だ。実際、これらの問題は、過剰な裁量から逃れることを目的とした分散型自律組織（ＤＡＯ）やスマートコントラクトに関する多くのアイデアの大きな源泉となっているし、法律分野の高コスト化にもつながっている。しかし、明らかに、このような複雑さの主な原因は、彼らが扱う案件の多様性と微妙さに対応しなくてはならないことにある。したがって、官僚機構が社会の多様性に対応しようとして正当性を失う主な理由は、いまの官僚機構がこの多様性に対応するには複雑すぎて、適切に機能していないということなのだ。しかし、このトレードオフをエレガントに処理し、豊かな協力が幅広い多様性に正当に対応できるようにするためのデジタル技術は、ますます増えている。

明日の管理行政

洗練された複雑性ナビゲーションを実現する上で、これまで最も重要な一連の技術は通常「人工知能」（ＡＩ）と呼ばれるものだ。しかし、繰り返し指摘してきたように、ＡＩという用語は具体的なツールセットというより指向を指す。この場合、古い行政官僚機構とＧＦＭによって開かれた可能性を区別する上で、そのツールの細部が重要となる。１９７０年代と１９８０年代にこの分野を支配したＡＩ研究は、「古き良きＡＩ」（ＧＯＦＡＩ）と呼ばれることもあり、多くの点で従来の官僚的処理を自動化する試みだった。プログラマーは、「エキスパート」と対話をして、管理プロセスを複雑なネストされたルールセット（多くの場合、「決定木」と呼ばれる）に符号化しようとした。患者は熱がありますか？　熱がある場合、目は赤くなっていますか？　熱がない場合、リンパ節は炎症を起こしていますか？　……このスタイルのＡＩは、１９９０年代に大きな壁にぶつかり、人気を失った。その後、そのほとんどは「機械学習」、特にニューラルネットワークと、その最も野心的で最近の成果であるＧＦＭに取って代わられた。

ＧＯＦＡＩとはまったく対照的に、機械学習は分類、予測、決定に対する統計的な新しいアプローチとなる。システムは、がっちり決められた一連のルールをトップダウンで適用するのではなく、多くの場合は簡単には説明できない確率的な方法で、例に基づいて分類を学習する。ニューラルネットワーク、特にＧＦＭは、多くの場合、互いに入力を受け取る数十億または数兆の「ノード」を持つ。これらのノードは、次に他のノードをトリガーして入力し、すべてが結合して次の単語や画像などの結果を予測する。このようなプロセスに基づいて、ＧＦＭは、人間が頻繁に実行する柔軟な分類、反応、推論を、迅速に拡張可能でほぼ再現可能な方法で、実用的に再現するという驚くべき能力と、その能力の急速改善を行う。

このような成功により、ＡＩが行政管理の中核にある根本的なトレードオフを改善するという魅力的な見通しが生まれた。行政プロセスの一部にこのＡＩを活用することで、はるかに多様で構造化されていない入力を取り込んで、思慮深く知識豊富な専門家のようにそれらに対応できるのだ。しかもユーザーに特殊な書類に記入するという過度の負担をかけずにすみ、それなりの再現性を提供する方法でそれが実現できるかもしれない。

特にＧＦＭへの関心が爆発的に高まった過去2年間に、各種の探求が登場してきた。

・導入部の小話で強調したように、これらのツールは、疎外されたコミュニティがこれまで発見・活用しづらかった公共サービスにアクセスしやすくするという、大きな可能性を示している。ソーシャルワーカーの主な役割は、長い間そうした活用の支援だったが、特に開発途上国では通常、公的支出が不足しているので、ユニバーサルアクセスにはほど遠かった。このような実践の先駆者としては、フィンランド政府の Kela-Kelpo プロジェクト、ドイツの連邦年金保険システム、米国の補助金データ信託などがある。

・類似ながらもっと野心的な応用としては、これまで高品質の法的支援を受けられなかった人々が、ＧＦＭで法的アドバイスやサービスにアクセスできるというものがある。例としては、司法ロボット（Legal Robot）や DoNotPay がある。どちらも、訴訟の結果だけでなく判例の作成にも配慮しており、資力が限られている顧客と、高品質の法的サービスを利用できる法人との間で、法的アクセスの不均衡を軽減しようとしている。[4]

・求人市場は、トップの雇用主がエリート大学出身者のみを採用したり、有名な同業企業での職務経験を潜在能力の主な指標として使用したりすることが多く、このため「金持ちがさらに金持ちになる」パターンに陥り、新しい道を進もうとする多くの人々の機会を閉ざし、さらにそのような機会に関心のあるすべての人を狭い教育およびキャリアの道に追いやる。いくつかの新しい人事プラットフォーム（HiredScore、Paradox.ai、Turing、Untapped など）は、採用担当者が検討する候補者の幅と多様性拡大を目指す。主な課題は、過去にこのような多様な候補者の採用事例が限られているため、そうしたアルゴリズムの信頼性と柔軟性が危ういという点だ。

・地球上で最も環境的、文化的に豊かな地域の多くは、地図が不十分か、環境に配慮し、長年にわたる関係を築いてきた先住民ではなく、植民地の部外者の視点を押し付けるような地図しかない。[5] さまざまなグループがデジタルマッピングツールとGFMを活用し、このような伝統的な権利パターンを記述し、植民地の法制度に対抗する主張を行っている。たとえばDigital Democracy、Rainforest Foundation US、オーストラリア政府のIndigenous Land and Sea Corporation、メキシコのSERVIR Amazoniaがある。[6]

最後の例が特に示唆しているように、マッピング（全地球測位システム（GPS）および地理情報システム（GIS））など、従来「AI」とは別物とされるさまざまなデジタル技術もここに関係してくる。これは災害や紛争への対応に役立ったUshahidiの共同マッピング作業で劇的に示された。[7] また、透明性の高いデータベース（分散型台帳を含む）も利用される。これは、ID2020などの組織によって難民のID基盤として、またはホンジュラスの土地登記所で使用されているさまざまな事例でも見られる。さらに、GFMの力は「AI」であることからではなく、ネットワーク化された確率的構造から生じており、これにより多様で曖昧な入力に適応できるのだ。このような構造は、適応型の官僚制度、パケット交換ベースの信頼関係など、人間関係のネットワークにも存在する可能性がある。

適応型管理行政のフロンティア

人間の心のネットワーク、コンピュータでシミュレートされたニューロン、あるいはもっと可能性が高く実効性のありそうなものとして、両者を織りなしたメッシュ構造に基づいたものでも、こうしたシステムの可能性はこうした初期の実験をはるかに超えて広がりそうだ。いま挙げた例はむしろ、既存の厳格な管理構造に合わせるのを主な目的としていたので、多くの場合その限界を強化してしまう面もあったからだ。そうした制約にあまりとらわれず、もっと革新的な変化に向けた仕組みを考えよう。

最も有望な方向性のひとつは、ダニエル・アレン、デビッド・キッド、アリアナ・ゼトリンによって提案されたものだ。[8]彼らは、従来の学校での課程と成績を、はるかに多様なバッジに徐々に置き換えることを提案している。個別の測定可能な技能の具体的な認知を出発点にする。それをもとにメゾバッジの資格が得られる。マイクロバッジとメゾバッジを適切に組み合わせて取得すると、最終的に潜在的な雇用主や教育機関が使用できる認知されたマクロバッジにまで上れる。このプロセスは、ニューラルネットワーク内で発生するプロセスをそのまま応用したもので、低レベルの入力の組み合わせが徐々に高レベルの、したがって意味のある出力をトリガーする。アレンらによれば、教育心理学の長年の研究により、現代ではスキルが細分化していて標準的な教室での講義に合わなくなっていることがわかったという。さらに多くの学生、特に歴史的に疎外された学生や学業に消極的な学生は、現在の厳格な構造によって機会を奪われがちだそうだ。ここで挙げたシステムは、そうした問題にも対応できるのだという。

ＧＦＭなど各種ニューラルネットワークを模す形で、こうした仕組みを構築できるだけでなく、この仕組みから出てくる複雑な履歴書に、雇用主のほうが対応するときにもＧＦＭが直接的に役立つかもしれない。ＧＦＭは、学生がより多様な学習経路をナビゲートするのにも役立ち、関連するバッジの一部を直接インスタンス化して生成することもできる。さらに、宣伝技術（ＳＮＳ、検証可能な資格情報、分散型台帳など）は、このようなバッジの信頼性、信用性、透明性を実現する上で重要になる。さらにもっと広い話として、将来このようなさまざまな信号を適応性の高い管理インフラによって有意義に処理できるようになれば、資格が必要な空間（クラブ、学校、移民による民族など）への識別と参入の多くの慣行は、「4-1 IDと人物性」の節で論じたさまざまな社会的関係からの信号に基づく、もっと分散されたネットワークを活用できるようになるかもしれない。

さらに野心的な話として、いつの日かはるかに多様な法制度を行政慣行に統合できるかもしれない。世界中で近代化と植民地主義が進み、地理や文化ごとに劇的に異なるさまざまな伝統的慣行がほぼ覆された。これらの慣行の多くは非公式に存続してはいるが、多くの場合は遠く離れた国の政府によって課せられた正式な法的構造とは相容れない。これには、性別や性的関係、贈り物に関連する義務、家族の対立や義務の解決、土地利用などに関する慣行が含まれる。そのような伝統の一部は、廃止が適切という合意が高まってはいるが（女性器切除の禁止など）、多くの場合、法律が伝統的慣習を「上書き」するのは、信念ではなく、利便性に基づいている。伝統的慣行により、遠くから来た人が土地を取得する方法やコミュニティ内で適切に結婚する方法などは理解しづらくなる。時には強制され、時には巧みに誘導された文化的慣行の均質化は、混交とダイナミズムにある程度は貢献したが、多くの場合、古く多様な文化の知恵にかなり犠牲を強いた。

ＧＦＭがますます多くの言語間で低コストの翻訳を提供できつつある。同様に文化規範間での同様に迅速な翻訳が実現可能になるかもしれない。そうした橋渡し役は、これまで文化人類学者や民族誌学者が不完全かつ多大な費用をかけて提供してきたものだ。はるかに安価で簡単な翻訳によって、その言語の狭い利用者コミュニティ外部でも使えるようになるため、より幅広い言語が新しい世代にとって実用性と魅力を持つことと同様に、安価で簡単な規範の翻訳によって、より幅広い法律および財産慣行が持続可能になるかもしれない。これにより、植民地化されたコミュニティだけでなく、先進国内でも地方部に多いさまざまな「伝統的な」コミュニティに課せられている、現代への適応という絶え間ない負担が軽減される。また、次世代ＧＦＭがこれらの文化的違いごとの柔軟な対応を学ぶにつれて、社会の成長と進歩の原動力となる、残された多様性の豊かさが大幅に高まる。

このような未来は、既存の多様性の保存にとどまらず、そのさらなる多様化と種の分化支援にも貢献するかもしれない。本書で概説した実践の多くは、野心的な未来学者の想像力にとってさえハードルが高い。そのため、こうしたアイデアの実験に惹かれた人々は、「ネットワーク国家」や「チャーター都市」、「シーステッド」など、既存の法域から逃れるさまざまな形態を提案するようになった。これらの形態は、より広範な公共財や社会秩序の維持とさまざまな緊張関係に陥るのは間違いない。しかし、こうした実験が機械翻訳によって既存の法体系に簡単に理解され、統合できるなら、このような明確な分離がなくてもそうした新しい多様性を支援できる可能性もある。これにより、幅広い社会的差異を超えた協力を維持しながら、斬新な実践と伝統的な実践を組み合わせた多様な実験が可能になり、無限の組み合わせで無限に拡大する多様性が繁栄するようになる。

適応型管理行政の限界

今日、ＧＦＭ技術の落とし穴や危険性は空前の活発さで議論されている。それも当然だろう。その不透明性、作成条件を不明瞭にする自律性という謎めいた雰囲気（これは一般的な「ＡＩ」という用語にも暗黙に含まれており、そのため本書ではなるべく避けている）、ソースデータと作成者の両方の偏見を継承する可能性、および悪用される可能性はすべて、重大な危険をもたらすからだ。

管理行政面での応用では、こうした欠陥はすぐ露わになる。ＧＦＭとの対話は楽になってきたが、それが官僚主義の不透明性をさらに悪化させ、裁量と人間の偏見の問題はあまり軽減してくれない可能性もある。なぜなら、このようなシステムの偏見や過去の人間の行動のクラスターが、今日の出力にどう影響しているかをマッピングするのは非常に難しいからだ。[9] このようなモデルの訓練データは圧倒的に既存のものが多いため、そのモデルが人々の考える形で一般的に高いパフォーマンスを出し、多様性に確実に対処するためには、データの多様性の測定が不可欠なのだが、これはＡＩ研究者が重視しつつも定義に苦労している話なのだ。こうした多様性が模索され、モデルに組み入れられる際の権力の条件によって、どのくらい多様性の機会を提供したり順応を強制したりするかが左右されてしまう。昔の民族誌学者の多くは、包括的な翻訳の声ではなく、植民地支配の道具となった。[10] もっと強力な利害関係者に悪用されたら、法制度間の相互運用性は、法的意図と正式な規則のギャップを利用して、すぐに規制逃れの手段になりかねない。

幸いなことに、この章の他の部分で扱う技術の一部は、これらの害の一部を少なくとも部分的に解決することができそうだ。GFMのロジックは、数学の単純な表現に還元しようとすると絶望的に不明瞭になるが、没入型の共有現実やポスト表象コミュニケーションなどのもっと豊かな形式を使えば、人間コミュニティへの信頼の確立に役立つ、深いつながりと理解の様式も使えるようになり、もっと豊かな工夫の余地も生まれるかもしれない。これまでの節で取り上げ、次の節でさらに検討する集団による熟議と意思決定の方法の多くは、正当性のある権力の分配定義に自然に応用できる。それらを使えば、GFMのガバナンスやそれらが生み出す経済的価値の分配、およびそれらが公共の意志に沿って行動するよう集合的に導く方法を直接作り出せるはずだ。そのような手法は、その正当性を基盤として、より豊かな相互作用モードを通じて、提供および探索することで、これを初めとする各種のデジタルシステムが、近代性の代償であったシステムの世界の冷たく恣意的な性質を同時に克服する大きな可能性を秘めているのだ。

5-6 投票

史上最大のベストセラー戦略ゲームCivilization VIでは、プレイヤーは最初の入植地の誕生から近い将来まで文明を管理し、文化、軍事征服、外交支援、科学的成果、宗教的影響力を通じて他の文明と競争し、時には協力しながら勝利を目指す。このゲームで広く採用され、気候変動をテーマにした拡張パック「Gathering Storm」では、全世界に影響を与える外交上の決定は「世界議会」で決定される。文明は同盟、インフラなどにより「外交的支持」を蓄積する。その後、文明はこれらを消費して、化石燃料の規制、核兵器の管理、移民規則などの世界政策に影響を与えられるのだ。

投票の際、各国は、どの文明が世界からその行動を精査されるかなど、さまざまな選択肢がある。各文明は1票は無料で獲得できるが、追加票には外交的支持のコストが増え、その割合は追加の票ごとに増加する。最初の追加票には外交的支持が10必要で、2回目には20必要という具合だ。通常、1回の議会でさまざまな問題について複数の投票が行われ、外交的支持は議会をまたがって保存できるほか、何か特定の問題を審議対象に指定するなど、他の目的にも使用できる。だから各文明は、それぞれの問題が自分にとってどれほど重要かを判断する必要がある。そしてその問題に対する影響力を高めるために増加するコストと、その恩を温存する価値とが一致するまで、外交的支持を使って票を「買い」続ける。

このゲームの仕組みは、本書著者グレン・ワイルが考案した「クアドラティック投票」手順の変形版だ。この手順は、以下で説明するように、現在ではゲーム以外でも広く使用されている。[1] 上記のロジックにより、個人の好みの方向性だけでなく、その強さも投票に反映される。したがって、個人の行動が独立している場合、「最大数」だけでなく「最大数にとっての最大利益」に基づいた決定ができる。

本書第5章の主なテーマは、協働テクノロジーと民主主義が、通常連想される制度よりもはるかに幅広いものだということだ。「民主主義」と聞いて、人々がまっ先に思い浮かべる正式な制度は、投票と選挙の仕組みとなる。投票は、民主主義制度だけでなく、企業ガバナンス、共同住宅の管理、読書クラブ、ゲームなど、さらに広い意味でのガバナンス体制で使用されている。投票は、大規模で多様なグループが、比較的迅速かつ低コストで、意見の相違について明確な決定を下す方法を提供する。投票が実現するコミュニケーションは、これまで説明してきた技術よりもはるかに希薄だが、多くの場合、はるかに広範囲に及ぶ包括的なプロセスとなり、市場の結果よりも（少なくとも通常は限られた参政権を持つ人々の間では）正当と思われる「共通の意志」の判断につながる。ここでは、投票が現在最も頻繁に適用されている状況での長所と短所、そして「国民の意志」について忠実度の高い信号を生み出すクアドラティック投票（QV）などのイノベーションについて検討し、大規模なグループの人々が一緒に未来を選択する方法について、研究者たちの考える各種の将来的な可能性について見よう。

今日の投票

最も一般的な投票形式では、あるコミュニティのすべてのメンバーが、互いに排他的な複数の選択肢からひとつを選択し、最も多くの票を獲得した選択肢が選ばれる。この慣行は、特定の種類の暴力的な紛争（古代ギリシャの密集軍の戦闘など）で、人数の多いグループが勝利することから生まれたという説もある。それであれば、人数を集計して多いほうに決めれば、戦闘をする必要がなくなるからだ。この「多数決ルール」は単純だが、私たちの考えるを、あまりうまく表現するものではない。これにはいくつかの理由がある。

①「2つの悪のうち、ましなほう」の力学（政治学者の言う「デュヴェルジェの法則」）を生み出しがち。みんな2つの主要な選択肢のどちらも嫌だと思っており、2番手以下の選択

肢のほうが幅広い支持を得そうでも、主要選択肢のどちらかに投票せざるを得ない。[2]

②多くの状況では、このような集計で想定される単純な平等は、広い正当性を持たない。投票の参加者ごとに、問題に対する正当な関心の度合いは異なるだろう（たとえば、異なる人口を代表していたり、コミュニティで過ごした時間がより長いなど）。

③投票は、せいぜいが大多数が選択した方向を表すだけで、「集団の意志」の全体的な感覚を表すものではない。「集団の意志」には、その問題の各人にとっての重要度や、各人の知識水準も含まれるべきだからだ。これはしばしば「多数派の専制」と呼ばれる。

こうした課題に多少なりとも対処するため、さまざまな投票手順が広く使われている。

- **優先順位付投票と認定投票**：最近人気のこの2つのシステムは、問題①に部分的に対処するものだ。順位付け投票システムでは、参加者がいくつかの選択肢を順位付けし、決定はその一覧を何らかの形で集計する。最も単純な例は「決選投票」タイプのシステムで、候補の数が徐々に絞り込まれ、投票のラウンドごとに、生き残った候補に対し各人が投票を繰り返す。認定投票では、投票者は「認定」したい選択肢をいくつでも選べる。そして最も認定された選択肢が選ばれる。どちらの方法も、複数の投票を許可するという文字どおりの点でも、デュヴェルジェの「スポイラー効果」を回避して各関係者のより大きな合意とより大きな多様性の両方を可能にするという精神的な面でも、⧉の特徴を明らかに持つ。しかし、ノーベル経済学賞受賞者であるケネス・アローは、彼の「不可能性定理」で、そのような単純な入力を持つシステムは、一般的に「合理的な」共通意志の表現を達成できないことを証明している。[3]

- **加重投票**：投票者が明らかに不適切なほど不平等な状況では、加重投票方式が使われる。一般的な例としては、企業統治における「一株一票」、連邦および連合機関（ＥＵや国連など）における人口規模に基づく投票、および権力の格差を重視すべき状況での権力の尺度（ＧＤＰなど）に基づく投票がある。しかし、その加重方法はしばしば重大な論争の対象となり、それ自体がパラドックスを引き起こす。たとえば、「51％攻撃」（「トンネリング」とも呼ばれる）では、誰かが企業株式の51％を購入すれば、その企業資産をすべて懐に入れてしまい、残りの49％を収奪できてしまう。[4]
- **連邦制、比例代表制、コンソーシアム代表制**：投票制度は、右で述べたように、「一元的」な形式を持つことが多いが、これが生み出す多数派の専横に対処しようとする重要な例がある。連邦制、コンソーシアム代表制、機能的代表制では、地理、宗教、民族、職業集団などのサブユニットが、その人口比例以上の地位を持つ。通常は大きな集団による抑圧を避けるため、何らかの特別な、または人口に不釣り合いな重みを与えられるのだ。これらの制度はこのようにさまざまな方法で⿻要素を組み込んでいるが、その設計は場当たり的で硬直的なことが多い。そこに反映されている歴史的経緯は、関連する社会問題をもはや反映していないか、または既存の分裂を正式に認めて固定化してしまうような、抑圧的なものだったりする。そのため、このやり方の人気は低下する一方だ。[5] もっと柔軟なのが「比例代表制」で、ある機関の代表者は得票数に応じて選出され、均衡を高められるが、多くの場合にこれは、多数派の圧政で生じる緊張を、代表機関の連合形成の決定までほぼ「先送り」するにすぎない。

このように、投票は民主主義の標準的な技術ではあるが、矛盾や硬直性、広く認識されている未解決の問題が満ちあふれている。最近では、投票の可能性を劇的に改善しようとする新世代のアプローチが生まれている。

明日の⿻投票

今日の投票の問題は多岐にわたるようだが、結局は2つの問題に集約される。つまり、関心の程度と重みを適切に表す方法と、代表を柔軟で適応性のあるものにする方法だ。ノーベル賞受賞者のアマルティア・センの有名な指摘として、アローの定理の問題は、好みの強さと重みを考慮に入れれば消え去る。そして加重投票はまさにそのような問題に応える。[6] サブグループの代表は大きな課題だ。強い⿻的理由からもそれは重要なのだが、その多くの実現方法が不十分であるか、過度に厳格で規範的なのだ。これらは、投票の極端な単純さという問題が核心にある。投票者の考えや好みに関する情報があまりに限られているのだ。

最近の2つの発展により、これらの問題に対処するための、不完全ながら刺激的なアプローチが示された。ひとつ目のアプローチは、このセクションの冒頭で取り上げたクアドラティック投票と、投票の重み付けを組み込む各種の関連アプローチだ。クアドラティック投票は、統計学者（残念ながら優生学者）ライオネル・ペンローズに由来する。彼は、著名な現代の天体物理学者ロジャー・ペンローズの父だ。彼は投票を重み付けする際に、その投票結果について2倍の正当な利害関係を持つ集団に2倍の票を与えることは、一見すると妥当に見えるが不適切だと指摘した。なぜならそれをやると、その集団には2倍以上の権力が与えられてしまうからだ。協調していない投票者は平均して互いに打ち消し合うため、完全に独立した1万人の投票者の影響力は、ひとりが1万票を持った場合の影響力よりもはるかに小さいのだ。[7]

ペンローズと同時にJ・C・R・リックライダー（右記の「3-3失われた道（ダオ）」のヒーロー）が研究した物理的なアナロジーを見れば、いまの話は理解しやすいかもしれない。[8] 騒がしい部屋での会話を考えよう。部屋全体の喧噪の雑音は、会話相手の声の強さよりもはるかに大きい。それでも、相手の言っていることは聞き取れる。これは人間の集中力のおかげもあるが、もうひとつの要因は、その背景となる喧噪が「雑音」になるのはまさに、それぞれの寄与音が、注意を払っている（近くの）声よりもはるかに弱いからだ。この雑音は大部分が相関を持たないので、平均すると打ち消し合い、ほんの少し強いひとつの声のほうがはるかに強く目立つのだ。視覚信号処理も同様で、さまざまな落書きがあってもそれは打ち消し合って灰色または茶色の背景に溶け込み、わずかに強い明確なメッセージが際立つ。

　背景信号が完全に無相関で多数の場合、これを数学的に説明する簡単な方法がある。無相関な信号は、その数の平方根に比例して増加するが、相関する信号はその強さに正比例して増加する。したがって、無相関の投票１万票は、相関のある投票１００票と同じだけの重みを持つ。つまりステークホルダーに、その力にきちんと比例する権力を与えるには、その投票の重みをステークホルダーの平方根に比例して増加させればいいのだ。この原則は、しばしば「逓減比例」と呼ばれる。これは加重投票と単純投票という直感的な手法の間で幾何学的（乗法的）妥協を行い、問題と投票について選好の強さを表現しつつ、投票者がその問題に置く「重み」の平方根を取ることで、右記のいくつかの課題に対処するという手法だ。前者の考え方はペンローズの「平方根投票（スクエアルートボーティング）」ルールであり、ＥＵ加盟国の統治のいくつかの要素でそれに似たものが使用されている。後者は右で説明したＱＶルールであり、別の例としては、支出の優先順位付けにコロラド州議会で頻繁に使用される。

　ただし注意すべき点として、これらの明確なルールが最適となるのは、投票者が内部的に完全に統合され、外部的に完全に無相関／無調整である場合に限られる。⿻思考に基づけば、このような単純なモデルには警戒が必要で、個人や組織間の社会的つながりにも配慮すべきだが、もちろん投票システム内でこれらを考慮するには、記録して反映させるためのIDの仕組みが必要となる。

近年普及しているもうひとつの互換性のあるアプローチは、「液体民主主義」（LD）だ。このアイデアは、チャールズ・ドジソン（別名ルイス・キャロル、古典児童書『不思議の国のアリス』著者）の画期的な研究にまで遡る。彼はQVの着想のきっかけとなった、複数の票を持つ人々の投票の重み付けの問題を最初に提起した。[9] LDは比例代表制のアイデアを拡張し、すべての投票者が自分の投票を他の人に委任できるようにし、その後、その人がそれを再委任できるようにすることで、ボトムアップの創発的な代表パターンを実現する。[10] このような仕組みは、特に企業やその他の営利目的の組織（DAOなど）のガバナンス、およびアイスランドなど一部の政治的状況で、ますます普及している。ただし、この仕組みだと委譲された権限が少数者に集中することが多いため、権力が過度に集中しがちだ。この傾向により、当初の熱意はいくぶん冷めてしまった。

投票のフロンティア

QVとLDは、将来の投票システムが現状よりはるかに豊かになるという根本的かつ革新的な可能性を示す。有望な例をいくつか見ると、その可能性がいかに広いかわかる。

- **相関割引と固有投票**：ＱＶとペンローズの法則は、個人や社会グループ（国家など）の投票の重みに逓減比例（平方根ルールなど）を適用する。これを自然に拡張すると、一般的な統計モデルに見られるように、個人内および個人間での相関／調整を行うときに使う根拠の多様性を認めることになる。この場合の最適なルールは、おそらく社会的つながりの度合いに基づく部分的な「相関割引」と、統計モデリングで一般的な、調整と相関を促進する根本的な社会的「主因子」の特定に基づくものとなる。[11]これらの根本的な独立因子は「固有値」と呼ばれ、逓減比例を適用すべき「実際の」独立投票者と見なせる。このプロセスは、Googleの検索結果のランキングにかつて使われていた、ペイジランクの動作と似ている。これにより、既存の分裂の硬直性と固定化を回避する、動的で適応性のある最適化された多極共存主義が生じる。
- **適応型代表制**：適応型代表制への似たような別のアプローチは、単一選挙区制または連邦制だ。ただしその境界を地理のみに基づくのではなく、地理的類型（都市部と農村部）、人種、教育などの現在の社会的格差に基づくようにしよう。明らかに、このアイデアは以前のものと同様に、こうした特徴を投票プロセスに入力するための、ＩＤシステムに大きく依存する。
- **予測投票**：ロビン・ハンソンは、予測市場（人々が将来の結果に賭ける市場）と投票の組み合わせを昔から提唱している。彼が提唱した「未来支配（Futarchy）」提案は、これら2つの要素をもっと明確に分離するのが主眼ながら、本書を執筆するときのガバナンスでは、すでに述べたようにその混合版を使っている。参加者が同時に投票して決定の結果を予測し、正しい決定に対して報酬を受け取れるようにしているのだ。[12] このような仕組みは、提案やオプションの範囲が広い場合に特に有益となる。予測によって、注目に値する提案に注目を集め、それを投票で決定するというわけだ。

- **クアドラティック液体民主主義**：右で述べたように、液体民主主義が引き起こす権力の集中を避ける自然な方法は、逓減比例を使用することだ。RadicalxChangeは、非営利の推進団体だが、内部での意思決定のために、これと似た仕組みを実装している。
- **支援付きリアルタイム投票**：よく議論されるもうひとつのアイデアは、デジタルアシスタントが投票者の視点や好みをモデル化し、本人に代わって投票すれば（ただし本人のレビュー／監査は受ける）、投票をはるかに頻繁かつきめ細かく行えるというものだ。[13]

おそらく、最もエキサイティングな可能性は、これらの組み合わせだろう。無限の多様性、無限の組み合わせを支えるよう無限に組み合わせれば、無限の多様性が形成される。

投票の限界

しかし、納得いく妥協に達するための、こうした非常に柔軟で適応性のあるアプローチについてですら懸念はある。そういう妥協そのものが、対立の産湯と一緒に多様性という赤ん坊まで捨ててしまうのでは、というものだ。とはいえ固有投票や高度な流動的民主主義といった仕組みの最も興味深い特性のひとつは、それらが新しい種類の連合と代表を生み出す可能性があるという点なのだ。一人一票のルールは、支持の多い側に非暴力的な方法で権力を握らせて紛争を回避するために生まれた。ここで挙げた各種の仕組みは、もっと洗練された理論に基づいて紛争を緩和しようとしている。その理論とは、紛争が生じるのは、同じグループが一貫して多数派と少数派を形成し続けるのを容認することで、既存の社会的分裂を一貫して強化してしまうからだ、というものだ。ここで提案した仕組みは、従来所属していたグループからの支持を割り引くことで、既存の紛争強化を避け、既存の境界線を越える新しい紛争を作り出す。これで妥協したのと同じくらい多くの多様性が生まれることもある。しかもそれは、しつこい分裂を固定化しない方向のものになるかもしれない。

しかしこれらの長所にもかかわらず、投票はどんなに豊かな形態でさえ、他の社会的プロセスによってすでに提起された決定についての好みを表現し、決定することしかできない。右記の方法のいくつかを組み合わせれば、投票についての理解は一変し、今日のアプローチはかつてのそろばんのように、古くさいものに見えてくるだろう。しかし、この可能性に惑わされて、前の節で説明した豊かなコミュニケーションと共同設計が不要になると思い込んでしまったら、人間性の豊かさを根本的に損なってしまう。私たちが概説したクリエイティブコラボレーション、熟議、想像力、および行政管理システムの文脈がなければ、集団的決定は無意味だ。

また、投票システムが現在の国境を大きく越える可能性は、当分の間ほぼなさそうだ。ここで述べた仕組みを支えるには⿻ＩＤシステムが必要となる。そこから見て、国境を越えた新しい集団に基づく投票は、不可能ではないにしても、そうした投票の仕組みが真に世界的な正当性をすぐに獲得する可能性は低いだろう。そこまでの多様性の範囲に真に到達するには、コラボレーションの基盤の中でも最も希薄な、市場経済を再考する必要がある。

5-7 社会市場

先述のとおり、オープンソースソフトウェア（OSS）は世界で最もダイナミックなエコシステムのひとつだ。しかし、そのソフトウェアは無料で利用できるので、信頼できる資金源にはずっと苦労してきた。同時に、多くの公的および慈善的な資金提供者は、このエコシステムに価値を見出しているが、従来の学術研究などと比べてきわめて多様なので、どのプロジェクトをサポートすべきかの判断が難しいと感じている。

この課題を克服する最近の試みは、マッチングファンドとコミュニティ寄付の重視だ。スポンサーは複数のプロジェクトをサポートするが、資金プールがどこに使われるかを決めるのは、プロジェクト参加者の小額寄付なのだ。従来、このようなシステム（GitHub スポンサーなど）は裕福な参加者（企業など）に操作されてしまいやすかった。そうした寄付者がマッチングファンドの大部分を支配しているからだ。

これを克服するために、Gitcoin Grants などのいくつかの新しいマッチングプラットフォームが受け取った資金の総額だけでなく、個々の貢献者や関連する社会グループにわたる資金

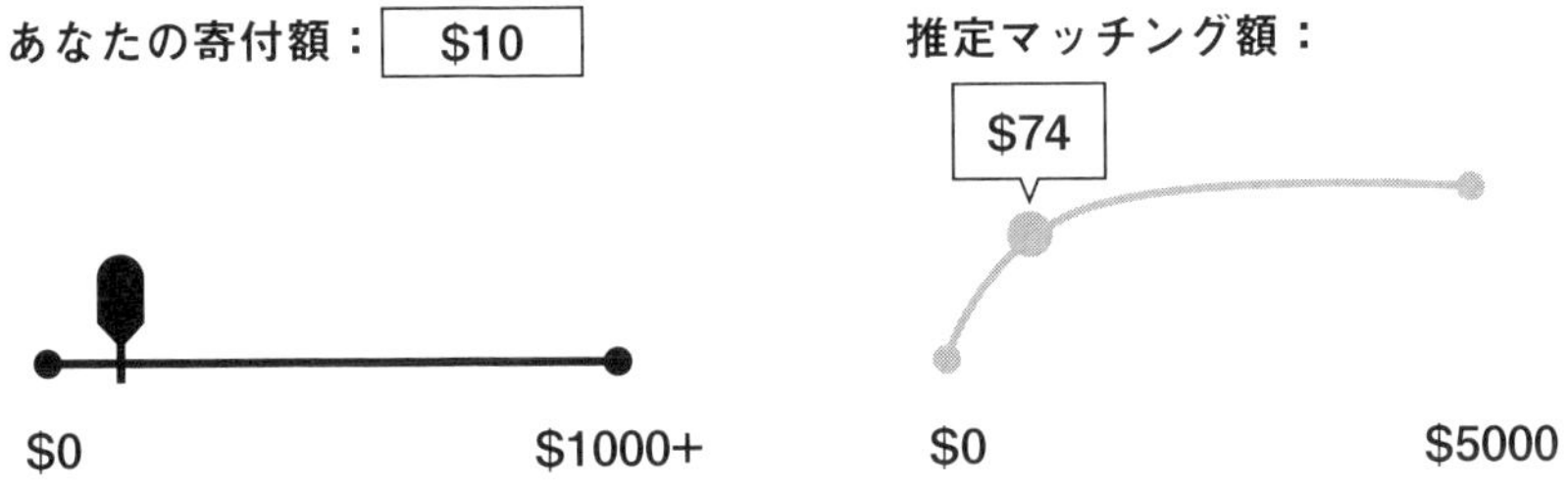

図 5-7-A　Gitcoin 上の寄付はマッチングプールで、クアドラティック資金提供によりマッチングされる。クアドラティック資金提供は社会的な距離を超えて多くの少額寄付の重要性を高めるので資金調達式である

源の多様性も考慮した「複数資金」方式を使用して、スポンリー（小口寄付者と助成金）を結びつけている。これらのプラットフォームはOSSの重要な資金源となり、合計で1億ドル以上の資金を調達している。これは、台湾のWeb3関連プロジェクトや、本書のサポートでもきわめて重要だ。また、OSS以外の分野(環境、地域ビジネス開発など）にもますます使われている。

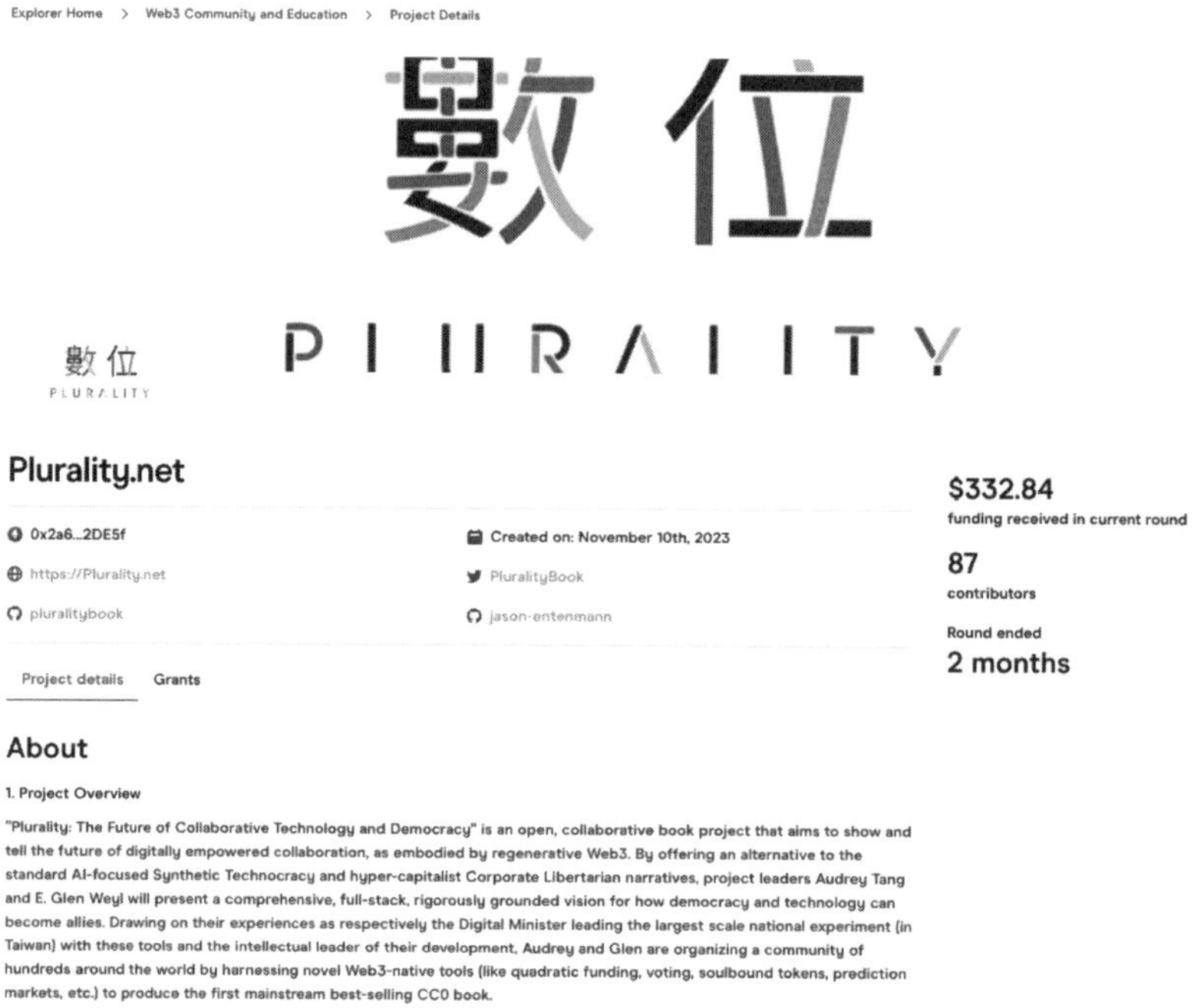

画像 5-7-B　Gitcoin 上の本書のプロジェクトページ。2024 年 2 月 2 日段階、寄付者 87 人から $332.84 を受け取った

出典：アプリケーションからの画面キャプチャ

グローバル資本主義ほど、幅広い社会的多様性を超えて多くの人々を連携させ、協力的な交流を行う制度はない。国際ガバナンスの権限と力は限られているため、投票や熟議を通じて国境を越えた公共財を提供する能力は大幅に制限されてしまうが、万能のドル（および人民元）は地球上のほとんどの場所で尊重される。

資本の流れとその投資先となるテクノロジーは、世界中の生活に影響する。国際貿易などの商業協定は、最も強力でほぼ普遍的に尊重されている協定のひとつだ。私有財産は、「法治」の中で他のどんな部分より世界的に一貫して重視されている。[1] ソ連崩壊以来、国境はほとんど動かず、新しい国家はほとんど生まれていないが、Amazon、Google、Meta などの企業は、おそらくほとんどの国民国家を上回るほど、地球上で有力な地位に成長した。

同時に市場は、その上に構築された各種の精巧な金融および企業構造にもかかわらず、人間の協力のパターンとしては極度に単純な構造と言える。市場は広範囲に適用できるが、後で説明するように、市場が望ましいという議論は、買い手と売り手のペア間の双方向取引のビジョンに基づいている。売り手と買い手は同じ立場で、したがって同様に無力な数多くの買い手と売り手を代表している。その買い手と売り手はすべて、事前に決定された一連の私有財産権に縛られており、その財産権は取引当事者以外への「外部性」をすべて回避するものとされる。

集団レベルの創発的で予想外の影響、スーパーモジュラリティと共有財、異質性、情報の多様性といった概念は、市場の自然で理想的な機能を妨げる「不完全性」または「摩擦」として括られてしまう。

この論争は、社会科学者アルバート・ハーシュマンが記述したとおり、資本主義が台頭するずっと前から、資本主義をめぐる対立の核心となってきた。[2] 一方で、市場はほぼ唯一無二の普遍的な「文明化」を行うもので、社会集団間の対立の可能性を軽減し、起業家精神が（社会的）イノベーションを促進し支援するという、新しい形態の大規模な社会組織を創出する「ダイナミック」なものだとされている。[3]

その一方で、市場は、他の形態の大規模な社会的相互作用の繁栄をサポートすることが苦手だ。市場は、ここで登場した他の多くの協働テクノロジーを腐食させてしまう。いくつかの新しい形態のコラボレーション創出を可能にする一方で、市場はそれを搾取的で社会的に無責任で、しばしば無謀な独占に変える傾向があるのだ。

ここではこのパラドックスと、本節の冒頭で説明したような急進的な新しい形態の市場が、この包括的でダイナミックな特徴を維持し、拡張しながら、はるかに多様で豊かな人間のコラボレーションを促進する方法を検討しよう。

今日の資本主義

資本主義は、生産手段の私有、自発的な市場ベースの交換、そしてこの出発点から生じる利益動機の自由で活発な運用に基づく仕組みだと一般的に理解されている。今日のグローバル資本主義（「新自由主義」とも呼ばれる）には、次のようないくつかの連動するセクターや特徴がある。

①自由貿易：世界貿易機関（WTO）などの組織によって監督される広範な自由貿易協定により、地球上のほとんどをカバーする行政区域間で、さまざまな商品がほぼ妨げられることなく確実に流通できる。

②私有財産：ほとんどの実物資産と知的資産は私有財産として保有されており、使用、処分、利益の権利がまとめて与えられている。これらの権利は、国際的な領土および知的財産条約によって保護されている。

③企業：市場外ガバナンスを使用する大規模なコラボレーションのほとんどは、国民国家または多国籍企業によって行われ、その多国籍企業は営利目的であり、株主所有で、一株一票の原則によって管理される。

④労働市場：労働は「自己所有権」という考え方と賃金制度に基づいているが、いくつかの重要な但し書きがつく。人々は通常、働くために行政区の境界を越えて自由に移動することはできない。

⑤金融市場：企業の株式、ローンなどの金融商品は、将来の予測に基づいてプロジェクトや

物理的な投資に資本を割り当てる高度な金融市場で取引される。

⑥ベンチャー企業と新興企業：新しい企業、したがって大規模な国際協力のほとんどの新しい形態は、「ベンチャーキャピタル」システムを通じて誕生する。このシステムでは、「新興企業」が、新しいビジネスを始めるために必要な資金と引き換えに、将来の潜在的な収益または再販価値の株式を公開市場に売却する。

この構造については、多くの教科書が書かれている（著者の友人たちのものもある）[4]。これは、人類がこれまでに考案した最も強力な協力形態のひとつであり、過去2世紀にわたる世界中の物質的条件の、空前の進歩の中心だったことは間違いない。さらに、経済学における最も有名な理論的結果は「厚生経済学の基本定理」であり、そこでは特定の条件下では市場が利己的な個人を「見えざる手によって」公共の利益に奉仕するように導くと主張されている[5]。ただし、この結果が得られる条件と範囲は非常に限定的であるため、資本主義には多くの既知の問題がある。

①収穫逓増と公共財：おそらく、現代経済学の先駆けとなった「限界革命」の創始者たちが強調した最も制約的な条件は「収穫逓減」であり、これは私たちがコラボレーションを定義するために使用したスーパーモジュラリティとは正反対のものだ。これは、生産が「限界収穫逓減」、またはもっと一般的で形式張らない言い方をすれば「全体が部分の総和よ

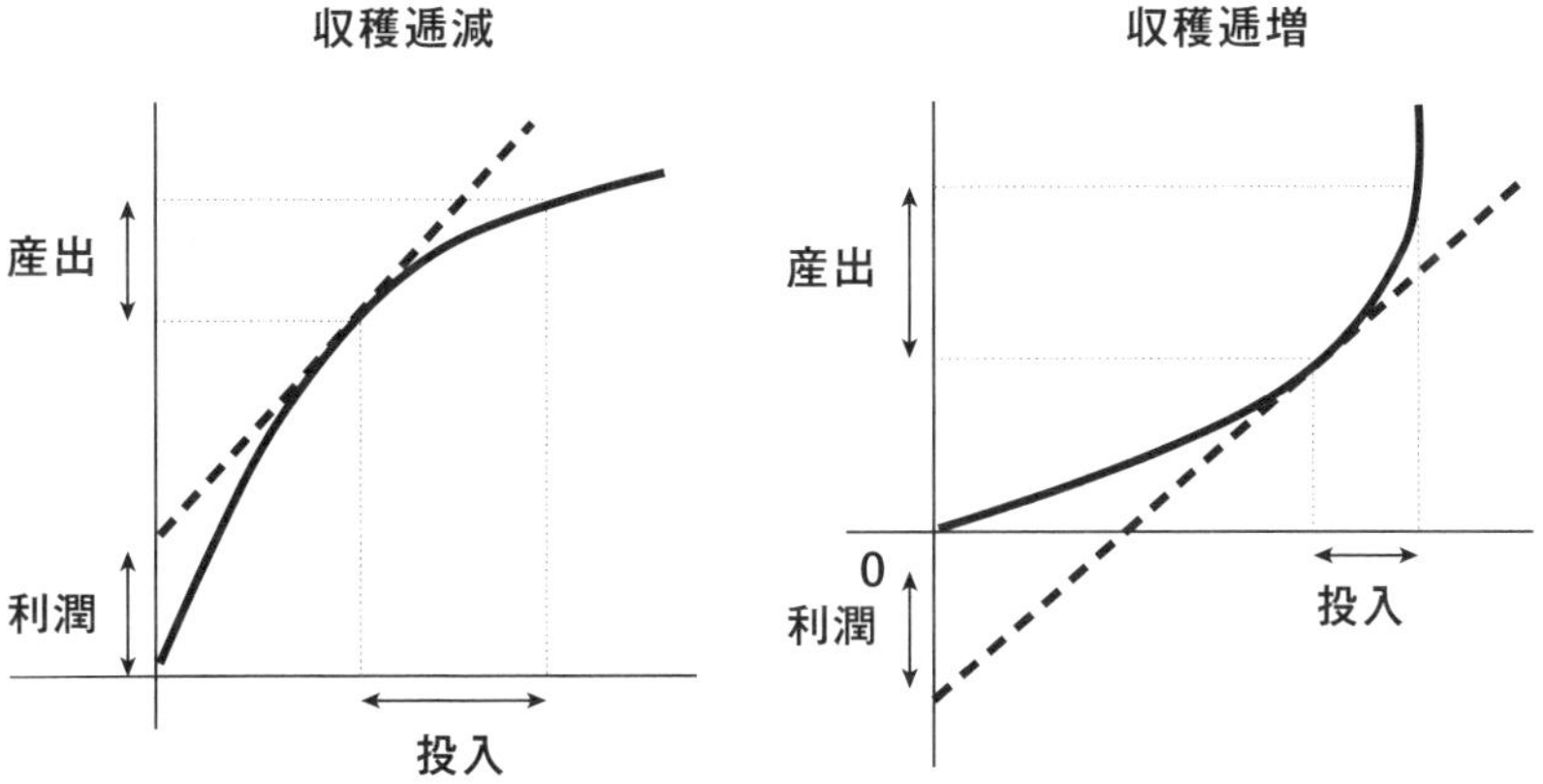

図 5-7-C　限界収益の支払いは、労働者などの要素提供者たちに、投入に対する産出のグラフの接線を投入 0 にまで伸ばして得られる金額を支払う必要が生じる。原点とのギャップは利潤を示し、これは収穫逓減下ではプラスだが、収穫逓増ではマイナス（つまり損失）となる

りも小さくないと」いけないということだ。このようにして初めて、利益のある生産は、たとえば労働者に生産への限界貢献を支払うという原則と整合する。収穫逓増がある場合、すべての人に限界生産物を支払うと、図5-7-Cに示すように損失が生じてしまう。追加コストをほとんどかけずに多数の人々に利益をもたらし、人々にそれを使わせないようにすることが難しい公共財は、収穫逓増の極端な例であり、経済学者は長い間、市場ではこれらの公共財が著しく不足していると主張してきた。しかし、収穫逓増／スーパーモジュール性のそれほど極端でない例も、資本主義では著しく不足している。これらの財が成長と発展にとっていかに重要であるかを示したポール・ローマーとポール・クルーグマンなどには、ノーベル賞が授与された。[6] つまり、グロー

バル資本主義の最大のパラドックスは、それがコラボレーションの最大規模の例なのに、自らが先導する技術的コラボレーションをきちんと支えられずにいるということかもしれない。

②市場支配力：共有財からの排除が障壁や暴力で行われる場合、アクセス料金を課すことで、そのようなコラボレーションへの資金提供を部分的に緩和できる場合もある。しかし、これは独占的支配を生み出し、権力を集中させ、コラボレーションの拡大によって生み出される価値を減らし、サポートしようとしているコラボレーションそのものを損ないかねない。

③外部性：ジョン・デューイの1927年の古典『公衆とその諸問題』の核心は、善かれ悪しかれ、イノベーションが新しい形の相互依存を生み出すという認識だ。[7] 19世紀の原動機は人間の生活を変えたが、予期せぬ形で環境を変貌させた。ラジオ、航空、化学薬品……すべてが協力のあり方を一変させたが、従来の「所有権」システムや規則が一般的に考慮していなかったリスクや害も生み出した。これらの「外部性」の被害者（または場合によっては受益者）は、構造上、市場取引の直接の当事者ではない。したがって、市場で開発された新しいコラボレーション手段が革命的なら、市場とそこから生み出される企業は、イノベーションの影響を受ける人々を直接巻き込むことはないので、その人々の恩恵を十分

に活用することもできず、リスクを軽減することもできない。

④分配：理論的には、市場は分配にまったく無関心であり、望ましい分配目標を達成したければ「賦与」を使って再編成すればいいとされる。しかし、この理想的な再分配を達成するには非常に大きな実務的ハードルがあり、そのため市場は、しばしば驚くほど不平等な結果をもたらしかねない。そして時にはその不平等が、いわゆる「効率」便益とはまったく関係のない理由から生じる。そこから生じる直接的な懸念に加えて、前節で説明した他の共同作業の形態でしばしば想定または利用される、もっと大きな平等の毀損も生じかねない。

これらの課題の認識と対応は、おそらく世界の多くの地域で過去１５０年間の政治の主要な潮流だったため、ここではごく表面的におさらいするにとどめる。

①独占禁止法と公益事業規制：19世紀後半から20世紀初頭にかけての米国のポピュリスト運動の主な焦点は、構造的介入（企業分割や合併防止など）または行動的介入（価格や差別禁止規制など）を組み合わせて、企業独占の力を抑制することだった。[8] これらは独占の濫用に対処するのに役立つが、コラボレーション（規模）の利点を減らしたり、国家による統治の硬直性を再導入したりするという代償を払うことも多い。起業家精神がそうした硬

直性を克服できるようにすることが、大きな利点をもたらすのだ。

②労働組合と協同組合：市場支配力に対処するための代替アプローチは、企業に権力を握られている人々に、その企業への発言権を与える企業ガバナンスモードの創設である。強力な組合は、企業の労働市場支配力を「相殺」し、協同組合または「共同決定」構造を通じて顧客または労働者に企業ガバナンスでの発言権を持たせるために創設される。[9] これらは企業支配力に対する最も活発で効果的な是正策の一部だが、伝統的なフルタイム雇用モデルに限定されている。そのモデルは労働市場のダイナミズムと国際性、およびデジタル時代のコラボレーションの多様性になかなか追いつけていない。

③土地強制収用権／強制買収および土地／財産税：小規模な市場支配力（土地や特定の財産に対するものなど）に対処するために、多くの行政区域は「土地収用」または「強制買収」の権利を持つ。通常は補償金を支払うことで、司法審査の対象となる公的機関の支援を受けて、私有財産を強制的に買い戻せる。一部の行政区域では、不平等を減らし、資産を独占する可能性のある人々から資産の循環を促進するために、土地、財産、相続に税金を課す。これらのアプローチは、社会の公平性と発展にとって重要だが、その財産の公正な評価を、しばしば脆弱な行政プロセスに大きく任せてしまう。

④産業、インフラ、研究政策：市場が公共財などスーパーモジュール型コラボレーションに資金を投入しない傾向を克服するために、多くの政府はインフラ（交通、通信、電化など）、新技術の研究開発、新しい（国にとっての）産業の規模拡大に資金を提供する。これらの投資は、技術、産業、社会の進歩に不可欠だが、資本主義のように国境を越えることは難しく、支援する分野の参加者が持つ情報よりもはるかに少ない情報しか持たない官僚機構により牛耳られてしまいがちだ。

⑤オープンソース、慈善団体、第三セクター：同様の目標に対するより柔軟なアプローチは、慈善団体やボランティア活動（OSSコミュニティなど）を含む「第三」または「社会」セクターの取り組みであり、これは自発的かつ非営利ベースでスケーラブルなコラボレーションを構築する。これらは今日、最もダイナミックな規模のコラボレーションのひとつだが、きわめて強力な市場や政府機関からの財政的支援がないため、規模の拡大や維持が難しいことも多い。

⑥ゾーニングと規制：市場が外部の害悪と利益を考慮に入れないというリスクは、通常は政府が市場活動に課す規制によって対処される。これは通常、より広いレベルでは「規制」、よりローカルなレベルでは「ゾーニング規制」と呼ばれる。特に環境問題では、経済学者が好む「ピグー税」や取引可能な許可証などの解決策が使用されることもある。これらの

規制は外部性に対処するための中心的で不可欠な方法だが、右で説明したように、国家（またはは対応するローカルな正当化）に基づく厳格な意思決定の限界に縛られ、その経済的利害関係を考えると、それに関連があると想定される一般市民の利益すら十分に反映しない利益団体に捕捉／制御されてしまいかねない。[10]

⑦再分配：先進資本主義国の多くは、所得と商業に対する広範な課税制度を有しており、その資金は社会保険や公共福祉制度などへ充てられ、極端な不平等に対する牽制として、さまざまなサービスと財政支援の提供を確保する。しかし、土地税や資産税の約束とは対照的に、これらの主要な収入源は、一般的に市場の機能を部分的に妨げるし、最も暴走した富の多くを是正できずにいる。また不平等が他の協力形態を妨げる構造的な方法を完全には修正しきれていない。

これらの解決策の限界は広く認識されており、1970年代以降、多くの国で大きな反発、いわゆる「新自由主義的反動」を引き起こした。しかし市場の限界は依然として存在し、過去10年間でこれらの解決策がどれも復活したし、また、その欠点を克服して、それらが生み出すトレードオフの多くを回避する創造的な試みも復活した。

明日の社会市場

「3－2つながった社会」の節で強調したように、市場のダイナミズムを統合し、さらに強化すると同時に市場の限界に対処したいという願望が、⿻、特に経済学のノーベル賞受賞者ウィリアム・ヴィックリーを含むヘンリー・ジョージと彼の追随者の思想の主な動機だった。本書の著者グレン・ワイルの前著はヴィックリーに捧げられている。[11] ヴィックリーは、これらの可能性を探求し、過去に展開された多くの創造的な可能性につながった「メカニズムデザイン」という経済学のサブフィールドの先駆者なのだ。

・**部分的な共通所有権**：土地税（固定資産税）課税の課題を克服するために、中華民国の建国者である孫文（「2－1玉山からの眺め」で詳しく議論した）や経済学者アーノルド・ハーバーガーなど多くの歴史思想家が、所有者に財産の価値を自己評価させ、売却時にはその評価額で売るという罰則を課すよう提案した。[12] これには、課税のために正直な評価を強制すると同時に、十分に活用されていない資産や独占されている資産を、もっと広範な国民に譲渡するという効果がある。これは、ブロックチェーンなどのデジタル資産レジストリで簡単に実施できるため、近年、特にNFT（非代替性トークン）アート作品で普及しており、台湾の土地にも長年使用されてきた。[13]

・**クアドラティック資金調達と資金調達**：ここの冒頭で説明したように、行政管理者の限られた知識に過度に依存せずに公共／スーパーモジュール財に資金を提供する自然な方法は、行政管理者、慈善家、または公的機関が、分散した個人による寄付をマッチングさせることだ。メカニズムデザイン理論は、前節でのクアドラティック投票を支持する論理に似ており、同じような分散行動を前提とすれば、同額の資金は個々の寄付の平方根の合計の二乗に比例し、少数の大規模な寄付者よりも多数の小規模な寄付者に大きな重みを与える必要があることを示せる。[14] 最近の設計では、グループの利益と所属を考慮するために、従来の個人主義設計を超える形でこれが拡張されている。[15]

・**ステークホルダー企業**：部分的な共同所有とクアドラティック資金調達は、組織と資産管理の循環確保に役立つが、顧客や労働者などの「ステークホルダー」に対し、不当な権力を行使したりせず、組織が彼らに奉仕することを直接保証するものではない。右で述べた伝統を踏まえて、近年では環境、社会、ガバナンスの原則、プラットフォーム協同主義、分散型自律組織（DAO）、独占禁止法における「ステークホルダー救済策」（つまり、独占禁止法違反を利用して、不当な扱いを受けたステークホルダーに発言権を与える）、データユニオン、そして最も重要な大規模基盤モデル企業の多く（OpenAIやAnthropicなど）を部分的な非営利団体または長期的利益法人として組織するなど、「ステークホルダー」企業を設立するためのさまざまな新たな動きが生まれている。[16]

- **参加型設計と予測市場**：企業内および企業と顧客とのつながりで、リソース割り当てをもっと動的に行うために、デジタルプラットフォームとメカニズムの利用も増えている。[17] 例としては、Roblox や LEGO Ideas などのエンターテインメント・プラットフォームで、顧客が新製品設計に貢献して報酬を得たり、新製品の売り上げなど企業に関連する結果を予測したステークホルダーに報酬を与えたりする予測市場などがある。

- **マーケットデザイン**：最近いくつかのノーベル賞が授与されたマーケットデザインの分野では、メカニズムデザインを適用して、取引の社会的影響を無視するために生じる市場支配力や外部性の問題を軽減するような、市場制度を構築している。例としては、取引可能な炭素排出権の市場、右記の「4-4財産と契約」で説明したオークション設計の例、コミュニティ通貨などのデバイスを使用したコミュニティ内の疑似市場制度（教育、公営住宅、臓器提供など）を促進する市場が挙げられる。これらの市場で外部通貨を使用すると、コアバリューが著しく損なわれかねない。[18]

- **経済的名声**：これらのローカル通貨市場に関連するのは、社会的名声／資本のさまざまな定量的マーカー（バッジ、フォロワー、リーダーボード、リンクなど）が、業績の「通貨」として、譲渡可能なお金に部分的または完全に取って代わるオンラインシステムだ。[19] これらは、多くの場合、広告、スポンサーシップ、クラウドファンディングなどのさまざまな収益化チャネルを通じて、より広範な市場と部分的に相互運用できる。

単純化された市場に代わる選択肢がこのように大量に登場したことで、市場の従来の限界を超える試みは強く促進される。しかし、これは将来の技術が可能にする社会市場の可能性の終わりではなく、その発端でしかないのだ。

社会市場のフロンティア

これらの実験をもとに、包括的に変革された市場システムの姿を垣間見られる。最も有望な要素には、次のものがある。

①循環投資：経済理論の最も注目すべき結果のひとつは、ヘンリー・ジョージにちなんで名付けられている。もともとはヴィックリーが証明したものだが、リチャード・アーノットとノーベル賞受賞者のジョセフ・スティグリッツが初めて発表したヘンリー・ジョージ定理は、大まかに言えば、適切に設計された共同所有から徴収できる税金で、スーパーモジュラー投資に必要なすべての補助金を賄えると述べている。[20] この結果はきわめて一般的なものだが、簡単な例としては、優れた地元の公立学校を建設すると、周辺の地価が上がると

いうものがある。この価値が土地税によって回収できたら、原理的には資金を投入する価値のある教育投資がすべてそれで賄える。より一般的には、この結果は、課税／共有財産の革新とスーパーモジュラー活動への資金の割り当てによって進歩を生み出すという、超伝導回路で実現されるような、ほぼ無限の可能性を示唆する。

②**財産**：これらの資金をどうやって調達できるだろうか？　部分的な共有財産制度は興味深い出発点ではあるが、土地やその他の資産の使用方法と安定性に関する共通の利益を認識し、保護できるツールと組み合わせる必要がある。前節で説明した投票システムが、ここでの自然な答えとなる。これらを合わせた財産制度には大きな可能性があり、さまざまな富の価値の多くを交差する公衆（「fructus」）に還元すると同時に、これらのコミュニティに重要なアクセス（「usus」）と処分（「abusus」）の権利も与える。

③**国境を越えた資金調達**：資金調達は、調達したリソースを配分するために、現在の境界を大幅に越えることも可能だ。最も興味深い方向性として、行政区域を越えた資金調達と時間的枠組みの拡大が挙げられる。現在の国際貿易条約は、主に貿易障壁の撤廃に焦点を当てており、そこには前述のスーパーモジュール型生産を支える補助金も含まれる。将来の国際経済協力の形としては、資金調達のようなメカニズムを活用して、行政区域を越えた経済ベンチャーのためのマッチングファンドの編成が考えられる。資本主義の重要

な利点のひとつは、企業が遠い将来の利益のために資金を調達するという、重要な時間的枠組みの計画要素を備えた、数少ない大規模なシステムだということだ。[21] しかし、たとえば、世代を超えた協力やまだ生まれていない人々との協力を促進する機関などのために、マッチングファンドを備えたさらに野心的な時間的枠組みの経済システムも考えられる。これにより、長期計画の欠如や、多くの方面で評価されている過去の制度の保全に関する懸念が克服され、「未来省」の有機的なものも可能となるかもしれない。[22]

④創発的公衆：この仕組みで支援された組織が、ステークホルダーに対して真に説明責任を果たすようになる可能性も同様に有望だ。各種のステークホルダー（労働者、顧客、サプライヤー、汚染物質の投棄や誤報などの負の外部要因の被害者など）は、右で説明したようなIDシステムを活用して追跡できる。次に、これらのステークホルダーを、先ほど強調したような投票および審議システムを使用して参加に結びつけられる。これにより、個人に求められる時間と注意力がはるかに少なくなり、既存の集団統治よりも迅速に広く正当な決定を下すことができる。[23] それによって、真に民主的で創発的公衆による統治が、従来の企業統治に代わる現実的な選択肢になる。そうなると、新興技術を政府と同じくらい合法的な方法で統治する新しい民主的な組織が、新興企業と同じくらい頻繁に出現し、ダイナミックで合法的な統治のネットワークを形成する未来も考えられる。

⑤マネジメント：社内では、企業ガバナンスに典型的な階層構造を超えた仕組みも現実性を増している。この本の作成で使用した複数管理プロトコルは、多様な参加者からの貢献の種類と範囲を追跡し、右で説明したようなメカニズムを利用して、作業の優先順位付け（これにより、それらの問題に対処する人の認識が決定される）と、権限を行使し、他の人の決定についての予測に基づいて、プロジェクトに組み込むべき作業を決定する。[24]これにより、階層の重要なコンポーネントの一部（信頼できる権限による評価、それらの権限に応じたパフォーマンスに基づく権限の移行）が直接的な階層報告構造なしで可能になり、ネットワークが厳格な階層に取って代わるかもしれない。

⑥ポリポリタン移民政策：こうしたメカニズムを通じて国際労働市場の厳しさを打破する可能性も高まってきた。哲学者ダニエル・アレンが提案しているように、移住は受け入れ国のひとつ以上の市民社会団体からの支持または支援を条件とすればいい。民間のコミュニティベースのスポンサーシップを認め、長期労働許可のための多様な資格取得経路を認めているカナダや台湾などの国の既存の慣行を拡張し、組み合わせるのだ。[25]これにより、国家による労働移動の厳格な管理を緩和しつつ、社会統合による危害や課題を回避するための説明責任を維持できるかもしれない。

これらは可能性の上っ面を撫でたにすぎないが、原理を活用することで、市場がどれほど大きく再編できるか示せたとは思う。市場と国家をめぐる論争は、しばしばありきたりなパターンに陥るが、この単純な二項対立を過激に超える可能性は、他の⬚分野に負けず劣らず広いのだ。

社会市場の限界

しかし、市場の潜在能力を、奇跡の治療法や未来の主要パターンだなどと誤解してはならない。ここで述べた非常に豊かな形態のものですら、市場はまだ薄い殻のようなものでしかない。せいぜい従来の市場を快適にフィットさせ、豊かな人間関係の多様性に物質的なサポートとインターフェースを提供できるようにするだけだ。最悪の場合、市場を弱体化させる可能性すらある。したがって、市場のサポートで開花する新興の社会形態の背景に溶け込んで見えなくなるくらい柔軟な市場形態を作り上げるよう期待するのが関の山なのだ。

最も厳重に警戒しなければならないのは、権力を民間組織または限られた文化集団に集中させ、多様性を均質化し侵食するという市場の傾向だ。これを克服するには、私たちが強調したような既存の権力の集中を侵食しつつ、意図的に新しい多様性を促進する制度が必要となる。また、ここで示唆したように、投票、審議、クリエイティブなコラボレーション[26]など、多様性をまたがる他の形態のコラボレーションを常に市場と交差させつつ、それらをより広範な市場の力から意図的に隔離できるような市場システム（⬚マネーなど）も作成すべきだ。

しかし、明らかな危険や限界があっても、⬚を追求する者は市場を消そうなどと望んではいけない。最も広い社会的距離を越えて、協力は無理でも共存くらいは調整するような何かが必要だというだけなのだ。そして、これを実現する他の多くの方法は、投票のような希薄な方法でさえ深いつながりを伴うため、均質化のリスクがはるかに高くなる。社会を意識するグローバル市場は、グローバル政府よりもはるかに大きな可能性を秘めている。市場は、他の多くの協力形態と共に進化し、繁栄して、⿻未来を確保するべきだ。

第 6 章

その影響

6-0

⿻から現実へ

⿻は、今後10年間で、社会のほぼすべての分野を変革する可能性がかなり高い。私たちが検討している例は次のとおり。

①職場。経済産出を10％増加させ、経済成長率を1ポイント引き上げられるだろう。
②保健。人間の寿命を20年延ばせるだろう。
③メディア。SNSによって生じた溝を修復し、持続可能な資金を提供し、参加を拡大し、報道の自由を大幅に拡大できる。
④環境。私たちが直面している深刻な環境問題のほとんどに対処するうえで中核となり、従来の「グリーン」テクノロジーよりもさらに重要となる。
⑤学習。現在の学校教育の線形構造を覆し、はるかに多様で柔軟な生涯学習の道筋を可能に。

ここでの詳述は避けるが、エネルギー分野を含む他の幅広い分野でも根本的な影響があるだろう。化石燃料の「狩猟採集」モデルから太陽エネルギーを直接利用する「農業」モデルへの根本的な移行を支援する可能性がある。

本書のこれまでの部分では、幅広い社会システムを変革する壮大なビジョンを描いてきた。しかし、そうした未来の話がどんなに想像力豊かなものでも、現実の人々がいま実感している切実なニーズとは無縁で、総合的な変化をもたらしても具体的なニーズ対処方法からほど遠いと思われたら、すぐに非現実的で、空虚なインチキだと思われる。さらに、これまでのレトリックの多くは、「民主主義」などの広範な社会システムに焦点を当てており、刺激的ではあるものの、ほとんどの人々の生活実感や主体性の範囲とはかけ離れている印象がある。

そこでこの部分では、考えられる⧉の影響を、さまざまな社会活動やセクターの市民、労働者、リーダーが直面している具体的な課題にまで落とし込んでみよう。個別セクターに移る前に、この節では、⧉「変化の理論」の大枠を描き、これらのセクターが出発点として最適であることを示し、そうした分野での実験が直接的な価値を持ち、⧉の体系的かつグローバルなエンパワーメントに広がるかもしれない理由を示そう。

社会革命のグラフ構造

急進的な社会および技術の変化は、人間の想像力にとって抗しがたい魅力があるが、ビートルズが社会的なバラード『レボリューション』で嘆いたように、悲劇に終わることも多い。政治学者のスティーブン・レヴィツキーとルーカン・ウェイの最近の分析では、20世紀に起きた暴力的な革命で、長続きする民主的な政府につながったものはひとつもなかった。[1] それでも、20世紀の情報通信技術の劇的な進歩から、過去300年間における世界各地での自由で民主的な政府樹立まで、人類の歴史には良い方向への劇的な変化も多かったことは、衆目の一致するところだ。

平和的で有益でありながら劇的な進歩を可能にするものは何か？　社会哲学者ハンナ・アーレントは、このテーマに関する古典的な論文で、アメリカ革命とフランス革命を比べた。[2] アメリカ革命は、移民たちが古くからの理想（自分たちの過去と、最近判明したように、先住民たちの理想の両方）を探求し、新しい、そしてしばしば危険な環境で共に生活を築くことを軸とした、ローカルな民主主義の実験から生まれたと彼女は主張する。[3] 彼らはアイデアを交換し、当時出回っていた関連概念をもとに思想を構築し、イギリスで実践されていた方法とは対照的な、統治についてもっと一般的な概念を発見したという大まかな結論に達したのだ。これにより、アーレントが「権威」と呼ぶもの（「4-2団体と⿻公衆」で正統性と呼んだようなもの）が、民主共和制政府への期待に与えられた。イギリスに対する独立戦争により、この権威を持った組織は、矛盾、偽善、失敗はあれど、社会改革の永続的で進歩的な例となった。

一方、フランス革命は、物質的条件に対する民衆の広範な不満から生まれたもので、彼らは権力を掌握してすぐに、その不満を解消しようとした。別の統治形態の可能性が権威を獲得するのを待つことはおろか、それを詳述しようとさえしなかった。これは劇的な社会的変革をもたらしたが、その多くはすぐに覆されたし、重大な暴力を伴うこともあった。この意味で、フランス革命は見方が極端に分かれるし、広く議論はされているが、中核的な指向の多くは達成できなかった。フランス革命は、権威を築くプロセスよりも、差し迫った物質的要求とそれを達成する権力を優先させたため、新しいシステムの社会的正当性を築く繊細なプロセスに負担をかけすぎたのだ。フランス革命はパンを要求し、それを手に入れた。アメリカ革命は自由を要求し、それを手に入れたのだ。

アーレントの例は政治面についてだが、進化生物学から言語学まで、幅広い分野のイノベーションに関する文献と共鳴している。結果の細部は違うが、そうした研究はいずれも、劇的なイノベーションが生まれる環境は内部的には密につながり、外部的には緩くつながっている多様な「集団」(言語的、経済的、生物学的など)が相互作用する場なのだと示している。[4] そうした環境があれば、イノベーションは必要な規模を獲得し、その回復力を示し、そして普及する。つながりがもっと強い構造や中央集権的な構造は、変化が純利益をもたらす場合が少ないので、イノベーションを抑制したり、危険視したりする。だが分断された構造では、イノベーションは普及できない。

この指摘は直感的に納得できるものだが、科学や社会科学の「ランダム化対照実験」についての文献やハイテクビジネスの「ブリッツスケーリング」の文献でますます論じられている実験やイノベーションのモデルとはまったく対照的なものだ。これらを順に検討しよう。ランダム化対照実験は、主に個人の非伝染性の医療および認知心理学の応用から派生したもので、個人を含む社会的サブグループに対する治療法のランダム化試験を参考にしている。この手法でその治療法は承認が得られ、COVID-19ワクチンのように、すべての適応患者にその治療法が迅速に処方できるのだ。[5] こうした手法は、社会科学、特に開発経済学と貧困削減に関する関連するさまざまな応用研究でますます影響力を増している。[6] これにより、経済および設計の専門家が介入を構築し、恩恵を受けそうなコミュニティでそれを試験して、多くの場合事前に登録された指標に従ってそれを評価し、効果があるとわかった治療法を広く普及させるという、コミュニティ「を実験台にする」モデルの普及が促進された。

このアプローチは、「コミュニティベースのイノベーション」とは対照的だ。これは個人の健康研究ではなく公共の健康研究で開拓された、学術的な「参加型アクションリサーチ」(PAR)と関連した手法だ。PARもまた、後のデジタル技術(時分割処理、パーソナルコンピューティング、多くのアプリケーションなど)の基礎を築いた、多くの初期のデジタル技術のやり方に近い。[7]「3-3失われた道(ダオ)」で簡単に説明したように、これらはデジタルツール「で実験する」システム設計者の多くが参加している、アーリーアダプターのコミュニティで始まった。これらのコミュニティは、自分たちのシステムが何に使えそうかについての思いつきは持っているが、何

ChatGPTは2か月で利用者が1億人を突破

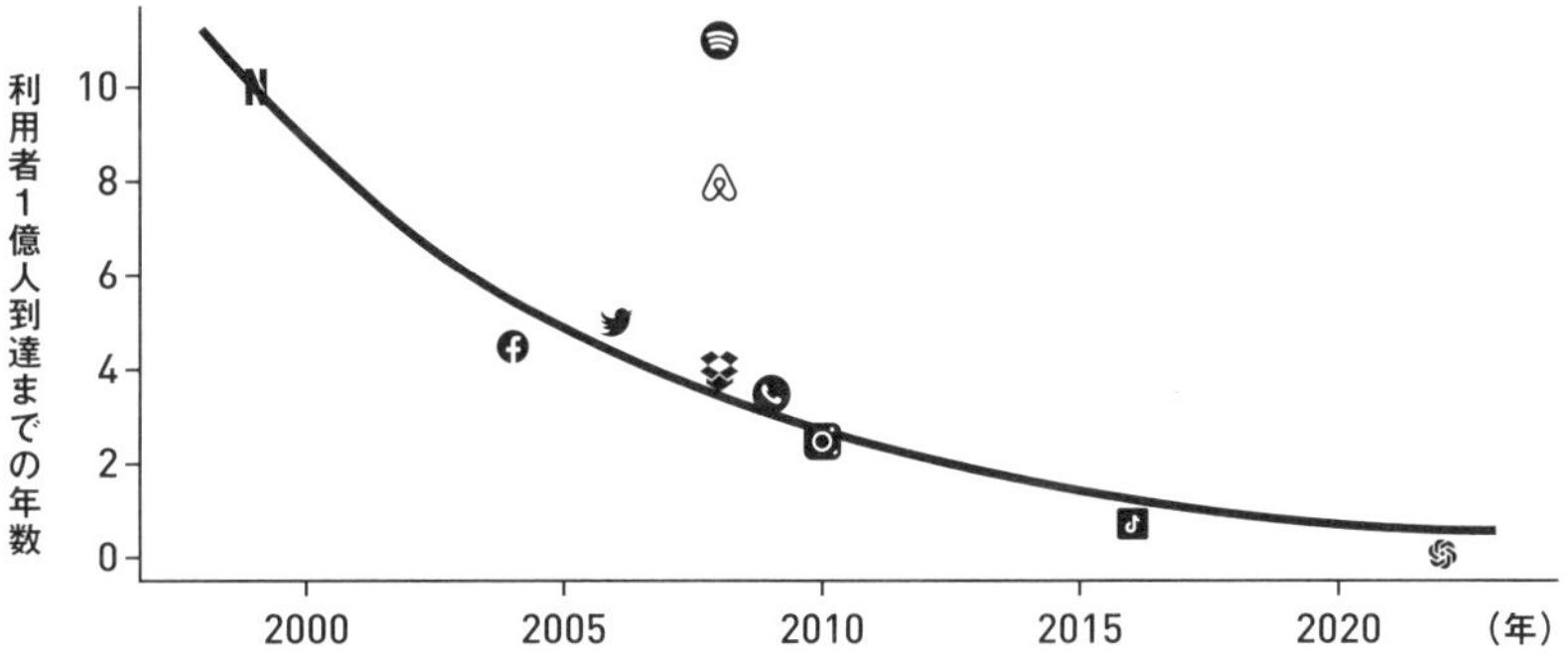

図 6-0-A　各種消費者デジタル製品が利用者 1 億人に達するまでの年数
出典：Netscribes のデータ[8]

が望ましい結果かについて、事前に決めた基準にまで落とし込むことはめったにない。またシステムのコンポーネントは他のアーリーアダプターが作成することも多かった。これらのシステムは隣接するコミュニティに広がり、そのコミュニティから予期せぬ形で何度も学び、その学びを製品設計にフィードバックし、さらにコミュニティ作成のアプリケーションも公開することで、最終的には一般にも広まる。

「～を実験台にする」と「～で実験する」にはそれぞれ明確な長所と短所がある。しかし後者のやり方は整合性がなく、危険なものにすらなってきた。これは特に、ベンチャーキャピタルが支える今日のデジタル技術業界で求められている採用拡大のスタイルのためなおさら悪化している。LinkedIn創設者リード・ホフマンのようなベンチャー資本家は、「ブリッツスケーリング」を推進する「スケールの達人」をもてはやしてきた。ブリッツスケーリングとは、スタートアップ企業がベンチャー資金の大規模な初期投資を受け、ユーザーベースを急速に拡大する投資を行い、その後、このスーパーモジュラリティの利点（ネットワーク効果、ユーザーデータからの学習など）を活用して、市場で支配的な地位を獲得することだ。[9] おそらく、この最も劇的な例は、ホフマンが支援するOpenAIだ。同社はChatGPTの立ち上げから数カ月以内に1億人のユーザーを獲得した。このような急速な導入により、広範な社会的懸念が生まれ、こうしたシステムや規制によって生じる潜在的な社会的損害や、「早く動いていろいろ壊す」という悪循環の回避や、比較的初期の成長が遅い技術（配車サービスやSNSなど）に伴う社会的反発が引き起こされた。[10]

基本的な課題は、「〜で実験する」は、完全に資本主義的な市場主導型の新技術管理モデルと組み合わせると危険だということだ。事前試験ではなく、システムの損害、課題、相互依存性が出てきた時点でモグラ叩き式に対応しようとするため、開発プロセス自体が販売数や採用数ではなく、それを適用するコミュニティへの技術の影響についての総合的な考え方に基づいて推進されねばならない。[11] これはまさに「3-3失われた道（ダオ）」で議論した初期の⿻実験の多くが提供を目指していたものだ。そこで挙げた手法は、多くの社会セクターと標準化プロセスを巻き込み、商業的な規模を制限しながら提供しようと試みていた。しかし、このバランスのとれた「〜で実験する」でさえ、最終的には世界規模の変革を目指すものの、重大なリスクを伴う可能性のある技術について、私たちが求める最高度の安全で包括的な開発には、まったく及びもつかない。

特に、技術がそれを利用するコミュニティの利益のためにうまく開発され、これらのコミュニティで発生する可能性のあるすべての系統的な害について配慮したとしても、このアーリーアダプターのコミュニティに属していない人々に対して依然として大きな波及効果がある。主な危険として、技術が武器として使用されたり、コミュニティによって他の人を犠牲にして利益を得るために利用されたりしかねないのだ。これは一見したよりもはるかに一般的な影響だ。なぜなら、「役立つ」および「無害な」ツールでさえ、(多くの場合特権を持つ)アーリーアダプターのコミュニティに社会的および経済的利点を与え、彼らが他の人を従属させたり、疎外したり、植民地化したりするために使えるからだ。Microsoftの社長ブラッド・スミスが頻繁に繰り返すように、ほとんどのツールは武器としても使える。[12] この「競争」効果には、ツールの利点や可能性を競争で利用しようとする(そしてそれにより、その結果として生まれる競争関係を活用し解決しようとする圧力を作り出す)コミュニティによる採用を促し、さらにコミュニティを超えてその技術が普及できるようにするという利点がある。しかしそれは、よくても自由の基盤を潰す排除と不平等を生み出してしまい、最悪の場合、新しいツールの利点を損ない、果てはそれを普遍的な危険に変える「軍拡競争」の動きにつながる恐れさえある。

この傾向を克服する自然な方法は、技術が既存の主要な社会の分断をほぼバランスよく乗り越えて発展し、参加者のネットワークがその内部の害を管理するだけでなく、技術へのアクセスとその方向付けを代表する集団間の潜在的な競合する利益を解決できるようにすることだ。同時に、このような普及を有効に行うには、アーリーアダプターが十分な名声を持っているか、またはそれぞれのネットワークで、ほぼバランスのとれた方法で技術を普及させられるツールの利点を通じて名声を獲得できる必要がある。

これは、⧉を普及させるための⧉戦略がどのようなものであるかについて、野心的ながらかなり明確なイメージを生み出す。

①その技術を最初に導入するシードは、その技術で橋渡しを目指す多様性を包含するのに十分な規模のコミュニティでありつつ、非常に多数のそうした実験のひとつでしかないくらいに小さい規模でなければならない。

②シードは、具体的な価値を獲得している、またはその技術を使うだけでなく、貢献にも関心を持つアーリーアダプターのコミュニティである必要があり、また予想される失敗によって深刻な害を受けるほど脆弱であってはならない。

③シードは、何らかのネットワーク内で名声を得るか、その技術の助けを借りて名声を獲得できる必要がある。そうすれば、さらなる普及の可能性が高まる。

④シードは、総合的な害を管理、対処し、技術の総合的な利点をサポートする制度を備えた強力なコミュニティでなければならない。

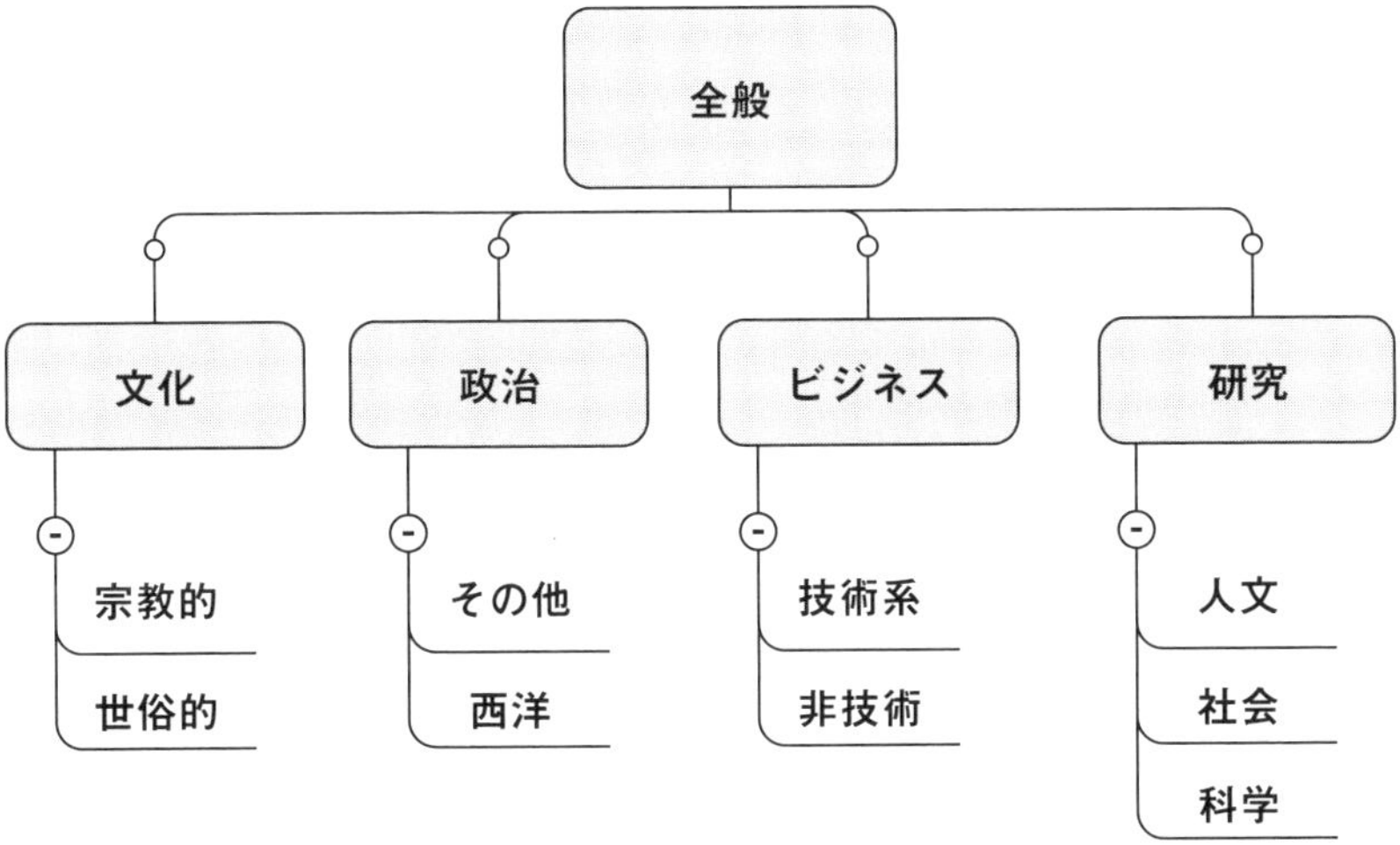

図 6-0-B　社会的な分断を橋渡ししてカバーする□マーケティングアプローチの図示

⑤シードは、バランスのとれた普及を確保し、衝突を回避し、波及効果に対処するために、シード間で多様性を持ち、緩やかなコミュニケーションネットワークを持つべきだ。

この5つはどれもそれ自体として難しいし、それらを同時に完璧に達成するのは明らかに不可能だが、これらの目標は、□で影響を与えるセクターを検討する際の大まかな指針となる。さらに、これらの目標の達成が非現実的ではないことを示すために、本書のマーケティング（つまり、どんな推薦を依頼するか、報道を求めるメディア、開催するイベントなどの選択）でこれらの基準を使った。このアプローチを私たちは□マーケティングと呼ぶ。これを完全に説明することは複雑だが、図6-0-Bは最後の基準についてのアプローチを示している。すべてのオーディエンスを対象に、その中の主要区分線を考慮し、これらの区分線全体にわたってマーケティングベクトル（推薦者など）を選択し、そのアプローチを各サブコミュニティにも再帰的に適用したのだ。図6-0-Bは、関連する「ツリー」の2段階下で生成された分類を示す。このアプローチの結果がどこまで効果的だったか、またこれをうまく実装できたかどうかについては、執筆時点での私たちよりも、この本とその推薦の辞を読む皆さんのほうが正確に判断できるはずだ！　このプロジェクトの多くの部分と同様に、一緒に実験して学ぼう。

肥沃な土壌

まず規模の問題について考えよう。コミュニティ内で⿻技術の便益を実現するには、そのコミュニティがその技術を使って包含したいと考える多様な集団を少なくとも大まかには含むべきだ。これはその技術の方向性ごとに大きく異なる。最も親密な技術であるポスト表象コミュニケーションと没入型共有現実は、最小のコミュニティや関係性においても強力であり、規模やシーディングの多様化にほとんど制約がないため、これら以外の基準を優先するのが自然だろう。反対に、投票システムや市場は、特にそれを社会的に豊かな形態において、関連性を持たせるにはかなりの規模が必要となるため、親密なコミュニティではほとんど使われず、参入ポイントははるかに少なく、より野心的で危険の可能性も高まる。

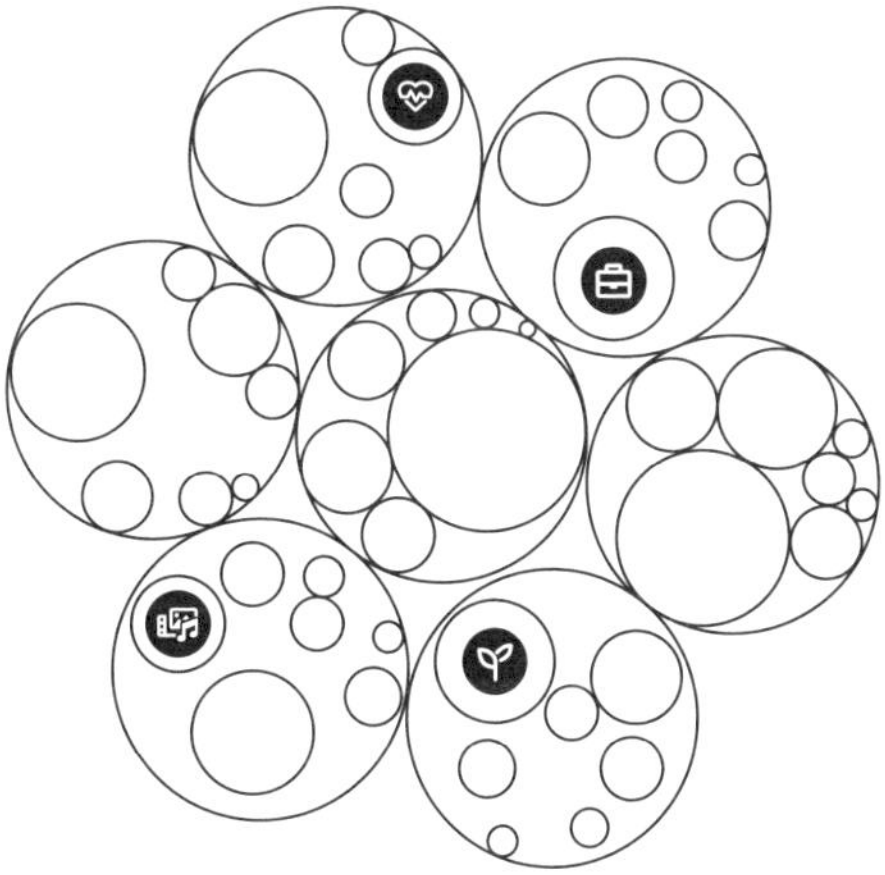

図6-0-C　社会変化の「平方根スケール」の図示。それぞれの実験サイトの中に同じ数のユニットがあって実験サイトとなっており、そこに私たちが検討する部門のシンボルをつけた

出典：著者たちが生成、アイコンはすべてパブリックドメイン

しかし、ほとんどの⿻技術は、どんな規模でもある程度は柔軟性を持つ。だから実験に最も魅力的な場所は、ほとんどの応用を可能にできるだけの多様性を内部に含み、多様で安全で権威のあるシードを合理的に選択できるほどの多様性がある場所となる。単純な定量的表現では、このような例を具体的に示せるほどの豊かさは得られないが、簡単な経験則は、図6-0-Cに示したように、ユニット数で定量化されたコミュニティ内の多様性とほぼ同じ数の多様性がコミュニティ間でも存在するようにすることだ。（非常に大まかに）100億人の世界では、これらは約10万人のユニットとなる。これは、世界全体をそうしたユニットに分割すると10万のユニットができるという計算による。この規模は、つまり世界人口の平方根なのだ。もちろん、10万という数にとらわれすぎてはいけないが、

その影響

のシードを植えるのに最も肥沃な土壌となるコミュニティと組織の規模が、これでだいたいわかる。

この規模のコミュニティはいろいろある。地理的には、これは多くの中規模自治体（大都市または小都市）の規模となる。経済的には、大企業の従業員数、政治的には中程度の国の国民数だ。宗教的には、たとえばひとつの教区内のカトリック教徒数だ。教育的には、大規模大学の学生数より少し多いくらいだろう。社会的には、多くの中規模市民団体や社会運動の会員数に近い。文化的には、典型的なテレビ番組、舞台芸術家、またはプロスポーツクラブの活発なファンベースにほぼ相当する。つまり、これは広範囲の社会領域で普及している組織レベルであり、測量のための豊富な領域を提供してくれる。

測量者の地図

これまで本書で扱った実験の最も重要な2つの場所は、台湾とWeb3コミュニティだろう。これら2つの場所はいくつかの重要な特徴を共有するが、一方でその特徴と、重視する応用の両面でも違いがいろいろある。

まず各コミュニティの多様性の種類は根本的に異なる。完全に信頼できる統計はないが、Web3ユーザーは、インターネット全般に似たパターンに従って、世界中にかなり広く分散している。しかしその利用者は技術的に非常に洗練されており、男性に偏り、非常に若く、この分野での私たちの経験に基づくと、無神論者で、政治的には中道右派、民族的にはコーロッパ、ユダヤ、アジア系の傾向がある。[13] 台湾のデジタルエコシステムの参加者は明らかにほとんどが台湾出身者で、したがってそこの民族はほとんど代表されている。しかし年齢、技術的背景、政治的見解、宗教的背景はずっと多様だ。[14]

この2つのエコシステムは、本書の前の部分で取り上げた⿻の別の側面にも焦点を当てている。台湾は主に、⿻のより深く狭義な用途と、それを最も強力にサポートする基本プロトコル（アイデンティティとアクセス）に焦点を当てている。グローバルなWeb3コミュニティは、より浅く包括的な用途と、それを最も強力にサポートする基本プロトコル（関連付け、商取引、契約）に焦点を当てている。

どちらも⿻の重要な初期のテストベッドだったが、私たちの基準に照らすと、その限界も明らかになる。台湾のエコシステムは、そこで開発された多くのアプリケーションに必要な規模よりも大きい。幅広いエコシステムに支えられた高度な実験に取り組むさまざまなサブコミュニティ（彼らはそれを「データ連合」と呼ぶことが多い）が運営されているのは、そのためだろう。台湾のエコシステムは、アジアや一般的に民主主義国と呼ばれる多くの国々において高い評価を得る可能性を持つが、その周辺で起きている地政学的な対立のため、十分に正当な世界的普及へのシードとなれずにいる。一方、Web3コミュニティは、新しい市場制度が資本主義の影響力に匹敵できるかを十分に検証するには、いささか小さくて均質すぎるだろう。さらに、Web3空間を悩ませてきた多くのスキャンダルを見ると、それが公平に広がるイノベーションの指針として、

その影響

一般性を持てるのかどうか怪しい。

だが重要な点として、規模はどちらもほぼ同じだ。2021年、Web3アプリケーション(dApps)の月間アクティブユーザー数は約150万人だったが、そのうちGitCoinなど最も⿻に近いサービスに積極的に参加しているのは、ごく一部だ。台湾のg0vコミュニティによって構築された各種の⿻サービスも、同様の人数に達している。[15]

したがって、次に⿻を広げる最も有望な場所がどこかは、慎重に検討すべきだ。すぐに思いつくのは都市行政で、これは本書の議論でもすでに数多く登場している。しかし、これまでそうした公共部門ばかり扱ってきたからこそ、本書のこの部分では、公共部門の「民主主義」の狭い定義よりもはるかに幅広く生活に影響を与える、現実に⿻を導入できそうな各種の社会部門に焦点を当てる。右記のスケールに一致し、幅広い生活体験をカバーしながら、幅広い社会で重視されている確立された分野に取り組んでみようというわけだ。

特に、図6-0-Cにも象徴されている、次の領域を考慮する。

①職場。資本主義経済の大部分が職場主導なので、非常に影響力のある部門だ。先述のとおり、特に大企業では、一致する規模のものを見つけるのは非常に簡単だ。

②保健。これまた、ほぼすべての人の生活に影響を与える部門で、しかも前節で扱った労働年齢以外の人々に特に関連しており、おそらく最も広く重視されている社会部門だ。前述

のように、多くの医療システムは規模が合致している。

③メディアは、ほとんどの社会の概念的、コミュニケーション的、観念的な基盤に近いため、新しい実践を広める能力が最も高いはずだ。多くの出版物やＳＮＳプラットフォームが、この規模に相当する。

④環境は、私たち全員を取り囲み、他に類のない地球規模で影響を与え、他の分野を補完し、人間の仕事、健康、アイデアの交換を超えて考えようとする多くの人々にとって魅力を持つ。

⑤学習は、ほぼ普遍的に経験されるものだ。この本を読んでいるほとんどの人は何年も学習に費やしてきて、その経験に深い敬意を抱いているはずだ。そのため、学習は幅広い人々にとって強力なシードとなる。前述の通り、多くの教育システムや環境は、⧉の繁栄にとって理想的な規模と多様性の範囲にほぼ収まっている。

この各領域で、各種の技術がどのようにその分野全体の実践を変え、それが分野を超えて拡大するかを、一連の小話で検討し、それを大まかに定量化してみよう。

6-1

職場

世界中で10億以上の人々が、自宅の外で、複数の他人と正式な組織で働いている。[1] これらの「職場」は世界の生産の約70％を生み出しており、「経済」と聞いてほとんどの人が真っ先に思い浮かべるものだ。職場は世界経済に大きく貢献しているため、生産性の足を引っ張る非効率性に対処しなければならない。米国の労働者は、非生産的と見なされる会議に平均して1カ月あたり31時間を費やしており、時間とリソースの両方を大幅に浪費している。[2] 経済を再考するには、正規職を再構築する必要がある。ここでは、それを説明しよう。

私たちが論じる進歩は、リモートチームの強化、効果的な企業キャンパスの設計、コミュニケーションの改善、包摂的な人材へのアクセス、共通の企業インフラのより効果的な提供と変化する業界へのより動的な適応の支援だが、これらは職場で考えられる⿻の影響のほんの一例でしかない。私たちの推計では、最初の４つは世界ＧＤＰを約10％増やせるし、最後の要素はＧＤＰ成長率を年率０・５ポイント永続的に引き上げられる。[3]

強力なリモートチーム

新型コロナウイルスのパンデミックは仕事の世界を一変させ、数十年かかると思われていた変化を1年で実現させた。たとえば、ホセ・バレッロらによる先駆的な研究では、在宅勤務が米国の労働力の5％から60％以上に上昇したという。[4] おそらくその最も極端な現れは、いわゆる「デジタルノマド」の台頭だろう。彼らは、サルデーニャ島のデジタルノマド地域プログラムや、著者グレン・ワイルが保有するエストニアと台湾の電子市民権とゴールドカードなどのプログラムに後押しされて、継続的に旅行し、さまざまなリモートジョブに就くリモートワークの機会の増加を活用している。パンデミックの終息以来、物理的な仕事への復帰が大幅に進んだが、少なくとも変化の一部は今後も続くだろう。バレッロらの研究では、パンデミック後の労働者は平均して週の半分ほどを自宅で働きたいと考えており、在宅勤務の生産性が同等かそれ以上だと考えている。一部の研究では、生産性がわずかに低下したという証拠がいくつか見つかったが、ハイブリッドなワークスタイルに対する根強い需要を潰すほど大きくはないらしい。[5]

しかし、リモートワークに本当の欠点があることは確かだ。ワークライフバランスの確保、気を散らすものや不健康な在宅勤務環境の回避など、欠点のいくつかはリモートコラボレーションツールでは簡単に対処できない。しかし、他の多くの欠点は対処可能だ。たとえば同僚との自然なやりとりの欠如、フィードバックの機会の喪失、同僚とのより深い個人的なつながりの形成などだ。[6] ⧉はこれらのほとんどに対処できるが、ここでは強力で深く信頼関係のあるチームの構築に焦点を当てよう。

遠隔没入型共有現実（ＩＳＲ）は、仮想環境での共同作業と創造的なチームワークを促進することで、分野を超えたチーム構築と研修を大幅に強化する。仮想環境でのグローバルコラボレーションは、特に医療教育[7]での学際的なチームワークに効果的であり、地理的障壁を克服するうえでの有用性が指摘されている。[8] 仮想世界は、個人的な表現のためのアバター、共存のための没入型体験、環境を変更するためのツールを提供することでチームの創造性を育み、分散したチーム間での創造的なコラボレーションを強化する。[9] さらに、３Ｄ仮想世界とゲーム用に作られたSecond Life のようなものをチーム構築用に使えば、チームメンバー間のコミュニケーション、感情的な関与、状況認識を強化するための費用対効果の高いソリューションを提供し、安全性が重要な分野でのチームワークに不可欠であることが証明されている。[10][11]

対面チームは、チームの信頼、つながり、精神を構築するために、さまざまな共同学習など生産に直接関係しない活動に従事することも多い。これらは、カジュアルなランチから、トラストフォール、[12] 模擬軍事演習、ロープコースなどのさまざまな種類のエクストリームチームスポーツまで多岐にわたる。これらのほぼすべてに共通しているのは、メンバー間の信頼から利益を得て、信頼構築に役立つ共有アクティビティを作り出すことだ。これは、ポスト表象コミュニケーションに出てきた、共に軍務を経ることで強力で永続的な協力関係が生まれるという話に似ている。

明らかに、現在、こうした活動のほとんどは対面に大きく依存しているため、ハイブリッドチームや完全リモートチーム、特にリモートワーカーとしてスタートしたメンバーが多いチームは、こうした活動によって得られるチーム構築の便益を得られなかったり、それを実現するためにかなりの旅費が必要だったりする。ＩＳＲは、この課題を克服する大きな可能性を秘めている。たとえば詳細な表情を反映するアバターなど、十分にリアルなアバター同士のランチは、オフィスで得られる豊かなつながりをリモートチームにももたらすことができるかもしれない。パーティーやエクストリームスポーツの鮮明なつながりを、リモートの共有現実で実現するのは不可能にも思えるが、十分にリアルなシミュレーション環境があれば、恐怖と信頼のリアルな体験を育めるという強力な証拠が増えている。[13]「ｅスポーツ」が、対面の物理的なスポーツの人気、および適切なＩＳＲ環境での物理的な激しさに匹敵するものになれば、「キャンパス運動（Campus athletics)」のメリットがリモートワークにますます浸透するかもしれない。

しかし、遠隔レクリエーションで対面チームのアプローチを模倣するさらに有望な方法は、デジタルツールを利用して、深いデジタル補助なしでは不可能なつながりを作り出すことだ。最も単純な例は、対面でシミュレートすることが危険だったり、不当にコストがかかったりするエクストリームスポーツや軍事シナリオの拡張だ。これらはほんの皮切りでしかない。最終的には、直接的な神経インターフェースにより、親密な共感を遠隔で共有できるようになり、それを制限するものは物理的な距離の障壁ではなく、主に職業上の礼儀だけになるかもしれない。

包摂的なキャンパス設計

多くの仕事、特にホワイトカラーの仕事は、大規模な「企業キャンパス」に物理的にかなり限定されている。これらのキャンパスが集める機能の多くで、異質性が高く組織的に離れているが、広範囲にわたる共同配置が重視されがちなのは、偶然の出会いが会社内の部門間の仕事で刺激になると思われているからだ。このような「集積」効果は、都市の経済的利益の重要な源であることが多くの経済文献で示されている。[14] 企業キャンパスの中心的な役割は、企業内でこうした便益を確保することだ。

しかし、この目標を達成するには、慎重な設計が必要となる。組織や分野による過度の分離や、コア業務への過度の集中は、集合的な突発性という便益を損なう。組織や分野の過度の断片化は、直接的な生産性を損なう。キャンパスのさまざまな要素（通路、食堂、オフィス、共有スペース、レクリエーション施設など）は、直接的な仕事と自発的なつながりを促進する上で多くの役割を果たす。たとえば、スティーブ・ジョブズは、ピクサーの本社を設計しなおし、大きな劇場、カフェテリア、メールボックス、視聴室を備えた中央アトリウムを作った。[15] コンピュータ科学者、アニメーター、その他のスタッフの共有スペースでの交流を奨励することで、このレイアウトは偶然の出会いと相互交流を促進する。しかし、建物の改修には大きな課題がある。費用がかかり、業務の性質やブランドアイデンティティなど、各企業に固有の他の要素をサポートする必要があ

写真 6-1-A　Apple の、変わった形で有名な企業キャンパス
出典：Unsplash, Author: Carles Rabada[16]

るのだ。標準的なベストキャンパスデザインが存在しないのも当然だろう。キャンパスのデザインは企業ごとに大きく異なり、その代表例はAppleの「トーラス宇宙船」だ。探索コストを削減できるものなら何でも、質の大きな向上につながる。

　このような実験を劇的に容易にする自然な方法は、ISRキャンパスを作成することだ。そうすれば従業員が場所の構成をいろいろ試し、仮想会議に参加できる。そうした構成は、物理的なキャンパスを構築するよりもはるかに迅速かつ柔軟にプロトタイプ化できるため、従業員が仮想会議に参加しているその場でさまざまな検討が行える。フィードバックに基づいて、従業員はスペースの再設計を手伝い、レイアウトを何度もやり直せる。設計案が目的をかなりうまく達成し、実際の敷地にも適合していると判断されたら、もっと標準的なエンジニアリングおよび建設プロセスを通じてそれを「印刷」すればいい。つまり、これらのツールにより、物理的なスペースの設計は、ワードプロセッ

その影響

サと共同ドキュメントが文書作成にもたらしたもの、つまり、大幅に拡張する前に幅広い実験を行い、さまざまなフィードバックを蓄積できるプロセスに非常に近づく。

難しい会話

会議はホワイトカラー業務の中心であり、平均して労働時間の約4分の1を消費する。[17] しかしこれほどの時間を会議に費やしているとはいえ、むしろコストが大きいのは、負担が大きくなるので開催されない会議のほうだ。ビジネスリーダーは、関係するステークホルダーとの会議に時間がかかりすぎるため、顧客のニーズ、チーム内の課題、作業の重複を誤解することも多い。さらに悪いことに、声高な人ばかりが発言し、権限が弱い人や主張が弱い人の知恵が反映されないので、多くの会議はまったく効果がない。ホワイトカラー業務では、会議は時間の無駄として有名で、オフィス勤務者は平均して週に約18時間を費やしている。これは、従業員一人あたりの年間給与コストとして約2万5000ドル分に相当するばかりか、そこには従業員の30%が不要と思っている会議もある。さらに、会議を40%削減すると生産性が71%上昇するという結果が出ており、コミュニケーションの効率化がきわめて重要だとわかる。[18] 会議のスピードを大幅に上げ、質を高められたら、組織の生産性は激変するだろう。[19]

会議の狙いや構造はさまざまだが、おそらく最も一般的な狙いは、共通のプロジェクトに関するさまざまな視点を共有し、責任の調整と割り当てを実現することだ。このような会議は、「5

－4拡張熟議」で強調した熟議的な会話と密接に関連している。Slack、Teams、Trelloなどのサービスによる非同期通信の増加にもかかわらず、同期型の会議が依然として広く普及している重要な理由は、非同期の対話では、同期会議を成功させるために必要な思慮深い時間と注意の管理が欠如しがちだからだ。Polis、Remesh、All Our Ideasなどのアプローチや、ますます洗練されつつあるAIを使った拡張機能は、これを大幅に改善するはずだ。より多くの利害関係者を含む、敬意ある包摂的で有益な非同期の会話がますます可能になる。

の実践とツールは、組織が直面している最大の問題について、もっとオープンで包摂的な会話も実現できそうだ。今日、方向性を設定する責任は通常、組織のピラミッド最上部に限定されている。これにより戦略開発は簡素化されるが、回復力と創造性が犠牲になる。一握りの幹部が適応と学習を怠れば、組織全体が行き詰まるのだ。また、幹部全員が並外れた先見の明を持っていたとしても、彼らの知性の総和が目の前のタスクに対して十分かは不明だ。むしろ必要なのは、W・エドワーズ・デミングのトータルクオリティマネジメント（TQM）に関する研究[20]が示すように、その組織に利害関係を持つ万人の創意工夫を活用するプロセスなのだ。何万もの洞察とアイデア（たとえば、顧客のニーズや新しいトレンドについて）を生み出し、集合知を使用してそれらを組み合わせて優先順位を付け、最終的に将来についての共通の視点を抽出するオープンな会話を想像してほしい。この組織を刷新できる大きな機会は何だろう？　正面から取り組むべき最大の課題は何だろう？　共通の目的を真に反映する指向とは何だろう？　会話を新しい声に開放し、型破りな考え方を奨励し、水平的な対話を促進することで、トップダウンの儀式を、共通の未来を定義する刺激的で参加型の探求に変えられるのだ。

社内政治だけでなく、国の政治も職場に入り込み、分断を引き起こす傾向が強まっているため、一部の幹部は職場での政治討論を禁止するなどの極端な措置を講じている。[21] こうした厳格な制限は、緊張を抑えはしても従業員の士気を低下させかねない。それに代わりそうな方法は、右記のようなチャネルを構築して、特に企業方針に関連する社会問題についての思慮深く包括的な議論を、敬意を持って大規模に行うことだ。全体として、こうした技術は、職場を効率的で魅力的で合意に基づいた調和のとれたものにするはずであり、多くの幹部が目指す文化的目標の達成を支援するツールを提供するものなのだ。

採用

多くの企業や職種には「標準的なキャリアパス」があり、限られた数の学科の卒業生や、専門的資格／経歴の持ち主を主に採用する。これらの企業は、この採用方針の結果として多くの有能かつ多様な候補者を排除していると嘆いてはみせる。だが「ヒット率」が低い経歴の人材を採用すると、非常にコストがかかってしまうのだ。もっと幅広い背景から出てくる有望な履歴書を選り分け、通常のチャネル以外での実績や資格を確認し、担当者をもっとたくさん遠くに派遣し、多様性のなじみのない側面を理解し、自分の組織文化にあまりなじみがなさそうな人材に研修をするよう学ばねばならない。この採用プロセスによって生じる硬直性が、前章で強調した狭い学習の道に多くの人が強制的に進まされる主な理由となる。

社会ＩＤシステム、最新のＡＩ、リモート共有現実技術の能力は、これらの課題の多くに対処できそうだ。「４-１ＩＤと人物性」の節で説明したように、ネットワークベースの検証システムを使用すると、社会的距離の大きな隔たりを越えて、さまざまな資格と実績を迅速かつ安価に安全に検証できる。適切な訓練と調整を受けたＡＩは、近い将来、言語間だけでなく、多様な社会的文脈間で履歴書を「翻訳」できるはずだ。これにより、採用担当者は、さまざまな環境や、職務でのパフォーマンスにつながる各種の道筋について、何が「同等の」資格なのかを理解できる。同様にＡＩは、応募者の経歴を見て、その人に適切な職務の範囲をもっと理解できるようになる。

また、企業の顧客基盤に広がる多様性の範囲についても理解が深まり、従業員にもそれに対応した多様性を持たせることで、従業員が顧客に共感し、顧客とつながることにも役立つ。また、人事部門は、主要集団の人口比率を一致させることだけを目指すのではなく、もっと洗練された交差的な方法で多様性を最適化することもできる。リモート共有現実体験により、インタラクティブな採用イベントを幅広い会場で低コストで開催し、応募者に職場環境を深く理解させることもできる。また、前の部分で説明したように、文化適応とオンボーディングのプロセス加速も可能だ。つまり、これらのツールを組み合わせることで、はるかに幅広い才能にリーチし、誰もが独自の交差的貢献者として活躍する機会を提供する人事の未来が実現するのだ。

その影響

叡智と影響力を整合させる

ほとんどの組織では、権力は、リソースの管理、意思決定、重要な情報へのアクセス、他者への報酬や懲戒権など、どれも地位に結びついている。正式な階層構造は、誰が何に対して責任を負っているかを明確にするが、この「可読性」には重大な欠点がある。地位による権限は、財務担当役員がCEOになり、突然製品設計の専門知識を主張するなど、範囲が広すぎる場合が見られる。また、権限はバイナリ（持っているか持っていないかのどちらか）であるため、無能なマネージャーは、解任されるまで（多くの場合、理想よりずっと遅く）権力を保持する。最後に、従来の階層構造では、従業員がリーダーを選ぶ際に発言権を持たない。これは、権力が下から上へと生まれるソーシャルウェブとは正反対だ。[22]

職場では、アイデンティティ理論の精神に基づき、従来の単一の階層構造を、問題別の複数の階層構造で補完できる。権力は貢献度に応じて流動的に移動する。新技術は、付加価値と意思決定権を一致させるのに役立つ。たとえば、自然言語処理は、コミュニケーションデータを精査して、個別のトピックについて常に貴重な洞察を提供する社員を見つけられる。生成基盤モデル（GFM）は、動的なソーシャルグラフを作成し、主要なネットワーク上の人物を特定し、そのつながりの性質に関する豊富なコンテキストを提供し、さまざまなソースからのフィードバックをまとめ、個人の「自然なリーダーシップ」の包括的な評価を提示できる。これらのアプローチは、肩書きに関係なく人々の貴重な貢献を認識して報いるものであり、正式な権限のある地位に就いている人々についても、その地位に見合う能力を持っているかどうかを見極めるのに役立つ。これを導入することで、正式な階層構造への依存を次第に大きく減らせるのだ。

社内起業精神の支援

伝統的な階層構造のもうひとつの影響として、異なる上級管理職によってマネジメントされている人々が、親会社内で独自の文化、目標、ビジョンを持つ異なる組織を形成するようになるということだ。こうした内的区分は、説明責任を保証するために重要だというのが通説だが、組織の協力とダイナミズムの障壁と見なされることも多く、共通のインフラを提供し、変化する政治、経済、社会、技術環境のニーズ（「混乱」）に対処するために必要なコラボレーションを損ないかねない。たとえば、著者グレン・ワイルが勤務するMicrosoftは、組織内の紛争について風刺されることがあり、現在のCEOであるサティア・ナデラは、これを克服するために「ワンマイクロソフト」文化の構築を主導してきた[23]。

こうした協力や啓発的なリーダーシップの模範例を通じて、その多くを実証しつつ、ナデラは右で述べた「団体とダイナミズム」に相当する組織的成果の達成支援を目的とした各種機関の設立にも貢献した。特にグレン・ワイルは、最高技術責任者ケヴィン・スコットのオフィス（OCTO）で働く栄誉に浴した。その職務には、どの個別組織にとっても利益にならない企業横断的な投資の調整や、既存の組織全体の専門知識を活用して新しいビジネスラインを構築する「社内起業」の奨励が含まれていた。[24]

著者の在籍中、OCTOは多くの成果を上げたが（OpenAIとのいまでは有名な関係構築も含む）、ビジネスニーズや機会について「現場」社員より必然的に知識がはるかに少ない少人数の社員に、分野横断的な便益を目指す大規模な投資やインキュベーションの決定を任せてよいのかということが、常に問題視されていた。代表的な例は、著者が最も関わっていたWeb3戦略に関する企業横断的な技術プロジェクトだ。そこでは関心のある熟練した従業員が社内に広く分散してしまっていた。そうした投資の多くが社内のスタートアップの収益に直接結びつくのではなく、他の事業ラインに還元されるための投資だったので、このプロジェクトをまとめることは特に困難だった。さらにMicrosoftの職務構造のため、失敗の可能性を補うために最終的な成功に対して大きなインセンティブを使用するという一般的な方法は使えなかった。こうした課題を乗り越える方法は、組織によってさまざまだ。たとえば、Google（現Alphabet）は伝統的に、従業員に勤務時間の20％を、主な業務以外で、自分が情熱を抱いていて組織に有益なプロジェクトに取り組む自由時間としてきた。[25] しかし、これには明らかな課題がある。個人が自分ひとりのプロジェクトに取り組みかねないのだ。最悪の場合、そのプロジェクトはもっと広範なミッションに合わず、最良の場合でも、野心的なプロジェクトに協力するのに十分な人員を集めることができないので、通常はスケールしない。

集中管理と、協調性のない個人イニシアチブという両極端に代わる自然な方法は、⿻的な会話と資金調達ツールの活用となる。OCTOのようなマッチメイキングと相互交流のサービスを提供し、多くの組織からのサポートを得て投資資金をマッチングするために、ずっと大きな予算を持ちつつ、裁量の余地はずっと小さい。社内コミュニケーションプラットフォームからのデータやプラットフォーム内の投稿を使い、組織間の関心のクラスターを特定し、そうした組織間でつながりを構築するための無料の楽しいイベントを開催し、さまざまな組織が従業員の時間やその他のリソースを投資する。そして共通の投資やインキュベーションをサポートしようと思ったら、OCTOなどがマッチング資金を提供するのだ。「20％時間モデル」と比較すると、これは組織をまたがる真のサポートがある一方で、直属の上司からは業務外と見なされるプロジェクトを追求する「自由時間」を大幅に増やせるし、純粋にその人だけの関心に対するサポートは少なくなる。そのため、従業員は投資を自分たちで調整してビジネス全体を変革できるようになり、混乱を回避するための敏捷性を確保できる。

これらをまとめると、リモートチームが対面チームと同じ強い絆を形成できる未来、対面チームが集中力を維持しながら自発的なつながりを育む包括的な職場を共同設計できる未来、非同期であっても会議がはるかに効率的で包括的になる未来、はるかに幅広い才能を主導的な役割に配置できる未来が考えられる。これにより、従業員が部門を超えて企業支援で簡単にコラボレーションし、ハードルを克服し、ダイナミックなビジネス環境で雇用主が生き残り、繁栄するために必要な共通インフラと新しいベンチャーを構築できる、包摂的で適切に代表された職場が生まれる。つまり、生産的で包摂的な未来を実現できるような、社内外の幅広い多様性を受け入れて活用する、真に□□な職場という未来は、十分考えられるものなのだ。

6-2 保健

過去75年間で、人類は世界の平均寿命を25年延ばした。これは過去1万年の伸びを大幅に上回る。人類の繁栄におけるこうした進歩のうち、医療制度やバイオメディカルの応用によってもたらされた部分は主に、健康と医療に関する一元論的アトム主義モデル（「3-1 世界に生きる」参照）によって達成された。このようなモデル（「熱帯医学」など）は、何世紀にもわたる帝国主義と植民地主義の統治を通じて開発され、改良されてきたし、20世紀半ばに国連が設立された後で、世界中での導入が急速に加速された。たとえば天然痘の根絶、ワクチン同盟Gavi設立を通じた予防接種の大幅拡大、HIVに対する抗レトロウイルス療法の大幅拡大、高技能助産師を通じた妊産婦死亡率の激減などだ。最近では、COVID-19の出現から2年で、COVIDワクチンを少なくとも1回以上接種した世界人口の割合が70％以上に上昇した。[1]

一方で、ワクチン接種率を含む健康関連の持続可能な開発目標（SDGs）の進捗は停滞または後退している。[2] 世界の人口の半分は、依然として基本的な医療サービスパッケージにアクセスできていない。[3] 医療費の自己負担は貧困につながり、何億人もの人々に影響を与えている。[4] メンタルヘルスサービスは世界的にひどく未発達だ。[5] 世界の早期死亡の半分は非感染性疾患によるもので、[6] 年間2兆ドル以上の費用がかかる。[7] 多くの国では、基本的な支援技術（車椅子、歩行器、杖、義肢、眼鏡、白杖、補聴器）を利用できるのは人口の3％以下だ。[8] これらの障害対処に成功すれば、世界の健康寿命を少なくとも20年は延ばせるし、右記の「暗雲」のすべてではないにしても、多くは消えるはずだ。

この目標実現には、保健の□概念（図6-2-A）を受け入れよう。もちろん、通常のサービスを提供する医師、看護師、その他の医療従事者が依然として世界には必要だ。同様に、医療施設、研究所、ワクチン、医薬品、医療機器も必要となる。しかし、それだけではない。個人とその多様性による健康主体性の共同構築を強化するべきなのだ。ジェニファー・プラ・ルガーによれば、健康主体性とは、個人が自分の健康に関して自分の利益のために行動する能力の促進である。[9] しかし健康主体性は、主に創発的、マルチスケール、埋め込み型の、複雑なものとして捉えねばならない（「3-1□世界に生きる」参照）。この見方と私たちがいま注目する考え方によれば、次の大いなる人間寿命延長を阻害するのは次のようなものだ。

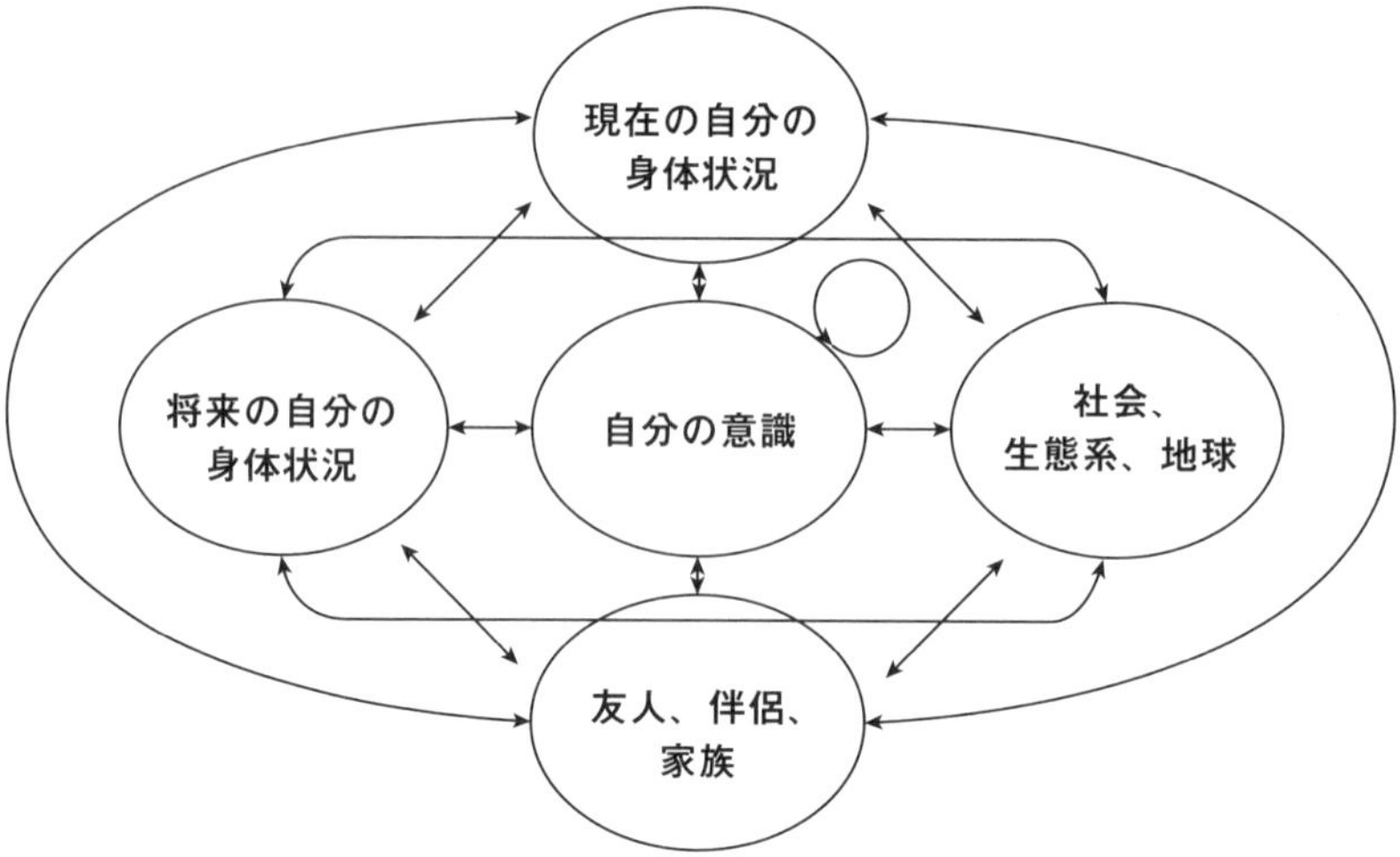

図 6-2-A　健康の関係性概念。単なるアトム的なものにとどまらず、社会的被医療者間の側面も含む

①資金不足
②市場の欠如
③調整の失敗
④コミュニティの欠如
⑤不整合なインセンティブ
⑥支援サービスの不足

健康保険を見直す

健康保険は、各種のリスクに直面する人々が、共通の医療支出を支えられるようにする。医療費負担を支援し、時間と人間の間でリスクを平準化する。保険の「万が一の備え」としての役割は、ほとんどの人にはすぐ理解できる。しかしリスクの個人間での「プーリング」はもっと微妙だ。健康保険には、定期的に予測可能な保険料を徴収し、予測不能で突

然の支出を賄う機能と、恵まれた人から恵まれない人への再分配機能とがある。[10] 保険機能のうちこの後者は、恵まれない人々の苦しみを軽減するあらゆる支出に共通する。そうした恵まれない人々は、ロールズの言う「原初的立場」から見れば、社会あるいは遺伝的な不運の犠牲者なのだ。[11]

実際の健康保険は、前払い、リスクプール、および再分配という3つの側面をさまざまに組み合わせる。競争市場における民間保険は、より良い情報を持つ保険会社が、低い料金でリスクの低い個人を吸い上げてしまい、このため誰でも受け入れる保険会社にはハイリスクの患者が「逆選択」されるという問題に直面する。[12] したがって、市場経済における民間健康保険は、保険数理情報に基づく健康貯蓄プラン（つまり、リスクのプールや再分配がない）に還元されがちだ。これは米国の健康貯蓄口座（HSA）のように、個人自身が管理するものとなる。[13] おかげでHSAは、保険数理情報のない個人が貯蓄率を較正（こうせい）できないため、万が一のための貯蓄機能を含め、保険としての意味がほとんど失われている。

その反対の極にあるのは単一支払い者方式の「国民健康保険」で、これは政府の一般会計から出資され、強制的で普遍的な公的責任により実施される。これは前払い、リスクプール、再分配という3つの要素を実現している。しかしこうした仕組みは国民国家概念にガチガチに結びついている。大規模なプーリングと再分配を行う手法は他にもあるのだ。たとえばスカンジナビア諸国はリスクの社会化で称賛されるが、アメリカのほとんどの大規模民間健康保険会社よりも人口が小さい。

この両極端の単純な二項対立に対する自然な代替方式として、実際にはこの両者に先立つ「社会健康保険」がある。連帯したコミュニティが医療を必要とする人々の面倒を見るというものだ。こうしたパターンは、家族で生活をしているほとんどあらゆる人におなじみのもので、それが部族や親族関係に拡大したのもすぐわかる。しかしこれは古典西洋文明でも重要な役割を果たした。たとえばローマのcollegia（その成員たちは、お互いを共同助手にして自分の利益を代弁するようにしてもらう）など、こうした家族関係は、生まれつつあった都市社会形成にまで拡張されている。現代の社会健康保険の仕組みも、コミュニティとしてその成員の医療費について共同責任を強調し、それにより個人の、通常はリスク調整済の保険料を、通常はリスク調整されない雇用者（当初は中世ドイツ「クナップシャフテン」などギルド）や、国家など別のアクターからの集合的な保険金負担で補う。世界中のほとんどの保健システムはもっぱら、社会保険か国民保険モデルに従うが、民間健康保険はほとんどどこにでもある。社会健康保険に対する現在の批判のほとんどは、①医療費を給与天引きを通じた賃金への課税で賄っていること、②正規部門を通じてそうした支払いに貢献している人にだけ保険を提供することについてのものだ。こうした批判は一理あるが、社会保険モデルを⬚的な視点で見ると有益だ。ある職業や雇用主を共有する個人、したがって共通の信念や価値観を共有しがちな人々が、きわめて強い連帯感を示すのは、当然至極だからだ。[14]

したがって、健康保険を社会市場における「⬚財」として見直せる（「5-7社会市場」の公共財の議論を参照）。つまり、集団の規模から見ればスーパーモジュラリティを示すもの（特に、さまざまなリスクや生活状況に直面している人々）だが、ユニバーサル参加を必要としない、そこから利益さえ得ない財なのだ。財は、公衆によって具現化されたさまざまな規模と形態にわたる共有信念の強さの上に成り立つ（「4－2団体と公衆」を参照）。注目すべきは、健康保険の社会モデルが「団体」という存在、つまり、完全な公衆監視から保護され、メカニズムによって資金提供される共有信念を実行するための、共有スペースの作成から始まったという点だ。この再概念化により、保険の範囲と役割が大幅に拡大される。保険は、単に貯蓄、リスクの平準化、または再分配を提供するだけでない。保険は健康に必要な条件の資金を提供することに使えるのだ。病気や虚弱を治療するためのサービスの支払いに使うだけにとどまらない。コミュニティの相互作用が強ければ強いほど、伝染病の蔓延、安全な労働条件の確保、健康的な生活習慣の社会的普及、健康的な地域自然環境の創出など、共通の環境または行動上の健康リスクに直面する可能性が高まるからだ。健康保険は生命保険に似たものにもなれるのだ。そもそもこの2つを分けるべき強い理由はなく、まとめたほうがよい強い理由はいくつかある。[15]本質的に、このような保険基金は相互扶助団体として機能し、単に健康を回復するだけではなく、共同で健康を生み出すための協調を促進できる。つまり、「健康な身体に健康な精神が宿る」だけでなく、健康な家族やコミュニティに健康な人々が宿るというわけだ(図6－2－A参照)。このようなモデルは「健康生産社会」とも呼べる。リスクのプールと再分配を確実にするだけでなく、健康の社会的決定要因の対処にずっと適切で効果的なのだ。

たとえば、発展途上国では、きれいな水、衛生設備、適切な栄養の供給確保、あるいは富裕な国では、薬物や超加工食品の乱用を軽減など、世界で年間2000万人の死因となっている各種問題を軽減するために、このような団体を結成してはどうだろう。[16] 関連するニーズはきわめて地域的であり、実際、共通の価値観、職業上の目標、信念体系に基づくコミュニティの文脈以外では、対処することが難しい場合が多い。あるいは、マラリア、HIV、結核などの感染症や世界的な伝染病に対しては、たとえば世界エイズ・結核・マラリア対策基金のような世界レベルの感染症の団体が結成されてもいい。地域の健康生産団体のための国営再保険会社は、介入に最も効果的な地域ネットワークが、共有された健康リスクに過度に陥らないようにすることに役立つ。つまり、交差するさまざまな健康生産社会は、リスクのプールをスーパーモジュラリティの一例と認識しつつ、健康に関するアトム的、リスクベースの理解を超えて、健康におけるあらゆる社会的課題に取り組めるのだ。そのような社会は、コミュニティの合意、共通の理解／目的を構築し、それを損なう可能性のある外部の監視（国営保険会社などによる）から行動を保護するために、右で説明したさまざまな技術を使う。

保険の影響のトークン化

この議論の目的上、アウトプットは保健サービスの直接的な結果（例：ワクチン接種を受けた人々）、アウトカムは最終的な意図された結果（例：罹患率または死亡率のリスク低減による死亡回避）、そしてインパクトは結果が世界全体に及ぼす連鎖的な影響（例：将来生まれる子供）となる。したがって、インパクトはオープンソース商品ということになる。つまり、受益者が考

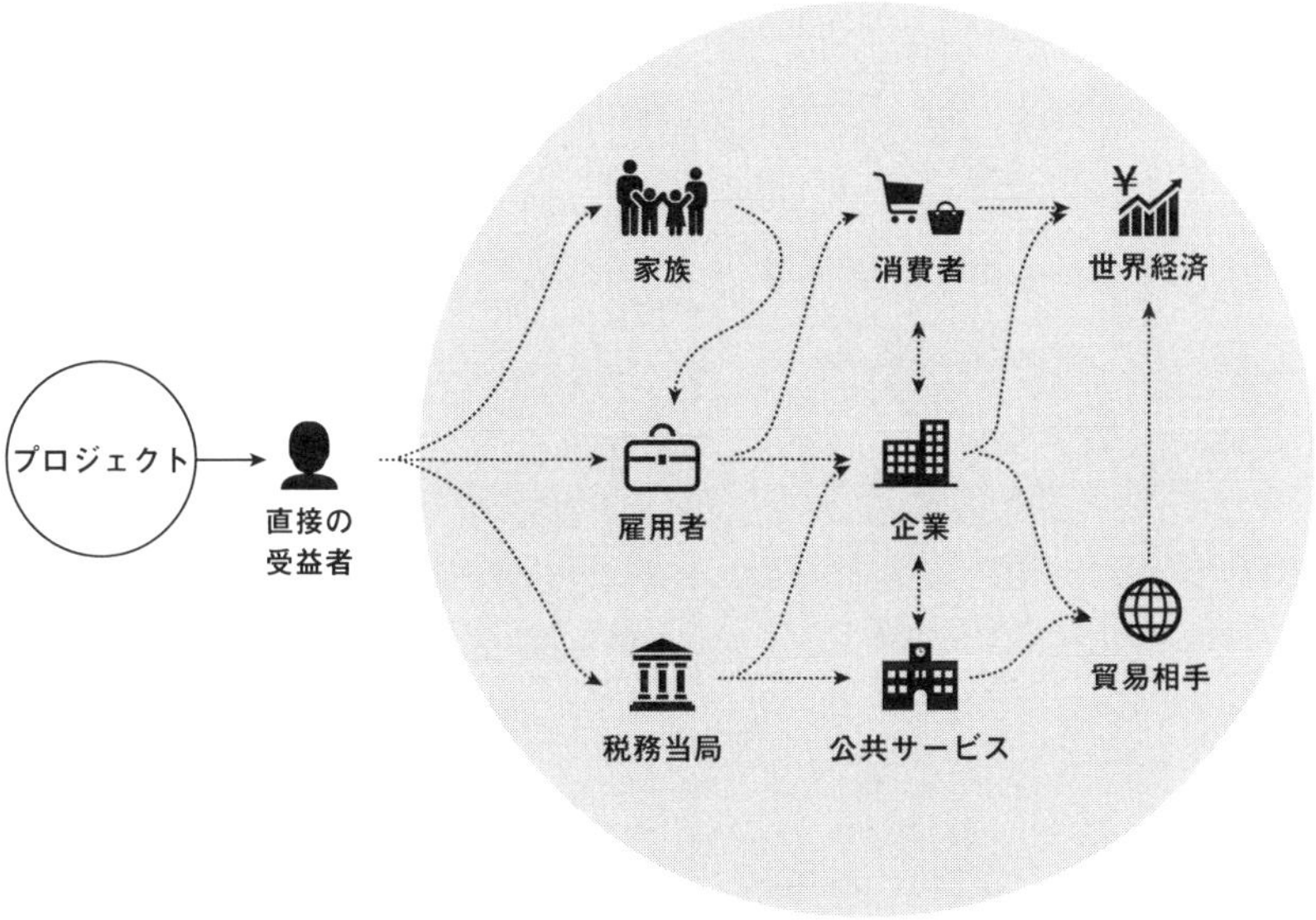

図 6-2-B　インパクトへの各種の経路：アウトカムが世界全体に与える連鎖的な影響を示す

え出せるあらゆる用途に広げられる（図6－2－B）。インパクトは保健サービスの因果的な効果だが（例：死んでいたはずの子供が死なずに親になった）、保健サービスの主な意図された効果ではない。保健サービスの主な意図された効果は罹患率または死亡率のリスク低減であり、これはすでに述べたように保険機能だ。市場で取引されないアウトカム（保険機能による命の救出とそれに加えてより健康な生活など）と市場で取引されるインパクトおよび市場で取引されないインパクト（オープンソース機能を通じた、労働力の売却や友人との面会時間の増加など）を生み出す医療サービスには、それをどう計上するかという会計上の問題がある。アウトカムの価値（救われた命の価値など）を測定することは困難だが、関連するインパクトの価値を測定するのはさらに難しいことが多い。したがって、医療プロジェクトの完全な社会的価値は実際には決して計算されず、ましてや捕捉または取引可能にされることもないため、双方に利益のある医療投資の多くが実現されずに終わっている。

たとえば、グローバルファンドは、20年間で4400万人の命を救ったという。その費用は累積支出総額554億ドル、運営費約60億ドルに上る。これらの費用は、主に国が徴収した税収で賄われており、その資金は、政府（および一部の慈善団体）が支援を約束する連続した「補充ラウンド」でプールされている。この規模の死亡リスク削減の保険価値の中央値は約200兆ドルと推定され、グローバルファンドの（割引前）アウトカムベースの投資収益率（ROI）は3000倍を超える。したがって、生み出したアウトカムの保険価値の一部を捕捉できていれば、グローバルファンドが今日世界で最も価値のある団体のひとつとなり、誰もがその株を買いたがるはずだ。実際、世界中の誰もが実質的にはすでにグローバルファンドの株を所有している。そして病気の罹患率の低下、経済成長の促進、愛する人たちが充実した生活を送るという恩恵など、さまざまな形で定期的に配当金を受け取っているのだ。問題は、これらの暗黙の未取引株から収益を上げて、その株が支払う便益を増やすための投資資金を調達する方法となる。[17]

①これらの投資の保険的価値と広範な社会的価値の両方を表現する必要がある。これらは、テクノクラートによる成果評価と組み合わせたデジタル証明書に基づいてトークン化できるが、たとえば「5-6　投票」の節で示した「クラウドソース」インテリジェンスを使

うこともできる。

②これをもとに、既存の医療資金調達で指摘されている欠点に対処するオープンインパクトプールを通じて、断片化された資金提供者と実施者を調整しよう。現在の医療資金調達の欠点に対処する、プールへの加入に関するオープンな調整標準を開発しよう。トークンは、プロジェクトまたは資金プールのガバナンスの参加に使える。プロジェクトは、寄付にリンクしたトークンを割り当てる。トークンは、ガバナンスに参加したり、取引や投資を行ったり、選択したサービスと交換したり、さらにプロジェクトに資金を提供したりするために使える。

③生成基盤モデル（GFM）やその他アプリケーションを活用して、このようなツールを形成し、個別投資に適応させるプロセスを加速する。トークン化、バンドル化、取引を通じて、健康への影響をカーボンクレジットと同じくらい簡単に購入できるようにする。トークンはプロジェクトへの再投資や、標準化された影響モデルに従った健康サービス購入に使用できる。価値は特定のプロジェクトにリンクしたり、ブロックに集約したりすることで、カスケード型（「フラクタル」）健康影響市場の発展をサポートする。

その影響

衡平な便益共有のインセンティブ

健康保険は、死亡率や罹患リスクを軽減する医療サービスに対する前払い金をプールする仕組みと、便益とリスクの再分配という柔軟な要素で構成される。特に便益分配は、民間の営利目的の主体から追加の資金源を動員するブレンドファイナンス契約の障害となってきた。しかし既存の仕組みは、新たな資金源を動員しない。民間投資家が公的リスク軽減のメリットを獲得するが、直接的（または間接的）受益者の積極的な関与確保もしないし、利害関係者や参加者による生物学的、行動学的、またはその他のサービスへの取り組みに報いる金銭的インセンティブをほとんど提供しないことが多い。受益者自身も含めた幅広いガバナンスへの参加を可能にし、予測可能な方法で利益クラス（定義された成果と影響に基づく取引可能な利益など）を製品化することにより、幅広い受益権も付与するオープンインパクトプールは、リスクと利益の両方をより公平に分配し、主要な財の大規模生産を奨励することにも役立つ。

保健協力のための熟議ツール

世界はパンデミックの波に見舞われており、今世紀だけでもすでにそれが6回発生している。ＣＯＶＩＤ‐19のような状況では、ある原則が際立つ。それは、公衆衛生政策は基本的な事実に関する大きな不確実性の中で策定されなければならないということだ。たとえば、２０２０年の初めには、世界は2つの重要な未知数に直面した。

問1　効果的なCOVIDワクチンの開発にはどのくらいの時間がかかるのか？

問2　人々はソーシャルディスタンス措置の実施を容認するか？

英国では、他の多くの場合と同じく、これら2つの質問に対する答えを完全に間違え、悲惨な結果が生じた。たとえば、英国の政策立案者は、問1の答えは「少なくとも18カ月」であり、問2の答えは「いいえ」だと確信していた（これも大した根拠はなかったが）。現在では、2020年3月時点での問1の正しい答えは「約5カ月」であり、問2の正しい答えは明らかに「はい」だったことがわかる。しかし、これらの事実について何がわかっているのか、または何が合理的に推測できるのかを明らかにするための協調的な努力がなかったため、誤った結論に達し、それらの誤りの直接的な結果として、ソーシャルディスタンス措置の導入があまりにも遅れてしまった。実際、英国ではそれが遅れすぎたため、人々や組織自身が、明確な指示なしに独自に、2020年3月13日金曜日に、英国当局がそのような措置を正式に求める10日も前に、広範囲にわたるソーシャルディスタンスを実践し始めたほどだ。

これらの事実から際立つ最も重要な点は、分散した個人集団やサッカークラブなどの緩やかに組織化された非医療団体が、世界トップクラスの疫学専門家の助言を受ける政府よりも客観的に優れたパンデミック政策を策定できるのであれば、政府は明らかに重要な情報源と分析を無視しているということだ。さまざまな共同作業、審議、投票、予測市場（つまり「ガバナンス」）テクノロジーに基づいて維持される専門家の意見引き出し[18]データベースなどのオンラインツールを使用していれば（本書第5章「民主主義」を参照）、2020年3月10日から23日の間に英国で目撃されたような「群衆の知恵」の力が桁違いに増大したはずだ。実際、長期的には、「正しい政策」よりも、社会的結束と政策立案者への国民の関与と信頼を維持するほうが重要だ。これがなければ、「政策」はすぐに無意味になるからだ。台湾はまったく違う道をたどり、たとえばマスクの供給を追跡するための市民主導の取り組みを政府が迅速に支援した。台湾は、市民主導のオンラインイニシアチブ（g0v、Polis）に迅速に力を与えることで、中央集権的な管理を強いることなく、プライバシーを尊重しながら、地域的かつ文脈的な知識の力を⿻財として活用できた。台湾の制度外のアプローチは非常に成功し、いまでは制度化されている。これらの明らかに対照的な例を見ると、次の新型パンデミックの際の政策はどう見ても、密室での協議における疫学専門家の独占領域や特権ではないだろう。大規模な集団行動の策定と調整には、⿻技術が広く使用されるだろう。

　世界のほぼすべての地域で、医療は植民地支配国に由来するモデルによって運営されている。通常それは、各帝国の中心地で見られる管理形態を模倣したものになっており、そこにさらに「開発」という使命が追加されている。しかし、開発という言葉は、植民地の利益のために行動していると主張しつつ、植民地の資源を搾取する略語として機能してきた。イギリス植民地時代のインドは典型的な例だが、この話はどこでも語られる。保健問題に手を出した限りにおいて、米国経済協力局（USAID（米国国際開発庁）の前身）や英国植民地開発公社、そしてフランスの海外領土経済社会開発投資基金（FIDES）はいずれも、「経済成長が至高の目標であり、外国投資と国際融資が成長への道である」という政策を採用した。[19] 当然ながら、結果はまちまちだった。それでも、カナダやオーストラリアなど、多くの旧植民地では、植民地支配の後継政権が、先住民の健康と医療モデルから学び、先住民コミュニティの価値観に従って医療やその他の医療サービスを共同管理し、先住民による解決策の自己決定を可能にするための協調的な取り組みを行っている。このような実験はまだほとんど行われていないため、これらの取り組みで生成された、大規模で分散したテキストデータをGFMで活用すれば、保健管理システムを解釈、批判、再構想し、最終的には他の文化的価値体系にもっと適応できるように再設計するための有望なツールになれる。「5-1ポスト表象コミュニケーション」で論じたように、組織や文化全体が（たとえ拡散していても）保持している「視点」は、リアルタイムのやりとりで「総合的な知恵」を提供できる「個人」役を演じたり、非植民地主義モデルに沿ってインセンティブに適合した医療や介入を設計する任務を負わせたりできる。

保健向けのポスト表象コミュニケーション

脳コンピュータインターフェース（BCI、「5-1ポスト表象コミュニケーション」を参照）は、SFの未来的な空想ではなく、日常的に使用されている身近な技術だ。一般的なOSは、感覚器官と運動器官を司る。眼鏡と補聴器は、感覚器官を介して脳とインターフェースする（一方向、または書き込みのみ）低ビットレートの計算デバイスだ。杖、松葉杖、車椅子は、感覚器官と運動器官の両方を介して脳と双方向（つまり、読み取り／書き込み）にインターフェースする低ビットレートの機械式コンピュータだ。スマートフォンやポータブルコンピュータなどのデジタル補助デバイスは、感覚運動システム（通常は視覚、聴覚、微細運動システム）を介して脳とインターフェース（読み取り／書き込み）する（わずかに）高ビットレートのデバイスだが、音声（音声認識など）、認知（CAPTCHAなど）、記憶（パスワードなど）などの高次の機能領域を介してもインターフェースする。これらのBCIは、キーボード、（タッチ）スクリーン、その他さまざまな読み取り／書き込みインターフェースを含むさまざまな入出力デバイスを介して対話する。このような高ビットレートのデジタルコンピューティングツールは、多くの人にとって「人間であること」の不可欠な一部だ。スマートフォンをなくした人なら誰でも知っているように、それはすさまじい障害経験となる。

このようなデバイスはいまのところ（トランスヒューマン的な）人格の不可欠な部分ではないという主張はもはや陳腐化している。[20] このような技術の一般的な応用としては、モバイルヘルス（SMSアラート、ウェアラブルデバイス、接触追跡ツールなど）、テレメディスンおよびテレヘルス（仮想骨折クリニックなど）[21]、eヘルス（デジタル健康記録など）などがある。インタラクティブ性のさらなる手法や高いビットレートスループットへの傾向が、特に拡張現実（XR）サービス（次の段落を参照）を通じて、視覚、聴覚、移動、セルフケア、言語障害など、健康に重要な影響を与えることは当然かつ明白なことだ。生物医学工学では、すでに細胞レベルで人工デバイスを接続するプログラム（つまりバイオニクス）[22]に着手しており、BCIは、認知、感情、経験レベルでのそのような接続をほぼ確実に可能にしそうだ。たとえば、言語障害やコミュニケーション障害、記憶などの認知機能の強化（または維持）、うつ病や不安などの一般的な精神障害や中毒性障害の衝動制御に対する新しい応用なども間違いなくあるだろう。

没入型共有現実（ISR）はいまのところ非対人関係への応用が主で、パイロットのフライトシミュレーターのように、医療従事者の医療トレーニングのリスクを軽減するために使用されている。しかし複雑な認知、関係、行動スキル（セルフケア、自己洞察、自己管理など）の学習を奨励し、報いるための、保健分野のISRのゲーム化はすぐに思いつく。また、一連のシミュレーションされた対人アプリケーションへの応用（「5－2没入型共有現実（ISR）」を参照）もあるだろう。そこで引用されている例と同様に、障害を持つ人々にとって、没入感が低く、スループットが低い従来の支援技術では対応できない、シミュレーションによる社会交流と非シミュレーションの社会交流の新たな地平が開かれるかもしれない。

診断と治療支援向けGFMとデータ共有

人間の放射線技師が、生涯で目を通し、解釈できる診断用画像スキャンは、100万枚くらいだろうか。これは一般的な疾患について診断の専門家になるには十分だが、GFMは桁違いに大きなデータセットで訓練できるため、めったに見られない疾患の診断では人間の読影者よりも優れている。もちろん、人間はそのような疾患に特化し、多くの希少な画像閲覧に専念することもできるが、そうなれば技術の必要性はさらに高まる。多くの画像センター間でデータ共有を確立しなければ、希少疾患の大規模な診断データベースを編纂できるはずもない。この場合も、場所、職業、親子関係などの従来の変数のみに基づいて低エントロピーポケットに整理できないマーカーの点で「親和性」を示す、拡散した多様性のポケットが見られる（「5-0協働テクノロジーと民主主義」を参照）。このような場合、別の組織原則を見つける必要があり、オンライン技術が明らかな解決策だ。このようなテクノロジーは、規範的および法的原則の両方として、プライバシーと機密性を尊重する必要もある。ゼロ（または低）知識証明などのさまざまな形式のプライバシー強化テクノロジー（「4-2団体と公衆」を参照）により、特定の種類の情報を行きすぎなしに確実に共有できる。[23]

　Facebook や Google などの Web2.0 アプリケーションでは、ユーザーはプラットフォームが提供するソーシャルな利益と引き換えに、自分の個人情報を「進んで」共有する。つまり、自分の情報が第三者によって営利目的で収集されていることを知っていても、多くの個人はオンラインの Web2.0 コミュニティのメンバーシップが純利益をもたらすと思っているらしい。だがプライバシーと実用性の間にトレードオフがない場合はどうだろうか。医療サービスへのアクセスが個人のプライバシーに対する無制限の偶発的責任を負わなかったらどうなってしまうだろうか。医療管理データが「安全」であっても、たとえばフィッシング攻撃によってシステムがハッキングされたら一巻の終わりだ。長期的には、Web2.0システムでは誰もがデータ盗難に遭う。基礎から暗号化の原則を組み込むように医療行為（患者自身の利益のために患者データが必要）と医療研究（他者の利益のために患者データが必要）を見直すのは、Web3プロジェクトの重要な一部だし、それには重要な健康への影響がある。今日でも一部の病気が依然として命に関わるのは、明らかにそのようなアプリケーションを構築できなかったせいだ。診断の例を拡張すると、患者の記録の一部を形成するあらゆる種類の医療記録（入院、治療、退院など）は、ケアと結果に関する潜在的に膨大な情報源なのに、非常に散在していて構造化されていないだけでなく、特定の制限された医療法上の状況以外では事実上照会不可能だ。弱い、または非常に交絡のある信号を、新しい因果洞察の基礎として抽出するには、おそらくＧＦＭしかないだろう。医療行為とアウトカムの変動を見るだけでも、原理的には――人口群レベルでの――回帰不連続デザインが行うのと同様に、関連する反実仮想を特定して抽出できるはずだ。こうした慣行は各種の医療実践を一変させられる。たとえば承認後の規制変更をはるかにダイナミックで適応したものにできる。

現在、健康の生産不足によって「放置されたままの」膨大な価値を考えると、デジタル⿻技術が次の目的で活用されることは確実だろう。

- 健康の資金提供者、実施者、受益者にとって、価値の層を次々に解き放つ。
- 健康商品の資金調達と生産を調整する新しいメカニズムで協力したいと考える、幅広い健康の資金提供者、実施者、受益者のグループを集める。

・資金提供者、実施者、受益者による健康志向の実践コミュニティの構築を支援する。
・資金提供者、実施者、受益者による、プールされ共同で作成された健康資産の相互的、対称的、公平なガバナンスを確保する。
・健康の共同生産における新しい形の国際的、地域的、地方的な協力を可能にする。
・健康な人間（およびトランスヒューマン）活動のための新しい道を切り開く。

右で述べた障害（資金不足、市場の欠如、調整の失敗、コミュニティの欠如、不整合なインセンティブ、支援サービスの不足）は克服され、暗雲は消え去るだろう。

PLURALITY

THE FUTURE OF COLLABORATIVE TECHNOLOGY AND DEMOCRACY

6-3

メディア

多くの人々が日常生活で直接、経験するのは、世界情勢のほんの一部でしかない。みんなが知っているつもりのほとんどすべては、人間関係、学校教育、そしてほとんどの場合「メディア」、特にジャーナリズム（ラジオ、テレビ、新聞）とSNS、電子メールやグループチャットなどの小規模または大規模のグループ通信を介して得たものだ。デジタル技術は、メディアを変革すると大いに期待された。ここでは、デジタル技術とSNSが大きな原因だとされるメディアへの危険と害を強く認識しつつ、この可能性を検討しよう。デジタル技術がこれらの害の多くを是正し、リックライダーやテイラーのような先駆者がデジタルメディアに見出した可能性の一部を実現する方法を探るのだ。[1]

特に私たちは、これからの⿻の波が、写真やテレビよりも劇的にソーシャルな距離を超えた共感を高めるのに役立てること、ジャーナリズムのプロセスに有意義かつ有益に参加できる人の数を1桁以上増やせるかもしれないこと、メディアへの信頼レベルと機密保持の規範を20世紀半ばのピーク時のレベル近くまで回復させられるかもしれないこと、国家政治だけでなく他のさまざまな社会組織における「感情的党派化」（つまり、政治的分裂の線を越えた嫌悪）レベルの上昇のほとんどを元に戻せるかもしれないこと、そして、メディアへの持続可能で一貫性のある資金提供を回復するのに役立つかもしれないことを強調する。つまり、今日のメディアが直面している多くの危機にが対処し、それを逆転させる方法を示そうというわけだ。

他人の立場に立ってみる

右で述べたように、ジャーナリズムの中心的な役割は、人々が訪れることのない世界の一部の出来事や感覚を体験させることだ。技術が進むごとに、これがより鮮明になり、「より狭い世界」が生まれた。フレデリック・ダグラスのような奴隷制度廃止論者は、写真を利用して北部の白人に奴隷の体験を伝えた。[2] ラジオは、紛争の音が世界中に響き渡るようにすることで、第一次世界大戦を真の世界大戦にするのに役立った。テレビは、ニール・アームストロングの月面着陸を何百万人もの人々が共有できるようにした。

没入型共有現実の技術は、さらに深い共感的なつながりを生み出せる。コートニー・コグバーンの研究が示唆するように、短い共感的な共有現実体験を使えば、他のメディアだと何年もかかるようなつながりが可能となる。だからジャーナリストはいずれ、これまでにない鮮明な共感で社会的分断を埋めることができるようになる。既存の仮想現実（VR）は、ヘッドセットの画質と吐き気にまつわる課題のため、これまでのところ限られた視聴者にしか届いていない。だがジャーナリストとアーティストはすでにさまざまな共感的なVR体験の先駆者になり始めている。例としては、人々が樹木のような人間以外の生命として人生を体験できるように支援するウィンスロー・ポーターの作品、世界で最も恐ろしい病気のひとつであるエボラ出血熱生存者の目から見た世界を描いたデコンティー・デイビスの作品、サイバーセキュリティの世界に没入するヤスミン・エヤラットのアニメーション作品などが挙げられる。[3]

しかし、これらは新興メディア成功例としての皮切りにすぎない。共有現実技術が他の感覚（嗅覚、触覚、味覚）に広がるにつれて、はるかに完全な多感覚接続が可能になり、さらに驚きと啓発をもたらす結果が生まれるはずだ。脳インターフェースは、言葉で言い尽くせないほどの変革をもたらすだろう。したがって、根本的に異なる事柄を知る力を与えてくれるジャーナリズムの未来は明るいのだ。

市民共同ジャーナリズム

インターネット時代のジャーナリズム制作における最も重要なトレンドのひとつは、いわゆる

「市民ジャーナリズム」と、それと関連した「オープンソースインテリジェンス」運動の台頭だ。どちらも、従来の正式なジャーナリストや諜報アナリストとして雇用されている人々よりもはるかに多様な人々に、周囲の世界で起こる重要な出来事を記録する力を与えようとする。このようなジャーナリズムは、テロ攻撃から戦争、警察の虐待まで、近年の最も重要な出来事の多くを記録する上で中心的な役割を果たしてきた。しかし、偏見、事実の検証の厳密さ、読みやすさ、理解しやすさの面で、大きな批判や社会的懸念も受けている。

最近開発された多くの技術がこれらの問題を劇的に悪化させかねないことはすぐに予想できる。生成基盤モデル（GFM）により、リアルなフェイクの作成がはるかに容易になり、厳密で複数のソースによる検証が行われていない素材に対する不信が広がるだろう。反ソーシャルメディアのエコーチェンバーにより、そのような検証なしでもフェイクが広まることを許し、誤解を招くコンテンツと人々がそれを信じる状況が蔓延するはずだ。

しかし、テクノロジーがこれらの課題を克服する方法については、同じくらい明確な前例がある。Wikipediaは分散参加によって、多くの出来事について大まかで幅広い合意に基づく説明を素早く大規模に生成できることを実証した。とはいえ、ジャーナリズムに求められる速度にはまだ達していない。ここで採り上げるツールの多くは、遠隔で大規模に厳密な検証を行うという課題と、「客観性」の枠組みとして適切な、大まかで社会の文脈における合意を迅速に実現できる。

しかし、おそらく最も興味深い可能性のひとつは、GFMを使えば一貫性があり、理解しやすく、広く普及しながらも、本物のコミュニティの声という新しい形式が可能になるかもしれないというものだ。ジャーナリズムには、コミュニティが「自ら語る」こと（多くの場合、引用やコミュニティの実践の詳細な説明を通じて）を可能にすることと、対象読者が理解できる説得力のある物語を作成することとの間に長年の緊張関係があり、その記事が他の読者向けに翻訳されると、さらに大きな緊張関係が生じる。GFMを使えば、コミュニティはその成員の話し方のパターンから学び、それを統合し、検証済みの事実を取り入れ、同時にさまざまな言語やサブカルチャーの標準やスタイルにスムーズに翻訳できるようになるため、こうしたトレードオフを巧みに調整できる。これにより、ジャーナリストとして訓練されていない市民グループが、伝えるべき重要なストーリーをさまざまな人々に正確かつ明確に伝えられる。

暗号的に安全な情報源

ジャーナリズムにおいて最も頻繁にドラマ化される緊張関係のひとつは、情報源の機密性の役割をめぐるものだ。報道の信頼性を確立するために、報道対象の機密性が、秘密の情報提供者によって破られることは多い。ジャーナリストは、情報源と提供された情報の信頼性を検証するとともに、情報提供先の組織（など）に対する機密性と一般への報道の信頼性を確保する必要がある。多くの場合、機密情報提供者は、組織の規範によって共有が禁止されている情報を提供する。すると右で強調した多くの価値観（団体の保護、公共圏の完全性の確保など）との間に強い緊張が生じる。⧉のツールで、これらの困難な状況を切り抜けられるだろうか。

上記のプロセスの多くの部分は、「４-１ＩＤと人物性」および「４-２団体と公衆」で注目したツールがあれば自然に促進される。公衆を保護するツールのほとんどは、組織が意図した社会的文脈の外で共有される文書の信頼性を低下させるのに使える。同時に、公的な資格情報に基づくゼロ知識証明（ＺＫＰ）を使えば、情報源の機密性を保ちつつも情報源の地位（の一部）を証明できる。しかし、どこかで折り合いをつけないと、このような戦略はすぐに「軍拡競争」になり、暗号化がエスカレートするばかりで、より良い社会的結果は実現できないこともある。

これらのプロトコルの検証手法の微妙な違いで、この行き詰まりを解消できるかもしれない。誰かが組織内で公に役職に就いている場合、その人は自分のＩＤの他の要素を明らかにすることなく、ＺＫＰを使用して他の人に自分の帰属を証明できる。さらに、その人は組織内で起こっていることについて主張するとき、自分の地位についての評判だけを活用できる。しかし機密性の高い情報や広範な主張の場合、特にその人の組織内での役職が比較的低いなら、その主張を信頼できるものにするには、通常は追加の検証が必要となる。ひとつの方法は、情報提供者自身に関する（公開）情報を増やすことだが、これだとその人物の可能性が絞られるため、正体がばれかねない。もうひとつの方法は、主張の直接検証（「裏付け」）を提供することだ。ただし、これらの裏付け資料が指定検証者による署名などの技術によって保護されている場合、それを提供するには「秘密鍵」を別の人（ジャーナリストや法的権威者など）に公開するしかない。その別の人がよほど信頼できる人物でない限り、情報提供者がその別の人に搾取されたり暴露されたりするリスクが生じる。

もちろん、厳密な細部はこのプロセスの各参加者が使用する個別ツールによって大きく変わる。しかし全体としては、暗号技術によって、信頼できる情報開示とプライベートな情報開示を非常に複雑に組み合わせ、コミュニティの機密性の規範の保護、そして重要な場合にはより広範な社会的利益のために個人的な犠牲を払うことで、これらの規範を上書きすることができることがわかる。

人々を結束させる物語

多くのアメリカ人はかつての報道機関を美化したがるが、反ソーシャルメディアの害を判断するときの基準となる「報道責任」の時代は、１９４０年代になってようやく登場したものでしかない。この時代に、「ハッチンス報道の自由委員会」が社会的責任の規範を策定し、報道機関が「公共の議論の共通の担い手」として行動し、公共の議論を進めるための共通理解の基準を作った。[4]この委員会は、民主主義社会における自由な報道機関の中心的な役割とは、自治が繁栄できるように、その問題について合意されている論点と事実（ウォルター・クロンカイト的なみんなが見て同意するニュース）、意見が分かれる点（公平性ドクトリン、両論併記）の両方をすべての市民に明らかにすることだと主張した。この時代がアメリカという国で全国的に達成したことについては、多くの人が評価しているが、の本質とは、私たちが（特に今日）はるかに豊かで多様な世界に生きており、国家間、国家内、国家を超えて民主主義の拠点が数多くあるということだ。

SNSの欠点は多いが、その成果のひとつは、そうした多様性がメディアエコシステムを形成するようにしたことだ。SNSは、ハッチンズ報告書の意味で親社会的なメディアを維持しつつ、そうしたエコシステムを実現できるだろうか？

前出の「5ー4拡張熟議」が、自然な戦略を示唆する。SNSのアルゴリズムは、プラットフォーム内部の行動パターン（ビュー、いいね、応答、伝播、参加の選択など）と、社会科学的な分類やグループの明示的な名乗り（これについては後述）などの外部データの両方に基づいて「コミュニティ」を作る。このようなコミュニティごとに、内部の分裂をまたぐグループの「共通コンテンツ」（一般的に同意されている事実と価値観）と、コミュニティ内の重要な分裂点をアルゴリズムが指摘する。これでどのコンテンツが所属コミュニティ内でおおよそ合意されていて、どのコンテンツが分裂を招くものかを住民たちに明確にできる。さらに、そのコミュニティ内で住民が属するコミュニティとは分断された、対極に位置するコミュニティで合意されているコンテンツを、住民たちが探索できるようにもする。

このような設計は、ソーシャルメディアが個人やコミュニティに提供している、それぞれの交差するアイデンティティを形成し、自分で律する手段を提供し続ける。しかし同時に、ネットユーザーが極端または特異な意見が広く共有されていると信じ、それに同意しない人々を悪者扱いし、関連する政治的成果が達成されない場合に憤りを感じさせる「偽のコンセンサス」効果の蔓延も回避できる。またネットユーザーが「サイレント・マジョリティ」の意見に基づいて集団行動をするのが難しいという「⿻主義的無知」も回避できる。[5] さらに、おそらく最も重要なのは、ジャーナリストや他のクリエイターのインセンティブを、分裂的なコンテンツよりも人々を結びつけるストーリーへと向けなおせることだ。これは「ハードジャーナリズム」だけを超えて重要だ。これを使えば他の多くの文化形式（音楽など）も、文化の産物やファンダムを他の人と共有したい視聴者から恩恵を受けるからだ。

公共メディア

ハッチンス委員会の勧告は、当時有力だった「社会的責任」キャンペーンの一環として、大手メディアに広く採用された。このキャンペーンは、最近、多くの企業の間で「環境、社会、ガバナンス」（ESG）目標への取り組みという形で復活した。しかし、このような責任を促進するさらに強固な基盤は、メディアの資金源を右記の親社会的な設計目標と整合させることだ。

個人購読も広告も、ここではあまり有望な道筋を提供してくれない。どちらも多様なコミュニティの「市民」ではなく「消費者」へのアピールを目指しているため、消費者が誘惑される「デザート」だけを提供してしまい、彼らをコミュニティと結びつけるような「野菜」とバランスをとろうとはしないからだ。SNSで人々を結びつけたいのであれば、その目標達成に熱心な組織、つまり教会、市民団体、さまざまなレベルの政府、慈善団体、大学、企業などの集合組織による資金提供を目指すべきである。

広告を多様なコミュニティからの資金に置き換えるなら、隣接業界の既存のビジネスモデルを少し広げるだけでいい。Microsoft や Slack などの企業が追求している最大かつ最も収益性の高いビジネスモデルのひとつは、生産性向上のために企業に業務用ソフトウェア（多くの場合、ＳＮＳ的なコンポーネントを含む）を販売することだ。これらの企業は、「熱心」な従業員や党派化した従業員には関心がない。ツールの目的は、従業員を結束させて共通の目標を達成し、変化に適応することだ。したがって、新しい親ソーシャルメディアのモデルが、このような環境で自然に生まれ、その後、より広い社会的文脈で、連帯とダイナミズムに関心のある他の組織に販売されることになるのではないか。

さらに、このような組織は広告収入を捨ててもかまわないはずだ。ほとんどの民主主義政府(ドイツ、フィンランド、米国など）は、公共メディアの支援に年間10億ドル以上を費やしているし、他の文化の補助金はそれをはるかに上回る。[6] 宗教メディアでさえ、２０２２年には米国だけで1億ドル以上を受け取った。[7] これは、Twitter（現X）が２０２２年にピーク時に獲得した約50億ドルの広告収入に比肩する。[8] したがって、コミュニティのリーダーがこの分野に注目し、ソーシャルメディアがこの新しいビジネスモデルに転向すれば、さまざまなコミュニティを代表する組織が協力して、収入源として広告に取って代わる可能性はかなり高まる。

これが実現する道はさまざまだろうが、単純な方法としては、参加者が自分の共感する各種のコミュニティに参加するというものがある。各コミュニティは、コミュニティメンバーによる使用の「費用を負担」し、その見返りとして、メンバーは右で説明した、自分のコミュニティ関連のコンテンツを優先的に注目する必要がある。十分な金額を支払っているコミュニティに登録していないユーザーは、ある程度の広告を受け入れるか、サブスクリプション料金を支払う必要がある。サービスは個別のパターンからコミュニティを特定し、そのリーダーに連絡して支払いを求めることができる。つまり、SNSは、もっと□□な公共メディアになれる。

全体として、右の例はSNSが新しい社会志向のメディア環境を強化する方法を示す。つまり、まったく異なる背景を持つ人々と深くつながれて、コミュニティや個人のプライバシーを侵害することなく、人々が集まって権威があり検証可能な方法でストーリーを伝え、私たちのコミュニティのダイナミズムと連帯のために人々を結びつけ、分断するものを理解できる環境を作り出せるのだ。

6-4 環境

⿻は、クリーンエネルギーなどの「グリーンテクノロジー」以上に、気候変動から生物多様性の喪失まで、私たちが直面している最も差し迫った環境問題の解決にさらに重要な役割を果たせる。なぜなら⿻は、そうした技術の開発における協力と、社会的決定における利益を代表する自然の特徴との積極的なコミュニケーションを確立する基盤を提供できるからだ。このように、⿻は、人間を支える生息地としての地球の存続にとって、中心的な役割を果たせる。

「違いを超えたコラボレーション」が、環境といったいどんな関係があるのか？ 人類の歴史全体にわたる地元の伝説、物語、伝統的な宗教、そして多くの現代の宗教は、自然を他の人間と同じ、尊敬の対象であり、協力相手だと強調している。

本節では、⬚が自然と人間の関係をどう変えるかを検討しよう。これまで技術はしばしば自然を支配する手段として考えられてきた。技術が他の人間を支配する手段と見なされたのと同じだ。ここではそうではなく、データによって強化された自然とのコミュニケーション、協力、相乗効果を⬚で促進する方法を探る。これらのエコシステムをそれ自体で意識を持った存在と見なすか、または、人間社会に不可欠な生命維持システムと見なすことで、より持続可能な形で自然と共存できるようになる。

人間の活動、特に再生不可能なエネルギー源への依存は、1950年代以降、地球を大きく変えてきた。森林破壊、地球温暖化、海洋の酸性化、大量絶滅は、気候変動で激化している。21世紀初頭、ノーベル賞受賞者のパウル・ヨゼフ・クルッツェンは、主に人間の影響によってもたらされたこの新しい時代を認識するために、「人新世」という用語を提案した。[1] 生物多様性は急激に減少しており、2001年から2014年の間だけでも、約173種が消滅した。これは、歴史的な絶滅率の25倍に相当する。20世紀には、約543種の脊椎動物が姿を消したが、これは通常1万年かけて起こる現象だ。[2]

もちろん、私たち人間もその影響からは逃れられない。大気汚染だけでも、毎年50万人の乳児を含む670万人近くが死んでいる。汚染が深刻な国では、平均寿命が最大6年も短くなっている。[3]

データ連合と集合行動

気候、大気の質、水質データは、多くの場合、入力と維持管理を政府機関に頼っており、国際的に相互に利益をもたらすリソースだ。環境意識は、オープンデータ組織と環境保護団体によって推進されている国連のＳＤＧｓの実施の特徴でもある。インターネットコミュニティにおけるシビックテクノロジー運動は、デジタルソーシャルエンゲージメントの新たな場を切り開いた。単にツールを提供するだけでなく、市民社会が政府と協力して環境情報を増やすよう積極的に支援すれば、それが複数の当事者の利益を調整する公共運動に発展することもある。

台湾では、オープンソースの環境センシングネットワークであるロケーションアウェアセンサーシステム（ＬＡＳＳ）により、一般市民が自由に情報を収集して共有できるようになり、市民科学を通じて地域の知恵を取り入れたデジタルコミュニケーションのモデルに発展した。ＬＡＳＳは、公衆の認識を形成するにあたり、権威ある組織に頼るのではなく、直接行動を採用し、コミュニティの価値観を環境保護にまで広げている。

大気、森林、河川のセンシングをカバーするこのタイプの市民科学コミュニティは、オープンソースの雨乞い精神に基づいており、「Civil IoT」データ連合にも貢献している。この連合は、全国で３～５分ごとに更新されるリアルタイムのセンシング情報を提供し、活動家たちの共通の基盤として機能し、問題を解決するためのアイデアの検討と普及を容易にする。

データ連合は、社会運動に基づく市民技術と相互に関連している。世界中でハッカソンをテーマにした各種の動きが始まっており、それが相互に支援し合うモビリティのゲートウェイとなり、自然環境とボランティアの間の技術的な橋渡し役を演じ、世界規模での集団行動を促進する。共同ネットワークの本質は、情報収集と価値の再設計だけでなく、コミュニティの知識システムの基盤と環境正義の促進でもある。

環境保護主義が広く普及した概念になる前、エドマンド・バークのような保守的な思想家は、コミュニティグループを「小さな小隊」、つまり個人と国家の間に位置する社会的ハブと見なしていた。[4] 環境問題は、低所得世帯や先住民コミュニティなど、最も脆弱な人々に最初に最も大きな打撃を与えることが多いため、効果的なコミュニケーションと育成は特に重要となる。鍵となるのは、法律と政策を通じて、コミュニティのメンバーが開発、リソースの割り当て、実装プロセスに平等に参加し、発言権を持ち、研究対象からデータ主導のアクターに変わるようにすることだ。

自然との会話

近年、水路に「自然法人格」を与える運動が広がっている。固有の権利と任命された管理者を持つこれらの水路の例として、カナダのマグパイ川（ムテシェカウ・シプ）、ニュージーランドのワンガヌイ、インドのガンジス川とヤムナ川がある。[5] これは、これらの生態系を将来の世代のために保護するという共通のコミットメントを示すものだ。

共有データは、データ連合による生成基盤モデル（GFM）の活用で、自然との直接対話手段に変えられる。これらは、複雑で国境を越えた問題に関する知識の共有と共同問題解決のための貴重なツールとして機能する。環境の持続可能性を促進する上で、GFMは技術と人類の共存の新しいモデルを示す。環境データが検証可能な関係を通じて流れると、価値（空気と水質の監視など）が生まれ、画像、音、メッセージのパルスが送信されて人々が関与し、アイデアに対するリアルタイムのフィードバックが提供され、自然を意識したパートナーが取り組みに参加するよう促される。

このような進歩により、共感に基づく相互に有益な共創関係が促進され、すべての関係者が地球を保護するという共通の目標に向けてより緊密に連携できるようになる。特に国境を越えた環境問題に取り組もうとすれば、地球規模の気候変動、生物多様性の喪失、水の管理などの複雑な課題を分析し、対処する前例のない機会が生まれる。自然と直接対話することで、環境の変化をより深く理解し、それに基づいて効果的な戦略と解決策を開発できる。

国境を越えた共同ガバナンス

自然界を定義づけるのは流動性だ。海、川、大気は国境など気にせずに流れる。環境ソリューションは、単一の町、都市、さらには国の中で機能する硬直した階層的アプローチを超えねばならない。それに対応するために、さまざまなコミュニティのプログラマー、デザイナー、市民の間での学際的なチームワークを称える市民ハッキング文化を活用できる。

自然環境向けのＧＦＭの構築には課題が伴う。オープンソースのガバナンス、資本とコンピューティングへの投資、コラボレーションが鍵だ。ＧＦＭを通じて、複雑な自然界に対する洞察を深められる。科学研究と環境管理はこれらの洞察の恩恵を受け、両方を改善し、社会を再形成できる。これは、米国航空宇宙局（ＮＡＳＡ）がＩＢＭとＮＡＳＡの地球観測データに基づく地理空間基盤モデルで継続的に協力し、自然空間と人間社会の両方に対する環境正義の重要な概念に取り組んでいることからも明らかだ。[6]

生体認証や社会測定がアイデンティティの確立に役立つのと同じように、川のような自然生態系のアイデンティティを確立し保護するための方法改善が必要となる。個々の人々と彼らが依存する生態系とのつながりを考慮に入れた、アイデンティティの新しい概念化が必要だ。本書の前半で検討したように、公衆は、文化やケアの関係に専念することが多い集団のアイデンティティも確立し保護する。これらの一部は自然生態系に関連しており、そのような生態系のアイデンティティを概念化する基盤を提供できる。

特に、この視点は、ＧＦＭが法人格を持てるかどうかをめぐる論争を超えるものとなる。データ連合は、生態系から利益を得る人々によって作成された「小さな小隊」と見なせる。それと同様に、自然人格の法的位置付けを通じて、川のデジタルツインは権利と責任を持つ主体と見なせる。同様に、何らかのコミュニティの目的、コミュニティによって、コミュニティのために作成されたＧＦＭは、採用する視点に応じて、「人」としても共有財としても存在できる。

6-5 学習

学習は、世界中で普遍的に認知されている、生涯にわたる旅だ。それは家族、文化、社会サークルの影響から始まり、教育環境はこの旅の道中における共通の集団的経験となる。人々や物事と向き合う際の多様なコミュニケーション言語、協力方法、価値観は、さまざまな背景の物語によって形成される。たとえば、東洋と西洋の間には、特に知識探求と集団の統合で大きな違いが見られる。「社会的差異を超えたコラボレーション」のための⿻技術は、世界中のさまざまな知識継承プロセスを結集することで、共創を刺激する。

そのためには、学習者は出発点で境界を設定しないようにして、自分自身と社会の可能性を十分に探求すべきだ。これには、オープンで非教義的な社会認識システムを構築し、すべての人がコミュニケーションを恐れることなく、ユニークな才能を表現するための適切なスペースを見つけられるようにしよう。機械翻訳、共有現実、Wikipediaのような国境を越えたコミュニティなどの⿻技術の支援で（「3-3 失われた道（ダオ）」）、従来の硬直した学習経路が補完されつつ疑問視され、従来の教室や教科書を超えたものとなる。

インターネットの普及に伴い、協調型の学習環境も広まっている。オンライン学習市場の年平均成長率は推定で10％超だ。[1] 認知技能の向上により、開発途上国の長期的な経済成長率は2％増加すると予想されている。報告によれば、[2] そのような技能を持つ労働力は安定したGDP成長（年間0・6％の増加）を達成できる。インタラクティブでパーソナライズされた協調型の学習環境は、学習目標の達成者を増やし、人々が重要技能を習得し、[3] 社会の資源開発ニーズを満たすのに役立つ。[4]

ここでは、コミュニティが硬直した教育モデルを克服し、生涯学習の環境に適応できるようにする方法を説明する。これらの楽しく協力的な問題解決とミッション指向のプロジェクトを通じて、文化の隔たりを埋められる。

回復力ある学習システム

2022年のPISA[5]とICCS[6]が出したグローバル報告では、台湾、日本、韓国、リトアニアはパンデミック中に、他の一般的な国とは逆に成長し、回復力のある教育システムを備えている[7]と指摘されている。台湾の傑出している点のひとつは、2019年の基礎教育カリキュラムの多様な共創教育モデルだ。これは物理的な学習ツールとデジタル学習ツールをうまく組み合わせ、「自発性、相互作用、公益」を新しい中核価値と見なし、地球規模の持続可能な開発に向けた使命感を喚起している。[8]

たとえば、この本の表紙に使われている「Chenyuluoyan」フォント（辰宇落雁体）[9]は、ソーシャルネットワークと関連チームの共同学習を活用した、高校生2人の自主学習プロジェクトから生まれた。このような自主的な創作は、自分の興味から始まるオープンソースのコラボレーション精神そのものだ。学習プロセスでの知識と創造性は、オープンな共有の中で輝き、より多くの人々の参加を促す。[10]

前世紀の教育機関では、学習は暗記と細かい想起に頼りがちで、しかもオープンなコンテンツが不足していたため、問題解決やチームワークは断片的だった。各国で実験教育が盛んになり、クリティカルシンキングと対人コミュニケーションスキルの両方を網羅した、自己主導型学習モデルが登場した。これら2つの能力は相反するものではなく補完的であり、ITの支援により、互いのイデオロギーの限界を超え、社会的回復力を強化する。

多様で協働的な学習ネットワーク

各国が農業ベースのモデルから情報中心の社会関係に移行するにつれ、自由化、民主化、多様な選択、多元的なアイデンティティが学習における相互に支え合う[illegible]的柱となる。こうした要素は民主主義体制と市民社会の革新と進歩にも重要な方向性だ。だがその過程の中で、競争、資源の不平等、雇用の不安定さ、市民教育の格差など、以前と同じ圧力に直面することも多い。

パンデミックにより、自主学習の普及とオンラインとオフラインの統合が加速し、教育リソースのデジタル化が促進され、自主学習がより広まった。英国のオープン大学が支援する「FutureLearn」プラットフォームとモバイル大学教育システム「Minerva」はその好例だ。これらは従来の制限を打ち破り、学習者と教育者に多様な学習方法と異文化交流の機会を提供する。

FutureLearnは、ヨーロッパ最大のオンライン課程プラットフォームで、大学や専門機関の課程リソースを結集し、社会科学、人文科学、芸術、プログラミングなど多くの専門分野をカバーする。また、ユネスコと協力してグローバルな生涯学習[11]プロジェクトにも取り組んでいる。さらに、このプラットフォームでは、難民向けの基礎英語オンライン学習[12]などの無料コースを提供しており、誰もが低コストまたは無料で質の高い教育を受けられ、これにより多様な学習目標を達成し、柔軟性も得られる。

モバイル大学教育システムMinerva[13]は、従来のキャンパスの限界を打ち破る。学生は学期ごとに異なる都市に移動し、実践を通じて多様な教育方法や文化的特徴に触れる。Minervaは、学生の選抜と学習方法の面で従来の大学とは一線を画す。グローバルな募集とオンラインの小グループモデルを採用し、クリティカル・シンキングと実践志向の協力を奨励し、その革新性で注目を集めている。[14]

「２－２デジタル民主主義の日常」で触れた台湾の市民ＩＴコラボレーションは、教師、生徒、保護者が実践を通じて学ぶオープンソースの「萌典／Moedict」[15]プロジェクトも推進している。このサービスには、16万の中国語エントリ、2万の台湾語エントリ、1万４０００の客家語エントリがアップロードされている。オープンで多様なコンパイルメカニズムにより、多言語のインタラクティブなオンライン市民辞書が生まれ、グローバルでありながらローカライズされた「共同カタログ作成」パラダイムを実証している。これは幅広いコミュニティの執筆スペースをサポートするだけでなく、異なる言語や文化間の交流プラットフォームとしても機能する。

萌典／Moedictは、公共部門が「クリエイティブ・コモンズ」ライセンス[16]を積極的に採用するよう促し、台湾のTAIDE[17]などのＡＩモデルの開発にも価値貢献している。ローカル言語と公共の知識は、コラボレーションネットワークに相互接続できる。萌典／Moedictのようなオープンソースパラダイムの応用により、10年前の時点で公式の教育機関や社会革新組織との緊密な関係が確立され、オープンソースの共同編集文化と正式な教育システムとの相互運用性が実証された。「3-3失われた道（ダオ）」で述べたオンラインライブラリ、Wikipedia、ＣＣライセンスの画像やテキストの共有は、すべてオープンソースのコラボレーションに基づいて生成された、コモンズに匹敵する貴重なグローバル資産だ。広大な世界公園のように、さまざまな国や言語の市民が共同で作成した作品は、多くの人々に理解され、積極的に維持され、知識の民主化がさらに促進され、公民教育のギャップが埋められる。これらは、学習が道へと進化し、公民が相互に利益を得る実践的な例だ。

グローバルにつながった生涯学習

人類社会において、学習ネットワークは革新的な道を切り開き、複雑な問題に対処するための効果的なツールだ。気候変動、伝染病、富の格差など、世界共通の課題は、単独では解決できない。これらは地理的境界を越えてすべての人の生活に影響を与える課題であり、長年にわたる人間の分断や障壁に挑んでいる。

しかし、危機は機会ももたらす。困難を共に克服するために、人々は偏見を捨て、互いから学ぶことの重要性を理解し始めている。現在のグローバルなつながりは、何百年、何千年にもわたって蓄積された文化の違いと社会的障壁を伴っており、その発展は次世代に大きな影響を与えている。しかしそんな偏見は、生存に関わる大きな危機の前では小さなものでしかない。協力し合い、互いを信頼することによってのみ、新しいアイデアを生み出し、これまでにない革新的な解決策を見つけられるのだ。

さまざまなグループの知恵は、オープンなコラボレーションを通じて、強力な力へと収束する。世界中のユーザーが編集した百科事典やオープンソースコミュニティが構築したフリーソフトウェアはすべて、人類の協力で障壁を超越する学習分野なのだ。

ＡＩ技術のブレークスルーのおかげで、熟考、職場、健康などの分野に革新的な思考を積極的に適用できる。オープンソースの概念、中立的なデータセット、バイアス検出ツールを通じて、ＡＩは柔軟な異文化コミュニケーションモデルを構築し、組織が複雑な問題に対処する能力を高められる。台湾は、オープンソースの概念に基づくTalk to the City[18]などの拡張熟議技術を使用して、ＡＩの影響を軽減してきた。一般市民の参加を通じて、情報の完全性を確保し、文化的理解を超え、社会的回復力を確保するのだ。

　ＡＩは、文化的規範、社会慣習、言語の微妙な違いを分析することで、幅広く包括的な異文化コミュニケーションモデルの構築に役立つ。そうした要素と実現可能な方向性を理解することで、ＡＩは個人が潜在的な文化的障壁を克服し、確実な相互理解ができるようにコミュニケーションスタイルを調整できる。潜在的に有害または偏った言語を特定して対処できる。これらの中立的なデータセットは、差別や悪意のある攻撃を排除するのにも使える。新しいデータセットに存在しそうな危険な偏見を制御するための代替提案ツールとして機能し、さまざまな共同オープンソースツールとリアルタイムで連携する。そうしないと、これらのデータセットがＡＩを何世代にもわたりおかしくしたり、影響を与えたりしかねない。

　これは、教育という概念が変わり始めるということだ。より広範な思考コミュニケーションという重要な学習パスへの信頼向上に加えて、参加の楽しさを高め、実際のパスも広げられるのだ。

　インターネット上でデータを知識に変える方法は、私たちの自分自身、人生、世界、学習とのつながり次第だ。これらのつながりを失うと、意味は消えてしまう。しかし、幅広いグローバルコミュニティネットワークを通じて、エネルギーを引き出し、それから現実に戻れば、さらに多くの将来の可能性が見えてくる。学習の意味の新しい感覚が無限に生み出せるのだ。学習は過去の知識の継続であると同時に、イノベーションの誕生でもある。長い論文に直面したときに、コラボレーション技能とオープンコンテンツを使用して情報を検証できることを想像してみてほしい。今日の急速に発展するITのおかげで、人間の知恵は消えることはない。むしろ、知識と経験に対する深い理解、およびツールの多様な使用により、ますます大きな活力を発揮するのだ。

相互テクノロジーとクラウドナレッジを巧みに相互接続できれば、知的なリスクを冒して未知の領域を探索する生涯学習者を育成できる。これらの学習者は、二項対立の枠組みを打ち破り、学際的なメカニズムで多様で無限の共有知識ネットワークを作成できる。この理想について詳述しよう。

無限ゲームと市民

エデュテインメントの精神は、知識の追求と喜びの共有を織り交ぜるというものだ。組み合わせの可能性は無限にあるため、革新的な思考を共創する可能性も無数にある。この視点を共同学習の文脈に取り入れると、真の楽しい学習は無限の組み合わせのプロセスに似ていることがわかる。このプロセスは狭い評価基準に限定されるのではなく、学習者が固定された思考パターンから抜け出すよう奨励する。複数の視点が織り交ぜられることで、革新的な洞察が絶えず生まれるのだ。

ジェームズ・カース『有限ゲームと無限ゲーム』[19]（未邦訳）では、人生の旅をゲームにたとえ、有限ゲームと無限ゲームの概念を提案している。この視点は、エデュテインメントの核となる精神を比較するためにも使える。人生の旅では、社会的な力に流され、境界が確立された有限ゲームの勝ち負けモデルを受け入れ、短命の勝利を追い求めることを選択するべきなのか？　それとも、オープンな参加者となり、対人関係から文化交流まで、創造のさまざまな側面に参加し、継続的なログインの喜びを体験する道を選ぶべきだろうか？

ベネディクト・アンダーソンは『想像の共同体』で、共通言語によるコミュニケーションが国民的アイデンティティ感覚を形成する仕組みを深く検討した。アンダーソンは、文学や物語における共通言語が共同体意識の形成を促進するのだと主張する。国民的アイデンティティの形成は、印刷資本主義、つまり新聞や小説を媒介とする社会構築のプロセスであり、人々が共通の関心とアイデンティティを持つ、大きな共同体の一員なのだと思えるようにすることなのだ、というのがその発想だ。このプロセスは学習環境に似ている。そこでは物語、言語、シンボルは、地域社会レベル、国家レベル、または世界規模を問わず、学習者のアイデンティティと共同体への帰属意識を形成する上で、重要な役割を果たしている。

アンダーソンの分析は、システムの構築、知識の共有、およびコミュニティ開発における物語と談話の重要性を強調する。さらに、教育コンテンツと教授法の中で多様な物語を認知し、取り入れることができれば、より包括的で多元的な学習環境を作り出すことができ、学習システムの回復力と世界的共通性を高められる。学習者は、さまざまな物語との交流を通じて、自己認識とコミュニティへの帰属意識を深く形成する。

だが社会、政府、資本主義によって植え付けられた価値観は、親の子供への期待、パートナー間の相互要求、仲間からのプレッシャー、自己への期待など、合理的、非合理的な両方の要素を含む集団的依存から生じることが多い。しかしこれらが個人の成長と学習の唯一の羅針盤になるべきではない。テイラー・スウィフトがニューヨーク大学の卒業式のスピーチで「勇気を出して心の中でなりたいと思う存在になれ」と述べたように、[20]私たちが奨励する方法は自然なもので、オープンで多様な学習の旅の中で自己発見と学習の楽しみを可能にし、人々が探求する原動力となるものなのだ。

学校での礼儀作法など、集団生活で学んだ知識や技能は、人との付き合い方、人権の尊重、自由や多様性の理解、卒業後や職場などの人生におけるさまざまな状況への対処ツールとなる。これは、学習が知識の蓄積のプロセスであるだけでなく、「アイデンティティとコミュニティへの帰属意識を確立する」プロセスでもあり、さらに豊かに絡み合った状態であることを改めて教えてくれる。たとえば、アマチュア無線コミュニティが科学、産業、社会サービス、衛星通信に大きく貢献しているのは、学習の喜びと強いコミュニティアイデンティティ意識のおかげだ。

グローバル化に伴って、サブカルチャーはニッチなサークルから、一種の想像の共同体へと急速に進化した。アマチュア無線愛好家、オンラインのインタラクティブコミュニティ、ACG（アニメ、コミック、ゲーム）の文化的普及はすべて、知識、教育、学習の境界が刷新されている証拠だ。従来の境界を越え、従来のアイデンティティの役割の相互作用を打ち破るこの共同イノベーションにより、各人の学習の旅の独自性と可能性を深く探求し、尊重できるようになり、多様な市民の共同学習環境がさらに豊かになる。

デジタルゲーム、特にマルチプレイヤーゲームの分野は、学習環境としてきわめて適している。マインクラフトとCivilizationゲームシリーズはその顕著な例だ。プレイヤーはゲームを通じて社会開発、地球温暖化、投票の公平性、宇宙探査、ＡＩなどの分野を探求できる。ゲームは、参加者間のコラボレーション、創造性、問題解決を促進するし、それは年齢や職業で制限されたりしない。仮想現実の発展により、学習の道筋は広がり、紙切れよりも意味や実用性の価値がはるかに重要になる。

ゲーム化された学習環境は、従来の教師と生徒の境界を打ち破り、没入型でインタラクティブな体験を生み出す。このような環境では、参加者全員が知識の創造者であり共有者となる。この参加と達成感こそが、ゲーム化された学習の魅力だ。

それぞれのコラボレーションとプロジェクトはそのゲームの一部となり、個人の独自性を強調しつつ、集合知を集められる。それは、無限のゲームの中で自分自身、他者、そして世界と踊るダンスとなる。このゲームでは、エデュテインメントの概念は参加という投資から生まれ、意味は探索のプロセスから生まれる。この無限の可能性を受け入れよう。そうすれば、学習はもはや結果志向の有限のゲームではなく、驚きと解き放たれる可能性に満ちた無限のゲームとなり、そこでは参加者全員が不可欠な共同創造者となるのだ。

第7章

先に進むには

7-0 政策

⿻が成功すれば、10年で政府間および政府内と、民間技術開発、オープンソース／市民社会との関係が一変するだろう。この未来では、公的資金（政府からのものも、慈善活動からのものも）が重要なデジタルインフラの金銭支援の主要な資金源となる。そしてそうしたインフラの提供が、政府や慈善アクターたちの議題において、中心的な課題となる。このインフラは国を超える形で、こうした目標を重視する各国政府指導者の国際ネットワークによって支援される市民社会の協力と標準設定組織によって開発される。こうしたネットワークが作り出した網の目と、それが開発し、標準化し、保護し、新たな「国際的ルールに基づく秩序」の基盤となるオープンプロトコルは、国をまたがるデジタル社会のオペレーティングシステムとなるのだ。

　これをもう少し詳しく見れば、そうした未来の革新性がわかる。今日、ほとんどの研究開発と、ソフトウェア開発の圧倒的多数は、営利目的の民間企業で行われている。同様に、もっと広く先進民主主義国での研究開発の大半は、営利目的だ。しかもただでさえ少ない政府の研究開発支出（平均的なＯＥＣＤ諸国ではＧＤＰの０・５％）さえ主に非デジタル分野に使われ、圧倒的に「基礎研究」に充てられている。これは、多くの市民、市民団体、企業が直接使用できるオープンソースコードやインフラに逆行する。公共ソフトウェア研究開発への支出は、ほとんどの国が物理的なインフラストラクチャに費やしているＧＤＰの数パーセントにものぼる支出に比べると、実に乏しい。

　将来的にはこれと対照的に、ほとんどの政府と慈善寄付者はＧＤＰの約１％をデジタル公共研究、開発、インフラに充てるだろう。これは、世界全体で年間約１兆ドル、つまり現在の世界の情報技術投資の約半分に相当する。これにより、公共デジタルインフラへの投資が少なくとも２桁増加する。オープンソースソフトウェアやその他のデジタル公共インフラへの、現在の限られた金融投資でさえも、巨額のボランティア投資の呼び水となっている。それを考えると、この公共ＩＴ投資の激増で、デジタル産業の性格は一変する。さらに、公共部門の投資は主に国または地域（ＥＵなど）のレベルで行われており、一般大衆にはほとんど見えていない。私たちが考える投資は、研究協力、民間投資、オープンソース開発と同様に、今日のインターネットプロトコルに似た国際的に相互運用可能なアプリケーションと標準の構築を目指す、国境を越えたネットワークによって行われる。それは少なくとも、最近話題になっているＡＩや暗号などの技術と同じくらい、一般の人々の注目を集めるだろう。

前章で強調したように、⬚イノベーションの主な出発点は、単一政府の政策ではない。多様で、通常は中規模のさまざまな機関から、外部に向かって発信されるものだ。しかし、政府は世界的に見て中心的な機関だし、経済資源の相当部分を直接振り向け、ずっと多くのリソース配分を左右している。⬚技術の利用者として、また⬚発展の支援者としての政府参加なしには、広範な⬚化などあり得ない。

もちろん、そのような完全な受け入れは、⬚と同じようにプロセスであり、最終的には政府の本質そのものを変革するはずだ。本書の相当部分で、それがどういうことかすでに示唆してきた。だから本節では代わりに、これまで想像した未来を実現するにあたり、今後10年間に何が起こるかというビジョンに注目する。私たちが描く政策指針は、右で強調したさまざまな前例（ＡＲＰＡ、台湾、そしてそれほどではないがインドなど）に基づいているが、今日の「大国」が採用している標準モデルのいずれにも直接従うのではなく、それぞれの要素を引き出し、組み合わせ、拡張して、今日これらの「大国」が追求しているものよりも野心的なアジェンダを作り上げている。だから背景を説明するために、歴史的なモデルから教訓を引き出すに先立ち、まずこれらの「モデル」を図式化して説明しよう。これらを今日の国際ネットワークのグローバルな広がりに適用する方法、そうした投資を財政的に支えて維持する方法、そして最後に、これらの政策に必要な社会および政治支援を構築する道筋について説明する。次の節では、この最後のものに焦点を当てる。

デジタル帝国

最も広く理解されている技術政策のモデルは、法学者アヌ・ブラッドフォードの著書『デジタル帝国』（未邦訳）でうまく描かれている。[1] 米国とその技術輸出を消費する世界の大部分では、技術開発は、きわめて単細胞な、民間主導の新自由主義的な自由市場モデルに支配されている。中国では、技術開発は国家主導で、独立主権、発展、国家安全保障を中心とした国家目標を目指すよう強く方向づけられている。ヨーロッパでは、海外からの技術輸入を規制し、欧州の基本的人権基準を確実に遵守させ、他の国々にこの「ブリュッセル効果」遵守を強制することが主な焦点だ。この三分法はいささか戯画化されており、どの行政区域もこれらの戦略の要素を少しずつ取り入れてはいる。だがこの大まかな説明は、ここで述べようとしている代替モデルを考えるにあたり、便利な比較役を提供してくれる。

米国のモデルでは、1970年代から広く記録されているように、政府と市民部門は経済と技術開発から離脱し、代わりに「福祉」と国防機能を重視するという大ざっぱな傾向によって推進されてきた。[2] ARPANETのパイオニアであるにもかかわらず、米国はパーソナルコンピューティング、オペレーティングシステム、物理的およびソーシャルネットワーキング、クラウドインフラのほぼすべての開発を民営化した。[3] リックライダーが予測した民間の独占がこれらの分野を埋めつくすようになると、米国の規制当局は主に反トラスト措置で対応した。これは、少数の例（たとえばMicrosoftへの措置など）では市場動向に影響を与えた。が、規模が小さすぎるし遅すぎたというのが一般的な理解だ。[4] 特に、検索、スマートフォンのアプリ、クラウドサービス、いくつかのオペレーティングシステム市場で、独占的支配や緊密な寡占の出現を許してしまったとされる。最近のアメリカ反トラスト規制当局は、「ニューブランダイス」運動に率いられて、なおさら頑固に反トラスト手段ばかりを使うようになった。が、裁判での成功は限定的だし、半導体チップと生成基盤モデル（ＧＦＭ）の市場では新興の独占企業という課題は拡大する一方だ。[5]

米国の主な競合となるモデルは中国だ。中国共産党中央委員会は一連の五カ年計画を起草するが、近年では国家権力のさまざまな手段を使って、技術開発への投資や方向性を決める傾向がますます強まっている。[6] こうした組織的な規制措置、国内技術企業に対する党主導の指令、主に政府主導の研究開発投資により、近年の中国の技術開発の方向性は、商業・消費者向けアプリケーションから、ハードや物理技術、国家安全保障、チップ開発、監視技術へと劇的に変化している。米国と並行する大規模基盤モデルへの投資などは、政府によって厳格かつ直接的に管理されており、検閲や反対意見の監視に関する優先事項と確実に整合するよう配慮されている。このビジョンに沿わない事業活動に対する一貫した取り締まりにより、近年は中国の技術分野の多くで劇的な活動停滞が見られ、特にWeb3を含む金融ＩＴでそれが顕著だ。

米国や中国とは対照的に、ＥＵとイギリスは（いくつかの注目すべき例外はあれど）主に、これら2つの地政学的大国が生み出した技術フレームワークの輸入国に甘んじてきた。しかし、ＥＵは輸入国という立場による交渉力を活用し、「規制大国」として行動し、他の二大国が技術覇権を競う中でしばしば無視する、人権保護で介入してきた。これには、ＧＤＰＲ（一般データ保護規則）でのプライバシー規制の世界標準の設定、ＡＩ法による生成基盤モデル（ＧＦＭ）への規制の主導、デジタルサービス法、デジタル市場法、データ法などの一連の最近の事前競争規制による競争市場標準の形成に対する支援などがある。これらは米中に代わる積極的な技術モデルをきちんと定義したわけではないが、欧州市場での販売を目指す米中企業の行動を制約し、形成してきた。ＥＵはまた、サービス提供市場全体での緊密な相互運用性を目指しており、他の地域でそれを真似た法律が制定されることも多い。

目立たない道

台湾の玉山がユーラシアプレートと太平洋プレートの交差部からそびえ立つように、私たちが玉山の頂上からこれまで見てきた政策アプローチは、この３つのデジタル帝国の背後にある哲学の交差から生じている。台湾は米国モデルから、世界に開かれたダイナミックな分散型の、自由な起業家エコシステム重視を学んだ。これは特にオープンソースエコシステム内でのスケーラブルで輸出可能な技術を生み出す。欧州モデルからは、人権と民主主義の重視を採り入れた。これは基本的なデジタル公共インフラの開発と、デジタルエコシステムの他の部分が依存する、基本的な指向となる。中国モデルからは、公共投資の重要性を学んだ。これは技術を積極的に進歩させ、それを社会の利益に向ける。

これらを合わせて生まれるモデルでは、公的部門の主な役割は積極的な投資と支援によって、

図 7-0-A　台湾の政策モデルが中華人民共和国、アメリカ、EU の競合する代替モデルの交差から生まれる様子を示したイメージ図

出典：Khoon Lay, Alexis Lilly, Adrien Coquet and Rusma Trari Handini による Noun Project のロゴ（CC BY 3.0）をもとに著者たちが作成[7]

民間補完型だが市民社会主導の技術開発を強化し保護することであり、その目標は、人権と民主主義の原則をプロトコルとして体現するデジタルスタックを積極的に構築することとなる。

台湾の総統杯ハッカソンは、公共部門の支援と市民社会のイノベーションを融合させた、このユニークなモデルの好例だ。２０１８年に開始されて以来、この年次イベントには何千人もの社会革新者や公務員、さらに外国のチームもたくさん集まり、台湾の公共デジタルインフラの強化に協力してきた。毎年、最優秀の5チームが、次の会計年度にその活動を支援するという約束を総統からもらい、地域規模の実験が成功すると、それが国家のインフラプロジェクトのレベルに引き上げられる。

総統杯ハッカソン固有の特徴は、上位20チームの選択に一般の参加のためクアドラティック投票を使用していることだ。これにより、このイベントは単なるコンペを超えて、市民社会のリーダーシップのための、強力な連合構築プラットフォームとなっている。たとえば、水と大気の汚染の監視を重視する環境保護団体は、1億6000万ドルという多額の投資に支えられた市民ＩｏＴプロジェクトで、全国的にその貢献が注目されるようになった──台湾モデルが草の根の取り組みの影響と範囲を効果的に拡大したという好例だ。

過去からの教訓

もちろん、この「台湾モデル」は過去10年でいきなり出現したわけではない。むしろ右で強調したように、台湾の合作事業と市民社会に対する公的支援の伝統と、米国国防総省の高等研究計画局（ＡＲＰＡ）でインターネットを構築したモデルとを統合したものが基盤となっているのだ。このモデルについては、「３−３失われた道（ダオ）」で強調した。米国や他の多くの先進経済国が「新自由主義」から「産業政策」へと方向転換しているいま、ＡＲＰＡの物語は重要な教訓と注意点を秘めている。

一方で、Ｊ・Ｃ・Ｒ・リックライダーが率いるＡＲＰＡの情報処理技術局（ＩＰＴＯ）は、おそらくアメリカ史上、そしておそらく世界史上、産業政策として最も成功した例だ。ＩＰＴＯは、マサチューセッツ工科大学（ＭＩＴ）、スタンフォード大学、カリフォルニア大学バークレー校、カーネギー工科大学（現在のカーネギーメロン大学またはＣＭＵ）、カリフォルニア大学ロサンゼルス校における、大学ベースのコンピュータインタラクションプロジェクトのネットワーク開発に初期資金を提供した。これらの投資の注目すべき成果には、次のようなものがある。

①この研究ネットワークを、後に現代のインターネットとなるものの種子へと発展させた。

②このネットワークを構成するグループを発展させて、世界で最初期にして、いまだに最も有力な計算機科学と計算機工学の学科に育てた。

③こうした大学を取り巻く形で、シリコンバレーやルート128回廊など、世界最先端のデジタルイノベーションハブ地域を発展させた。

しかし、これらのテクノロジーハブが世界中の（失敗に終わることが多い）地域開発と産業政策の羨望と憧れの的となっている一方で、リックライダーのビジョンの根底にある指向が、それを模倣した人々の志向とは根本的に違っていたことは見落としてはならない。

産業政策の目標としてありがちなのは、シリコンバレー開発のような成果を直接達成することだが、リックライダーはそんなことは意図していない。彼は、人間とコンピュータの共生、攻撃に強いネットワーク、機械を介した通信を基盤としたコンピューティングについての、未来像の構築に焦点を当てていたのだ。⬚は、リックライダーの未完のビジョンを、密接な基盤としている。リックライダーは、地域の経済発展への関心に基づいて参加大学を選んだのではなく、コンピューティングの未来のビジョンを実現する可能性を最大に高めるために参加大学を選んだのだ。

産業政策は、産業面の大規模な「ナショナルチャンピオン」創出を目的とすることが多く、独占禁止法や反トラストなどの競争政策とは対立するものと思われがちだ。こうした競争政策が、過度に集中した産業力の抑制を目的とするからだ。リックライダーが１９７９年の論説「コンピュータと政府」で述べたように、これら２つの伝統とは対照的に、ＩＰＴＯの取り組みは独占禁止法の大まかな目標（オープンで分散化された市場の可能性の確保）を採用しつつも、産業政策のツール（積極的な公共投資）を適用してその目標を達成した。デジタル化以前の市場競争の勝者を縛るのではなく、ＩＰＴＯは過度の権力集中を回避するような方法でデジタル世界が展開されるような、ネットワークインフラ構築を目指したのだ。リックライダーは、当時は「ＩＢＭ」と表現したが、今日ならMicrosoft、Apple、Google、Meta、Amazonなどに相当する支配的な技術プラットフォームによって、デジタルライフの重要な機能が独占されかねないと予測したが、それは１９７０年代以降にこの投資を継続できなかったためだ。このアプローチを補完しようとして、リックライダーは、ほとんどの産業政策のように民間営利産業の発展を直接支援するのではなく、国防、政府、民間部門をサポートする基本インフラを、市民社会ベース（主に大学主導）で開発させようとしたのだった。[8]

リックライダーのアプローチは、当時は高度なコンピューティング開発の中心地だった大学で主に展開されたが、国立科学財団などの資金提供者による、好奇心主導の基礎研究に対する従来の支援とは対照的だった。彼は一般的な学術調査や研究への支援ではなく、明確な使命とビジョンを推進した。それは、物理的および社会的距離を超えたコミュニケーションと交流を可能にし、他のネットワークと相互接続してリソースを共有し、スケーラブルな協力を可能にする、アクセス容易な計算機ネットワークの構築だった。

しかし、このミッションを指示しながらも、リックライダーはそれを達成するための適切なコンポーネントの決め打ちはせず、代わりに「協調競争的な」研究室のネットワークを確立し、各研究室が実験を行い、これらのシステムのさまざまなコンポーネントのプロトタイプを開発して、それが相互のやりとりの中で標準化され、それがネットワーク全体に広まるようにした。民間部門の協力者もこの開発に貢献する上で重要な役割を果たした。その中には、Bolt, Beranek and Newman社（リックライダーはＩＰＴＯでの役職に就く直前までここで副社長を務め、インターネットのプロトタイプを数多く構築した）やXeroxのＰＡＲＣ（リックライダーが支援した多くの研究者が後に、特に連邦政府の資金が減った後に集結して、研究を続けた）などがある。しかし、都市インフラの開発と調達では普通のことだが、これらの役割はＡＲＰＡＮＥＴを構成するネットワーク化された多部門連合によって開発された、全体的なビジョンと計画の構成要素のひとつにすぎなかった。主に民間企業の利益のために開発され、推進されたモデル（ほとんどのパソコンおよびモバイルＯＳ、ソーシャルネットワーク、クラウドインフラの基盤）とはまったく違うのは明らかだ。

右で繰り返し述べてきたように、インスピレーションを得るためには、ＡＲＰＡＮＥＴや台湾の「古き良き時代」を振り返るだけでは不十分だ。インドのIndia Stackの開発には、多くの類似した特徴がある。[9] 最近では、ＥＵが欧州デジタルＩＤおよびGaia-Xデータ共有イニシアチブを通じて各種の活動を展開している。ブラジルやシンガポールなど、さまざまな行政区域も、同様のアプローチでの実験を成功させている。こうした活動はどれも、それぞれ長所も短所もある。だが分散型イノベーションを促進するインフラ構築を、民間部門に支配されるのではなく、市民社会との協力と参加で実現することを目的とした公共ミッションという考え方は、ますます定型化しており、「デジタル公共インフラ」と呼ばれることも多い。このアプローチを拡大し、グローバルなデジタル／多元社会の発展への中心的なアプローチにしようというのが、私たちの主な提案だ。しかしこれを実現するには、ＡＲＰＡと台湾のモデルを更新し、この劇的に拡大しかねない規模と野心に合わせて調整する必要がある。

新しい⿻秩序

モデルの更新が必要となる主な理由は、ＡＲＰＡモデルの基本要素が現代のデジタル生活の形に合わないことだ。リックライダーは１９８０年に早くもこれを認識していた。ＡＲＰＡは多部門にわたる取り組みだったが、それでもその中核は、米国の軍産複合体と米国の学術界の協力者だった。これは、米国が世界の二大国のひとつであり、科学的な資金とミッションがソ連との対立に深く結びついており、ほとんどのデジタル技術が学術界で開発されていた１９６０年代の状況では理にかなっていた。しかし、リックライダーが指摘したように、１９７０年代後半ですらすでに、これは齟齬が見られるようになっていた。今日の世界は（前述のように）主要なデジタル公共インフラの開発においてすら、はるかに多極化している。主要な市民技術開発者はオープンソースコミュニティにおり、民間企業がデジタル世界の大部分を支配しており、軍事利用はデジタル技術に対する社会のビジョンの中のごく一部でしかない。デジタル技術はいまや、現代の生活のあらゆる側面にますます浸透しているからだ。この状況に適応したいなら、今日のインフラのビジョンは、デジタル省庁などの機関を通じた技術のミッション設定に国民を参加させ、国境を越えてネットワークを構築し、オープンソース技術を活用し、民間部門をもっと効果的に方向転換させる必要がある。

　リックライダーとＡＲＰＡＮＥＴの協力者は、インターネットとその基礎を築くすばらしいビジョンを作った。しかしリックライダーは、これではプロジェクトの正当性が長続きしないと考えていた。私たちが強調したように、彼の願望の中心にあるのは、「コンピュータ技術の開発と活用に関する決定は、『公益』のためだけでなく、国民自身が自分たちの未来を形作る意思決定プロセスに参加する手段を与えるために行うべきだ」ということだった。デジタル・インフラの中心部分の必要投資に不可欠な、正当性と国民の支持を得るためには、議題設定の主な中心が軍事テクノクラシーであってはならない。右で説明した一連のＩＴをすべて活用して、国境を越えて大衆を巻き込み、ＩＰＴＯと同様の協調的な取り組みの動機となるようなミッションについて、重複するコンセンサスを実現する必要がある。これらのツールには、すべての市民がデジタルの未来を形作る力があると感じさせるようなデジタル能力教育、長期的な技術計画に市民を積極的に招き入れる日本科学未来館のような文化施設、市民が協力して未来像を描き、政府や慈善団体の支援を受けてそのビジョンを広く消費されるメディアに組み込むアイデアソン、アラインメント会議、その他ＩＴの方向性に関するデジタル強化された熟議などがある。

世界各地に登場しているデジタル省庁（そして願わくば間もなく生まれる⿻省庁）は、従来の軍事的な主導機関よりも、参加型で先見性のある目標を設定するフォーラムとして自然であることが証明されている。よく知られている例は、２０１９年からデジタル変革大臣を務めるウクライナのミハイロ・フェドロフだ。台湾もこの分野の先駆者であり、２０１６年にデジタル担当政務委員を任命し、２０２２年に正式なデジタル省を設立した。日本は、パンデミック中にデジタル化の緊急性を認識し、台湾との議論に触発されて、２０２１年に内閣レベルでデジタル庁を設立した。ＥＵは、欧州委員会「デジタル時代にふさわしい欧州」のマルグレーテ・ヴェスタガー上級副委員長の指導の下で、そのデジタルポートフォリオをますます公式なものとしている。彼女は人気テレビシリーズ「コペンハーゲン」のネタ元となり、本書の著者のひとりの娘のミドルネームにもなった。[10]

これらの省庁は本質的に協力的であり、他の政府部門や国際機関と緊密に連携している。２０２３年、Ｇ20のデジタル大臣たちは、国連のグローバル目標に沿って、[11]デジタル公共インフラ（ＤＰＩ）を世界的な協力の重要な焦点として選んだ。ＡＲＰＡなどの機関とは違って、デジタル省庁は、国民と市民社会が関与する国際ミッションを開始するためのプラットフォームにふさわしい。デジタルの課題が世界安全保障の中心となるにつれ、デジタル大臣を任命する国が増え、オープンでつながりのあるデジタルコミュニティを育成するだろう。

しかし、インフラの国家拠点は、そのテントを支える柱のごく一部でしかない。今日、単独でそのような取り組みの主たる拠点となれる、またはなるべき国は存在しない。インターネットと同様に、そうした取り組みは最低でも国際的、おそらくは国境を越えたネットワークによって構築されねばならない。デジタル大臣はその役職が創設されたら、他の大臣たちとネットワークを構築し、この作業に国際的な支援を提供し、ARPANETが大学ベースのノードに対して行ったように、国家ベースのノードを接続できるようにすべきだ。参加するオープンソースプロジェクトの多くは、それ自体が単一の主要な国家拠点を持たず、多くの行政区域にまたがり、国境を越えたコミュニティとして参加し、場合によっては国のデジタル省とほぼ同等の条件で尊重されることさえある。たとえば、イーサリアムコミュニティと台湾のデジタル省はほぼ対等な関係だ。

政府高官レベルだけの関係は、現在の国際関係が広がりすぎて、ろくに機能できない。インターネットが繁栄した国の多くは、他のインターネット普及国と時々衝突してきた。多くの市民アクターは、政府間レベルで合意される程度の支援などよりも、ずっと強い国境を越えた関係を築いている。これは、例えば宗教や人権擁護活動を通じた市民のつながりが、国際関係のみよりも強固な協力基盤を作り出してきたという、一貫した歴史的パターンを反映している。ITは、良くも悪くも、交渉で締結する条約よりも簡単に、国境やイデオロギーの境界を越えてしまうこともある。たとえば、Web3コミュニティやg0vやRadicalxChangeなどの市民テクノロジー組織は、政治面で「民主的」とはあまり認識されていない国でも、大きな存在感を持つ。国境を越えた環境保護運動や人権運動、宗教などの運動も、こうしたパターンをもっと大規模に中心に据えている。[12]

このような交流が、もっと広範な民主化に向かうとは限らないが、政府間の完全な連携を待ち続けるばかりで、できる範囲で相互協力の範囲を拡大しようとしないことも大間違いだ。著名な国際関係学者のアン＝マリー・スローターは、著書『新世界秩序』（未邦訳）で、このような国境を越えた政策と市民ネットワークが世界中の政府をますます補完し、連携し、国境を越えた協力の枠組みを形成する様子を描いている。[13] この枠組みまたはネットワークは、現在の国際機関である国連すら上回る効果を発揮することもある。したがって、こうした取り組みに対する（暗黙の）支援は、デジタル省庁の役割にとって、各国間の直接的な関係と同じくらい重要と考えるべきだろう。

国境を越えるネットワークとして、デジタル省庁を大きく補完できるのは、学術協力だろう。しかし、今日政府に最も無視されているデジタルエコシステムの要素は、いまも数十億ドルの研究支援を受けている学術界ではない。むしろ、ほとんど顧みられないオープンソースなどの非営利のミッション主導型の技術開発者の世界なのだ。私たちが大いに主張してきたように、これはすでに世界の技術スタックの多くのバックボーンを提供している。しかし、彼らの仕事は完全にパブリックドメインに属し、ほとんど公共の利益のために開発されているのに、政府からの目に見える財政支援はごくわずかで、慈善団体からもほとんど支援を受けていない。

さらに、この部門は多くの点で学術研究よりもインフラ開発に向いている。これは、物理世界

オープンソースへの累積資金提供とベンチャーキャピタルの比較（一部出所のみ）

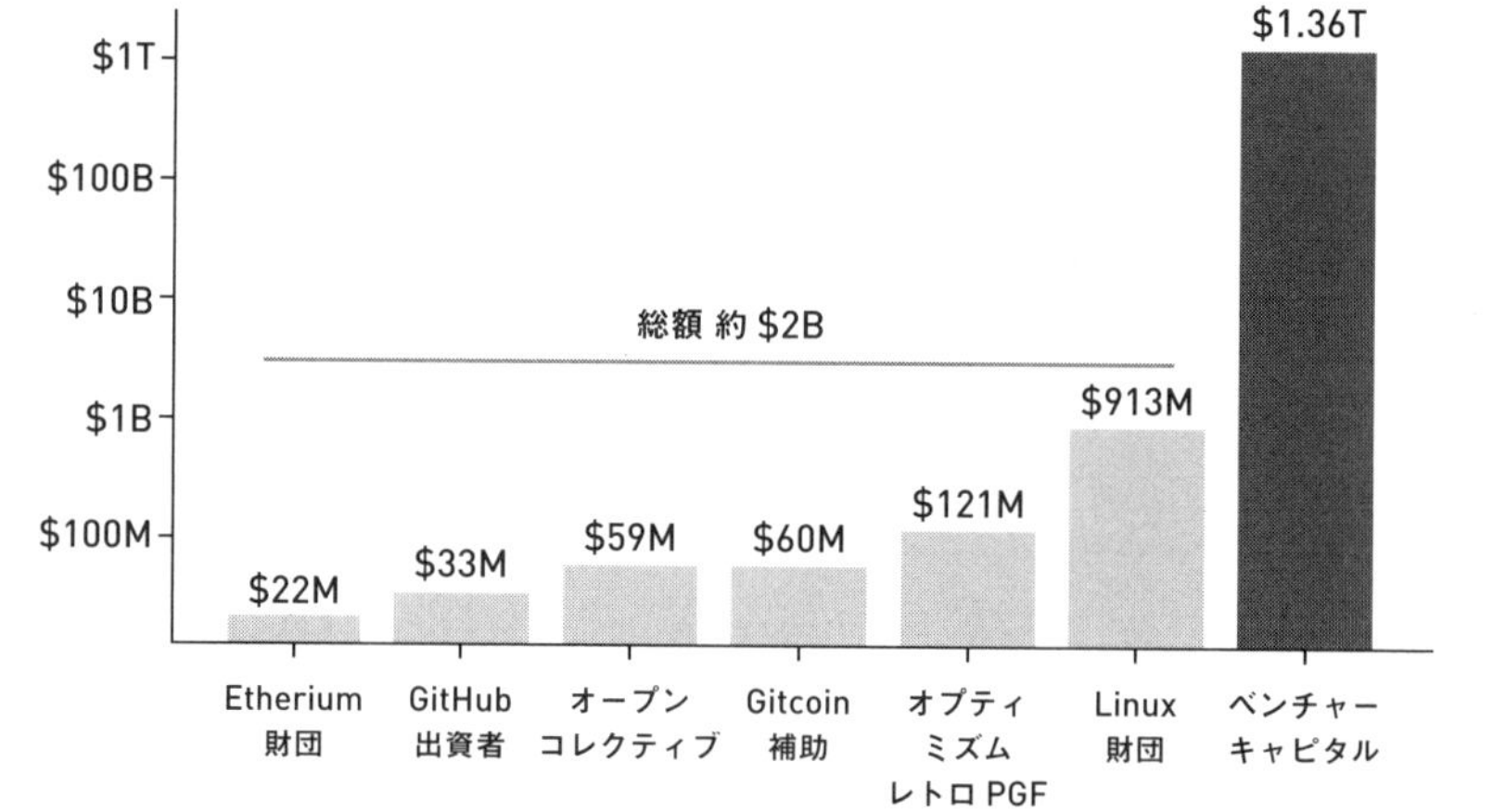

図 7-0-B　オープンソースの資金とベンチャー資本投資の既知のものを比較

出典：著者たちが作成、データ出所は各所、巻末注参照[14]

の公共インフラが一般には学術界によって構築されないことと同じだ。学術研究を大きく制約しているのは、この分野が持っている関心や境界なのだが、これは広く利用可能な市民インフラにとってはまったくどうでもいいものなのだ。学術的キャリアは参照、クレジット、新規性に依存するが、これはインフラのための指向として最高のものにはなりにくい。インフラは多くの場合、目に見えないものであり、他のインフラとできるだけ簡単に相互運用できることが望ましい。学術研究は、理想的なインフラのユーザー体験とは本質的に違う、厳密さと説得力の水準や専門分野としての様式を重視しがちなのだ。学術研究に対する一般の支援は重要だし、一部の分野では学術プロジェクトも⿻インフラに貢献できるが、政府や慈善団体は学術研究部門ばかりをあてにしてはいけない。そもそも学術研究は、世界中で毎年数千億ドルの資金を受け取っているのに、オープンソースコミュニティはおそらくその全歴史を通じて、おそらく10億ドル未満しか受け取っていないのだ。これらの懸念の多くは、「分散型科学（DeSci）」運動によって研究され、強調されてきた。[15]

さらに、オープンソースコミュニティは、公益を目的とした市民社会主導の技術開発の可能性という点で、氷山の一角にすぎない。Mozilla財団やWikimedia財団などの組織は、主にオープンソースプロジェクトと連携して開発を推進しているが、純粋なオープンソースコード開発を超えた重要な開発活動を行っており、その活動のおかげで彼らの提供物が世界的にずっとアクセスしやすくなっている。さらに、公益を目的とした技術がオープンソースコードのすべての特長を継承しなければならないという理由は特にない。

OpenAIやAnthropicなど、ＧＦＭ開発の一部組織は、これらのモデルをあっさり無料で提供しろと言われたら、当然ながら難色を示すだろう。しかしこうした組織は公益を目的とした開発とライセンス供与を明確に重視しており、これらのミッションに忠実であり続けるために、利益最大化だけを目的としない構造にもなっている。[16]資金の要求と独自のビジョンの限界を考えると、これらの組織がこうした指向をどこまで理念として遵守するかはわからない。しかしそうした組織をつくり、⿻技術を使ってこの目標達成を実現することはできるし、そうした組織が中核インフラ開発の中心となるように公共政策を構築することは、十分に考えられる。非営利の⿻インフラを開発しても、その要素に対して課金したがる組織もあるだろう（一部の高速道路が渋滞や維持管理のために通行料を徴収しているのと同じだ）。また、所有権を主張しないものの、機密データや内部データを公開したがらない組織もある。学術的なＡＲＰＡモデルの限界を超えるためには、オープンソース・モデルに限らず、一般の人々に公共財を提供する組織のエコシステムを育成すべきだ。幸いなことに、政策立案者は、このようなエコシステムを育成するためにさまざまな技術を使える。

さらに、理想的な構造が何であれ、そのような公益機関が過去数十年にわたって構築された大規模な民間デジタルインフラをあっさり置き換えるとは思えない。多くのソーシャルネットワーク、クラウドインフラ、シングルサインオンアーキテクチャなどは、廃止してしまうのはもったいない。むしろこうした投資を公益目的に振り向けるため、投票、メディア、職場に関する節で説明したように、公衆の意見を尊重するような方向にガバナンスを移行する合意を、公共投資と引き換えに結ばせるのが適切ではないだろうか。これはかつての経済民主主義改革の波により、民生発電所を単に潰すのではなく、公益事業委員会を通じて、部分的に地方の民主的な管理ネットワークの下に置こうとした方法によく似ている。デューイもこの動きに密接に関係していた。ＩＴ業界の多くのリーダーは、プラットフォームを「公益事業」、「インフラ」、「公共広場」と呼ぶ。デジタルインフラのプログラムの一部が、それらを本当にその呼び名どおりに機能するよう改革するのは、決して無理な話ではない。

規制

このようなエコシステムの繁栄を可能にするには、法律、規制、金融システムの方向転換によって、こうした種類の組織に力を持たせる必要がある。理想的には、⿻と整合するだけでなく、本当にそれを直接促進する方法で税収を得て、それを社会的および財政的に持続可能なものにするべきだ。

政府と政府間ネットワークの最も重要な役割は、調整と標準化だと言える。ほとんどの国の経済で最大の主体である政府は、採用する標準、購入先の組織、市民と公共サービスとのやりとりを構築する方法に基づいて、デジタルエコシステム全体のふるまいを左右できる。たとえばIndia Stackが民間部門にとって非常に中心的な存在になった理由の核心はこれだ。民間部門は公共部門に先導され、したがって公共が支援した市民プロジェクトも支援したのだ。

しかし法律は、どのような種類の構造が存在できるか、どのような特権があるのか、そして権利がさまざまな組織間でどのように分割されるのかを定義する中心でもある。オープンソース組織は現在、非営利志向と国際的な立場を両立させようとして苦戦している。オープンコレクティブ財団などの組織は、ほとんどこの両立だけを目指して設立され、必要な諸経費のために、このサービスを提供することでプロジェクト収益の相当な割合を受け取っていたが、それでも維持が不可能となり、本書執筆時点では解散の手続きに入っている。[17] 本来ならこうした組織は、積極的な補助金の対象とまでいかなくても、支援も優遇も得られるべきなのに、それがないため、営利企業に対して競争で非常に不利な立場に置かれているのだ。分散型自律組織（DAO）など革新的で民主的な国境を越える組織のさまざまな形態は、常に法的障壁にぶつかっている。そうした障壁の一部は正当な理由があるものだが（金融詐欺を避けるためなど）、国際的で民主的な非営利組織形態を支援し、擁護する法的枠組みを確立するには、さらに多くの作業が必要なのだ。

他の組織形態は、おそらくさらに支援が必要だ。「4-4財産と契約」の節で説明したように、データ作成者や関連する集合的なデータ利害関係者のデータ権についての集合的な保護を目的とするデータ連合には、労働組合などの団体交渉組織と同様の保護が必要だが、現在はそんな保護がないばかりか、データに関する個人の権利を極端に重視する多くの法域（EUなど）では、データ連合に対する保護自体が実質的に不可能かもしれない。労働法が労働者の団体交渉権を強化するために進化したのと同じように、データ労働者が集中的なモデル構築者に比べて不利になったり、野心的なデータコラボレーションにとって克服できない障壁となるほどばらばらになったりしないようにするため、データ労働者が集団で権利を行使できるように、法律が進化するべきだ。

組織形態以外にも、法や規制の変更は、共通の目標のためにデータを公正かつ生産的に使えるようにする上できわめて重要となる。従来の知的財産制度はずいぶん硬直しており、使用の「改変性」の度合いに注目するので、あらゆるモデル開発が厳しく実行不可能な制限を受けるか、これらのモデルの機能にとって非常に重要な作業を維持するためにきわめて大切な、道徳的権利と金銭的権利をクリエイターから奪いかねない。裁判官、立法者、規制当局は、技術者や一般の人々と緊密に協力して、さまざまなデータがモデルの出力に情報を提供する複雑で不完全な方法を考慮し、関連する価値が、訓練のプロセスにおいてモデル内で作成される中間データと同様に、データクリエイターに「逆伝播」されるよう保証するような、新しい基準を策定する必要がある。[18] このような新しいルールは、無線周波数帯の再利用を可能にした財産権の改革に基づくものとなる。「4-4財産と契約」の節で説明したように、同じような規定をさまざまな他のデジタル資産向けに策定すべきだ。

さらに、このようなビジョンと適切に連携すれば、独占禁止法、競争ルール、相互運用性義務、金融規制は、新しい組織形態の出現と既存の組織の適応を促す上で重要な役割を果たす。独占禁止法と競争法は、集中した商業的利益が顧客、サプライヤー、労働者に対し、蓄積した権力を乱用できないようにする。大規模なコラボレーションを阻害するという競争政策の通常の欠点なしにこの目的を達成する自然な方法は、そうした主体にその企業を直接管理する権限を与えることだ。「6-1職場」で説明したように、⿻テクノロジーはこれらの利害関係者が意味のある発言力を獲得する自然な手段を提供する。独占禁止当局としては、反競争的行為や合併に対する代替策として、このようなガバナンス改革の義務付けを検討することは当然だし、懲罰的措置の必要性を評価する際の緩和要因として、ガバナンスにおける発言権を検討することも当然だろう。[19]

相互運用性を義務付け、これらの標準の意味と形を発展させる標準設定プロセスと連携させることはそうした標準を機能させ、民間独占による不当な支配を回避する重要な手段となる。金融規制は、さまざまな法域でどんなガバナンスが受け入れられるかを定義するのに役立つが、残念ながら、特に米国と英国では、有害で独占的な一株一票ルールに大きく傾いている。金融規制改革では、「ポイズンピル」[20]などの特注条項で一株一票が乗っ取りへと向かう傾向を相殺するよりも、権力の集中を継続的に考慮して対処するクアドラティック投票やその他の⿻投票など、もっと包摂的なガバナンスシステムの実験を奨励すべきである。また、労働者、サプライヤー、環境取引先、顧客の声を受け入れて支援し、体系的な独占効果を持ちかねない集中的な資産保有者にも、同様のツールを使用するように誘導するべきだ。

⿻税制

しかし、規則、法律、規制は、投資、イノベーション、開発から生じる前向きな枠組みの支援しかできない。それを補完するものがなければ、民間のイノベーションによって決められた世界に追いつこうとして、常に守勢にまわるしかない。そうした枠組みを使って補完すべき中核的な存在は、むしろ公的投資と多部門投資なのだ。そしてそうした投資を行うには当然歳入が必要となる。したがって、⿻インフラを自立させるための財源問題が当然生じる。サービスに対して直接課金したのでは、民間部門の罠に逆戻りだが、「一般歳入」に頼るのは、持続可能でもないし正当性を主張するのも難しそうだ。さらに、税金自体が⿻の促進に役立つケースも多い。ここではこの種の税金に注目する。

デジタル部門は、これまで課税がきわめて困難だった。関連する価値の源の多くが地理的に曖昧な形で生み出されているか、そうでなければ無形だからだ。たとえば、企業内の従業員間のコラボレーションやノウハウのデータやネットワークは、多くの場合国境を越えるため、法人税率の高い法域で主に発生していても、法人税率の低い国で計上できることが多い。多くの無料サービスには監視という暗黙の代償が伴うが、この価格が明示されていた場合とは違い、サービスにも暗黙の労働にも課税されない。G20とOECDが合意した、最低法人税率を設定するという最近の改革はかなり役立ちそうだが、デジタル環境に厳密に適応しているわけではなく、したがって課題への対処は部分的なものにとどまりそうだ。

　しかしこれは課題だが、別の面から見れば機会でもある。税収を明示的に国境を越える形で実現し、それを貯めて⿻インフラを支えるために使えるのだ。企業が恣意的に、本社所在地として決めた場所に税収が行くのではない。理想的には、こうした税金は、以下の基準をできるだけ十分に満たすべきだ。

①直接的⿻（D⿻）：デジタル税は、理想的には、単に税収を増やすだけでなく、⿻の目的そのものを直接促進または左右すべきだ[21]。これにより、税金がシステムの足を引っ張るのではなく、実際に解決策の一部になる。

②管轄のアライメント（JA）：税金が自然に徴収できる（そしてされる）管轄ネットワークは、これらの税金を処分する管轄に対応すべきだ。これにより、税金を定めるために必要な連合が、その税収を処分する協力関係を確立するために必要な連合とかなり近くなる。

③歳入のアライメント（ＲＡ）：歳入源は、歳入の使用によって生み出される共有価値から生じる価値に対応するものにすべきだ。これで歳入を処分する人々がそのミッションの成功を、自然に重視するようになる。また、税金を支払う人々が、税金で生み出された商品から一般的に利益を得ることを保証して、税金に対する政治的反対を軽減する。

④財政的妥当性（ＦＡ）：税金は、必要な投資への資金提供に十分な水準でなければならない。

「5－7社会市場」の節で説明した「循環投資」の原則は、最終的にこれらすべてをほぼまとめて実現できることを示唆している。スーパーモジュラー共有財によって生み出された価値は、最終的にはどこかに計上されてサブモジュラー収益となるはずであり、その収益はそれらの価値の源をサポートするためにリサイクルされるべきである。この価値の抽出は、市場支配力を低下させるのが通例であり、資産が完全に使用されるように促す。

ただしこのような理論上の理想はあっても、実際には、それを実現する理想的な税金を決めるのは、第5章で議論した技術的課題と同じくらい、専門的な試行錯誤のプロセスになるだろう。しかし、さまざまな検討の結果、これらの目的の多くをかなり達成できそうな、有望な最近の提案がいくつか登場した。

①集中計算資産税：計算、ストレージ、および一部の種類のデータなどのデジタル資産に、累進的な（税率または寛大な免除のいずれかによる）共通所有税を適用する。[22]

②デジタル土地税：希少なデジタル空間の商業化または保持に対する課税。たとえばオンライン広告への課税、競争力のある方法での周波数帯免許とウェブアドレス空間の占有、そして最終的には仮想世界の排他的空間への課税を含む。[23]

③暗黙のデータ／関心交換税：本来であれば労働税と付加価値税が発生するはずの、オンラインの「無料」サービスに関連する暗黙のデータと関心交換に対する課税。

④デジタル資産税：デジタル通貨、ユーティリティトークン、ＮＦＴなどの純粋デジタル資産に対する共通所有税。

⑤コモンズ由来データ税：ライセンスのないコモンズ由来データで訓練されたモデルから得られる利益には課税できる。

⑥フレキシブル／ギグワーク税：主に「ギグワーカー」を雇用し、従来の労働法に基づく負担の多くを回避している企業の利益に課税できる。[24]

右記の基準に従ってこれらの税金を包括的に「採点」するには、ずっと詳細な政策分析が必要になるが、いくつかの例を挙げれば、これらの提案の背後にある設計の考え方のパターンがわかるはずだ。集中計算資産税は以下の３つを同時に目指す。デジタル資産のもっと完全な使用を促進すること（これはあらゆる共通所有税と同じだ）、集中的なクラウド所有を阻止すること（これにより競争を促進し、潜在的なセキュリティ脅威を減らす）、および公的監視の外で潜在的に危険な規模のモデルのトレーニングを可能にしかねない計算リソースを蓄積するインセンティブに足枷（あしかせ）をはめることで、すべてＤ⿻の例示となっている。ほとんどの形式のデジタル土地税は、当然のことながら、どの国民国家に帰属するものでもなく、インターネットのインフラ、アクセス、コンテンツをサポートする国境を越えた機関の歳入となり、ＪＡを実現する。暗黙のデータ交換税は、デジタル経済で生み出される真の価値を明確に示し、その価値を最大化するため、それを促進するインフラを奨励し、ＲＡを実現する。

もちろん、これらは最初の提案にすぎず、さらに多くの分析と想像力があれば、可能性の領域はさらに広がる。しかし、これらの例は今日のデジタル世界における主要なビジネスモデル（クラウド、広告、デジタル資産の販売など）とかなり密接に一致しているので、ちょっと工夫するだけで、その世界を流れる価値のかなりの部分を税収にして、デジタル経済を根本的に変える規模の投資を支えることに使えそうだ。

これは政治的に実現不可能に思えるかもしれないが、示唆的な前例として米国のガソリン税がある。当初はトラック業界が反対していたが、政策立案者がこの税収を、道路インフラ建設を支援する目的税とすることに同意したため、最終的には業界に受け入れられた。[25] この税金は明らかに業界に直接的な負担を強いるものだが、道路建設に対する間接的な支援は、トラック運転手の仕事に必要な基盤を提供するものなので、この負担を相殺して余りあると思われたのだ。それなら、もっと的を絞った税金（道路渋滞税など）のほうがよかっただろうと反対する人もいるだろう（その通り）。だがガソリン税は汚染を抑制するという副次的なメリットもあったし、渋滞課金が高くついたはずの時代に、道路の主な利用者にかなり的を絞れていたのだ。

今日でも、このような野心的なデジタルインフラ支援税を支持するため、企業と政府が適切な連合を結成することは十分にあり得る。そのためには、調達資金をきちんと保管すること、オンライン上の豊富なデータを活用した巧妙な課税手段、高度で手間のかからない徴税方式、適切ながらあまり広げすぎない管轄権を慎重に活用して、他の人々も追従するような形で課税徴税を行うこと、そしてもちろん、以下で議論するように、大量の国民的支持や圧力が必要になる。効果的な政策リーダーシップと国民の動員によって、これらを達成し、デジタル時代の⿻インフラを支える条件を整えられるはずだ。

私たちの未来を維持する

⿻を体現するなら、そうしたリソースで支えられる組織のネットワークは、デジタル世界のためのモノリシックな新設グローバル政府であってはならない。その構造と、多様性と集団的協力を高めるというデジタルガバナンスの既存フォーラムとのつながりの両方において、それ自身が⿻であるべきだ。私たちはデジタル社会の性格を根本的に変えようとしているが、既存の制度を破壊したり弱めたりするなら⿻は達成できない。私たちの目標はその正反対だ。根本的な⿻インフラの構築は、デジタルのパイを劇的に拡大し、多様化させ、なるべく多くの人々に恩恵をもたらし、実験と成長のためのスペースも拡大できるプラットフォームと考えるべきだ。

　私たちのビジョンの要素ごとに、必要となる支援の水準もまったく異なる。たとえば、没入型共有現実のような、最も身体性の高い技術の多くは、比較的身近な規模で運用されるはずなので、必然的に比較的「プライベート」な形で開発されるだろう（資金調達モデルとデータ構造の両面で）。ただし潜在的な落とし穴にはまらないようにするため、ある程度の公的支援と規制は入れる。一方、市場構造の最も野心的な改革には、多くの場合国境を越えて、基本的な政府や法の仕組みを再編しなければならない。このすべての作業の基盤となる基本プロトコルの開発には、おそらく膨大な調整も要るし、ネットワーク内のノード（インドや台湾など）が自国のフレームワークを世界標準にしようと競争する中で、ＡＲＰＡの協調競争的な構造を完全に活用した、多くの実験も必要となる。⿻的な法律、規制、投資、管理権の効果的な網の目によって、できるだけこの多様なニーズに対応できる、国内および国をまたがる多様な機関の存在を確保しなければならない。そして税金と法的権限を巧みに一致させて、相互運用しつつ関連した役割を果たせるよう、そうした組織に力を与えよう。

そうした組織は資金が著しく不足し、しばしば相互調整も不十分だし、ここで概説したような野心的な使命は持っていない。だが幸いなことにデジタルおよびインターネットのガバナンスに関する既存の国際的構造の多くは、だいたいこうした特徴を備えている。

つまり、いくつか個別の新機能の追加、資金調達の改善、ネットワークと接続の強化、市民参加の充実は必要だが、インターネットはARPANETの創設者が想像したとおり、その構造とガバナンスにおいてすでに⧉なのだ。この取り組みの向上、擁護、サポートに必要となる、一般の理解と参加を構築することが何よりも重要となる。

変化を組織する

もちろん、これを達成するのは大仕事だ。この章や本書全体を通して議論されているアイデアはきわめて専門的だ。ここでのかなり抽象的な議論でさえ、上っ面を撫でたにすぎない。本書のアイデアにさえ、深入りする人はほとんどいないだろうし、ましてや政策面や、その政策をはるかに超えた幅広い研究、開発、配備作業など、その政策が力をもたらす分野での実に広範な作業に取り組もうなどという人は、ほぼいない。

まさにそれだからこそ、「政策」は⧉を構築するために必要な作業のほんの一部にすぎないのだ。政策リーダーひとりにつき、彼らが訴えるビジョンを構築するために、何十人も、いや何百人もが必要となる。そして、そうした人々ひとりにつき、専門的な部分に専念するわけではなくても、

ＩＴが進みかねないデフォルトのリバタリアン的またはテクノクラート的な方向性に対して全般的な嫌悪感を共有し、⿻のビジョンを広く支持する何百人もの人々が必要となる。彼らは、専門的または知的なレベルではなく、感情的、本能的、イデオロギー的なレベルでそれを理解し、政策と技術分野の中核にいる人々のために、やる気や生きた視点、方針採用のネットワークを構築する必要がある。

　そのためには、⿻は一連の創造的なＩＴや知的分析をはるかに超えねばならない。環境保護主義、ＡＩ、暗号資産のように、幅広く理解される文化的潮流や社会運動にならなければならない。それは、知的かつ社会的に深い基礎研究の体系に根ざし、多様で組織化された各種の企業によって探究開発され、組織化された政治的関心によって支えられるものとなる。そこに至る経路には、アクティビズム、文化、ビジネス、研究の世界における方針立案者たちなどが含まれるが、そうした人々だけにとどまるものなどでは決してない。だから最後に、こうした世界のいずれかと接触のある皆さんに対し、これを実現するプロジェクトに参加するよう呼びかけさせてもらおう。

7-1 結論

本書では、ITと社会の将来ビジョンを描いた。それがリバタリアンやテクノクラートたちが描く未来像に匹敵し、しかもほとんどの読者にとっては、より魅力的に感じられるくらい、野心的で真剣なものだと願いたい。私たちが正しくて、あなたもこのビジョンに共感するなら、⿻のための運動に参加してほしい。

私たちの具体的な目標は、この野心的なビジョンに一致している。2030年には⿻が技術の方向性として、世界の人々にAIやブロックチェーン並みに認知され、政治運動としてグリーン運動と同じくらいの認知度を得るようにしたい。人々は、民主主義が自分たちのデバイス並みに急速に進歩するよう求めるはずだ。みんな台湾を⿻の導きの道標にしてシンボルだと考えるようになり、ユダヤ人にとってのイスラエルや、ヨーロッパの自由にとってのウクライナと同じくらい、⿻の繁栄にとって台湾が重要となる。世界中の人々は⿻を通じて意外な仲間や英雄を見つけるだろう。たとえば、専制政治の拡大主義を懸念する人々が、その紛争の最前線にいるトランスジェンダーの台湾指導者を尊敬するようになったり、もっと多くの技術を求める人々が敬虔な人々の間に同志を見出したりする。

ＩＴは、世界を変える最強の力だ。その内部の仕組みを理解しているか、その導入を慎重にやるか貪欲にやるか、あるいはこれまでＩＴの発展を形作ってきた企業や政策立案者に同意するかどうかにかかわらず、技術は私たちの集合的な未来を形作る、唯一最大の手段であり続ける。

その集合とは単なる個人の集まりではなく、関係性の網の目だ。科学的、歴史的、社会学的、宗教的、政治的な観点から見て、現実は私たちが誰であるかだけでなく、どのようにつながるかによって定義されることがますます明らかになっている。

ＩＴは、こうしたつながりを推進し、定義づける。鉄道から電信、電話、幼稚園時代の友人や志を同じくする新しい仲間と私たちをつなぐソーシャルメディア、コロナ禍の中で企業や家族を結びつけるテレビ会議まで、違いを尊重しながら人間関係を築き、強化するという技術の力から、私たちは多大な恩恵を受けている。

しかしＩＴは同時に、明らかに私たちを分断し、違いを抑圧してきた。関心を求める戦いに基づいたビジネスモデルは、好奇心よりも怒り、共通の理解よりもエコーチェンバー、そしてほぼ無制限の誤報や偽情報を優先してきた。文脈を無視し、人々のプライバシー観に反するオンラインでの急速な情報拡散は、あまりにも頻繁にコミュニティを侵食し、文化遺産を追い出し、世界的な単一文化を生み出してきた。生成基盤モデル（GFM）やWeb3、拡張現実などの新世代技術が生活の中に広まるにつれ、技術の影響（良い面も悪い面も）の劇的な増大が予想される。

つまり私たちは岐路に立っている。ITは私たちを引き離し、社会秩序を崩壊させる混乱と対立を引き起こしかねない。ITは、その生命線である人間の多様性を抑圧し、単一の技術的ビジョンで私たちを均質化しかねない。逆に、ITは私たちの多様性を劇的に豊かにしつつ、そのつながりを強化し、⿻の潜在的なエネルギーを活用して維持することもできるのだ。

ブレーキを踏み、技術進歩を減速させることで、この選択を避けようとする人もいるだろう。確かにいくつかの方向性は愚かだし、未知の世界にあまり拙速に飛び込むべきではないが、競争と地政学の力学を考えると、進歩を単に遅らせるのは持続可能ではなさそうだ。私たちが直面しているのは、むしろ速度よりも方向性の選択なのだ。

ピーター・ティール、マーク・アンドリーセン、バラジ・スリニバサンのようなリバタリアンが望むように、個人を解放し、制約や責任から逃れたアトム的主体にすべきだろうか。サム・アルトマンやリード・ホフマンのようなテクノクラートが望むように、技術者に問題を解決させ、未来を計画させ、それが作り出す物質的な快適さを分配させるべきだろうか。

私たちは、声高に、そしてはっきりと、どちらでもないと主張する！　混沌もトップダウンの秩序も、いずれも民主主義と自由だけでなく、人間社会と自然のすべての生命、複雑さ、美しさの対極なのだ。生命と⿻は「カオスの縁」の狭い回廊で繁栄する。この惑星の生命が生き残り、繁栄するためには、この回廊を広げ、成長と⿻が可能なカオスの縁へと人々を絶えず連れ戻さねばならない。それこそ、ＩＴと政治の中心的な使命であるべきだ。それが⿻の願いであり、使命なのだ。

つまり⿻は、リバタリアニズムとテクノクラシーを超えた第三の道なのだ。それは人生が、厳格な秩序と混沌を超えた第三の道なのと同じだ。この運動を始動させるには、おそらく3年から5年かかるだろう。その時間枠内で、人々や企業が毎日使用する技術の相当部分がＡＩとメタバースに深く依存するようになる。そうなっては、テクノクラシーとリバタリアニズムが生み出した既成事実はもはや覆せない。しかしそれまでの間に、立ち上がって進路を描き直すことはできる。関係性を中心にした人々に力を与えるデジタル民主主義に向けて、多様な人々が、まさに意見が一致しないからこそ協力し、連携して、想像力と願望を絶えず前進させられるのだ。

このような転換には、社会全体の動員が必要だ。企業、政府、大学、市民社会組織は、技術がさまざまな多様性のつながりを深め、広げるよう要求し、それが可能であることを示し、それを実現するために必要なツールを構築し、それを現実化する必要がある。それが人類の安定、繁栄、そして未来への開花を強化するための鍵であり、唯一の道なのだ。インターネットは多くの可能性を提供しているが、真に変革をもたらす進歩の可能性はいまだに実現したことがない。それを実現させたい人が行動を起こせる、ごく限られた機会がいまここにあるのだ。

技術のもたらす希望

過去半世紀にわたり、西側の自由民主主義国のほとんどは、ITに対して無抵抗になるよう学んできた。ITに興味をそそられ、喜んだり苛立ったりはするが、みんなITというものをエンジニアの小集団による選択の総和としてではなく、近代性そのもののように、勝手に出現するものだと考えてしまいがちだ。こうした政治体制の中にいる市民のほとんどは、「私たち国民」には、自分の生活のオペレーティングシステムであるプラットフォームの方向性に影響を与える能力はおろか、その権利さえないと思い込んでしまっている。

しかし、私たちにはもっと良いものを要求する権利、いや義務さえある。ITの中には、人々を離反させ、違いをなくしてしまうものもある。また人々を結びつけ、称揚するものもある。怒りと服従を煽るものもあれば、相互依存を見つける支援をするものもある。後者、つまり違いを超えて協力できるように設計されたテクノロジーを要求するよう動けば、そのオペレーティングシステムを再改造できるのだ。

私たちは、即時、中期、変革の3つの時間軸にわたって行動機会があると考えている。

■即時的な時間軸

この変化の一部は、いますぐ行動に移せる。本書の読者は、この本を友人に説明して薦めたり、友人に話したり、さまざまな関連メディアコンテンツを広める手伝いをしたりできる。没入型共有現実での会議から、友人と共同で決定を下すためのオープンソースツールまで、すでに広く利用可能なさまざまなツールを誰でも採用できるのだ。

前の節で作成した政策アジェンダを中心に、政治指導者を支援して政治運動を組織するのも簡単だ。特に政治指導者と政策指導者なら、本書のアイデアや、優先順位付投票や認定投票などの方向へと、短期的な政治改革を実装するために協力できる。使用技術をオープンソースツールにしたり、業務に⿻を採用して組み込んでいる企業の技術を優先したりもできる。これらの企業のビジネスリーダー、エンジニア、製品マネージャーは、少しずつ⿻技術を製品に組み込み、生産ワークフローでこれらのツールを使用し、顧客から受けるフィードバックを改善し、それらを体現した公共政策を支援できる。

学者は、今日の現場で使われている⿻技術とその影響を研究しよう。何が本当に機能するかを見分けるのに役立つ、厳密な手段を考案してほしい。さまざまな分野の重要な未解決の問題に取り組んで、次世代の⿻技術の設計を可能にし、Plurality Institute のようなネットワークを通じて学術機関の協力やコラボレーションを形成しよう。研究と査読の普及に⿻を採用するのもいいだろう。

文化指導者、アーティスト、ジャーナリストなどのコミュニケーターは、オスカー受賞監督のシンシア・ウェイドとエミー賞受賞プロデューサーのテリ・ウィットクラフトのドキュメンタリー『Good Enough Ancestor』[1]で行っているように、⿻運動の物語を伝えよう。本書のように、そしてマット・ドライハーストとホリー・ハーンドンが行ってくれたように、⿻を自分たちの創作活動に取り入れてもいい。東京の日本科学未来館が行っているように、もっと□な未来についての建設的な構想に市民を引き込むこともできる。

■中期的な時間軸

もっと体系的な想像力と野心があれば、むしろ中期的な時間軸にまたがる形で□を追求できる。もっと多様な声を取り入れ、深いつながりを築き、多様性の再生を促進するために、制度を改造するのだ。世界中の地元□コミュニティの一員となり、さまざまな表現、言語、形式で、もっと豊かな未来の可能性を伝え、友人を招待して共同でその未来をつくり出せる。□を明確な目標とする、ますます組織化された政治運動の立ち上げに参加し、ますます増える□的な市民および慈善活動に貢献し、□を使って多様なコミュニティの地元での懸念に対処するためのハッカソンやアイデアソンにどんどん参加しよう。

政策リーダーは、包括的な□課題を中心に政治プラットフォーム、さらには政党を形成してもいい。規制当局と公務員は、□を自分たちの業務に深く組み込み、市民参加を改善し、入力のループを高速化しよう。国際組織や多国籍組織の職員は、□を活用し、本質的にそれを採り入れるために組織構造と慣行の改革に手をつけ、「国際貿易」から離れて、本質的で超モジュール的な国際協力と標準の制定に向かってはどうだろうか。

ビジネスリーダーや、もっと広い意味での組織リーダーは、□を活用して社内業務、顧客関係、採用慣行、企業ガバナンスを変革できる。リソースと権限を、縦割りの階層的部門から、創発的でダイナミックなコラボレーションへと徐々に移行して、もっとダイナミックな社内起業家精神を促進できる。拡張熟議を活用して、もっと良い会議と良い顧客調査を促進しよう。GFMを活用して、もっと多様な才能を探し、企業形態を再編して、もっと幅広い規制当局に対して直接的な説明責任を負えるようにし、その過程で社会および規制上の緊張を緩和しよう。

学者や研究者は、⿻を中心に新しい研究分野を形成し、⿻を活用して、社会学、経済学、計算機科学などの分野をつなぐ、こうした新しいコラボレーションを強化できる。⿻の専門家を常時育成する分野を創設し、新世代の学生に⿻を仕事に取り入れるように教え、さまざまな実践コミュニティと緊密な関係を築いて、研究の着想から実務実験までのループを短縮しよう。

文化リーダーは、⿻を活用して文化的実践を見直し、文化の溝を埋めるような強い共感を生む新たな体験を生み出そう。広告主や末端消費者ではなく、公共、市民、企業を対象とした新ビジネスモデルを採用したメディア組織に、これを売り込んでみよう。物理的な空間の具体的な設計から、可能性のあるSF的未来の詳細でインタラクティブなバックキャストまで、未来を共同で設計し想像する人々の能力を拡張する、参加型体験を構築するのだ。

■ 変革的な時間軸

さらに広い視野を持つ方に対しては、本書の相当部分を使って、人間のコミュニケーションやコラボレーションの方法をいずれ再構築できるような、真に変革的なテクノロジーがどんなものか、明確に説明してきた。この野望は、⿻運動の洞察の根幹に迫るものだ——民主主義の中核となる人格というのが、単なるアトム的または一元論的なものではなく、社会的関係によって定義されるものでもあるという洞察だ。だからそれは、個人の権利を超えて、帰属、商業、財産などの社会の構成要素に関する⿻的概念を踏まえた、もっと広い権利概念を生み出す。そのすべてのためには、さまざまな技術インフラ、社会関係、組織制度の根本的な書き換えが必要となる。

　このような変化は直接起こすことはできない。相互に依存し合う形で構築される、さまざまな社会部門で発生する段階的な変革プロセスを通じてしか生じない。真に⿻となるためには、これらはさまざまな違いを超えて人々を関与させ、力を与える必要がある。そのためには人々が自分たちの将来に何を望んでいるかを理解し、それを明確に表現できねばならない。それを実現するには、これまで議論してきたような文化創造が、その形式と内容においてますます明確に⿻を体現する必要がある。そうしないと、技術の方向性を公衆が導くことに対する、幅広い理解と期待、そして技術の設計に対する多様な社会参加は生まれない。

　違いを超えた⿻想像力の基盤は、そのような目標を掲げる社会的、政治的組織に力を与えることができる。そうなれば政治指導者は、こうしたビジョンを自分たちのアジェンダの中核に採用し、政府の機能、政府間および民間団体との関係、そして政策アジェンダで、⿻の創造を実践できる。

　このような政策と実践があれば、次に根本的に異なった新技術の開発が可能になり、第三セクターの範囲が劇的に拡大し、国境を越えて新しい社会的、民主的な活動が絶え間なく出現する。するとこれらの新興事業は、民主的な説明責任を負っているため、ますます幅広い責任を正当に引き受け、国民国家のものと思われがちな各種の責任の境界を曖昧にして、新しい⧉秩序を構築できる。

さらに、学問分野の境界や知識の創造と展開の境界を越えて、新しい研究機関や教育機関にも頼ることができる。そうした機関は、前出の新興社会事業と深く関わって活動する。この教育セクターは、⧉の境界を押し広げる新技術を継続的に生み出し、新しい社会事業の基盤構築を支援し、アイデアの基盤を形成し、文化的想像力の進歩をサポートする。この文化的創造力こそが、こうしたすべての基盤となる。

このように、文化、政治、活動主義、ビジネス、技術、研究が一緒になって、相互に強化し合う好循環を形成できる。想像力が行動を促し、その行動が想像力の価値を裏付け、それにより想像力がさらに強化される。だからこそ、どんな分野でも、その好循環の構築に参加し、他の社会部門で同じことをしている他の人を支援することで勢いを高め、この真に変革的な時間軸に貢献できるのだ。⧉への最善の道も、最も重要な道もない。なぜなら、⧉は⧉であり、それが成功するには、支援と相互依存のネットワークの一部となる途方もない多様なやり方を、私たちみんながそれぞれ構築し、増殖させるしかないからだ。

動員

もちろん、だからこそトップダウンで万人に当てはまる⧉への道などあり得ない。しかしあり得るのは——そして本書が意図したとおりの効果を持つなら、それは間もなく起こるはずだ——世界中で緩やかに連合したグループや個人として結びつき、対抗勢力であるリバタリアニズムとテクノクラシーよりも⿻に献身する重なり合う人々の輪なのだ。第三の道筋を描くにあたり、多元主義者は、関係を破壊するのではなく、関係を強化し多様化し、そして同調を促すのではなく多様性の再生を重視する。人生を作り上げるのは、人間関係、愛、喪失、逆境、成果だ。『蝿の王』の暴力や、無差別なデータポイントの最適化ではない。[2]

もしあなたが、繁栄し、進歩する、正義に満ちた社会の中心的な条件は、社会的多様性と、豊かな多様性の中でのコラボレーションだと信じるなら——参加してほしい。今日の社会で最も強力なツールである技術が、個人としても、複数の意味のある関係の中でも、人々が花開くのに役立つ可能性がいまもあると信じるなら——参加してほしい。⿻の即時的、中期的、または真に変革的な時間軸——あるいはそのすべて——に貢献したいなら、入り口はさまざまだ。技術、ビジネス、政府、学界、市民社会、文化機関、教育、および／または家庭で働いているなら、変化をもたらす方法は無限にある。

この本は、大きなタペストリーの一部にすぎない。たとえば著者グレン・ワイルは、共著者オードリー・タンの伝記ドキュメンタリーのエグゼクティブプロデューサーも務めている。このドキュメンタリーは、本書よりもはるかに幅広い聴衆に届くだろう。私たちは共同で、⿻というテーマに取り組む学者のネットワークを構築するため、別の機関も設立した。その聴衆層は明らかにずっと狭いはずだ。これらはほんの一例だが、重要な点を示している。1000人の人々が（たとえばこの本の執筆に）深く関与するためには、そのそれぞれの人が１００人ずつの読者を必要とするし、その読者のそれぞれは、その本の存在を知っていて全体的な考えに賛同してくれる１００人を必要とするということだ。だから成功するには、さまざまな水準の関与を持つ人々が、相互に支え合う関係を持つ必要があるのだ。

　この本を大いに広めるくらい深く関与する人が１０００人いれば、コミュニティの一員として積極的に貢献する人が1万人いることになり、内容を深く理解する人が10万人、購入またはダウンロードする人が１００万人、この本に関するメディアコンテンツを1時間消費する人が１０００万人、関連テーマの映画やその他の娯楽作品を観る人が1億人、そしてこの活動の狙いを知って共感する人が10億人いれば、２０３０年の目標を達成できるはずだ。

　多元主義者は、世界のあらゆる国の、経済のあらゆる部門にいる。つながり、連携し、立ち上がり、活動しよう……そして私たちと共に、もっとダイナミックで調和のとれた世界構築のための、慎重かつ献身的な運動に参加しよう。さあ、いっしょに未来を解放しよう。

日本語版解説

Pluralityとは何か

鈴木 健（『なめらかな社会とその敵』著者）

グレン・ワイルとオードリー・タン、そしてコミュニティの協力によって書かれたオープンソース書籍『Plurality』は、いま日本で読む価値のある本である。一方で、思想、学術用語が多用され、ハイコンテキストな技術・科学的概念が詳細な説明なく使われるため、本書は一読して理解することが難しく、いわば解説の書きがいがある本でもある。

「Plurality」とは、素直に翻訳すれば「多元性」や「多数性」を意味するが、本書ではその意味を拡張している。すなわち、Pluralityとは「社会的差異を超えたコラボレーションのための技術」である。台湾をはじめとする豊富なデジタル民主主義の実践事例を通じ、いかなる思想的バックボーンや歴史的文脈をもった活動なのか、その射程と未来が饒舌（じょうぜつ）に描かれている。『ラディカル・マーケット』の著者でもあるグレン・ワイルと、台湾のデジタル担当大臣を務めたオードリー・タンが、なぜこの本を書いたのか、またなぜこの定義を採用せざるを得なかったのかについて、日本の読者に向けて解説を試みる。

オードリー・タンは１９８１年生まれのプログラマー出身の政治家であり、２０１４年のひまわり学生運動以降、台湾政府とシビックテックコミュニティの橋渡し役として台頭した。彼女は民間のオープンソースコミュニティ「g0v（ガブゼロ）」出身で、２０１６年にわずか35歳で台湾の政務委員（無任所大臣）に任命され、２０２２年にはデジタル担当大臣に就任、以後２０２４年に政務委員を退任するまでデジタル政策を統括した。彼女が関与した代表的な仕組みには、政府と市民が協働して法案を検討するvTaiwanプラットフォームや、誰でも政策提案や請願ができるJoinがある。vTaiwanでは、まずインターネット上であらゆる関係者や市民から意見を募り、それを可視化・分析して論点とコンセンサス（合意点）を抽出し、オフラインでの対面討論を経て合意形成を図り、その結果を法改正や政策に反映させるというプロセスがとられた。タンは、この一連のデジタル協働を通じ、台湾社会において不信が高まっていた政府への信頼を取り戻すことに成功した。

グレン・ワイルは１９８５年生まれの政治経済学者である。２０１８年の著書『ラディカル・マーケット』で、一人一票の原則や私有財産制といった近代社会の根幹制度を見直す大胆な提言を行い注目された。その後、自身が創設したRadicalxChange財団を通じ、ブロックチェーンやＡＩなどの新技術を活用した次世代の社会制度づくりに取り組んでいる。ワイルの代表的なアイデアにクアドラティック投票（Quadratic Voting：ＱＶ）がある。ＱＶでは、各参加者に与えられた「投票権（ボイスクレジット）」を自由に配分して複数票を投じることができるが、票を集中させるほど費用（クレジット消費）が二乗で増大する。たとえば、1票なら1クレジットで済むところ、ある選択肢に5票投じるには25クレジットが必要となる。ワイルはこの方法で「意志の強さ」を適切に反映し、多様な利害のバランスがとれると考えた。また、ＱＶの応用としてクアドラティック資金提供（Quadratic Funding：ＱＦ）も提案し、不特定多数からの小口支援を効果的に集め、公共プロジェクトを資金面から支えるメカニズムを実験している。

この二人の著者が出会ったのは、ビットコインに次ぐ影響力を持つ仮想通貨・イーサリアムのコミュニティで、ワイルの『ラディカル・マーケット』が評価され、イーサリアム設立者のヴィタリックを通じてタンが紹介されたからである。その後、ワイルはタンやヴィタリックらと共にRadicalxChange財団を設立し、研究者から実践家、啓蒙家への道を歩み始めた。

ワイルの『ラディカル・マーケット』の読者は、本書との思想的な眼差しの違いに驚くことだろう。『ラディカル・マーケット』では、極めてアトミックで個人主義的な人々が市場や投票のメカニズムを通じ最適な解に至る手法が大胆に提案されているのに対し、『Plurality』では、複雑な社会に生きる多様な主体が、コミュニティでの協働を通して問題解決にあたる。タンと台湾でのデジタル民主主義の実践との出会いがこの変化を生んだのは言うまでもないが、ワイル自身の中にもその萌芽が育まれていたことは確かである。なお、ワイル自身による『ラディカル・マーケット』への自己批判は、２０２０年の以下のブログにすでにまとめられているので参考にしてほしい。https://www.radicalxchange.org/media/blog/why-i-am-not-a-market-radical/

さて、Pluralityとは何だろうか。その思想的起源のひとつは、本書で紹介されているとおり、ハンナ・アーレントの「複数性・多元性（plurality）」という概念にある。アーレントは『人間の条件』の序盤で、「人間（men）がひとりの人間（Man）ではなく、複数で地上に生き、世界に共に居住しているという事実」こそが複数性であると定義している。つまり、どの人間も「人間である」という点で共通し、互いに理解し合える平等性を持つ一方、各人は他の誰とも同じではなく、固有の人生と視点という独自性（差異）を有している。アーレントは、この「平等でありながら異なる」という二重の特質こそが、人間の多元的な在り方を示すものだと考えた。この視点から、人間を政治的存在として捉え直し、複数性を人間が政治的であることの基盤と見なした。

本書ではPluralityを「社会的差異を超えたコラボレーションのための技術」と定義している。人はそれぞれ異なるという事実を前提とすれば、政治的合意形成の困難さに直面すると同時に、ひとつの可能性が見えてくる。差異を超えてコラボレーションを実現するためには技術が必要であり、その過程には創造的なプロセスが伴う。

本書の英語版本文中では、“collaboration across ～”が25回、“cooperation across ～”が6回登場する。このニュアンスの違いについてタンに直接尋ねたところ、以下の返答があった。「私は『コラボレーション』という言葉を用いて『共創』や『ピアプロダクション』を表現し、共有された創造的プロセスを強調している。一方、『コオペレーション』にはこの意味合いも含まれるが、必ずしも創造的な相乗効果を伴わず、より取引的な相互作用を指す場合もある。したがって、『コラボレーティブダイバーシティ』の方がより強い表現（より意欲的）であり、『違いを超えたコオペレーション』はより弱い表現（達成しやすい）である。」

創造的プロセスを生み出す源泉こそが差異であり、差異は必ずしも悪いものではない。差異を包容する温かい眼差しがここにはある。差異が共存するためには技術が必要であり、技術が十分でなければ、差異を社会的に許容できなくなる。個々人および社会的差異を生成する科学的バックボーンとして、本書では第3章で複雑系とウィーナーのサイバネティックスを挙げている。複雑系の科学では、たとえ個々の素子が単純であっても、その相互作用からカオスやフラクタルなどの複雑な現象が生じる。現代のインターネット技術や人工知能技術の祖先のひとつであるサイバネティックスは、生命の中に制御技術が存在し、技術が生命の不可分な拡張であることを示している。また現在のAIのコア技術である人工ニューラルネットワークもサイバネティックスの潮流から生まれてきた。サイバネティックスの影響を受けたリックライダーが、人間が技術を通じて能力のフロンティアを拡張していくさまざまなアイデアを創造していく。インターネット技術そのものや、オープンソース運動、さらには台湾における実践も、こうした技術史、科学史的コンテキストの延長であることが明らかにされる。

人間はアトミックな存在ではなく、その社会関係に応じて異なる役割を求められる。こうした社会的関係性に着目する視点は、ジンメルに端を発している。さらに言えば、人間そのものが、社会関係がなくとも初めから複雑な生命体である。そこに社会関係が加われば、なおさら複雑な存在となる。

このような複雑な存在同士が、差異を超えてコラボレーションするためには技術が必要である。これまでの歴史の中で、そのための技術はさまざまな形で生まれてきた。たとえば、浅いコラボ

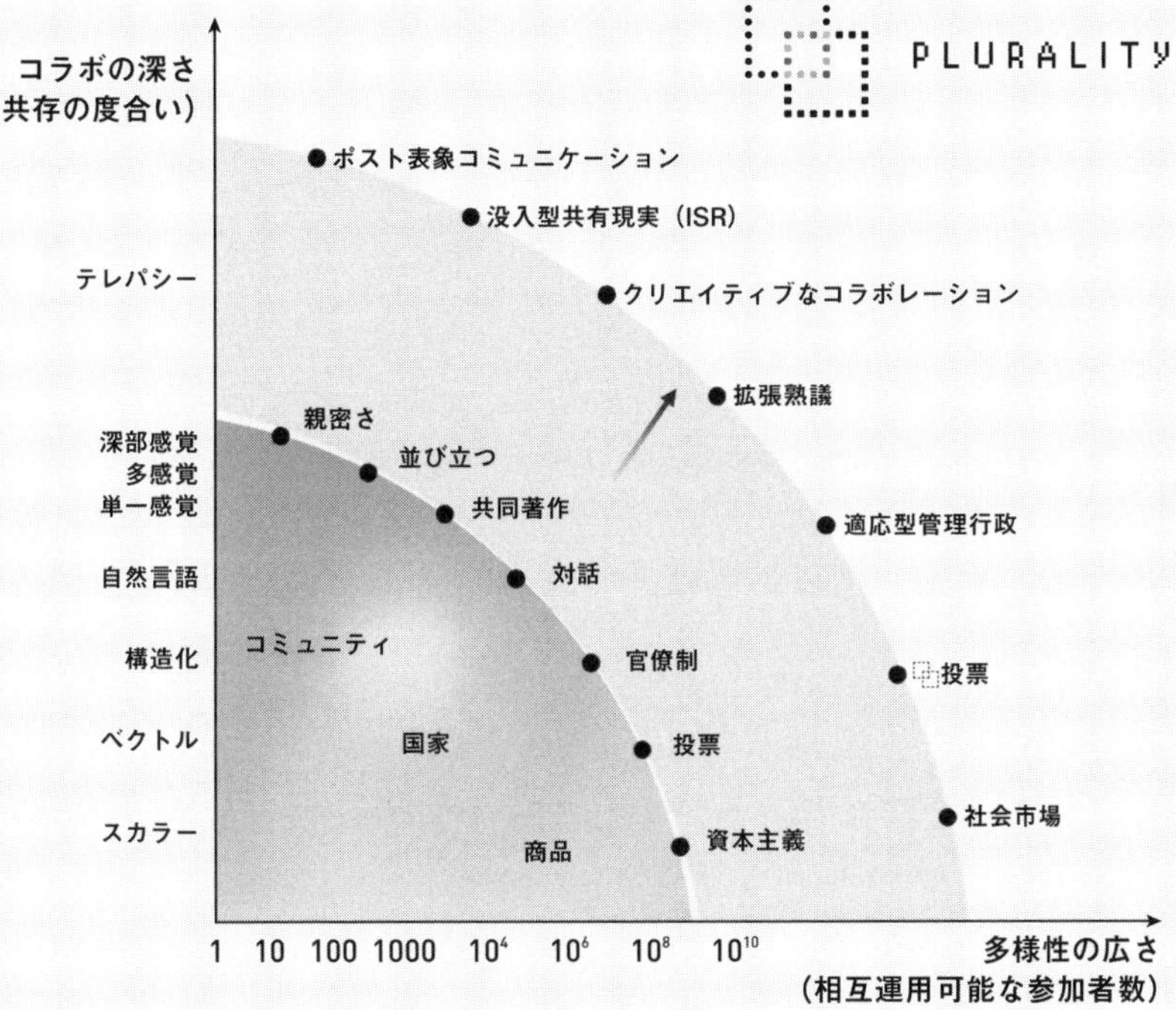

322 ページ図 5-0-A を再掲

レーションの例としては、貨幣を使った市場取引が挙げられる。人々のニーズに差異があるからこそ取引が成立する。一方、非常に親密な友人関係の中でのみ通じる非言語的なコラボレーションも存在する。どちらが優れているかを論じるのではなく、いずれも技術によってその可能性の地平が拡張されるのである。

本書第5章の322ページにある図5-0-Aは、Pluralityすなわち「社会的差異を超えたコラボレーションのための技術」がどれほど広範な射程を持つのかをよく示している。図のキャプションには「コラボの深さと多様性の広さのトレードオフを生産可能性フロンティア上の点として表現」とあるが、Pluralityとは、技術が可能にする面積を広げるあらゆる活動にまで及ぶ。だからこそ、ワイルは一般的な社会技術だけでなく、拡張現実などの没入型技術や日本科学未来館で展示される高齢者の生活体験技術なども Plurality と見なすのである。若者と高齢者という身体的な差異をもつ存在が技術を通じて、コラボレーション可能になるからだ。

したがって、一般的なデジタル民主主義のサービスやツールとして認識されるものに限らず、「社会的差異を超えたコラボレーションのための技術」として実現されるあらゆる活動が Plurality に含まれる。デジタル民主主義やメカニズムデザインでよく語られる社会技術よりも、はるかに広い定義まで射程を拡張し、その意義を強調しているところに本書のユニークな特色がある。

Pluralityと日本との接続性

本書と日本との関係性についても述べよう。日本版では、著者の二人が日本への熱い想いを冒頭で述べているが、本文中でも何カ所か触れられている。たとえば、サイバネティックスの影響を受けたデミングが日本で生産管理の手法を根付かせた事例や、安野貴博が東京都知事選に出馬し、本書を参考にした選挙戦で15万票を獲得した最近の話題などが取り入れられている。また、私の著書『なめらかな社会とその敵』(2013)も、本書に先行する思想を持った一冊として紹介されている。

私がワイルとタンと初めて出会ったのは、本書の英語版が出版されて間もない2024年7月のことであった。Funding the Commons Tokyo という会議、および科学未来館と Wired Japan が共催するイベントでご一緒させていただいたのがきっかけである。その際、ワイルが「私の専門家としての生涯の中で最も有意義な一日」と称した体験については、本書の冒頭の「日本語版刊行に寄せて②」に詳述されている。私も『なめらかな社会とその敵』と本書『Plurality』の間に極めて多くの共通点を見出し、以来、ワイルとは同志として交流を深めている。

複雑系と創発性、サイバネティックスを技術思想の起点とし、社会学としては社会ネットワークや分人の概念、政治学としてはジョン・デューイやトクヴィルの哲学、そして、コンピュータ技術なくしては実現できない具体的な貨幣システムや投票システムを設計しているところなど、双子の書籍といっても過言ではないほどの共通点がある。

そもそも、デジタル民主主義運動の歴史は長く、その起源は1999年にさかのぼる。情報建築コンサルタントのダルシー・ディヌッチが提唱した Web 2.0 の概念は、2004年のティム・オライリー主催の Web 2.0 Conference で広く認知され、従来の一方向的な情報伝達から、ユーザー参加型の双方向的なネットワークへとウェブの性質が大きく変革される契機となった。この時代背景の中、2003年に伊藤穰一は「創発民主制」を提唱し、インターネットを通じた市民の自発的参加と協働による政治形成の可能性を示した。

一方、技術革新の勢いを背景に、オライリーは2009年頃から Gov2.0 という考え方を打ち出し、政府もまたオープンな情報共有と市民との協働を進めるべきだと主張した。同年、米国ではCode for Americaが設立され、ＩＴ技術を駆使して行政の透明性と効率性を高め、市民参加を促す取り組みが始動した。これに影響を受け、２０１３年には日本で関治之によってCode for Japanが、２０１４年にはドイツでCode for Germanyが発足し、デジタル民主主義の実践が国際的に広がっていった。米国においては、２００８年から２０１６年のバラク・オバマ政権下で、Open GovernmentやDemocracy 2.0の施策が積極的に展開され、政府と市民との双方向の対話が推進された。しかし、２０１６年の米大統領選挙を経てドナルド・トランプ大統領が就任すると、政治空間のアジェンダが一変し、従来のオープンな政治運営は一時下火となり、透明性や市民参加への意識が後退する動きが見られた。

一方で、２０１６年以降、台湾ではタンが政務委員として活躍し、従来の枠組みに囚われない革新的な取り組みを実施した。彼女の指導のもと、台湾政府はvTaiwanなどのオンライン対話プラットフォームを活用し、市民と政府が共に議論し合意形成を図る仕組みを確立した。なお、２０２４年にタンが政務委員を退任し、台湾のデジタル民主主義は新たな局面を迎えようとしている。

こうした中、２０２４年の安野貴博による東京都知事選出馬は、Plurality運動においてグローバルにも注目度が高い新たな展開のひとつである。２０２５年に入ると、安野と私は「デジタル民主主義２０３０」というオープンソース・プロジェクトを開始した。まだ始まったばかりではあるが、日本にデジタル民主主義を根付かせるきっかけとなることを期待している。

技術には、人の主体性を増大させる技術と、逆に主体性を減退させる技術の二種類がある。本書で紹介された事例をそのまま日本に導入すればうまくいくという考え方では、参加する人々の主体性を損ない、決して成功しないだろう。読者には、「社会的差異を超えたコラボレーションのための技術」として本書を日本の文脈に取り入れ、発展させることが求められている。私たち自身もその思いを胸にプロジェクトに取り組んでいる。

本書では台湾における実践を奇跡的な成功事例として取り上げている。日本で導入するにあたっては、台湾のg0vやvTaiwan、Joinの実態を十分に理解した上で行う必要がある。そこで、私たちはスマートニュースメディア研究所にデジタル民主主義研究ユニットを設立し、そのプロジェクトの一貫として、高木俊輔が２０２４年12月に台湾を訪問し、その詳細をレポート（２０２５年2月公開）にまとめている。

高木の報告を踏まえ、安野と私は、デジタル民主主義２０３０プロジェクトチームと共に、１月下旬の３日間にわたり台湾を訪問し、台湾における実践に深く関与する関係者13名へのインタビューを行った。その中で特に学びが大きかったのは、台湾の市民参加型民主主義のファシリテーターを長く務めた林雨蒼へのインタビューで、デジタル民主主義の実践が、実はオフラインでの膨大な努力なしには実現しないことが明らかになった。また政府内での大臣クラスの強いコミットメントがあってこそ結果が出たわけで、市民側の活動と政府のコミットメントという両輪が必要であるとわかったことが大きな学びであった。タンが政務委員を退任したあと、その片方の輪が弱くなり、台湾のデジタル民主主義は踊り場に差し掛かっている。彼女のカリスマ的能力が台湾の奇跡を牽引していたことはすばらしいが、今後はより仕組み化していき、誰もが実践できるようにしなくてはいけない。そのキーワードは、プロダクトマーケットフィット（ＰＭＦ）だと私は考えている。本書の第5章では、Plurality のさまざまなメカニズムや実践例が紹介されている。そのうち、どれがＰＭＦを達成していて、どれがプルーフオブコンセプト（ＰｏＣ）のレベルなのかを理解することが大事だ。デジタル民主主義研究ユニットから Plurality のメカニズムや実践例のＰＭＦに関するレポートが公開されているので、本書の副読本として参照してほしい。

https://bit.ly/digital-democracy-research

デジタル民主主義にはさまざまな課題があるが、この可能性の空間に果敢に飛び込むことが重要である。特にＡＩ時代の到来により、これまで不可能と思われていたことが可能になるかもしれない。日本で始まるデジタル民主主義２０３０では、大規模熟議プラットフォームを最新の生成ＡＩ技術を活用して実験している。こうした動きは日本だけでなく、ＡＩをデジタル民主主義に適用する研究や実践が各国で始まっている。Google DeepMind の研究者らによるハーバーマス・マシンなどはこうした例のひとつだ。ＡＩが大規模なコメントの分類や要約作業を代行したらどうなるか、人間の代わりにＡＩがファシリテーションをしたらどうなるか、ＡＩが少数意見や創造的な意見の発見をしたらどうなるか、ＡＩの適用範囲は広い。Plurality Institute は、２０２５年2月下旬に米国バークレーで大規模言語モデルをオンラインの対話に使うための専門家を集めたワークショップを開催し、私たちも参加している。こうした試みや国際的な連携が、Plurality 運動に厚みを与えていくことだろう。

Plurality という用語が使われるようになったのは、タンが２０１６年に台湾の政務委員に就任するときの職務記述書を自ら書くことを求められたときに、官僚的な文章ではなく、印象的な詩を書いたことがきっかけだ。詩の全文は本書の88ページにあるので参照してほしいが、その一節に、『「シンギュラリティは近い」と聞いたら思い出そう。「多元性」はいまここにあるのだと。』(When we hear ‘the singularity is near,’ let us remember: the plurality is here.) というフレーズがある。レイ・カーツワイルが人間をはるかに超えるＡＩの到来を予言した「Singularity is near」にひっかけたのである。それから9年が経ち、生成ＡＩの爆発的な進化を眼前にし、いまや「The singularity is nearer, and the plurality is here.」の時代に入った。

著者らがPluralityという抽象的な言葉を使って運動を展開しなければならなかったのには理由がある。それは、急速な技術進化よって、技術社会思想としてのリバタリアニズムとテクノクラシーが席巻していく時代に突入しつつあるからだ。技術社会思想としてのリバタリアニズムは、ピーター・ティールあるいはブロックチェーンに代表され、政府の役割を極小化し個人の自由を最大化させる。一方の技術社会思想としてのテクノクラシーは、サム・アルトマンあるいは生成ＡＩに代表され、集中的な知識の集積により、誰よりも賢いＡＩが社会を統治する時代を想起させる。むしろ中国のような権威主義的な国家のほうが、相性よく生成ＡＩをテクノクラシーとして使いこなせるだろう。こうした中、Pluralityはリバタリアニズムとテクノクラシーを超えた第三の道を提示するために提唱された。

技術進化が、Pluralityの可能性のフロンティアを広げるために使われることを願ってやまない。そのフロンティアは、本書の読者と著者らの差異が産み出す、終わりなき創造力の中にある。

anthropic.com/news/the-long-term-benefit-trust.

17 Open Collective Team, "Open Collective Official Statement - OCF Dissolution" February 28, 2024 at https://blog.opencollective.com/open-collective-official-statement-ocf-dissolution/.

18 ここでの可能性を示唆する興味深い研究の方向性は，ニューラルネットワークと遺伝的アルゴリズムの先駆者ジョン・H・ホランドによるもので，彼は経済の中の市場でつながった企業ネットワークと，ニューラルネットワークとの間に直接的な対応を引き出そうとした．John H. Holland and John M. Miller, "Artificial Adaptive Agents in Economic Theory", *American Economic Review* 81, no. 2 (1991): 365-370.

19 Hitzig et al., op. cit.

20 Eric A. Posner and E. Glen Weyl, "Quadratic Voting as Efficient Corporate Governance", *University of Chicago Law Review* 81, no. 1 (2014): 241-272.

21 経済学者はこうした税を「外部性」に対する「ピグー税」と呼ぶ．これは「5-7 社会市場」の節で述べたように，以下の一部を表す方法として悪くはないが，外部経済は例外的ではなくむしろ普通に発生するものだったりするので，私たちはこの別の言い方のほうが好きだ．たとえばこうした税の多くは，確かに外部性を作り出す集中市場の問題に対応してはいるが，通常そうしたものはピグー税の範疇とは見なされていない．

22 このアイデアについて継続的に発展研究を続けている Charlotte Siegmann, "AI Use-Case Specific Compute Subsidies and Quotas" (2024) at https://docs.google.com/document/d/11nNPbBctIUoURfZ5FCwyLYRtpBL6xevFi8YGFbr3BBA/edit#heading=h.mr8ansm7nxr8 参照．

23 Paul Romer, "A Tax That Could Fix Big Tech", *New York Times* May 6, 2019 も類似のアイデアを提案している．

24 Gray and Suri, op. cit.

25 John Chynoweth Burnham, "The Gasoline Tax and the Automobile Revolution" *Mississippi Valley Historical Review* 48, no. 3 (1961): 435-459.

7-1 結論

1 予告編は https://www.youtube.com/watch?v=L_AAhYk6I3M

2 William Golding, *The Lord of the Flies* (London: Faber and Faber, 1954)．〔『蝿の王』ウィリアム・ゴールディング著，平井正穂訳，集英社，1973〕

Rough Year," *New York Magazine Intelligencer* December 12, 2023 at https://nymag.com/intelligencer/2023/12/lina-khans-rough-year-running-the-federal-trade-commission.html

6 Central Committee of the Chinese Communist Party, 14th Five-Year Plan, March 2021; 英訳は https://cset.georgetown.edu/publication/china-14th-five-year-plan/.

7 https://thenounproject.com/

8 Licklider, "Computers and Government", op. cit.

9 Vivek Raghavan, Sanjay Jain, Pramod Varma, "India stack-digital infrastructure as public good", Communications of the ACM 62, no. 11: 76-81

10 Danny Hakim, "The Danish Politician Who Accused Google of Antitrust Violations", *New York Times* April 15, 2015.

11 Benjamin Bertelsen and Ritul Gaur, "What We Can Expect for Digital Public Infrastructure in 2024", World Economic Forum Blog February 13, 2024 at https://www.weforum.org/agenda/2024/02/dpi-digital-public-infrastructure. 特に開発途上国では，多くの国は自然にこうした機能を持ったりスピンオフしたりできる，計画省庁を持っている．

12 Alexander Wendt, Social Theory of International Politics (Cambridge, UK: Cambridge University Press, 1999). 中東協力における宗教の役割についての最近の事例研究としては Johnnie Moore, "Evangelical Track II Diplomacy in Arab and Israeli Peacemaking", Liberty University dissertation (2024) 参照．

13 Anne-Marie Slaughter, *A New World Order* (Princeton, NJ: Princeton University Press, 2005). この本は本書著者のひとりにとって，心の中の特別な場所を占めている．この本のリリース前に手に入れたサイン版が，妻となる女性に対して著者のひとりがあげた最初の誕生日プレゼントだったからだ．

14 Jessica Lord, "What's New with GitHub Sponsors", *GitHub Blog*, April 4, 2023 at https://github.blog/2023-04-04-whats-new-with-github-sponsors/. GitCoin impact report at https://impact.gitcoin.co/. Kevin Owocki, "Ethereum 2023 Funding Flows: Visualizing Public Goods Funding from Source to Destination" at https://practicalpluralism.github.io/. Open Collective, "Fiscal Sponsors. We need you!" Open Collective Blog March 1, 2024 at https://blog.opencollective.com/fiscal-sponsors-we-need-you/. Optimism Collective, "RetroPGF Round 3", Optimism Docs January 2024 at https://community.optimism.io/citizens-house/rounds/retropgf-3. ProPublica, "The Linux Foundation" at https://projects.propublica.org/nonprofits/organizations/460503801.

15 Sarah Hamburg, "Call to Join the Decentralized Science Movement", *Nature 600*, no. 221 (2021): Correspondence at https://www.nature.com/articles/d41586-021-03642-9.

16 OpenAI, "OpenAI Charter", OpenAI Blog April 9, 2018 at https://openai.com/charter. Anthropic, "The Long-Term Benefit Trust", Anthropic Blog September 19, 2023 at https://www.

が経済成長に与える影響は就学年数すら上回るのだ.

4 https://www.oecd-ilibrary.org/education/oecd-skills-outlook-2023_27452f29-en

5 https://www.oecd.org/pisa/ および https://focustaiwan.tw/culture/202312060017

6 https://www.iea.nl/studies/iea/iccs/2022

7 https://www.cna.com.tw/news/ahel/202312050365.aspx

8 https://en.rti.org.tw/news/view/id/2010665

9 https://github.com/Chenyu-otf/chenyuluoyan_thin

10 https://blog.luckertw.com/chenyuluoyan-interview/

11 https://www.uil.unesco.org/en/learning-cities

12 https://www.futurelearn.com/courses/collections/refugees-displaced-people

13 https://www.minerva.edu/

14 https://www.wuri.world/2023-global-top-100

15 https://www.moedict.tw/

16 https://language.moe.gov.tw/001/Upload/Files/site_content/M0001/respub/index.html

17 https://en.taide.tw/

18 https://moda.gov.tw/major-policies/alignment-assemblies/2023-ideathon/1459

19 James Carse, *Finite and Infinite Games* (New York: Vintage, 2012)

20 https://www.youtube.com/watch?v=OBG50aoUwlI

第７章　先に進むには

7-0 政策

1 Anu Bradford, Digital Empires: *The Global Battle to Regulate Technology* (Oxford, UK: Oxford University Press, 2023).

2 Daniel Yergin and Joseph Stanislaw, *The Commanding Heights: The Battle for the World Economy* (New York: Touchstone, 2002).

3 Tarnoff, op. cit.

4 Licklider, "Comptuers and Government", op. cit. Thomas Philippon, *The Great Reversal* (Cambridge, MA: Harvard University Press, 2019).

5 Lina Khan, "The New Brandeis Movement: America's Antimonopoly Debate", *Journal of European Competition Law and Practice* 9, no. 3 (2018): 131-132. Akush Khandori, "Lina Khan's

Overview of Direct and Indirect Subsidies," (Oxfordshire: Reuters Institute for the Study of Journalism: University of Oxford, 2011), https://reutersinstitute.politics.ox.ac.uk/sites/default/files/2017-11/Public%20support%20for%20Media.pdf.

7 "Grants for Religious Media Organizations," Cause IQ, n.d., https://www.causeiq.com/directory/grants/grants-for-religious-media-organizations/.

8 "Advertising Revenue of X (Formerly Twitter) Worldwide from 2017 to 2027," Statista, 2023, https://www.statista.com/statistics/271337/twitters-advertising-revenue-worldwide/.

6-4 環境

1 Will Steffan, Paul J. Crutzen and John R. McNeill, "The Anthropocene: Are Humans Now Overwhelming the Great Forces of Nature?" in Ross E. Dunn, Laura J. Mitchell and Kerry Ward, eds., *The New World History* (Berkeley, CA: University of California Press, 2016). ちなみにこの提案は最近 , 国際地理学連合に却下された .

2 Gerardo Ceballos, Paul R. Ehrlich, and Peter H. Raven, "Vertebrates on the Brink as Indicators of Biological Annihilation and the Sixth Mass Extinction", *Proceedings of the National Academy of Sciences* 117, no. 24: 13596-13602.

3 World Health Organization, "Air Pollution Resource Guide" at https://www.who.int/health-topics/air-pollution#tab=tab_1.

4 Edmund Burke, *Reflections on the Revolution in France and on the Proceedings in Certain Societies in London Relative to that Event* (London: James Dodley, 1790).

5 Mihnea Tanasescu, "When a River is a Person: From Ecuador to New Zealand, Nature Gets its Day in Court", Open Rivers 8, Fall 2017 at https://openrivers.lib.umn.edu/article/when-a-river-is-a-person-from-ecuador-to-new-zealand-nature-gets-its-day-in-court/.

6 Josh Blumenfeld, "NASA and IBM Openly Release Geospatial AI Foundation Model for NASA Earth Observation Data", *NASA Earth Data* August 3, 2023 at https://www.earthdata.nasa.gov/news/impact-ibm-hls-foundation-model.

6-5 学習

1 https://www.renub.com/online-education-market-p.php

2 Eric A. Hanushek and Ludger Woessmann の論文が 2008 年 *Journal of Economic Literature* に発表され , 認知能力と経済成長の相関を 50 カ国について分析し , 両者に有意な正の相関があることを見つけた .

3 経済学者 Eric Hanushek の研究では , 開発途上国において , 認知技能の標準偏差一単位ごとに , 長期経済成長が最大 2 ポイント上がる . つまり教育の質の改善

es: Advances in Clinical and Prosthetic Care Editorial on the Research Topic Bionic Limb Prostheses: Advances in Clinical and Prosthetic Care Context Importance of Residuum Health," *Frontiers in Rehabilitation Sciences* 3 (August 18, 2022). https://doi.org/10.3389/fresc.2022.950481.

23 Nicola Rieke et al. "The Future of Digital Health with Federated Learning" *npj Digital Medicine* 3 (2020): article 119.

6-3 メディア

1 Licklider and Taylor, op. cit.

2 John Stauffer, Zoe Trodd, and Celeste-Marie Bernier, *Picturing Frederick Douglass: An Illustrated Biography of the Nineteenth Century's Most Photographed American* (New York: Liveright, 2015).

3 Milica Zec and Winslow Porter, Tree (2017). Decontee Davis, *Surviving Ebola* (2015). Yasmin Elayat, *Zero Days VR* (2017).

4 The Commission on Freedom of the Press, *A Free and Responsible Press: A General Report on Mass Communications* (Chicago: University of Chicago Press, 1947).

5 Gary Marks and Norman Miller, "Ten Years of Research on the False-Consensus Effect: An Empirical and Theoretical Review, *Psychological Bulletin* 102, no. 1: 72-90. Deborah A. Prentice and Dale T. Miller, "Pluralistic Ignorance and the Perpetuation of Social Norms by Unwitting Actors", *Advances in Social Psychology* 28 (1996): 161-209. 偽のコンセンサスの例としては,SARS-Cov-2 が研究所から漏洩したという多くの人の信念がある(「研究所漏洩仮説」). 合理主義ウェブサイト Rootclaim (https://www.rootclaim.com/) は「研究所漏洩」が確率 89% だとさえ評価した(つまりおよそ 8 対 1 で漏洩した). その後,学識ある素人たちが 18 時間にわたる反対論争の中で証拠を見せられると,事後確率としておよそ 800 対 1 の確率で漏洩ではなかったことを見出し,ここから得られるベイズ確率はおよそ 10 万対 1 で漏洩を否定するものとなった.強力な証拠にもかかわらず,研究所漏洩の主張が続いているのは,自然発生説は感情的に響くものがないし,評価にはかなりの努力が必要なのに,得られる結果にカタルシスがなく報われないからである.同様に□的無知のおかげで,アメリカでは 2020 年に 8100 万人がジョー・バイデンに投票したのに,数千人のきわめてやる気のある個人が,2021 年 1 月 6 日に選挙人投票の計数をほとんど覆すことに成功した. Jonathan E. Pekar et al., "The Molecular Epidemiology of Multiple Zoonotic Origins of SARS-CoV-2", *Science* 377, no. 6609 960-966. Michael Worobey et al., "The Huanan Seafood Wholesale Market in Wuhan was the Early Epicenter of the COVID-19 Pandemic", *Science* 377, no. 6609: 951-959.

6 Kleis Nielsen, Rasmus, and Geert Linnebank, "Public Support for the Media: A Six-Country

の主な主張は，恵まれない人々が資源に対する特別な権利を持つというものである．優先権主義（この用語が使われる以前）は，少なくとも 1970 年代から経済学者によって社会厚生関数（「最適な課税」）の分析に使用されてきた．優先権主義は，通常はここでのように，保険の一形態とは見なされない．

11 John Rawls, *A Theory of Justice*, Revised edition, (Cambridge, MA: Harvard University Press, 1999).〔『正義論』ジョン・ロールズ著，矢島鈞次監訳，紀伊国屋書店，1979〕

12 Kenneth Arrow, "Uncertainty and the welfare economics of medical care," *American Economic Review* 53, 5 (1963): 941-973.

13 Healthcare.gov, "Health Savings Account (HSA)," HealthCare.gov, 2019, https://www.healthcare.gov/glossary/health-savings-account-HSA/ 参照．

14 Émile Durkheim, *De la Division du Travail Social* (Paris: Presses Universitaires de France, 1893).〔『社会分業論　前篇，後篇』デュルケーム著，井伊玄太郎訳，理想社，1932〕

15 Robin Hanson, *Buy Health, Not Health Care, Cato Journal* 14, 1 (1994):135-141, Summer.

16 Anna Gilmore, Alice Fabbri, Fran Baum, Adam Bertscher, Krista Bondy, Ha-Joon Chang, Sandro Demaio, et al., "Defining and Conceptualising the Commercial Determinants of Health," *The Lancet* 401, no. 10383 (April 8, 2023): 1194–1213. https://doi.org/10.1016/S0140-6736(23)00013-2.

17 2023 年，この部分の寄稿者 2 人が，*Unexia* という名称の協会をスイスで設立し，さまざまな国連やその他のパートナー組織と協力して，ここで説明する対策を推進している．

18 Kristin Shrader-Frechette, "Experts in Uncertainty: Opinion and Subjective Probability in Science.Roger M. Cooke," *Ethics* 103, no. 3 (April 1993): 599–601, https://doi.org/10.1086/293541.

19 Laleh Khalili, *Woke Capital, London Review of Books,* 45, 17 (7 September 2023): https://www.lrb.co.uk/the-paper/v45/n17/laleh-khalili/woke-capital.

20 Donna Haraway, "A Cyborg Manifesto: Science, Technology, and Socialist-Feminism in the Late Twentieth Century," in *Simians, Cyborgs and Women: The Reinvention of Nature* (New York; Routledge, 1991), pp. 149-181.〔『サイボーグ・フェミニズム』ダナ・ハラウェイほか著，巽孝之編訳，トレヴィル，1991〕

21 Gillian Anderson, Paul Jenkins, David McDonald, Robert Van Der Meer, Alec Morton, Margaret Nugent, and Lech A Rymaszewski, "Cost Comparison of Orthopaedic Fracture Pathways Using Discrete Event Simulation in a Glasgow Hospital," BMJ Open 7, no. 9 (September 2017): e014509, https://doi.org/10.1136/bmjopen-2016-014509.

22 Laurent Frossard, Silvia Conforto, and Oskar Aszmann, "Editorial: Bionics Limb Prosthes

経 BP 社 , 2017〕

24 企業内の略称から出てきたおもしろい現象として , 彼はここで OCTOPEST (Office of the Chief Technology Officer Political Economist and Social Technologist 主任技術重役室政治経済学者兼社会技術者) という肩書きを持っていた . これは執筆時点で同僚ジャロン・ラニアーの肩書きと並ぶものだ . 彼は Microsoft の OCTOPUS (Office of the Chief Technology Officer Prime Unifying Scientist 主任技術重役室最高統合科学者) だった .

25 Annika Steiber and Sverker Alänge, "A Corporate System for Continuous Innovation: the Case of Google Inc.", *European Journal of Innovation Management* 16, no. 2: 243-264.

6-2 保健

1 "Share of People Who Received at Least One Dose of COVID-19 Vaccine," Our World in Data, n.d., https://ourworldindata.org/explorers/covid?zoomToSelection=true&facet=none&uniformYAxis=0&country=OWID_AFROWID_EUROWID_SAMOWID_ASIOWID_OCE~OWID_WRL&pickerSort=desc&pickerMetric=location&hideControls=false&Metric=People+vaccinated&Interval=Cumulative&Relative+to+population=true.

2 "The Sustainable Development Goals Report: Special Edition," (New York: UN DESA, July 2023), https://desapublications.un.org/file/1169/download.

3 "Tracking Universal Health Coverage: 2023 Global Monitoring Report," (Geneva: World Health Organization, September 18, 2023), https://iris.who.int/bitstream/handle/10665/374059/9789240080379-eng.pdf?sequence=1.

4 Ibid.

5 "Transforming Mental Health for All," (Geneva: World Health Organisation, 2022), https://iris.who.int/bitstream/handle/10665/356119/9789240049338-eng.pdf?sequence=1.

6 "Noncommunicable Diseases," World Health Organization, September 16, 2023, https://www.who.int/news-room/fact-sheets/detail/noncommunicable-diseases.

7 "Financing NCDs," NCD Alliance, March 2, 2015, https://ncdalliance.org/why-ncds/financing-ncds.

8 "Assistive Technology." World Health Organization: WHO, May 15, 2023. https://www.who.int/news-room/fact-sheets/detail/assistive-technology.

9 Jennifer Ruger, Health and Social Justice, (New York: Oxford University Press, 2010), pp. 276.

10 哲学者デレク・パーフィットは , 1991 年のリンドレー講演で , 功利主義や平等主義とは対照的な新しい倫理理論を提唱し , これを「優先権観」と名付けた . そと信じるという訓練．この活動は，怪我を避けるためには他の人に頼らねばならないから，信頼とチームワーク醸成に使われる．2010年代半ばから，トラストフォールは人気が衰えた．もし支える側が失敗したら，ひどい脳障害を起こしかねないからである．

13 Jih-Hsuan Tammy Lin, "Fear in Virtual Reality (VR): Fear Elements, Coping Reactions, Im mediate and Next-Day Fright Responses Toward a Survival Horror Zombie Virtual Reality Game", *Computers in Human Behavior* 72 (2017): 350-361.

14 Jane Jacobs, *The Economy of Cities* (New York: Vintage, 1969)〔『都市の原理』ジェーン・ジェコブス著，中江利忠，加賀谷洋一訳，鹿島研究所出版会，1971〕. Edward L. Gl aeser, Hedi D. Kallal, José A. Scheinkman and Andrei Shleifer, "Growth in Cities", *Journal of Political Economy* 100, no. 6 (1992): 1126-1152.

15 Pixar Headquarters and the Legacy of Steve Jobs (2012) https://officesnapshots.com/2012/07/16/pixar-headquarters-and-the-legacy-of-steve-jobs/

16 https://unsplash.com/ja/%E5%86%99%E7%9C%9F/%E6%98%BC%E9%96%93%E3%81%AE%E4%B8%B8%E3%81%84%E9%BB%92%E3%81%A8%E7%99%BD%E3%81%AE%E5%BB%BA%E7%89%A9-NXP7wGyUDeY

17 Branka, "Meeting Statistics – 2024", *Truelist Blog* February 17, 2024 at https://truelist.co/blog/meeting-statistics/.

18 Arthur Brooks, "Why Meetings Are Terrible for Happiness," *The Atlantic*, December 15, 2022, https://www.theatlantic.com/family/archive/2022/11/why-meetings-are-terrible-happiness/672144/.

19 Michael Gibbs, Friederike Mengel, and Christoph Siemroth, "Work from Home and Produ ctivity: Evidence from Personnel and Analytics Data on Information Technology Profession als," *Journal of Political Economy Microeconomics* 1, no. 1 (February 1, 2023): 7–41, https://doi.org/10.1086/721803.

20 W. Edwards Deming, "Improvement of Quality and Productivity through Action by Manage ment", *National Productivity Review* 1, no. 1 (1981): 12-22.

21 Ellen Huet, "Basecamp Follows Coinbase In Banning Politics Talk at Work," *Bloomberg*, Ap ril 26, 2021, https://www.bloomberg.com/news/articles/2021-04-26/basecamp-follows-coinbase-in-banning-politics-talk-at-work. Ibid.

22 Hamel and Zanini, op. cit. ch. 9.

23 Satya Nadella with Greg Shaw and Jill Tracie Nichols, *Hit Refresh: The Quest to Rediscover Mi crosoft's Soul and Imagine a Better Future for Everyone* (New York: Harper Business, 2017).〔『Hit Refresh　マイクロソフト再興とテクノロジーの未来』サティア・ナデラ，グレッグ・ショー，ジル・トレイシー・ニコルズ著，山田美明，江戸伸禎訳，日

の効率を 4 分の 1 向上させられたら，世界の GDP 成長を年間 0.5% 引き上げられる．Cameron Klein, Deborah DiazGranados, Eduardo Salas, Huy Le, Shawn Burke, Rebecca Lyons, and Gerald Goodwin, "Does Team Building Work?" *Small Group Research* 40, no. 2 (January 16, 2009): 181–222. https://doi.org/10.1177/1046496408328821. Michael Greenstone, Richard Hornbeck, and Enrico Moretti, "Identifying Agglomeration Spillovers: Evidence from Winners and Losers of Large Plant Openings," *Journal of Political Economy* 118, no. 3 (June 2010): 536–98. https://doi.org/10.1086/653714.

4 Jose Barrero, Nicholas Bloom, and Steven J. Davis. 2023, "The Evolution of Working from Home," __Stanford Institute for Economic Policy Research (SIEPR) Working Paper_ no. 23-19 (July 2023): https://siepr.stanford.edu/publications/working-paper/evolution-working-home.

5 Natalia Emanuel, Emma Harrington, and Amanda Pallais, "The Power of Proximity to Coworkers: Training for Tomorrow or Productivity Today?" *National Bureau of Economic Research Working Paper* no 31880 (November 2023): https://doi.org/10.3386/w31880.

6 Longqi Yang, David Holtz, Sonia Jaffe, Siddharth Suri, Shilpi Sinha, Jeffrey Weston, Connor Joyce, et al., "The Effects of Remote Work on Collaboration among Information Workers," *Nature Human Behaviour* 6, no. 1 (September 9, 2021): 43–54. https://doi.org/10.1038/s41562-021-01196-4.

7 Lin Lu, Honglin Wang, Pengran Liu, Rong Liu, Jiayao Zhang, Yi Xie, Songxiang Liu, et al., "Applications of Mixed Reality Technology in Orthopedics Surgery: A Pilot Study," *Frontiers in Bioengineering and Biotechnology* 10 (February 22, 2022): https://doi.org/10.3389/fbioe.2022.740507.

8 Rachel Umoren, Dora Stadler, Stephen L. Gasior, Deema Al-Sheikhly, Barbara Truman, and Carolyn Lowe, "Global Collaboration and Team-Building through 3D Virtual Environments," *Innovations in Global Medical and Health Education* 2014, no. 1 (November 1, 2014), https://doi.org/10.5339/igmhe.2014.1.

9 Pekka Alahuhta, Emma Nordbäck, Anu Sivunen, and Teemu Surakka, "Fostering Team Creativity in Virtual Worlds," *Journal For Virtual Worlds Research* 7, no. 3 (July 20, 2014): https://jvwr-ojs-utexas.tdl.org/jvwr/article/view/7062

10 Jason Ellis, Kurt Luther, Katherine Bessiere, and Wendy Kellogg, "Games for Virtual Team Building," *Proceedings of the 7th ACM Conference on Designing Interactive Systems* (February 25, 2008): pp 295–304, https://doi.org/10.1145/1394445.1394477.

11 Heide Lukosch, Bas van Nuland, Theo van Ruijven, Linda van Veen, and Alexander Verbraeck, "Building a Virtual World for Team Work Improvement," *Frontiers in Gaming Simulation*, 2014, 60–68, https://doi.org/10.1007/978-3-319-04954-0_8.

12 「トラストフォール」とは，人が後ろ向きに倒れ，他の人がそれを支えてくれる

and the Ugly", *Business Horizons* 63, no. 1 (2020): 109-119.

10 Future of Life Institute, "Pause Giant AI Experiments: An Open Letter" March 22, 2023 at https://futureoflife.org/open-letter/pause-giant-ai-experiments/.

11 Daron Acemoglu and Todd Lensman, *Regulating Tranformative Technologies* (2023) at https://www.nber.org/papers/w31461.

12 Brad Smith and Carol Ann Browne, *Tools and Weapons: The Promise and the Peril of the Digital Age* (New York: Penguin, 2019).

13 a16zcrypto. "State of Crypto 2023." Https://A16z.Com. Andressen Horowitz, 2023. https://api.a16zcrypto.com/wp-content/uploads/2023/04/State-of-Crypto.pdf.

14 Austin, Sarah. "Web3 Is About More Than Tech, Thanks to Its Inclusivity." Entrepreneur, June 3, 2022. https://www.entrepreneur.com/science-technology/web3-is-about-more-than-tech-thanks-to-its-inclusivity/425679.

15 Friedrich Naumann Foundation. "Examples of Civic Tech Communities-Governments Collaboration Around The World," n.d. https://www.freiheit.org/publikation/examples-civic-tech-communities-governments-collaboration-around-world.

6-1 職場

1 International Labor Organization, " World Employment and Social Outlook: Trends" (2023) at https://www.ilo.org/wcmsp5/groups/public/---dgreports/---inst/documents/publication/wcms_865387.pdf.

2 Alyson Krueger, "Fewer Work Meetings? Corporate America Is Trying," *The New York Times,* April 10, 2023, https://www.nytimes.com/2023/04/07/business/office-meetings-time.html.

3 この節で述べたように , 正規部門の労働の約 50% がリモートで行われ , この調査のようにチーム構築研修によってチームの能力が約 25% 向上し , これが正規部門の労働の約半分に適用され , 便益の約半分が費用に転嫁されるとすると , リモートチーム構築の改善によって GDP の約 2% の増加が見込まれる . 集積のメリットが作業施設で約 12% であり , これが正規部門の労働の半分に適用され , 50% 改善できるとすると , やはり GDP の 2% が得られる . 会議が正規部門の労働時間の 25% を占め , それを 25% 改善できるとすると , GDP の約 4% になる . 労働力の検索とマッチング費用の標準的な経済推計は GDP の約 4% で , 人的資源に費やされる費用と同程度 . この費用が 50% 軽減されれば , GDP が 2% 上昇する (さらに当然 , 景気循環による失業費用も大幅に抑えられる). 最後に , 経済学者によると , GDP 成長の大部分 (世界全体では年間約 2 ～ 3%) は , 新製品の研究開発による技術進歩によるものとされる . 冒頭で述べた数字によると , 現在 , 研究開発費は民間部門が約 80% を占める . より柔軟な社内起業を通じてこ

Simons, etc., *A Political Economy of Justice* (Chicago, IL: University of Chicago Press, 2022): ch. 14.

26 多様性を超えたプーリングは非常に一般的な原則である . 規模は重要だが , 大きいほど良いとは限らず , 形成されるつながりの強さのほうが重要になる場合もある . たとえば , 家族 , チーム , 部隊など , 価値の高い相互作用でつながった小ネットワークは , 商品の生産においてはるかに大きなネットワークよりも優れた成果をあげることもある . 旧石器時代の芸術の記録を考慮すると , 重要な社会的機能を果たすための団結は非常に古くから行われており , 非国家および非市場の主体によるものであっても , さまざまな規模での協力的なプーリングは ,「公共財」は常に不足しているという規則の例外のようだ .

第 6 章　その影響

6-0 ⿻から現実へ

1 Steven Levitsky, and Lucan Way, *Revolution and Dictatorship*, (Princeton: Princeton University Press, 2022).

2 Hannah Arendt, *On Revolution*, (New York: Penguin, 1963).

3 David Graeber, and David Wengrow, op. cit.

4 R. A. Fisher, *The Genetical Theory of Natural Seleciton* (Oxford, UK: Clarendon Press, 1930). James Milroy and Lesley Milroy, "Linguistic Change, Social Network and Speaker Innovation", *Journal of Linguistics* 21, no. 2: 339-384. Gretchen McCulloch, *Because Internet: Understanding the New Rules of Language* (New York: Riverhead, 2019). Daron Acemoglu, Asuman Ozdaglar and Sarath Pattathil, "Learning, Diversity and Adaptation in Changing Environments: The Role of Weak Links" (2023) at https://www.nber.org/papers/w31214.

5 Donald B. Rubin, "Estimating Causal Effects of Treatments in Randomized and Nonrandomized Studies," *Journal of Educational Psychology* 66, no. 5: 688-701.

6 Abhijit V. Banerjee and Esther Duflo, *Poor Economics: A Radical Rethinking of the Way to Fight Poverty* (New York: PublicAffairs, 2011).〔『貧乏人の経済学　もういちど貧困問題を根っこから考える』A・V・バナジー , E・デュフロ著 , 山形浩生訳 , みすず書房 , 2012〕

7 Fran Baum, Colin MacDougall and Danielle Smith, "Participatory Action Research", *Journal of Epidemiology and Community Health* 60, no. 10: 854-857.

8 https://www.netscribes.com/chatgpt-4-a-near-to-perfect-ai-powered-digital-assistant/

9 Reid Hoffman and Chris Yeh, *Blitzscaling: The Lightening-Fast Path to Building Massively Valuable Companies* (New York: Currency, 2018). For a thoughtful and balanced evaluation see Donald F. Kuratko, Harrison L. Holt and Emily Neubert, "Blitzscaling: The Good, the Bad

15 Ohlhaver et al., op. cit. and Miler et al., op. cit.

16 Colin Mayer, *Prosperity: Better Business Makes the Greater Good* (Oxford, UK: Oxford University Press, 2019). Zoë Hitzig, Michelle Meagher, André Veig and E. Glen Weyl, "Economic Democracy and Market Power", *CPI Antitrust Chronicle* April 2020. Michelle Meagher, *Competition is Killing us: How Big Business is Harming our Society and Planet - and What to Do About It* (New York: Penguin Business, 2020).

17 Erich Joachimsthaler, *The Interaction Field: The Revolutionary New Way to Create Shared Value for Businesses, Customers, and Society*, PublicAffairs, 2019 参照 . また Gary Hamel, and Michele Zanini, *Humanocracy: Creating Organizations as Amazing as the People inside Them*, (Boston, Massachusetts: Harvard Business Review Press, 2020) も参照 .

18 Atila Abdulkadiroğlu, Parag A. Pathak and Alvin E. Roth, "The New York City High School Match", *American Economic Review* 95, no. 2 (2005): 365-367. Nicole Immorlica, Brendan Lucier, Glen Weyl and Joshua Mollner, "Approximate Efficiency in Matching Markets" *International Conference on Web and Internet Economics* (2017): 252-265. Roth et al., op. cit.

19 Nicole Immorlica, Greg Stoddard and Vasilis Syrgkanis, "Social Status and Badge Design", *WWW '15: Proceedings of the 24th International Conference on World Wide Web* (2015: 473-483.

20 William Vickrey, "The City as a Firm" in Martin S. Feldstein and Robert P. Inman, eds., *The Economics of Public Services*: 334-343. Richard Arnott, and Joseph Stiglitz, "Aggregate Land Rents, Expenditure on Public Goods, and Optimal City Size," *The Quarterly Journal of Economics* 93, no. 4 (November 1979): 471. https://doi.org/10.2307/1884466.

21 時間的枠組みにおける経済システムの注目すべき例は , 鈴木健によって開発された PICSY(Propagational Investment Currency System) である . PICSY は , 過去の取引を貢献として追跡し , 最近の貢献の一部を過去の貢献者に割り当てる価値伝播システムである . したがって , PICSY の枠組みでは , 取引は投資のトラックレコードである .〔「伝播型投資通貨システム (PICSY) : ソーシャルコンピューティングを用いた新しい通貨システムの提案」鈴木健著 , 博士論文 , 東京大学 , 2009〕〔『なめらかな社会とその敵』鈴木健著 , 勁草書房 , 2013〕

22 Robinson, op. cit.

23 この方向への興味深い最初の実験として , Web3 プロトコル Optimism がある . このプロトコルでは , 1 シェア 1 投票と , さまざまな「ハウス」でのより民主的な方法を組み合わせてプロトコルを管理している .

24 South et al., op. cit.

25 Danielle Allen, "Polypolitanism: An Approach to Immigration Policy to Support a Just Political Economy" in Danielle Allen, Yochai Benkler, Leah Downey, Rebecca Henderson & Josh

2 Albert Hirschman, *The Passions and the Interests,* (Princeton: Princeton University Press, 1997).〔『情念の政治経済学』アルバート・O.ハーシュマン著,佐々木毅,旦祐介訳,法政大学出版局,1985〕

3 Joseph Schumpeter, *Capitalism, Socialism and Democracy* (New York: Harper & Brothers: 1942). Quinn Slobodian, *Globalists: The End of Empire and the Birth of Neoliberalism* (Cambridge, MA: Harvard University Press, 2018).

4 Daron Acemoglu, David Laibson and John List, *Economics* (Upper Saddle River, NJ: Pearson, 2021).〔『ミクロ経済学』『マクロ経済学』ダロン・アセモグル,デヴィッド・レイブソン,ジョン・リスト著,岩本康志監訳,岩本千晴訳,東洋経済新報社,2019, 2020〕

5 Adam Smith, *An Inquiry into the Nature and Causes of the Wealth of Nations* (London: W. Strahan and T. Cadell, 1776).〔『国富論』アダム・スミス著,竹内謙二訳,有斐閣,1925〕

6 Paul Krugman, "Scale Economies, Product Differentiation and the Pattern of Trade", *American Economic Review* 70, no. 5 (1980): 950-959. Paul Romer, "Increasing Returns and Long-Term Growth", *Journal of Political Economy* 94, no. 5 (1986):1002-1037.

7 John Dewey, *The Public and its Problems*, op. cit.〔『公衆とその諸問題』ジョン・デューイ著,阿部斉訳,みすず書房,1969〕

8 Matt Stoller, *Goliath: The 100-Year War Between Monopoly Power and Democracy* (New York: Simon & Schuster, 2020).

9 John Kenneth Galbraith, *American Capitalism: The Concept of Countervailing Power* (New York: Houghton Mifflin, 1952).〔『アメリカの資本主義』J・K・ガルブレイス著,藤瀬五郎訳,時事通信社,1955〕

10 Edward L. Glaeser and Joseph Gyourko, "The Impact of Zoning on Housing Affordability" (2002) at https://www.nber.org/papers/w8835.

11 Eric A. Posner and E. Glen Weyl, op. cit.

12 Sun, op. cit. Arnold C. Harberger, "Issues of Tax Reform for Latin America" in Joint Tax Program of the Organization of American States eds., *Fiscal Policy for Economic Growth in Latin America* (Baltimore, MD: Johns Hopkins Press, 1965).

13 Emerson M. S. Niou and Guofu Tan, "An Analysis of Dr. Sun Yat-Sen's Self-Assessment Scheme for Land Taxation", *Public Choice* 78, no. 1: 103-114. Yun-chien Chang, "Self-Assessment of Takings Compensation: An Empirical Analysis", *Journal of Law, Economics and Organization* 28, no. 2 (2012: 265-285.

14 Vitalik Buterin, Zoë Hitzig and E. Glen Weyl, "A Flexible Design for Funding Public Goods", *Management Science* 65, no. 11 (2019): 4951-5448.

ms for Voting Procedures and Social Welfare Functions", *Journal of Economic Theory* 10, no. 2 (1975): 187-217.

4 Simon Johnson, Rafael La Porta, Florencio Lopez-de-Silanes and Andrei Shleifer, "Tunneling", *American Economic Review* 90, no. 2 (2000): 22-27.

5 もっと詳しい議論としては E. Glen Weyl, "Why I am a Pluralist" *RadicalxChange Blog,* February 10, 2022 at https://www.radicalxchange.org/media/blog/why-i-am-a-pluralist/ 参照 .

6 Amartya Sen, *Collective Choice and Social Welfare,* (Cambridge, Massachusetts: Harvard University Press, 1970).

7 L. S. Penrose, "The Elementary Statistics of Majority Voting", *Journal of the Royal Statistical Society* 109, no. 1 (1946): 53-57.

8 J. C. R. Licklider, "The Influence of Interaural Phase Relations upon the Masking of Speech by White Noise", *Journal of the Acoustic Society of America* 20, no. 2 (1948): 150-159. だからきわめて皮肉な意味とはいえ , リックライダーは QV の父のひとりとも見られる .

9 Charles L. Dodgson, *The Principles of Parliamentary Representation* (London, Harrison and Sons, 1884).

10 似たような考え方として , 分人民主主義 (divicracy) がある . LQ とは異なり , 分人民主主義は自分の票を他者に委ねるだけでなく , 複数の政治課題に票を分散させることも認めている . 分人民主主義は , 20 世紀フランスの哲学者ジル・ドゥルーズが提唱した「分人」という概念を政治的に拡張したもので ,「個人」というアイデンティティの概念とは対照的に , ひとりの人間の中に多様で潜在的に矛盾した考えを認めるものである . 鈴木はこの概念を 2000 年代に導入し , 2013 年の著書『なめらかな社会とその敵』(勁草書房) で詳しく述べている .

11 Ohlhaver, Weyl and Buterin, op. cit. Joel Miller, E. Glen Weyl and Leon Erichsen, "Beyond Collusion Resistance: Leveraging Social Information for Plural Funding and Voting" (2023) at https://papers.ssrn.com/sol3/papers.cfm?abstract_id=4311507.

12 Robin Hanson, "Shall we Vote on Values but Bet on Beliefs?", *Journal of Political Philosophy* 20, no. 2: 151-178.

13 Nils Gilman and Ben Cerveny, "Tomorrow's Democracy is Open Source", *Noema* September 12, 2023 at https://www.noemamag.com/tomorrows-democracy-is-open-source/.

5-7 社会市場

1 Pistor, op. cit.

2　近著では , これらの病理に関する優れた研究が掲載され , 以下のリスの例も紹
介されている .Davies, 前掲書 .

3　Franz Kafka, *The Castle* (Munich: Kurt Wolff Verlag, 1926).〔『城』フランツ・カフカ著 ,
原田義人訳 , 角川書店 , 1966〕

4　Marc Galanter, “Why the ‘Haves’ Come Out Ahead: Speculations on the Limits of Legal Cha
nge”, *Law and Society Review* 9, no. 1 (1974): 95.

5　Aníbal Quijano, “Coloniality and Modernity/Rationality”, *Cultural Studies* 21, no. 2-3: 168-
178.

6　Jake Ramthun, Biplov Bhandari and Tim Mayer, “How SERVIR Uses AI to Turn Earth Scien
ce into Climate Action”, *SERVIR blog* November 21, 2023 at https://servirglobal.net/news/
how-servir-uses-ai-turn-earth-science-climate-action.

7　Ory Okolloh, “Ushahidi, or ‘Testimony’: Web 2.0 Tools for Crowdsourcing Crisis Informati
on” in Holly Ashley ed., *Change at Hand: Web 2.0 for Development* (London: International
Institute for Environment and Development, 2009).

8　Danielle Allen, David Kidd and Ariana Zetlin, “A Call to More Equitable Learning: How
Next-Generation Badging Improves Education for All” Edmond and Lil Safra Center for Et
hics and Democratic Knowledge Project, August 2022 at https://www.nextgenbadging.org/
whitepaper.

9　たとえば Safiya Umoja Noble, Algorithms of Oppression: How Search Engines Reinforce
Racism (New York: New York University Press, 2018). Cathy O’Neil, Weapons of Math Des
truction: How Big Data Increases Inequality and Threatens Democracy (New York: Broadw
ay Books, 2016). Ruha Benjamin, Race After Technology: Abolitionist Tools for the New Jim
Crow (Cambridge, UK: Polity Press, 2019) を参照 .

10　Talal Asad, *Anthropology & the Colonial Encounter* (Ithaca, NY: Ithaca Press, 1973).

5-6 投票

1　The Economist, “The Mathematical Method that Could Offer a Fairer Way to Vote”, Decemb
er 18, 2021.

2　Maurice Duverger, *Les Partis Politiques* (Paris: Points, 1951).

3　Kenneth J. Arrow, *Social Choice and Individual Values* (New York, John Wiley & Sons, 1951).
See also Kenneth O. May, “A Set of Independent Necessary and Sufficient Conditions for Si
mple Majority Decision” 20, no. 4 (1952): 680-684, Allan Gibbard,“Manipulation of Voting
Schemes: A General Result”, *Econometrica* 41, no. 4 (1973): 587-601 and Mark A. Satthert
hwaite, “Strategy-Proofness and Arrow’s Conditions: Existence and Correspondence Theore

22 https://ai.objectives.institute/

23 https://takahiroanno2024.github.io/tokyoai-analysis/

24 2024 年 6 月 21 日から 7 月 6 日までの 15 日間で , 232 件の課題が提起され , 104 件の変更提案が提出され , 85 件が採択された .

25 16 日間の期間中 , AI あんのは約 7,400 件の質問に回答した . これは , 講演者ひとりに対して複数の視聴者がいる講演形式において , ひとりの回答者が対応できる能力を大幅に上回る数字である .

26 15 万票は全体の 2.3% を占め , 過去 22 回の都知事選で 30 代候補としては最多得票となった . 安野は 5 位だった . 知名度が上がったことを受け , 10 月 15 日の衆議院特別選挙では , Talk to the City を使って現職政治家と市民の懸念を対峙させた . 2024 年 11 月 22 日からは , 2050 年に向けた東京の長期計画のための一般意見を募るプロジェクトに Talk to the City を活用している . 2024 年 12 月 13 日段階で , 1 万件を超える意見が集まっており , 一般からの意見募集としては異例の反響となっている .

27 Lisa Argyle, Christopher Bail, Ethan Busby, Joshua Gubler, Thomas Howe, Christopher Rytting, Taylor Sorensen, and David Wingate, "Leveraging AI for democratic discourse: Chat interventions can improve online political conversations at scale." *Proceedings of the National Academy of Sciences* 120, no. 41 (2023): e2311627120.

28 Junsol Kim, and Byungkyu Lee, "Ai-augmented surveys: Leveraging large language models for opinion prediction in nationally representative surveys," *arXiv* (New York: Cornell University, November 26, 2023): https://arxiv.org/pdf/2305.09620.pdf.

29 Bruno Latour, *We Have Never Been Modern* (Cambridge, MA: Cambridge University Press, 1993).〔『虚構の「近代」　科学人類学は警告する』ブルーノ・ラトゥール著 , 川村久美子訳・解題 , 新評論 , 2008〕

30 Dr. Seuss, *The Lorax* (New York: Random House, 1971)

31 Kim Stanley Robinson, *Ministry for the Future* (London: Orbit Books, 2020).〔『未来省』キム・スタンリー・ロビンスン 著 , 瀬尾具実子訳 , 山田純 科学・経済監修 , パーソナルメディア , 2023〕

32 David Glukhov, Ilia Shumailov, Yarin Gal, Nicolas Papernot, and Vardan Papyan, "LLM Censorship: A Machine Learning Challenge or a Computer Security Problem?" *arXiv* (New York: Cornell University, July 20, 2023): https://arxiv.org/pdf/2307.10719.pdf.

5-5 適応型管理行政

1 Max Weber, *Economy and Society* (Somerville, NJ: Bedminster Press, 1968).

11 Tom Atlee, *Empowering Public Wisdom* (2012, Berkley, California, Evolver Editions, 2012)

12 Liberating Structures (2024) には , 人々が解放的なやり方で協働作業をするための 33 の手法がある . Participedia は手法や事例研究を挙げた , 公共参加と民主的イノベーションプラットフォームである . 良好で効果的なプロセスの根底にあるパターンの核心に切り込むため , 両コミュニティはパターンランゲージを構築した . 1) The Group Works: A Pattern Language for Brining Meetings and other Gatherings (2022) および 2) The Wise Democracy Pattern Language である .

13 Jo Freeman, "The Tyranny of Structurelessness." *WSQ: Women's Studies Quarterly* 41, no. 3-4 (2013): 231–46. https://doi.org/10.1353/wsq.2013.0072.

14 Christopher T. Small, Michael Bjorkegren, Lynette Shaw and Colin Megill, "Polis: Scaling Deliberation by Mapping High Dimensional Opinion Spaces" *Recerca: Revista de Pensament i Analàlisi* 26, no. 2 (2021): 1-26.

15 Matthew J. Salganik and Karen E. C. Levy, "Wiki Surveys: Open and Quantifiable Social Data Collection" *PLOS One* 10, no. 5: e0123483 at https://journals.plos.org/plosone/article?id=10.1371/journal.pone.0123483. Aviv Ovadya and Luke Thorburn, "Bridging Systems: Open Problems for Countering Destructive Divisiveness across Ranking, Recommenders, and Governance" (2023) at https://arxiv.org/abs/2301.09976. Aviv Ovadya, "'Generative CI' Through Collective Response Systems" (2023) at https://arxiv.org/pdf/2302.00672.pdf.

16 Yu-Tang Hsiao, Shu-Yang Lin, Audrey Tang, Darshana Narayanan and Claudina Sarahe, "vTaiwan: An Empirical Study of Open Consultation Process in Taiwan" (2018) at https://osf.io/preprints/socarxiv/xyhft.

17 Anthropic, "Collective Constitutional AI: Aligning a Language Model with Public Input" October 17, 2023 at https://www.anthropic.com/news/collective-constitutional-ai-aligning-a-language-model-with-public-input.

18 Tyna Eloundou and Teddy Lee, "Democratic Inputs to AI Grant Program: Lessons Learned and Implementation Plans", *OpenAI Blog*, January 16, 2024 at https://openai.com/blog/democratic-inputs-to-ai-grant-program-update.

19 Meghna Irons, "Some Bostonians Feel Largely Unheard, With MIT's 'Real Talk' Portal Now Public, Here's a Chance to Really Listen," The Boston Globe, October 21, 2021, https://www.bostonglobe.com/2021/10/25/metro/some-bostonians-feel-largely-unheard-with-mits-real-talk-portal-now-public-heres-chance-really-listen/.

20 https://www.youtube.com/watch?v=MVYrJJNdrEg

21 Amer Bakshi, Tracey Meares and Vesla Weaver, "Portals to Politics: Perspectives on Policing from the Grassroots" (2015) at https://www.law.nyu.edu/sites/default/files/upload_documents/Bakshi%20Meares%20and%20Weaver%20Portals%20to%20Politics%20Study.pdf.

pnas.2214840120.

7 Petter Törnberg, Diliara Valeeva, Justus Uitermark, and Christopher Bail. "Simulating social media using large language models to evaluate alternative news feed algorithms," *arXiv prepri nt arXiv:2310.05984* (2023), https://doi.org/10.48550/arXiv.2310.05984.

8 Feng Shi and James Evans, "Surprising combinations of research contents and contexts are rel ated to impact and emerge with scientific outsiders from distant disciplines," *Nature Commu nications* 14, no. 1 (2023): 1641, https://doi.org/10.1038/s41467-023-36741-4.

5-4 拡張熟議

1 Cass Sunstein, *republic.com* (Princeton, NJ: Princeton University Press, 2001) and *#republ ic: Divided Democracy in the Age of Social Media* (Princeton, NJ: Princeton University Press, 2018).

2 Vitalik Buterin, "What do I think about Community Notes?" August 16, 2023 at https://vit alik.eth.limo/general/2023/08/16/communitynotes.html.

3 Stefan Wojcik, Sophie Hilgard, Nick Judd, Delia Mocanu, Stephen Ragain, M.B. Fallin Hun zaker, Keith Coleman and Jay Baxter, "Birdwatch: Crowd Wisdom and Bridging Algorithms can Inform Understanding and Reduce the Spread of Misinformation", October 27, 2022 at https://arxiv.org/abs/2210.15723.

4 Junsol Kim, Zhao Wang, Haohan Shi, Hsin-Keng Ling, and James Evans, "Individual misinf ormation tagging reinforces echo chambers; Collective tagging does not," *arXiv preprint arX iv:2311.11282* (2023), https://arxiv.org/abs/2311.11282.

5 "The World Cafe", The World Café Community Foundation, last modified 2024 (https://th eworldcafe.com/).

6 "Open Space", Open Space World, last modified 2024, https://openspaceworld.org/wp2/.

7 Sinan Aral, and Marshall Van Alstyne, "The diversity-bandwidth trade-off," American journal of sociology 117, no. 1 (2011): 90-171.

8 知る限りでは「ブロードリスニング」というこの概念はアンドリュー・トラスクが最初である．しかしそれについては文書で参照されているのを見たことがないので，ここで彼がきちんとクレジットを与えられるようにしたい．

9 Herbert Simon, "Designing Organizations for an Information-Rich World," In *Computers, Communications, and the Public Interest,* edited by Martin Greenberger, 38–72. Baltimore: The Johns Hopkins Press, 1971. https://gwern.net/doc/design/1971-simon.pdf.

10 A Citizen Deliberative Council (CDC) article on the Co-Intelligence Site https://www.co-intelligence.org/P-CDCs.html

(2023): 1–15, https://doi.org/10.1145/3586183.3606818.

3 "Portals Policing Project," The Justice Collaboratory, n.d., https://www.justicehappenshere.yale.edu/projects/portals-policing-project.

4 https://www.treeofficial.com

5 Patricia Cornelio, Carlos Velasco, and Marianna Obrist, "Multisensory Integration as per Technological Advances: A Review," *Frontiers in Neuroscience* (2021): 614.

6 Judith Fernandez, Nirmita Merha, Bjoern Rasch, and Pattie Maes, "Olfactory Wearables for Mobile Targeted Memory Reactivation," *Proceedings of the 2023 CHI Conference on Human Factors in Computing Systems,* Hamburg, Germany, Article 717, (2023): 1–20, https://dl.acm.org/doi/proceedings/10.1145/3544548.

7 Michelle Carra, Adam Haarb, Judith Amoresb, Pedro Lopesc, et al., "Dream Engineering: Simulating Worlds through Sensory Stimulation," *Consciousness and Cognition* 83 (2020): https://doi.org/10.1016/j.concog.2020.102955.

8 Karen Konkoly, Kristoffer Appel, Emma ChabaniKonkoly et al., Real-time dialogue between experimenters and dreamers during REM sleep, *Current Biology* 32, 7 (2021): https://doi.org/10.1016/j.cub.2021.01.026.

5-3 クリエイティブなコラボレーション

1 Stephen Parsons, C. Seth Parker, Christy Chapman, Mami Hayashida and W. Brent Seales, "EduceLab-Scrolls: Verifiable Recovery of Text from Herculaneum Papyri using X-ray CT" (2023) at https://arxiv.org/abs/2304.02084. Casey Handmer, "Reading Ancient Scrolls" August 5, 2023 at https://caseyhandmer.wordpress.com/2023/08/05/reading-ancient-scrolls/.

2 Youssef Nader, "The Ink Detection Journey of the Vesuvius Challenge" February 6, 2024 at https://youssefnader.com/2024/02/06/the-ink-detection-journey-of-the-vesuvius-challenge/.

3 Scott E. Page, The diversity bonus: How great teams pay off in the knowledge economy (Princeton, NJ: Princeton University Press, 2019).

4 James Evans. "The case for alien AI," *TedxChicago2024*, October 6th, 2023, https://www.youtube.com/watch?v=87zET-4IQws.

5 Jamshid Sourati and James Evans, "Complementary artificial intelligence designed to augment human discovery," *arXiv preprint arXiv:2207.00902* (2022), https://doi.org/10.48550/arXiv.2207.00902.

6 Minkyu Shin, Jin Kim, Bas van Opheusden, and Thomas L. Griffiths, "Superhuman artificial intelligence can improve human decision-making by increasing novelty," *Proceedings of the National Academy of Sciences* 120, no. 12 (2023): e2214840120, https://doi.org/10.1073/

2 Jaron Lanier, *You Are Not a Gadget a Manifesto*, op. cit.

3 Abrams DA, Ryali S, Chen T, Chordia P, Khouzam A, Levitin DJ, Menon V. Inter-subject synchronization of brain responses during natural music listening. *Eur J Neurosci*. 2013 May;37(9):1458-69. Doi: 10.1111/ejn.12173. Epub 2013 Apr 11. PMID: 23578016; PMC ID: PMC4487043.

4 Claudio, Babiloni, et al. Brains "in concert": frontal oscillatory alpha rhythms and empathy in professional musicians. *Neuroimage* 60.1 (2012)：105-116.

5 Yingying, Hou et, al. "The averageaged inter-brain coherence between the audience and a viol inist predicts the popularity of violin performance." Neuroimage 211 (2020): 3.3.2. *Neuroima ge* 211 (2020): 116655.

6 P. van Leeuwen, D. Geue, Michael Thiel, Dirk Cysarz, S Lange, Marino Romano, Niels Wess el, Jürgen Kurths, and Dietrich Grönemeyer, "Influence of Paced Maternal Breathing on Fet al–Maternal Heart Rate Coordination," *Proceedings of the National Academy of Sciences of the United States of America* 106, no. 33 (August 18, 2009): 13661–66. https://doi.org/10.1073/pnas.0901049106.

7 Judith Fernandez, "Olfactory interfaces: toward implicit human-computer interaction across the consciousness continuum," Diss. Massachusetts Institute of Technology, School of Archit ecture and Planning, Program in Media Arts and Sciences, 2020.

8 Andrea Won, Jeremy Bailenson, Jimmy Lee, and Jaron Lanier, "Homuncular Flexibility in Vir tual Reality," *Journal of Computer-Mediated Communication*, Volume 20, Issue 3, 1 May 2015, Pages 241–259, https://doi.org/10.1111/jcc4.12107

9 Han Huang, Fernanda De La Torre, Cathy Fang, Andrzej Banburski-Fahey, Judith Amor es, and Jaron Lanier. "Real-Time Animation Generation and Control on Rigged Models via Large Language Models," arXiv (Cornell University, February 15, 2024), https://arxiv.org/pdf/2310.17838.pdf (元は 2023 年の 37th Conference on Neural Information Processing Systems (NeurIPS) Workshop on ML for Creativity and Design にて).

10 Henri Lorach, Andrea Galvez, Valeria Spagnolo, et al., Walking naturally after spinal cord in jury using a brain–spine interface, *Nature* 618, 126–133 (2023), https://doi.org/10.1038/s41586-023-06094-5

5-2 没入型共有現実（ISR）

1 https://commons.wikimedia.org/wiki/File:Viraugmixmodmediated_reality.png

2 Jas Brooks, Noor Amin, and Pedro Lopes, "Taste Retargeting via Chemical Taste Modulato rs," In *Proceedings of the 36th Annual ACM Symposium on User Interface Software and Techn ology (UIST '23),* Association for Computing Machinery, New York, NY, USA, Article 106,

は繁栄し、不平等が生まれたのか』オデッド・ガロー著,柴田裕之監訳,森内薫訳,NHK 出版 , 2022〕

6 Quamrul Ashraf and Oded Galor, "The 'Out of Africa' Hypothesis, Human Genetic Diversity, and Comparative Economic Development", *American Economic Review* 103, no.1 (2013): 1-46.

7 Oded Galor, Marc Klemp and Daniel Wainstock, "The Impact of the Prehistoric Out of Africa Migration on Cultural Diversity" (2023) at https://www.nber.org/papers/w31274.

8 Lisa Wedeen, "Conceptualizing Culture: Possibilities for Political Science", *American Political Science Review* 96, no. 4 (2002): 713–728.

9 Uwe Proske and Simon C. Gandevia, "The Proprioceptive Senses: Their Roles in Signaling Body Shape, Body Position and Movement, and Muscle Force", *Physiological Review* 92, no. 4: 1651-1697.

10 この交換様式をコミュニティ , 国家 , 商品の三部に分けるやり方は柄谷行人『世界史の構造』(岩波書店 , 2010) に啓発されたもの . コミュニティの収益をもっと広いスケールで実現しようという柄谷の志向は□の野心的な一例とみられる .

11 Randall Hyde, "The Fallacy of Premature Optimization" *Ubiquity* February, 2009 available at https://ubiquity.acm.org/article.cfm?id=1513451.

12 Nancy L. Rosenblum, *On the Side of the Angels: An Appreciation of Parties and Partisanship* (Princeton, NJ: Princeton University Press, 2010).

13 Claude Lévi-Strauss, *The Elementary Structures of Kinship,* (Boston: Beacon Press, 1969).〔『親族の基本構造　上 , 下』 クロード・レヴィ＝ストロース著 , 馬淵東一 , 田島節夫監訳 , 花崎皋平 [等] 訳 番町書房 , 1977, 1978〕

14 このコンセプトはしばしばヘーゲルのものだと誤解されているが,実はヨハン・ゴットリープ・フィヒテが最初であり , ヘーゲル思想では重要な役割を果たしていない . Johann Gottlieb Fichte, "Renzension des Aenesidemus", *Allgemeine Literatur-Zeitung* 11-12 (1794).

5-1 ポスト表象コミュニケーション

1 未来館のある人工島のお台場すべてが,□のモニュメントとも言うべき存在だ . そこにはドラえもんのモニュメントがある . これは未来からきたネコ型ロボットで , 1970 年代の日本のマンガが現在の子供たちの想像力を導きに戻ってきたもので , 台湾にとって大きな刺激となった . この島で最大のショッピングモールはダイバーシティ (台場シティ) と呼ばれ , イノベーションの多様性 (ダイバーシティ) をテーマとしている .

4-5 アクセス

1 International Telecommunications Union, *Facts and Figures* (2022) at https://www.itu.int/itu-d/reports/statistics/2022/11/24/ff22-internet-use-in-urban-and-rural-areas/.

2 Suzanne Simard, *Finding the Mother Tree: Discovering the Wisdom of the Forest* (New York: Knopf, 2021).

3 Suzanne W. Simard, David A. Perry, Melanie D. Jones, David D. Myrold, Daniel M. Durall and Randy Molina, "Net Transfer of Carbon Between Ectomycorrhizal Tree Species in the Field", *Nature* 388 (1997): 579–582.

4 Omer Yoachimik and Jorge Pacheco, "DDoS threat report for 2023 Q4" *Cloudflare Blog* January 9, 2024 at https://blog.cloudflare.com/ddos-threat-report-2023-q4.

5 ウクライナがコードと UX/UI デザイン手法をエストニアとすぐに共有したことに注目 (Igor Sushon, "Estonia Launches the State Application MRiik, Built on the Basis of the Ukrainian Application Diia," Mezha, January 19, 2023, https://mezha.media/2023/01/19/diia-mriik/.https://mezha.media/2023/01/19/diia-mriik/) 参照 .

第 5 章　民主主義

5-0 協働テクノロジーと民主主義

1 Tobin South, Leon Erichsen, Shrey Jain, Petar Maymounkov, Scott Moore and E. Glen Weyl, "Plural Management" (2024) at https://papers.ssrn.com/sol3/papers.cfm?abstract_id=4688040.

2 Divya Siddarth, Matt Prewitt and Glen Weyl, "Beyond Public and Private: Collective Provision Under Conditions of Supermodularity" (2024) at https://cip.org/supermodular.

3 David Ricardo, *On the Principles of Political Economy and Taxation*, (London: John Murray, 1817).〔『経済学および課税の原理　上巻 , 下巻』デイヴィッド・リカード著 , 羽鳥卓也 , 吉沢芳樹 , 岩波書店 , 1987〕

4 このアナロジーは , 一見したよりずっとしっかりしたものだ . 通常「エネルギー」と呼ばれるものは , 実際には「低エントロピー」である . 均一に熱い系には多くの「エネルギー」があるが , これは実際には役に立たない .「エネルギー」を生成するすべての系は , この低エントロピー (「多様性」) を利用して作業を生成することで機能する . こうした系には , 爆発による「制御されていない」熱の放出 (「紛争」) を回避できるという利点もある . したがって , 社会的な低エントロピーを活用するという□の目標と , 物理的な低エントロピーを活用するという産業主義の目標の間には , 文字通り直接的な類似点がある .

5 Oded Galor, *The Journey of Humanity: A New History of Wealth and Inequality with Implications for our Future* (New York: Penguin Random House, 2022).〔『格差の起源　なぜ人類

Vertical and Lateral Integration", *Journal of Political Economy* 94, no. 4: 691-719.

13 "The UN is Testing Technology that Processes Data Confidentially" *The Economist January* 29, 2022.

14 Pan Wei Koh and Percy Liang, "Understanding Black-Box Predictions via Influence Functions", *Proceedings of the 34th International Conference on Machine Learning,* 70 (2017): 1885-1894

15 Jaron Lanier, *Who Owns the Future*?, (New York: Simon and Schuster, 2014).

16 Sylvie Delacroix, and Jess Montgomery, "Data Trusts and the EU Data Strategy," *Data Trusts Initiative*, June 2020. https://datatrusts.uk/blogs/data-trusts-and-the-eu-data-strategy.

17 Data Collaboration Alliance を参照 . https://www.datacollaboration.org/

18 Thomas Hardjono and Alex Pentland, "Data cooperatives: Towards a Foundation for Decent ralized Personal Data Management," *arXiv* (New York: Cornell University, 2019), https://ar xiv.org/pdf/1905.08819.pdf.

19 Lanier and Weyl, op. cit.

20 Paul R. Milgrom, Jonathan Levin and Assaf Eilat, "The Case for Unlicensed Spectrum" at ht tps://papers.ssrn.com/sol3/papers.cfm?abstract_id=1948257 and Paul Milgrom, "Auction Research Evolving: Theorems and Market Designs", *American Economic Review* 111, no. 5 (2021): 1383-1405.

21 E. Glen Weyl and Anthony Lee Zhang, "Depreciating Licenses", *American Economic Journal: Economic Policy* 14, no. 3 (2022): 422-448. Paul R. Milgrom, E. Glen Weyl and Anthony Lee Zhang, "Redesigning Spectrum Licenses to Encourage Innovation and Investment", *Regulati on* 40, no. 3 (2017): 22-26.

22 Benjamin Edelman, Michael Ostrovsky and Michael Schwarz, "Internet Advertising and the Generalized Second-Price Auction: Selling Billions of Dollars Worth of Keywords", *Americ an Economic Review* 97, no. 1: 242-259

23 Sergey Brin and Lawrence Page, "The Anatomy of a Large-Scale Hypertextual Web Search En gine", *Computer Systems and ISDN Systems* 30, no. 1-7: 107-117.

24 実は本書の著者たちはまさにこうした理由のため , これらの設計について強硬な反対を続けてきた . Zoë Hitzig, "The Normative Gap: Mechanism Design and Ideal Theories of Justice", *Economics and Philosophy* 36, no. 3: 407-434. Glen Weyl, "How Market Design Economists Helped Engineer a Mass Privatization of Public Resources", *Pro-Market* May 28, 2020 at https://www.promarket.org/2020/05/28/how-market-design-economists-engineered-economists-helped-design-a-mass-privatization-of-public-resources/.

4-4 財産と契約

1 Kate Crawford, *Atlas of AI* (New Haven, CT: Yale University Press, 2022). Mary Gray, and Siddhath Suri. *Ghost Work: How to Stop Silicon Valley from Building a New Global Undercla ss.* (Boston: Houghton Miffilin Harcourt, 2019) .〔『ゴースト・ワーク　グローバルな新下層階級をシリコンバレーが生み出すのをどう食い止めるか』メアリー・L・グレイ , シッダールタ・スリ著 , 柴田裕之訳 , 成田悠輔 監修・解説 , 晶文社 , 2023〕

2 Polanyi, op. cit.

3 Licklider, "Memorandum for Members and Affiliates of the Intergalactic Computer Netwo rk", op. cit.

4 Waldrop, *The Dream Machine*, op. cit.

5 Brian Dear, *The Friendly Orange Glow: The Untold Story of the PLATO System and the Dawn of Cyberculture* (New York: Pantheon, 2017)

6 Gartner, "Gartner Forecasts Worldwide Semiconductor Revenue to Grow 17% in 2024" (2023) at https://www.gartner.com/en/newsroom/press-releases/2023-12-04-gartner-forecasts-worldwide-semiconductor-revenue-to-grow-17-percent-in-2024.

7 David Graeber and David Wengrow, *The Dawn of Everything: A New History of Humanity,* (New York: Farrar, Straus And Giroux, 2021).〔『万物の黎明　人類史を根本からくつがえす』デヴィッド・グレーバー , デヴィッド・ウェングロウ著 , 酒井隆史訳 , 光文社 , 2023〕. 同書で著者らは過去 10 万年にわたり人類が自らを組織化してきた , 膨大な政治的創造性と柔軟性を検討している .

8 Hernando de Soto, *The Mystery of Capital: Why Capitalism Triumphs in the West and Fails Ev erywhere Else*, (New York: Basic Books, 2000). 同書では , 正式な登記や文書記録による抽象的な表象を通じた財産管理は , 資産が金融システムの中で借金に使えるようにして , それが富を生み出し経済成長を促進するのだという点を強調している .

9 Henrich, "Part III: New Institutions, New Psychologies," in op. cit. 参照 .

10 Josh Howarth, "34 Amazing Cloud Computing Stats" *Exploding Topics,* February 19 2024 at https://explodingtopics.com/blog/cloud-computing-stats. Felix Richter, "Amazon Mai ntains Cloud Lead as Microsoft Edges Closer" *Statista* February 5, 2024 at https://www.st atista.com/chart/18819/worldwide-market-share-of-leading-cloud-infrastructure-service-providers/.

11 Rolf Harms, and Michael Yamartino, "The Economics of the Cloud," 2010, https://news.mic rosoft.com/download/archived/presskits/cloud/docs/The-Economics-of-the-Cloud.pdf.

12 Sanford J. Grossman and Oliver D. hart, "The Costs and Benefits of Ownership: A Theory of

ps://arxiv.org/abs/2206.02871.

15 最近ではweb3世界で，こうした目的のために明示的にコミュニティを作ろうという発想が高まっている．Vitalik Buterin, Jacob Illum, Matthias Nadler, Fabian Schär and Ameen Soleimani, "Blockchain Privacy and Regulatory Compliance: Towards a Practical Equilibrium" *Blockchain: Research and Applications* 5, no. 1 (2024): 100176.

16 David Graeber, *Debt: The First 5,000 Years,* (Brooklyn: Melville House, 2014).〔『負債論 貨幣と暴力の5000年』デヴィッド・グレーバー著，酒井隆史監訳，高祖岩三郎，佐々木夏子訳，以文社，2016〕．また Ralph Hawtrey, *Currency and Credit,* (London, Longmans, 1919); Larry Randall Wray, and Alfred Mitchell Innes, *Credit and State Theories of Money: The Contributions of A. Mitchell Innes,* (Cheltenham: Edward Elgar, 2014); and Samuel Chambers, *Money Has No Value,* (Berlin: Walter de Gruyter GmbH & Co KG, 2023) も参照．

17 Alvin E. Roth, Tayfun Sönmez and M. Utku Ünver, "Kidney Exchange", *Quarterly Journal of Economics* 119, no. 2 (2004): 457-488.

18 Divya Siddarth, Matthew Prewitt, and Glen Weyl, "Supermodular," The Collective Intelligence Project, 2023. https://cip.org/supermodular.

19 地域通貨の初期の例としては，1983年にマイケル・リントンが考案したLETS（Local Exchange Trading Systems）がある．彼はその後，柄谷行人を訪ね，それがニュー・アソシエーショニズム運動のきっかけとなった．

20 この発想のさらなる深掘りとしては https://www.radicalxchange.org/concepts/plural-money/ 参照．

21 Ohlhaver, Weyl and Buterin, op. cit.

22 Nicole Immorlica, Matthew O. Jackson and E. Glen Weyl, "Verifying Identity as a Social Intersection" (2019) at https://papers.ssrn.com/sol3/papers.cfm?abstract_id=3375436. E. Glen Weyl, Kaliya Young (Identity Woman) and Lucas Geiger, "Intersectional Social Data", *RadicalxChange Blog* (2019) at https://www.radicalxchange.org/media/blog/2019-10-24-uh78r5/.

23 "The State of Identification Systems in Africa." World Bank Group, 2017, https://openknowledge.worldbank.org/server/api/core/bitstreams/5f0f3977-838c-5ce3-af9d-5b6d6efb5910/content.

24 Omoaholo Omoakhalen, "Navigating the Geopolitics of Innovation: Policy and Strategy Imperatives for the 21st Century Africa," Remake Africa Consulting, 2023, https://remakeafrica.com/wp-content/uploads/2023/12/Navigating_the_Geopolitics_of_Innovation.pdf.

4 1934年にアメリカン航空がエアトラベルカードを提供した．乗客はクレジットを使って「いま購入して後で支払う」ことで航空券を購入し，どの航空会社でも15%の割引を受けられた．1940年代までには，米国のすべての主要航空会社が17の航空会社で使用できるエアトラベルカードを提供した．顧客が同じカードを使用してさまざまな商人に支払うという概念は，1950年にダイナースクラブの創設者であるラルフ・シュナイダーとフランク・マクナマラによって拡張され，複数のカードが統合された．

5 Bank of Americaがフレズノを選んだのは，住民の45%が同銀行を利用していたためであり，フレズノの住民6万人にカードを一斉に送ることで，銀行は商店にカードを受け入れるよう説得できた．

6 “Global Payment Systems Survey (GPSS),” World Bank, January 26, 2024. https://www.worldbank.org/en/topic/financialinclusion/brief/gpss#:~:text=The%20Global%20Payment%20Systems%20Survey%20%28GPSS%29%2C%20conducted%20by.

7 Susan Scott, and Markos Zachariadis, *The Society for Worldwide Interbank Financial Telecommunication (Swift): Cooperative Governance for Network Innovation, Standards, and Community*, (New York, NY: Routledge), pp. 1, 35, doi:10.4324/9781315849324.

8 Martin Arnold, “Ripple and Swift Slug It out over Cross-Border Payments,” *Financial Times,* June 6, 2018, https://www.ft.com/content/631af8cc-47cc-11e8-8c77-ff51caedcde6.

9 Satoshi Nakamoto, “Bitcoin: A Peer-To-Peer Electronic Cash System” (2008) at https://assets.pubpub.org/d8wct41f/31611263538139.pdf. Vitalik Buterin, “A Next-Generation Smart Contract and Decentralized Application Platform” (2014) at https://finpedia.vn/wp-content/uploads/2022/02/Ethereum_white_paper-a_next_generation_smart_contract_and_decentralized_application_platform-vitalik-buterin.pdf.

10 https://commons.wikimedia.org/wiki/File:Bitcoin-0.3.23_screenshot.png

11 Lana Swartz, *New Money: How Payment Became Social Media* (New Haven, CT: Yale University Press, 2020).

12 現在のPayPalは，イーロン・マスク，ハリス・フリッカー，クリストファー・ペイン，エド・ホーによって設立されたX.comと元のPayPalが合併してできたもので，Xという名前は現在Twitterの後継としてマスクが復活させた．

13 Kenneth S. Rogoff, *The Curse of Cash* (Princeton, NJ: Princeton University Press, 2016).〔『現金の呪い 紙幣はいつ廃止するか？』ケネス・S・ロゴフ著，村井章子訳，日経BP社，2017〕

14 Alyssa Blackburn, Christoph Huber, Yossi Eliaz, Muhammad S. Shamim, David Weisz, Goutham Seshadri, Kevin Kim, Shengqi Hang and Erez Lieberman Aiden, “Cooperation Among an Anonymous Group Protected Bitcoin during Failures of Decentralization” (2022) at htt

21 Cynthia Dwork, Frank McSherry, Kobbi Nissim and Adam Smith, "Calibrating Noise to Sensitivity in Private Data Analysis", *Theory of Cryptography* (2006): 265-284.

22 Brendan McMahan, Eider Moore, Daniel Ramage, Seth Hampson and Blaise Aguera y Arcas, "Communication-Efficient Learning of Deep Networks from Decentralized Data" *Proceedings of the 20th International Conference on Artificial Intelligence and Statistics* (2017).

23 danah boyd, *It's Complicated: The Social Lives of Networked Teens* (New Haven, CT: Yale University Press, 2014).〔『つながりっぱなしの日常を生きる　ソーシャルメディアが若者にもたらしたもの』ダナ・ボイド著 , 野中モモ訳 , 草思社 , 2014〕. Dave Eggers, *The Circle* (New York: Knopf, 2013).

24 danah boyd, "Networked Privacy" June 6, 2011 at https://www.danah.org/papers/talks/2011/PDF2011.html. Daron Acemoglu, Ali Makhdoumi, Azarakhsh Malekian and Asu Ozdaglar, "Too Much Data: Prices and Inefficiencies in Data Markets" *American Economic Journal: Microeconomics* 14, no. 4 (2022): 218-256. Dirk Bergemann, Alessandro Bonatti and Tan Gan, "The Economics of Social Data" *The RAND Journal of Economics* 53, no. 2 (2022): 263-296.

25 https://en.wikipedia.org/wiki/Designated_verifier_signature

26 Markus Jakobsson, Kazue Sako and Russell Impagliazzo, "Designated Verifier Proofs and Their Appliations", *Advances in Cryptology–EUROCRYPT '96* (1996): 143-154.

27 Shrey Jain, Zoë Hitzig, and Pamela Mishkin, "Contextual Confidence and Generative AI," *ArXiv* (New York: Cornell University, November 2, 2023), https://doi.org/10.48550/arxiv.2311.01193.　また Shrey Jain, Divya Siddarth and E. Glen Weyl, "Plural Publics" March 20, 2023 from the GETTING-Plurality Research Network at https://gettingplurality.org/2023/03/18/plural-publics/ も参照 .

28 Elena Burger, Bryan Chiang, Sonal Chokshi, Eddy Lazzarin, Justin Thaler, and Ali Yahya, "Zero Knowledge Canon, Part 1 & 2," *a16zcrypto*, September 16, 2022, https://a16zcrypto.com/posts/article/zero-knowledge-canon/.

4-3 商取引と信頼

1 Glyn Davies, *A History of Money* (Cardiff, UK: University of Wales Press, 2010).

2 Edward Bellamy, *Looking Backward* (Boston, Ticknor & Co., 1888).〔『顧りみれば』ベラミー著 , 山本政喜訳 , 岩波書店 , 1953〕

3 これは , 住所表示板や軍の識別票システムに関連する , 64mm × 32mm の長方形の金属板だった . これにより , バックオフィスの簿記が高速化され , 各店舗の紙の台帳で手作業で行われていたコピーの誤りが減った .

ency Attacks", *American Economic Review* 88, no. 3 (1998): 587-597.

6 Ing-Haw Cheng and Alice Hsiaw, "Reporting Sexual Misconduct in the #MeToo Era", *American Economic Review* 14, no. 4 (2022): 761-803.

7 Timur Kuran, *Private Truth, Public Lies: The Social Consequences of Preference Falsification* (Cambridge, MA: Harvard University Press, 1998).

8 Stephen Morris and Hyun Song Shin, "Social Value of Public Information", *American Economic Review* 92, no.5 (2002): 1521-1534.

9 John Kenneth Galbraith, *The Affluent Society* (New York: Houghton Mifflin, 1958).

10 Vitalik Buterin, "The Most Important Scarce Resource is Legitimacy" March 23, 2021 at https://vitalik.eth.limo/general/2021/03/23/legitimacy.html.

11 プラグマティズム政治哲学者リチャード・ローティは「大量の私的クラブで囲まれたバザールをモデルとする世界秩序の構築を促せる」と述べた . Richard Rorty, "On ethnocentrism: A reply to Clifford Geertz" *Michigan Quarterly Review* 25, no. 3 (1986): 533.

12 George Simmel. "The Sociology of Secrecy and of Secret Societies." *American Journal of Sociology* 11, no. 4 (January 1906): 441–98. https://doi.org/10.1086/211418.

13 Eli Pariser, "Musk's Twitter Will Not Be the Town Square the World Needs", *WIRED* October 28, 2022 at https://www.wired.com/story/elon-musk-twitter-town-square/.

14 https://en.wikipedia.org/wiki/Attention_economy

15 Herbert Simon, *Designing Organizations for an Information-Rich World* (Baltimore, MD: Johns Hopkins University Press, 1971): pp. 37-52.

16 danah boyd, "Facebook is a utility; utilities get regulated" May 15, 2010 at https://www.zephoria.org/thoughts/archives/2010/05/15/facebook-is-a-utility-utilities-get-regulated.html.

17 Frank McCourt, and Michael Casey, *Our Biggest Fight: Reclaiming Liberty, Humanity, and Dignity in the Digital Age*, (New York: Crown, 2024).

18 Joseph Y. Halpern and Rafael Pass "A Knowledge-Based Analysis of the Blockchain Protocol" (2017) available at https://arxiv.org/abs/1707.08751.

19 Josh Daniel Cohen Benaloh, *Verifiable Secret-Ballot Elections*, Yale University Dissertation (1987) at https://www.proquest.com/openview/05248eca4597fec343d8b46cb2bef724/1?pq-origsite=gscholar&cbl=18750&diss=y.

20 David Chaum and Hans van Antwerpen, "Undeniable Signatures" *Advances in Cryptology – CRYPTO' 89 Proceedings* 435: 212-216 https://link.springer.com/chapter/10.1007/0-387-34805-0_20.

24 Vitalik Buterin, "Why We Need Broad Adoption of Social Recovery Wallets", January 11, 2021 at https://vitalik.eth.limo/general/2021/01/11/recovery.html.

25 Puja Ohlhaver, E. Glen Weyl and Vitalik Buterin, "Decentralized Society: Finding Web3's Soul", 2022 at https://papers.ssrn.com/sol3/papers.cfm?abstract_id=4105763.

26 Jaron Lanier and E. Glen Weyl, "A Blueprint for a Better Digital Society" *Harvard Business Review: Big Idea Series (Tracked)* September 28, 2018: Article 5 available at https://hbr.org/2018/09/a-blueprint-for-a-better-digital-society. Duncan J. Watts and Steven H. Strogatz, "The Collective Dynamics of 'Small World' Networks" *Nature* 393 (1998): 440-442.

27 Cameron, op. cit.

28 R.I.M. Dunbar, "Neocortex Size as a Constraint on Group Size in Primates", *Journal of Human Evolution* 22, no. 6 (1992): 469-493.

29 Watts and Strogatz, op. cit.

30 Helen Nissenbaum, "Privacy as Contextual Integrity", *Washington Law Review* 119 (2004): 101-139.

4-2 団体と公衆

1 Joseph Licklider, and Robert Taylor, "The Computer as a Communication Device," *Science and Technology,* April 1968, https://internetat50.com/references/Licklider_Taylor_The-Computer-As-A-Communications-Device.pdf.〔「コミュニケーション装置としてのコンピュータ」リックライダー , テイラー著 , 山形浩生訳 , https:// genpaku.org/Licklider/Licklider_Taylor_The-Computer-As-A-Communications-Device_j.pdf〕

2 https://www.merriam-webster.com/dictionary/association 参照 .

3 日本の哲学者柄谷行人はこの概念を著書『NAM 原理』で検討している . 柄谷は , 個人は地理的な地域だけでなく , 関心に基づく「地域」にも所属するのだと論じる . 彼はこれを「リゾーム的アソシエーション」と呼び , それを多元的な「地域」で構成されるネットワーク形成として描く . この概念は相互接続された小さく緊密なコミュニティに似ている . 柄谷行人『NAM 原理』(太田出版 , 2000). 同年 , 柄谷はニュー・アソシエーショニスト運動を日本で立ち上げた . これは反資本主義 , 反国民国家アソシエーションで , 地域交換取引システムの実験に啓発されたものだった .

4 その共通知識がまさに , コミュニケーションを最適化すべき文脈の基盤なのだという点をエレガントに定式化したのは Zachary Wojowicz, "Context and Communication" (2024) at https://papers.ssrn.com/sol3/papers.cfm?abstract_id=4765417.

5 Stephen Morris and Hyun Song Shin, "Unique Equilibrium in a Model of Self-Fulfilling Curr

スクトップアプリケーション , スマホ , 家庭用デバイスに明確な認証フローを提供する . https://oauth.net/2/. IETF Working Group at https://datatracker.ietf.org/wg/oauth/about/.

12 OpenID Connect はアプリケーションとウェブサイト開発者たちがサインインのフローを開始し , ウェブ , モバイル , Javascript クライアントを横断して利用者についての証明可能な主張を受け取れるようにする . https://openid.net/developers/how-connect-works/.

13 https://en.wikipedia.org/wiki/Surveillance_capitalism

14 Kaliya "Identity Woman" Young, *Domains of Identity: A Framework for Understanding Identity Systems in Contemporary Society* (London: Anthem Press, 2020).

15 Verifiable Credentials Data Model v1.1 W3C Recommendation 03 March 2022, https://www.w3.org/TR/vc-data-model/.

16 求められたのは , 名前 , 生年月日 , 性別 , 実際の郵送先住所の 4 つの人口統計情報だけだった (電話番号と電子メールアドレスも求められたが , 必須ではなかった). 新規登録者の情報をインド固有識別番号庁が管理する中央データベースに一括して送信する登録エージェントがこの情報をまとめて集めた .

17 UIDAI 公式サイト https://uidai.gov.in/en/

18 Aadhaar 裁判の最高裁判決全文は以下で読める . 判事 3 人が異見を別に述べた . https://thewire.in/law/aadhaar-judgment-supreme-court-full-text.

19 Elizabeth Howcroft, and Martin Coulter, "Worldcoin Aims to Set up Global ID Network Akin to India's Aadhaar," *Reuters*, November 2, 2023, https://www.reuters.com/technology/worldcoin-aims-set-up-global-id-network-akin-indias-aadhaar-2023-11-02/.

20 "Overview," MOSIP, 2021, https://docs.mosip.io/1.2.0/overview.

21 ただし , このようなシステムにゼロ知識証明 (ZKP) などの暗号化技術を組み込むと , ユーザーのプライバシーを部分的に保護できることは指摘しておこう . Anon-Aadhaar などのプロジェクトでは , Aadhaar 利用者が証明可能な方法で , 情報のサブセットのみを選択的に何らかのエンティティに提示できる . "Advancing Anon Aadhaar: What's New in V1.0.0," *Mirror*, February 14, 2024, https://mirror.xyz/privacy-scaling-explorations.eth/YnqHAxpjoWl4e_K2opKPN4OAy5EU4sIJYYYHFCjkNOE.

22 Vitalik Buterin, "What Do I Think about Biometric Proof of Personhood?" July 24, 2023 at https://vitalik.eth.limo/general/2023/07/24/biometric.html.

23 Kim Cameron, "7 Laws of Identity," *Kim Cameron's Identity Weblog*, August 20, 2009, https://www.identityblog.com/?p=1065.

4-1 IDと人物性

1 https://en.wikipedia.org/wiki/On_the_Internet,_nobody_knows_you%27re_a_dog

2 Peter Steiner, "On the Internet, nobody knows you're a dog" *The New Yorker* July 5, 1993.

3 Vitalik Buterin, "On Nathan Schneider on the Limits of Cryptoeconomics", September 26, 2021 at https://vitalik.eth.limo/general/2021/09/26/limits.html.

4 Puja Ohlhaver, Mikhail Nikulin and Paula Berman, "Compressed to 0: The Silent Strings of Proof of Personhood", 2024 available at https://papers.ssrn.com/sol3/papers.cfm?abstract_id=4749892.

5 たとえば,国際商業航空旅行を監督する国際民間航空機関 (ICAO) は,[身元証明] のガイドを開発した . https://www.icao.int/Security/FAL/TRIP/Documents/ICAO%20Guidance%20on%20Evidence%20of%20Identity.pdf で入手可能 .

6 これを可能にする主要なオープン標準は OAuth(Open Authorization). これは,2010 年に RFC5849 として最初に公開され,その後 2012 年に RFC6749 として OAuth 2.0 に更新されたインターネットエンジニアリングタスクフォースのオープン標準である .

7 Carolyn Puckett, "The Story of the Social Security Number," Social Security Administration, July 2009 参照 . https://www.ssa.gov/policy/docs/ssb/v69n2/v69n2p55.html.). また Kenneth Meiser, "Opening Pandora's Box: The Social Security Number from 1937-2018," UT Electronic Theses and Dissertations, June 19, 2018, http://hdl.handle.net/2152/66022 も参照 .

8 Willis Hare, "Records, Computers and the Rights of Citizens," https://www.rand.org/content/dam/rand/pubs/papers/2008/P5077.pdf, Rand Corporation, August 1973.

9 "Social Security Numbers: Private Sector Entities Routinely Obtain and Use SSNs, and Laws Limit the Disclosure of This Information." United States General Accounting Office, 2004. https://epic.org/wp-content/uploads/privacy/ssn/gao-04-11.pdf (GAO Report to the Chairman, Subcommittee on Social Security, Committee on Ways and Means, House of Representatives) 参照 . また Barbara Bovbjerg, "Social Security Numbers: Federal and State Laws Restrict Use of SSNs, yet Gaps Remain," United States General Accounting Office, 2005, https://www.gao.gov/assets/gao-05-1016t.pdf (GAO Testimony Before the Committee on Consumer Affairs and Protection and Committee on Governmental Operations, New York State Assembly.) も参照 .

10 "News Release: DHS Awards for an Alternative Identifier to the Social Security Number," US Department of Homeland Security, October 9, 2020, https://www.dhs.gov/science-and-technology/news/2020/10/09/news-release-dhs-awards-alternative-identifier-social-security-number.

11 認証の業界標準プロトコルは OAuth 2.0 であり,ウェブアプリケーションやデ

山形浩生 , 柏木亮二 訳 , 翔泳社 , 2001〕

11 Renee DiResta, Kris Shaffer, Becky Ruppel, David Sullivan, Robert Matney, Ryan Fox, Jonathan Albright and Ben Johnson, "The Tactics & Tropes of the Internet Research Agency" (2019), presented to the Congress of the United States, available at https://digitalcommons.unl.edu/senatedocs/2/.

12 Gary King, Jennifer Pan and Margaret E. Roberts, "How the Chinese Government Fabricates Social Media Posts for Strategic Distraction, Not Engaged Argument", *American Political Science Review* 111, no. 3 (2017): 484-501. https://www.cambridge.org/core/journals/american-political-science-review/article/how-the-chinese-government-fabricates-social-media-posts-for-strategic-distraction-not-engaged-argument/4662DB26E2685BAF1485F14369BD137C

13 Anne-Marie Slaughter, *A New World Order* (Princeton, NJ: Princeton University Press, 2004). Katharina Pistor, *The Code of Capital: How the Law Creates Wealth and Inequality* (Princeton, NJ: Princeton University Press, 2019).

14 Jenny Toomey and Michelle Shevin, "Reconceiving the Missing Layers of the Internet for a More Just Future", *Ford Foundation* available at https://www.fordfoundation.org/work/learning/learning-reflections/reconceiving-the-missing-layers-of-the-internet-for-a-more-just-future/. Frank H. McCourt, Jr. with Michael J. Casey, *Our Biggest Fight: Reclaiming Liberty, Humanity, and Dignity in the Digital Age* (New York: Crown, 2024). McCourt はこの理論に基づき , Project Liberty という技術改革の最大級の慈善活動を立ち上げた .

15 クローズドな独占名前空間や世界的に管理されたレジストリ ("Decentralized Identifiers(DIDs)V1.0." W3C, July 19, 2022, https://www.w3.org/TR/did-core/ 参照) やさまざまな発行源からの各種の資格証をサポートする確認可能な資格証 ("Verifiable Credentials Data Model 1.0." W3C, March 3, 2022. https://www.w3.org/TR/vc-data-model/ 参照 .)

16 "More Instant Messaging Interoperability (Mimi)," Datatracker, n.d. https://datatracker.ietf.org/group/mimi/about/.

17 "Messaging Layer Security," Wikipedia, January 31, 2024, https://en.wikipedia.org/wiki/Messaging_Layer_Security.

18 "DIDComm v2 Reaches Approved Spec Status!" Decentralized Identity Foundation, July 26, 2022, https://blog.identity.foundation/didcomm-v2/.

19 Filecoin Foundation (https://fil.org/) と IPFS (https://www.ipfs.tech/) 参照 .

20 Holochain (https://www.holochain.org/) 参照 .

We Can Do Better (New York: Macmillan, 2023). Beth Simone Noveck, Wiki Government: How Technology Can Make Government Better, Democracy Stronger, および Citizens More Powerful (New York: Brookings Institution Press, 2010).

52 https://www.code4japan.org/en

53 Beth Noveck, "Designing Deliberative Democracy in Cyberspace: The Role of the Cyber-Lawyer," New York Law School, n.d. https://digitalcommons.nyls.edu/cgi/viewcontent.cgi?article=1580&context=fac_articles_chapters; Beth Noveck, "A Democracy of Groups," *First Monday* 10, no. 11 (November 7, 2005), https://doi.org/10.5210/fm.v10i11.1289.

54 Beth Simone Noveck, *Wiki Government* op. cit.; Vivek Kundra, and Beth Noveck, "Open Government Initiative," Internet Archive, June 3, 2009, https://web.archive.org/web/20090603192345/http://www.whitehouse.gov/open/.

55 Gary Anthes, "Estonia: a Model for e-Government" *Communications of the ACM* 58, no. 6 (2015): 18-20.

第4章　自由

4-0 権利、オペレーティングシステム、⿻的自由

1 Danielle Allen, *Justice by Means of Democracy* (Chicago: University of Chicago Press, 2023).

2 Richard Evans, *The Coming of the Third Reich* (New York: Penguin, 2005).

3 Steven Levitsky, *Competitive Authoritarianism: Hybrid Regimes after the Cold War* (Cambridge, UK: Cambridge University Press, 2012).

4 Hurst Hannum, "The Status of the Universal Declaration of Human Rights in National and International Law" *Georgia Journal of International and Comparative Law* 25, no. 287 (1995-1996): 287-397.

5 Jill Lepore, *These Truths: A History of the United States* (New York: Norton, 2018).

6 Jamal Greene, *How Rights Went Wrong: How our Obsession with Rights is Tearing America Apart* (Boston: Mariner, 2021).

7 Nicole Perlroth, *This is How They Tell Me the World Ends: the Cyberweapons Arms Race* (New York: Bloomsbury, 2021).

8 https://commons.wikimedia.org/wiki/File:Apple-LISA-Macintosh-XL.jpg

9 Gretchen McCulloch, *Because Internet: Understanding the New Rules of Language* (New York: Riverhead Books, 2019).

10 Lawrence Lessig, *Code: And Other Laws of Cyberspace* (New York: Basic Books, 1999).〔『CODE　インターネットの合法・違法・プライバシー』ローレンス・レッシグ著，

40 Bo Leuf and Ward Cunningham, *The Wiki Way: Quick Collaboration on the Web* (Boston: Addison-Wesley, 2001).〔『Wiki Way　コラボレーションツール Wiki』ボー・ルーフ, ワード・カニンガム著, Yomoyomo 訳, ソフトバンクパブリッシング, 2002〕

41 「グループウェア」という用語は 1978 年に Peter and Trudy Johnson-Lenz が提唱したもので, Lotus Notes など初期の商業製品が 1990 年代に登場し, リモートでのグループコラボを可能にした. Writely を起源とする Google Docs は 2005 年に開始され, コラボ的なリアルタイム編集の概念を広く普及させた.

42 Cosense, 旧名 Scrapbox は, リアルタイム・エディタと wiki システムの組み合わせで, 本書の日本フォーラムで活用されている. このフォーラム訪問者は, 草稿を読んで質問し, 説明を加え, 関連トピックスにリンクをリアルタイムで加えられる. このインタラクティブな環境は, 読書会のような活動をサポートしており, 参加者は質問を書き, 口頭での議論に参加し, そうした議論の議事録をとれる. ネットワーク構造を維持しつつ, キーワードを改名できるという特徴は, 用語法のバリエーションを統合するのに役立ち, 良い翻訳を見つけるプロセスを提供する. 通読する人が増えると, 知識ネットワークが育ち, その後の読者たちの理解を支援する.

43 Yochai Benkler, "Coase's Penguin, Or, Linux and the Nature of the Firm," n.d. http://www.benkler.org/CoasesPenguin.PDF.

44 GitHub Innovation graph at https://github.com/github/innovationgraph/

45 World Bank, "Population ages 15-64, total" at https://data.worldbank.org/indicator/SP.POP.1564.TO.

46 Department of Household Registration, Ministry of the Interior, "Household Registration Statistics in January 2024" at https://www.ris.gov.tw/app/en/2121?sn=24038775.

47 Nadia Eghbal, *Working in Public: The Making and Maintenance of Open Source Software* (South San Francisco, CA: Stripe Press, 2020).

48 ワイヤードグローブは手袋状の入力装置. 物理的な手の動きをデジタル反応に翻訳し, 利用者は身ぶりや動きを通じてデジタル環境とインタラクとできる. Jaron Lanier, *Dawn of the New Everything: Encounters with Reality and Virtual Reality* (New York: Henry Holt and Co., 2017).

49 Vision Pro は Apple が 2024 年に発表したヘッドマウントディスプレイ. このデバイスは高解像度ディスプレイと, 利用者の動きをトラッキングし, 手の動きと環境を追跡できるセンサーを持ち, 没入型の混合リアリティ体験を提供する.

50 Satoshi Nakamoto, "Bitcoin: A Peer-to-Peer Electronic Cash System" at https://assets.pubpub.org/d8wct41f/31611263538139.pdf.

51 Jennifer Pahlka, Recoding America: Why Government is Failing in the Digital Age and How

30 Ken Suzuki, *The Nameraka Society and Its Enemies* (Tokyo: Keiso Shobo publishing, 2013).〔『なめらかな社会とその敵』鈴木健著 , 勁草書房 , 2013〕

31 ジンメルの交差的 (非) 個人との共通性もみられる . ジンメルが社会的関係性から dividual を見たのに加えたが , 鈴木はより生物学的視点から考察を試みたドゥルーズの "dividual" から着想している . Gilles Deleuze, *Pourparlers,* (Paris: les Editions de Minui, 1990).〔『記号と事件　1972-1990 年の対話』ジル・ドゥルーズ著 , 宮林寛訳 , 河出書房新社 , 1992〕

32 Carl Schmitt, Der Begriff des Politischen (Berlin: Duncker & Humbolt, 1932)

33 分人民主主義は , 自分の投票権を他者に委任したり , 自分の票を複数の政治課題に分割したりすることを可能にする . 分人民主主義については ,「5-6 □投票」の「明日の□投票」の注 10 で再び取り上げる .

34 PICSY (Propagational Investment Currency SYstem, 伝播投資貨幣) , 一種の通貨システムである . PICSY については ,「5-7 社会市場」の「社会市場のフロンティア」の注 21 で再び取り上げる .

35 安野の 2024 年東京都知事選の際の詳細な選挙運動については ,「5-4 拡張熟議」のセクションで , 再び取り上げる .

36 https://commons.wikimedia.org/wiki/File:Ted-nelson-1999.jpg

37 実際 , 研究者たちは世界各地の利用者の費やす時間から見た読むパターンを研究している . Nathan TeBlunthuis, Tilman Bayer, and Olga Vasileva, “Dwelling on Wikipedia,” *Proceedings of the 15th International Symposium on Open Collaboration,* August 20, 2019, https://doi.org/10.1145/3306446.3340829, (pp. 1-14).

38 Sohyeon Hwang, and Aaron Shaw. “Rules and Rule-Making in the Five Largest Wikipedias.” *Proceedings of the International AAAI Conference on Web and Social Media* 16 (May 31, 2022): 347–57, https://doi.org/10.1609/icwsm.v16i1.19297 studied rule-making on Wikipedia using 20 years of trace data.

39 ある実験で , McMahon らは wikipedia リンクのある検索エンジンは , ないものに比べて , 相対的なクリックスルー率 (検索の重要な指標) が 80% 増えたという結果を得た . Connor McMahon, Isaac Johnson, and Brent Hecht, “The Substantial Interdependence of Wikipedia and Google: A Case Study on the Relationship between Peer Production Communities and Information Technologies,” *Proceedings of the International AAAI Conference on Web and Social Media* 11, no. 1 (May 3, 2017): 142–51, https://doi.org/10.1609/icwsm.v11i1.14883. この研究に動機づけられ , 監査研究で Wikipedia は「一般的」「トレンド」のあらゆる検索結果のおよそ 70-80% に登場することが示された . Nicholas Vincent, and Brent Hecht, “A Deeper Investigation of the Importance of Wikipedia Links to Search Engine Results,” *Proceedings of the ACM on Human-Computer Interaction* 5, no. CSCW1 (April 13, 2021): 1–15, https://doi.org/10.1145/3449078.

ple/nmeyrowi/LiteraryMachinesChapter2.pdf〔『リテラリーマシン　ハイパーテキスト原論』テッド・ネルソン著 , ハイテクノロジー・コミュニケーションズ株式会社訳 , アスキー , 1994〕

18 "Choose Your Own Adventure," Edward Packard の 1976 年コンセプトに基づくインタラクティブなゲームブックで , Bantam Books から出て 1980 年代と 1990 年代に人気絶頂となり , 2.5 億冊以上売れた . 90 年代にコンピュータゲームの競合を受けて人気が凋落 .

19 https://en.wikipedia.org/wiki/Project_Xanadu#Original_17_rules

20 Mailland and Driscoll, op. cit.

21 World Bank, "World Development Indicators" December 20, 2023 at https://datacatalog.worldbank.org/search/dataset/0037712/World-Development-Indicators.

22 Licklider and Taylor, op. cit.

23 Licklider, "Comptuers and Government", op. cit.

24 Jaron Lanier, *You Are Not a Gadget: A Manifesto* (New York: Vintage, 2011)〔『人間はガジェットではない　IT 革命の変質とヒトの尊厳に関する提言』ジャロン・ラニアー著 , 井口耕二訳 , 早川書房 , 2010〕と *Who Owns the Future?* (New York: Simon & Schuster, 2014).

25 Phil Williams, "Whatever Happened to the Mansfield Amendment?" *Survival: Global Politics and Strategy* 18, no. 4 (1976): 146-153 および "The Mansfield Amendment of 1971" in *The Senate and US Troops in Europe* (London, Palgrave Macmillan: 1985): pp. 169-204.

26 Ben Tarnoff, Internet for the People: The Fight for Our Digital Future (New York: Verso, 2022).

27 デミングは第二次世界大戦中およびその後 , ウィーナー , チューリング , フォン・ノイマンらと共にテレオロジカル・ソサエティ (目的論学会) のメンバーであった . この協会は , 世界的なサイバネティックスの基礎づくりの先駆けとなった . デミングがウィーナーのサイバネティックスから直接的な影響を受けたかどうかは確かではないが , 彼の総合的品質管理のシステム設計は , サイバネティックな組織の好例として評価されている . Jenkinson, A. "Management," Cybernetics Society., Dec 22, 2024. https://cybsoc.org/?page_id=1489.

28 JUSE. "How was the Deming Prize Established," Dec 22, 2024. https://www.juse.or.jp/deming_en/award/

29 トヨタは 1950 年代初頭に品質管理 (QC) を導入し ,1965 年にデミング賞を受賞した . Toyota Motor Corporation. "Changes and Innovations - Total Quality Management (TQM)," 75 Years of TOYOTA., Dec 22, 2024. https://www.toyota-global.com/company/history_of_toyota/75years/data/company_information/management_and_finances/management/tqm/change.html

3 デミングやミードの話は，インターネット開発史に比肩するほど詳しく語る紙幅はないものの，多くの点でこの2人の先駆者は，私たちが展開する主題の多くと並行しており，工業と文化の領域で，リックライダーとその弟子たちがやったのと同じように，□の基盤を敷いた．UTHSC. “Deming's 14 Points,” May 26, 2022. https://www.uthsc.edu/its/business-productivity-solutions/lean-uthsc/deming.php.

4 Dan Davies, *The Unaccountability Machine: Why Big Systems Make Terrible Decisions - and How The World Lost its Mind* (London: Profile Books, 2024).

5 M. Mitchell Waldrop, *The Dream Machine* (New York: Penguin, 2002).

6 Katie Hafner and Matthew Lyon, *Where the Wizards Stay up Late: The Origins of the Internet* (New York: Simon & Schuster, 1998).

7 Dickson, Paul. “Sputnik's Impact on America.” NOVA | PBS, November 6, 2007. https://www.pbs.org/wgbh/nova/article/sputnik-impact-on-america/.

8 J. C. R. Licklider. “Man-Computer Symbiosis,” March 1960. https://groups.csail.mit.edu/medg/people/psz/Licklider.html〔「人とコンピュータの共生」リックライダー著，山形浩生訳，https://cruel.hatenablog.com/entry/2023/04/16/033341〕

9 “Douglas Engelbart Issues ‘Augmenting Human Intellect: A Conceptual Framework’ : History of Information,” October 1962. https://www.historyofinformation.com/detail.php?id=801.

10 J.C.R. Licklider, “Memorandum For: Members and Affiliates of the Intergalactic Computer Network”, 1963 available at https://worrydream.com/refs/Licklider_1963_-_Members_and_Affiliates_of_the_Intergalactic_Computer_Network.pdf.〔「銀河計算機ネットワークのメンバーおよび関係者向けメモ」リックライダー著，山形浩生訳，https://cruel.hatenablog.com/entry/2024/10/24/205030〕

11 Engelbart, Christina. “Firsts: The Demo - Doug Engelbart Institute.” Doug Engelbart Institute, n.d. https://dougengelbart.org/content/view/209/.

12 https://www.usnews.com/best-colleges/rankings/computer-science-overall

13 J.C.R. Licklider and Robert Taylor, “The Computer as a Communication Device” *Science and Technology* 76, no. 2 (1967): 1-3.

14 Michael A. Hiltzik, Dealers of Lightning: Xerox PARC and the Dawn of the Computer Age (New York: Harper Business, 2000).

15 Paul Baran, “On Distributed Communications Networks,” *IEEE Transactions on Communications Systems* 12, no. 1 (1964): 1-9.

16 https://commons.wikimedia.org/wiki/File:Arpanet_logical_map,_march_1977.png

17 Theodor Holm Nelson, *Literary Machines* (Self-published, 1981), https://cs.brown.edu/peo

11 Mary Pilon, The Monopolists: Obsession, Fury and the Scandal Behind the World's Favorite Board Game (New York: Bloomsbury, 2015).

12 AnnaLee Saxenian, *The New Argonauts: Regional Advantage in a Global Economy* (Cambridge, MA: Harvard University Press, 2007).〔『最新・経済地理学　グローバル経済と地域の優位性』アナリー・サクセニアン著 , 酒井泰介 訳 , 星野岳穂 , 本山康之監訳 , 日経 BP 社 , 2008〕

13 https://commons.wikimedia.org/wiki/File:Georg_Simmel.jpg

14 Georg Simmel, *Soziologie: Untersuchungen Über Die Formen Der Vergesellschaftung,* Prague: e-artnow, 2017.〔『社会学　社会化の諸形式についての研究』ゲオルク・ジンメル 著 , 居安正訳 , 白水社 , 1994〕

15 Miloš Broćić, and Daniel Silver, "The Influence of Simmel on American Sociology since 1975," *Annual Review of Sociology* 47, no. 1 (July 31, 2021): 87–108, https://doi.org/10.1146/annurev-soc-090320-033647.

16 Marshall Sahlins, *Stone Age Economics* (Chicago: Aldine-Atherton, 1972).〔『石器時代の経済学』マーシャル・サーリンズ著 , 山内昶訳 , 法政大学出版局 , 1984〕

17 Georg Simmel, "The Sociology of Secrecy and of Secret Societies," *American Journal of Sociology* 11, no. 4 (January 1906): 441–98, https://doi.org/10.1086/211418.

18 John Dewey, op. cit.

19 Robert Westbrook, *John Dewey and American Democracy* (Ithaca, NY: Cornell University Press).

20 Norbert Wiener, *Cybernetics, Or Control and Communication in the Animal and the Machine* (Paris: Hermann & Cie, 1948).〔『サイバネティックス　動物と機械における制御と通信』ノーバート・ウィーナー著 , 池原止戈夫 , 弥永昌吉 , 室賀三郎共訳 , 岩波書店 , 1957〕

21 Norbert Wiener, *Human Use of Human Beings* (Boston: Houghton Mifflin, 1950).〔『人間機械論　人間の人間的な利用』ノーバート・ウィーナー著 , 鎮目恭夫 , 池原止戈夫訳 , みすず書房 , 1979」

3-3 失われた道（ダオ）

1 J.C.R. Licklider, "Computers and Government" in Michael L. Dertouzos and Joel Moses eds., *The Computer Age: A Twenty-Year View* (Cambridge, MA: MIT Press, 1979).

2 Fred Turner, *The Democratic Surround: Multimedia and American Liberalism from World War II to the Psychedelic Sixties* (Chicago: University of Chicago Press, 2013).

とその諸問題』ジョン・デューイ著 , 阿部斉訳 , みすず書房 , 1969〕

2 Karl Polanyi, *The Great Transformation* (New York: Farrar & Rinehart, 1944).〔『[新 訳] 大転換　市場社会の形成と崩壊』カール・ポラニー著 , 野口建彦 , 栖原学訳 , 東洋経済新報社 , 2009〕

3 Joseph Henrich, *The WEIRDest People in the World How the West Became Psychologically Peculiar and Particularly Prosperous,* (New York Macmillan, 2010).〔『WEIRD「現代人」の奇妙な心理　経済的繁栄、民主制、個人主義の起源』ジョセフ・ヘンリック著 , 今西康子訳 , 白揚社 , 2023〕

4 しかし留意すべきこととして , ユニバーサルな出生登録はごく最近の現象であり , 初めて達成されたのは米国で , やっと 1940 年のことだった . アメリカでの全市民の社会保障番号登録が実現したのは , 出生登録が行われる郡レベルの政府と協力して , 連邦レベルで出生数調査が導入された 1987 年になってからのことでしかない .

5 https://www.learningagents.ca/

6 もちろん , 限られた例外はあるが , 多くの点でその限定ぶりは , むしろこれがいかに一般的な考え方かを裏付けている . 最も注目すべき 2 つの例は ,「逓減比例」と「コンソシエーション主義」だ . 多くの連邦制度 (米国など) は , 後で説明する逓減比例の原則を適用している . つまり , サブユニット (全国投票における州など) は小さければ小さいほど , その人口に対して過剰に代表されてしまうということである . 一部の国では , 指定された社会グループ (宗教や政党など) が決まった方法での権力共有に同意するというコンソシエーション構造も採用されており , ひとつのグループの投票率が低下しても , そのグループの歴史的な権力の一部が保持される . しかし , これらの反例はごくわずかで珍しく , さらに通常は絶えず問題視されており , 標準的な一人一票の方向に「改革」するよう政治的な圧力がかかっている .

7 David Graeber and David Wengrow, *The Dawn of Everything: A New History of Humanity,* (New York: Farrar, Straus And Giroux, 2021).〔『万物の黎明　人類史を根本からくつがえす』デヴィッド・グレーバー , デヴィッド・ウェングロウ著 , 酒井隆史訳 , 光文社 , 2023〕

8 Andreas Anter, *Max Weber's Theory of the Modern State,* (Palgrave Macmillan, 2014).

9 Christopher William England, *Land and Liberty: Henry George and the Crafting of Modern Liberalism* (Baltimore, MD: Johns Hopkins University Press, 2023).

10 Henry George, Progress and Poverty: An Inquiry into the Cause of Industrial Depressions and of Increase of Want with Increase of Wealth: The Remedy (New York: D. Appleton and Company, 1879)〔『進歩と貧困』ヘンリー・ジョージ著 , 長洲一二訳 , 日本評論社 , 1949〕

beddedness," *Administrative Science Quarterly* 42, no. 1 (March 1997): 35–67. https://doi.org/10.2307/2393808; Jonathan Michie, and Ronald S. Burt, "Structural Holes: The Social Structure of Competition," *The Economic Journal* 104, no. 424 (May 1994): 685. https://doi.org/10.2307/2234645; McPherson, Miller, Lynn Smith-Lovin, and James M Cook. "Birds of a Feather: Homophily in Social Networks." *Annual Review of Sociology* 27, no. 1 (August 2001): 415–44.

17 Santo Fortunato, Carl T. Bergstrom, Katy Borner, James A. Evans, Dirk Helbing, Stasa Miloje vič, Filippo Radicchi, Robeta Sinatra, Brian Uzzi, Alessandro Vespignani, Ludo Waltman, Da shun Wang and Alberto-László Barbási, "Science of Science" *Nature* 359, no. 6379 (2018): eaao0185.

18 Andrey Rzhetsky, Jacob Foster, Ian Foster, and James Evans, "Choosing Experiments to Accel erate Collective Discovery," *Proceedings of the National Academy of Sciences* 112, no. 47 (Nove mber 9, 2015): 14569–74. https://doi.org/10.1073/pnas.1509757112.

19 Valentin Danchev, Andrey Rzhetsky, and James A Evans, "Centralized Scientific Commu nities Are Less Likely to Generate Replicable Results." *ELife* 8 (July 2, 2019), https://doi.org/10.7554/elife.43094.

20 Alexander Belikov, Andrey Rzhetsky, and James Evans, "Prediction of robust scientific facts from literature," *Nature Machine Intelligence* 4.5 (2022): 445-454.

21 Lingfei Wu, Dashun Wang, and James Evans, "Large teams develop and small teams disrupt science and technology," *Nature* 566.7744 (2019): 378-382.

22 Yiling Lin, James Evans, and Lingfei Wu, "New directions in science emerge from disconnecti on and discord," *Journal of Informetrics* 16.1 (2022): 101234.

23 Feng Shi, and James Evans, "Surprising combinations of research contents and contexts are re lated to impact and emerge with scientific outsiders from distant disciplines," *Nature Commu nications* 14.1 (2023): 1641.

24 Jacob Foster, Andrey Rzhetsky, and James A. Evans, "Tradition and Innovation in Scientists' Research Strategies," *American Sociological Review* 80.5 (2015): 875-908.

25 Aaron Clauset, Daniel Larremore, and Roberta Sinatra, "Data-driven predictions in the scien ce of science," *Science* 355.6324 (2017): 477-480.

26 Jamshid Sourati, and James Evans, "Accelerating science with human-aware artificial intellige nce," *Nature Human Behaviour* 7.10 (2023): 1682-1696.

3-2 つながった社会

1 John Dewey, *The Public and its Problems* (New York: Holt Publishers, 1927): p. 81.〔『公衆

8 James Gleick, *Chaos: Making a New Science* (New York: Penguin, 2018).〔『カオス』ジェイムズ・グリック著 , 大貫昌子訳 , 新潮社 , 1991〕

9 https://commons.wikimedia.org/wiki/File:Mandel_zoom_00_mandelbrot_set.jpg
https://commons.wikimedia.org/wiki/File:Mandel_zoom_08_satellite_antenna.jpg

10 Carlo Rovelli, "Relational Quantum Mechanics", *International Journal of Theoretical Physics* 35, 1996: 1637-1678.

11 David Sloan Wilson and Edward O. Wilson, "Rethinking the Theoretical Foundation of Sociobiology" *Quarterly Review of Biology* 82, no. 4, 2007: 327-348.

12 こうした発見は絶えず深く社会思想と絡み合っており ,「相利共生」がピエール・ヨセフ・プルードンなど初期のアナキスト思想家たちによりほとんど交換可能な形で使われていたことから , 本書の著者のひとりグレン・ワイルが生物学的相利共生についての 2 本目の論文を発表し ,「5-7 社会市場」の節で詳述する理論へとこれらの思想を発展させたのとほぼ交換可能なほどだ . Pierre-Joseph Proudhon, *System of Economic Contradictions* (1846). E. Glen Weyl,Megan E. Frederickson, Douglas W. Yu and Naomi E. Pierce, "Economic Contract Theory Tests Models of Mutualism" *Proceedings of the National Academy of Sciences* 107, no. 36, 2010: 15712-15716.

13 Mark Granovetter, "Economic Action and Social Structure: The Problem of Embeddedness", *American Journal of Sociology* 91, no. 3 (1985): 481-510.

14 Pew Research Center, "The Global Catholic Population", February 13, 2013 https://www.pewresearch.org/religion/2013/02/13/the-global-catholic-population/.

15 マヌエル・デランダが述べたアサンブラージュ理論では , 実体は個々の部分に還元できるものではなく , 異質な構成要素間の共生関係から形成される複雑な構造として理解されている . その中心となる論点は , 人々は単独で行動するのではなく , 人間の行動には複雑な社会的・物質的相互依存性が必要であるというものである . デランダの視点は , 実体の固有の性質から , 関係のネットワーク内で新たな特性を生み出す動的なプロセスと相互作用へと焦点を移すものとなる . 彼の著書 "A New Philosophy of Society: Assemblage Theory and Social Complexity" (2006) は , 良い入門書となる .

16 Scott Page, *The Difference: How the Power of Diversity Creates Better Groups, Firms, Schools, and Societies*, (Princeton: Princeton University Press, 2007); César Hidalgo, *Why Information Grows: The Evolution of Order, from Atoms to Economies*, (New York: Basic Books, 2015); Daron Acemoglu, and Joshua Linn, "Market Size in Innovation: Theory and Evidence from the Pharmaceutical Industry," *Library Union Catalog of Bavaria*, (Berlin and Brandenburg: B3Kat Repository, October 1, 2003), https://doi.org/10.3386/w10038; Mark Granovetter, "The Strength of Weak Ties," *American Journal of Sociology* 78, no. 6 (May 1973): 1360–80; Brian Uzzi, "Social Structure and Competition in Interfirm Networks: The Paradox of Em

en/reports/country-report/TWN.

第 3 章　プルラリティ（多元性）

3-0 ⿻プルラリティ（多元性）とは？

1 Hannah Arendt, *The Human Condition*, (Chicago: University of Chicago Press, 1958).〔『人間の条件』ハンナ・アーレント著 , 志水速雄訳 , 中央公論社 , 1973〕

2 Danielle Allen, "Chapter 2: Toward a Connected Society," in *In Our Compelling Interests,* (Princeton: Princeton University Press, 2017), https://doi.org/10.1515/9781400881260-006.

3 "View Section: 2020-10-07 Interview with Azeem Azhar," SayIt, https://sayit.pdis.nat.gov.tw/speech/433950.

4 ⿻はまた , オードリーの所属する行政区の名称で見られる , 2 種類の標準的な呼び名のバリエーションについての解釈を表すものとしても使える . これにより , 中華民国か台湾か , という話はしなくてすむ . しかしこれだと⿻の意味があまりに曖昧になってしまいかねないので , この観察については他の誰かが展開するに任せたい .

3-1 ⿻世界に生きる

1 Harper's Magazine. "Holmes – Life as Art," May 2, 2009. https://harpers.org/2009/05/holmes-life-as-art/.

2 Carlo Rovelli, "The Big Idea: Why Relationships Are the Key to Existence." *The Guardian,* September 5, 2022, sec. Books. https://www.theguardian.com/books/2022/sep/05/the-big-idea-why-relationships-are-the-key-to-existence.

3 James C. Scott, Seeing Like a State: How Certain Schemes to Improve the Human Condition Have Failed (New Haven, CT: Yale University Press, 1999).

4 Cris Moore and John Kaag, "The Uncertainty Principle", *The American Scholar* March 2, 2020, https://theamericanscholar.org/the-uncertainty-principle/.

5 M. Mitchell Waldrop, *Complexity: The Emerging Science at the Edge of Order and Chaos* (New York: Open Road Media, 2019).〔『複雑系』, M. ミッチェル・ワールドロップ著 , 田中三彦 , 遠山峻征訳 , 新潮社 , 1996〕

6 Alfred North Whitehead and Bertrand Russell, *Principia Mathematica* (Cambridge, UK: Cambridge University Press, 1910).

7 Alonzo Church, "A note on the Entscheidungsproblem", *The Journal of Symbolic Logic* 1, no. 1: 40-41.

an, June 8, 2023, https://www.ait.org.tw/2022-report-on-international-religious-freedom-taiwan/#:~:text=According%20to%20a%20survey%20by.

18 "Religion in Taiwan," Wikipedia, Wikimedia Foundation, January 12, 2020. https://en.wiki pedia.org/wiki/Religion_in_Taiwan.

19 "Freedom in the World," Freedom House, 2023, https://freedomhouse.org/report/freedom-world.

20 "Democracy Index 2023," Economist Intelligence Unit, n.d., https://www.eiu.com/n/campa igns/democracy-index-2023.

21 "Democracy Indices," Wikipedia, Wikimedia Foundation, March 5, 2024. https://en .wikipedia.org/wiki/Democracy_indices#:~:text=Democracy%20indices%20are%20 quantitative%20and..

22 Laura Silver, Janell Fetterolf, and Aidan Connaughton, "Diversity and Division in Advanc ed Economies," Pew Research Center, October 13, 2021, https://www.pewresearch.org/glob al/2021/10/13/diversity-and-division-in-advanced-economies/.

23 Adrian Rauchfleisch, Tzu-Hsuan Tseng, Jo-Ju Kao, and Yi-Ting Liu, "Taiwan's Public Discou rse about Disinformation: The Role of Journalism, Academia, and Politics," *Journalism Practi ce* 17, no. 10 (August 18, 2022): 1–21, https://doi.org/10.1080/17512786.2022.2110928.

24 Fin Bauer, and Kimberly Wilson, "Reactions to China-Linked Fake News: Experimental Evid ence from Taiwan," *The China Quarterly* 249 (March 2022): 1–26. https://doi.org/10.1017/ S030574102100134X.

25 "Crime Index by Country," Numbeo, 2023, https://www.numbeo.com/crime/rankings_by_ country.jsp.

26 "Taiwan: Crime Rate," Statista, n.d, https://www.statista.com/statistics/319861/taiwan-crime-rate/#:~:text=In%202022%2C%20around%201%2C139%20crimes.

27 https://www.numbeo.com/health-care/rankings_by_country.jsp

28 "Net Zero Tracker," Energy & Climate Intelligence Unit, 2023. https://eciu.net/netzerotrac ker.

29 "2022 EPI Results," Environmental Performance Index, 2022, https://epi.yale.edu/epi-results/2022/component/epi.

30 Drew DeSilver, "Turnout in U.S. Has Soared in Recent Elections but by Some Measures Still Trails that of Many Other Countries." Pew Research Center, November 1, 2022. htt ps://www.pewresearch.org/short-reads/2022/11/01/turnout-in-u-s-has-soared-in-recent-elections-but-by-some-measures-still-trails-that-of-many-other-countries/.

31 "Taiwan Country Report Report," BTI Transformation Index, n.d., https://bti-project.org/

Online Trust and Safety 2, no. 1. https://doi.org/10.54501/jots.v2i1.118.

6 "GDP per Capita, Current Prices," International Monetary Fund, n.d., https://www.imf.org/external/datamapper/NGDPDPC@WEO/ADVEC/WEOWORLD/TWN/CHN.

7 "Exports," Trading Economics, n.d., https://tradingeconomics.com/country-list/exports.

8 "Key Indicators Database," Asian Development Bank, n.d., https://kidb.adb.org/economies/taipeichina; "Revenue Statistics 2015 - the United States," OECD, 2015, https://www.oecd.org/tax/revenue-statistics-united-states.pdf.

9 "Index of Economic Freedom." The Heritage Foundation, 2023. https://www.heritage.org/index/.

10 "GDP Growth (Annual %)," World Bank, 2023. https://data.worldbank.org/indicator/ny.gdp.mktp.kd.zg; "GDP per Capita, Current Prices," International Monetary Fund, n.d., https://www.imf.org/external/datamapper/NGDPDPC@WEO/ADVEC/WEOWORLD/TWN/CHN.

11 Gerald Auten, and David Splinter, "Income Inequality in the United States: Using Tax Data to Measure Long-Term Trends," *Journal of Political Economy*, November 14, 2023. https://doi.org/10.1086/728741.

12 報告したい最も興味深い統計は，台湾における所得の労働シェアの推移である．しかしこれについての説得力ある国際的に比較可能な調査は寡聞にして知らない．これについてのさらなる研究が近々登場することを願う．

13 S. Schroyen, N. Janssen, L. A. Duffner, M. Veenstra, E. Pyrovolaki, E. Salmon, and S. Adam, "Prevalence of Loneliness in Older Adults: A Scoping Review." *Health & Social Care in the Community 2023* (September 14, 2023): e7726692. https://doi.org/10.1155/2023/7726692.

14 "More than Half of Teens Admit Phone Addiction." *Taipei Times*, February 4, 2020. https://www.taipeitimes.com/News/biz/archives/2020/02/04/2003730302; "Study Finds Nearly 57% of Americans Admit to Being Addicted to Their Phones - CBS Pittsburgh." CBS News, August 30, 2023. https://www.cbsnews.com/pittsburgh/news/study-finds-nearly-57-of-americans-admit-to-being-addicted-to-their-phones/.

15 "NCDAS: Substance Abuse and Addiction Statistics [2020]," National Center for Drug Abuse Statistics, 2020, https://drugabusestatistics.org/; Ling-Yi Feng, and Jih-Heng Li, "New Psychoactive Substances in Taiwan," *Current Opinion in Psychiatry* 33, no. 4 (March 2020): 1, https://doi.org/10.1097/yco.0000000000000604.

16 Ronald Inglehart, "Giving up on God: The Global Decline of Religion," *Foreign Affairs* 99 (2020): 110. https://heinonline.org/HOL/LandingPage?handle=hein.journals/fora99&div=123&id=&page=.

17 "2022 Report on International Religious Freedom: Taiwan," American Institute in Taiw

17 第二次世界大戦後，日本の工業インフラは壊滅し，生産品質は低かった．この文脈でデミングが 1950 年に日本科学技術連盟 (JUSE) に招聘された．彼は統計的プロセス制御 (SPC) と (Plan-Do-Check-Act) サイクルを導入し，継続的な改善と，従業員参加の重要性を強調した．彼の原理は特に日本の自動車産業に採用され，特にトヨタが顕著で，トヨタ生産システム (TPS) の重要な一部となった．1990 年に James P. Womack らが *The Machine That Changed the World* を著し，トヨタ生産システムを分析して，リーン製造業として世界の人々に紹介した．James P. Womack, Daniel T. Jones and Daniel Roos, *The Machine that Changed the World* (New York: Free Press, 2007). 2011 年に「リーンスタートアップ」という単語を考案した Eric Ries は実業精神についてリーン製造業からの原理のヒントを得た．Eric Ries, *The Lean Startup* (New York: Crown Currency, 2011).

18 "John Dewey and Free China," *Taiwan Today*, January 1, 2003, https://taiwantoday.tw/news.php?unit=12,29,33,45&post=22731.

19 Ryan Dunch, and Ashley Esarey, *Taiwan in Dynamic Transition: Nation-Building and Democratization*, (Seattle: University Of Washington Press, 2020), 28.

20 Ryan Dunch, and Ashley Esarey, *Taiwan in Dynamic Transition: Nation-Building and Democratization*, (Seattle: University Of Washington Press, 2020), 31.

21 Jeffrey Jacobs, *Democratizing Taiwan*, (Boston: Brill, 2012), 62.

22 Bill Gates, "The Internet Tidal Wave" May 26, 1995 available at https://www.fastcompany.com/4039009/22-years-ago-today-bill-gates-wrote-his-legendary-internet-tidal-wave-memo.

23 Taiwan News, "Taiwan Has No. 1 Fastest Internet in World," October 23, 2023. https://www.taiwannews.com.tw/en/news/5025449.

2-2 デジタル民主主義の日常

1 g0v Manifesto(https://g0v.tw/intl/ja/manifesto/ja/) はそれを「無党派，非営利，草の根運動」と定義している．本書の著者のひとりであるオードリー・タンは初期の g0v プロジェクト萌典 (https://moedict.tw/) を主導していた．

2 現場アンケート (https://twstreetcorner.org/2014/06/30/chenwanchi-2/) で，参加者はサービス業が中心だと示された．

3 https://audreyt.github.io/0sdc.tw/zh

4 Cornell Tech, "Crowdsourced Fact-Checking Fights Misinformation in Taiwan," https://tech.cornell.edu/news/crowdsourced-fact-checking-fights-misinformation-in-taiwan/.

5 Andy Zhao and Mor Naaman, "Insights from a Comparative Study on the Variety, Velocity, Veracity, and Viability of Crowdsourced and Professional Fact-Checking Services", *Journal of*

2-1 玉山からの眺め

1 これは中華民国の別の解釈となる .

2 "Billing Profile Information," Central Election Commission, n.d, https://db.cec.gov.tw/ElecTable/Election?type=President.

3 Joseph Liu, "Global Religious Diversity," *Pew Research Center*, April 4, 2014. https://www.pewresearch.org/religion/2014/04/04/global-religious-diversity/.

4 "Tracking Covid-19 Excess Deaths across Countries," The Economist, October 20, 2021. https://www.economist.com/graphic-detail/coronavirus-excess-deaths-tracker.

5 Peter Bellwood, Man's Conquest of the Pacific: the Prehistory of Southeast Asia and Oceania (Oxford, UK: Oxford University Press, 1979).

6 "Disinformation in Taiwan: International versus Domestic Perpetrators," V-Dem, 2020. https://v-dem.net/weekly_graph/disinformation-in-taiwan-international-versus

7 Emma Teng, *Taiwan's Imagined Geography: Chinese Colonial Travel Writing and Pictures, 1683-1895*, (Cambridge, Mass.: Harvard University Asia Center, 2004), 33.

8 Ibid.

9 Suisheng Zhao, *The Dragon Roars Back: Transformational Leaders and Dynamics of Chinese Foreign Policy,* (Stanford, California: Stanford University Press, 2022), 132.

10 Jeffrey Jacobs, *Democratizing Taiwan*, (Boston: Brill, 2012), 22.

11 Ashley Esarey, "Overview: Democratization and Nation Building in Taiwan" in *Taiwan in Dynamic Transition: Nation Building and Democratization,* edited by Thomas Gold, (Seattle: University of Washington Press, 2020), 24.

12 "Flag of China (1912–1928)," n.d. Wikimedia Commons, https://commons.wikimedia.org/wiki/File:Flag_of_China_(1912%E2%80%931928).svg.

13 Richard Shusterman, "Pragmatism and East - Asian Thought," *Metaphilosophy* 35, no. 1-2 (2004): 13, https://www.academia.edu/3125320/*Pragmatism_and_East_Asian_Thought.*

14 しかしまったく無視したわけではなく , 毛沢東は , 朝鮮やベトナムに期待したのと同じく , 台湾を独立した共産主義国家として支持し , 蒋介石は (ほとんど後付けのように) 戦後 , 満州を含む日本がかつて占領していた他の領土とともに台湾の返還を要求した .

15 Chien-Jung Hsu, *The Construction of National Identity in Taiwan's Media, 1896-2012*, (Leiden: Brill, 2014), 71.

16 Joe Studwell, "How Asia Works: Success and Failure in the World's Most Dynamic Region," (London: Profile, 2013).

rah Austin, Laura Clancy, and Sneha Gubbala. "Social Media Seen as Mostly Good for Democracy across Many Nations, but U.S. Is a Major Outlier," *Pew Research Center,* December 6, 2022, https://www.pewresearch.org/global/2022/12/06/social-media-seen-as-mostly-good-for-democracy-across-many-nations-but-u-s-is-a-major-outlier/ 参照 . Pew Research によると , 一般市民はソーシャルメディアを , 政治的な生活において建設的なものでもあり , 破壊的なものでもあると見ている . 全体として , ほとんどの人はそれが本当に民主主義にプラスの役割を果たしていると思っている . アンケートを行った国では , 平均で 57% がソーシャルメディアは民主主義にとって , どちらかといえば良いと答え , 悪いと言ったのは 35% だった . しかしこの問題については国ごとに大きな差があり , アメリカは明らかに例外的だ . アメリカの成人でソーシャルメディアが民主主義に良いと考える人はたった 34% であり , 悪影響をもたらしたと考える人は 64% となる . 実はアメリカは多くの指数で例外的で , ソーシャルメディアが分断を煽ると考えている人が多数派となる . OAIC, "Australian Community Attitudes to Privacy Survey 2020 Prepared for the Office of the Australian Information Commissioner by Lonergan Research," 2020, https://www.oaic.gov.au/__data/assets/pdf_file/0015/2373/australian-community-attitudes-to-privacy-survey-2020.pdf 参照 . 最近のオーストラリアの調査では , 多くの消費者回答者 (58%) は , 企業が集めたデータで何をするか理解していないと述べ , 49% は知識や時間不足と必要なプロセスの複雑さのため , 自分のデータを保護できないと感じている (OAIC, 2020).「Twitter, Facebook, YouTube, Instagram は情報の急速かつ広範な拡散に重要である」と WHO によると系統的なレビューは述べる . World Health Organization, "Infodemics and Misinformation Negatively Affect People's Health Behaviours," September 1, 2022. https://www.who.int/europe/news/item/01-09-2022-infodemics-and-misinformation-negatively-affect-people-s-health-behaviours–new-who-review-finds 参照 . ソーシャルメディア上の誤情報の影響は「科学知識の間違った解釈の広がり , 意見の極端化 , 恐怖とパニックのエスカレート , 医療情報へのアクセス低下」がある . Janna Anderson, and Lee Rainie, "Concerns about Democracy in the Digital Age," *Pew Research Center,* February 21, 2020. https://www.pewresearch.org/internet/2020/02/21/concerns-about-democracy-in-the-digital-age/ 参照 .

60 Gallup, "Confidence in Institutions," n.d., https://news.gallup.com/poll/1597/confidence-institutions.aspx.

61 United Nations Department of Economic and Social Affairs, "Trust in Public Institutions: Trends and Implications for Economic Security," n.d., https://social.desa.un.org/publications/trust-in-public-institutions-trends-and-implications-for-economic-security. また Marta Kolczynska, Paul-Christian Bürkner, Lauren Kennedy, and Aki Vehtari, "Modeling Public Opinion over Time and Space: Trust in State Institutions in Europe, 1989-2019," *SocArXiv*, August 11, 2020. https://doi.org/10.31235/osf.io/3v5g7 も参照 .

https://www.eff.org/cyberspace-independence.

50 *The Sovereign Individual*, op. cit

51 Robert J. Gordon, op. cit.

52 Emmanuel Saez and Gabriel Zucman, "The Rise of Wealth and Inequality in America: Evidence from Distributional Macroeconomic Accounts," *Journal of Economic Perspectives* 34, no. 4 (2020): 3-26.

53 Daron Acemoglu, and Pascual Restrepo, "Automation and New Tasks: How Technology Displaces and Reinstates Labor." *Journal of Economic Perspectives* 33, no. 2 (May 2019): 3–30. https://doi.org/10.1257/jep.33.2.3. 黄金期とデジタル停滞の時期をどこで厳密に切るかは研究ごとに異なるが, 常に 1970 年代か 1980 年代のどこかである .

54 Ibid.

55 Eric A. Posner, E. Glen Weyl, *Radical Markets: Uprooting Capitalism and Democracy for a Just Society,* (Princeton: Princeton University Press, 2018).〔『ラディカル・マーケット　脱・私有財産の世紀』エリック・A・ポズナー , E・グレン・ワイル著 , 安田洋祐監訳 , 遠藤真美訳 , 東洋経済新報社 , 2019〕

56 Thomas Philippon, *The Great Reversal: How America Gave up on Free Markets,* (Cambridge, Massachusetts: The Belknap Press Of Harvard University Press, 2019); Jonathan Tepper, *The Myth of Capitalism: Monopolies and the Death of Competition*, New York: Harper Business, 2018).

57 John Markoff, *Machines of Loving Grace: The Quest for Common Ground Between Humans and Robots* (New York: Ecco, 2015).

58 Fred Lewsey, "Global Dissatisfaction with Democracy at a Record High," *University of Cambridge*, January 29, 2020, https://www.cam.ac.uk/stories/dissatisfactiondemocracy.

59 2021 年 Edelman Trust Barometer によると , 世界の回答者のうち IT を信頼できる情報源だとしたのはたった 57% だった . これは前年の調査から 4 ポイント減少となる . Pew Research Center の 2020 年調査では , アメリカ人の 72% はソーシャルメディア企業が , 人々の見るニュースに対して持つ力と影響が大きすぎると考えていた . さらに回答者の 51% は , 政治的な党派化に技術が果たす役割について , 非常に / ある程度は懸念していた . オックスフォード大学 AI ガバナンスセンターの 2019 年調査は , IT 企業が一般に信頼できると信じているアメリカ人はたった 33% だという結果を出した . Ipsos MORI による 9 カ国における 9000 人の調査では , ソーシャルメディア企業が自分たちのデータを責任ある形で扱うと信頼している回答者はたった 30% だった . こうしたデータポイントは , 社会における IT の役割について , 民主主義への影響も含め , 疑念と懸念が高まっていることを示唆する . Richard Wike, Laura Silver, Janell Fetterolf, Christine Huang, Sa

39 Daron Acemoglu and Simon Johnson, *Power and Progress: Our Thousand-Year Struggle over Technology and Prosperity* (New York: Public Affairs, 2023).〔『技術革新と不平等の1000年史』ダロン・アセモグル,サイモン・ジョンソン著,鬼澤忍,塩原通緒訳,早川書房,2023〕

40 Nestor Maslej, Loredana Fattorini, Erik Brynjolfsson, John Etchemendy, Katrina Ligett, Terah Lyons, James Manyika, Helen Ngo, Juan Carlos Niebles, Vanessa Parli, Yoav Shoham, Russell Wald, Jack Clark, and Raymond Perrault, "The AI Index 2023 Annual Report," AI Index Steering Committee, Institute for Human-Centered AI, Stanford University, Stanford, CA, April 2023.

41 Pitchbook, "Crypto Report" Q4 2023 at https://pitchbook.com/news/reports/q4-2023-crypto-report.

42 研究諮問企業 Gartner の報告によれば,AI に対する政府支出は全世界で 2021 年に 370 億ドルとなり,対前年比で 22.4% 増加.AI 投資では中国が筆頭だ.中国企業は 2017 年に 250 億ドルを投資したが,アメリカは 97 億ドルだった.2021 年にアメリカ上院は半導体研究開発への 520 億ドルを含む,2500 億ドルの法案を可決し,これは米国の AI 能力を高めると期待されている.さらに同年,EU は人工知能,サイバーセキュリティ,スーパーコンピュータへの 83 億の投資を発表した.EU のデジタル 10 年計画の一環である.2021 年に日本銀行は中央銀行デジタル通貨 (CBDC) の実験を開始し,中国人民銀行は数都市でデジタル人民元試験プログラムを開始した.

43 Google nGrams viewer https://books.google.com/ngrams から導出.

44 Sam Altman, "Moore's Law for Everything", March 16, 2021 https://moores.samaltman.com/.

45 Nick Bostrom, *Deep Utopia: Life and Meaning in a Solved World* (Washington, DC: Ideapress, 2024).

46 Ayn Rand, *Atlas Shrugged* (New York: Random House, 1957).〔『肩をすくめるアトラス』アイン・ランド著,脇坂あゆみ訳,ビジネス社,2004.〕

47 Neal Stephenson, *Cryptonomicon* (New York: Avon, 1999).〔『クリプトノミコン』ニール・スティーヴンスン著,中原尚哉訳,早川書房,2002〕

48 James Dale Davidson and Lord William Rees-Mogg, *The Sovereign Individual: Mastering the Transition to the Information Age* (New York: Touchstone, 1999). Mencius Moldbug, *Unqualified Reservations* https://www.unqualified-reservations.org/. Balaji Srinivasan, *The Network State* (Self-published, 2022) available at https://thenetworkstate.com/. Bronze Age Pervert, *Bronze Age Mindset* (Self-published, 2018).

49 The Electronic Frontier Foundation, "A Declaration of the Independence of Cyberspace,"

Rights Watch, October 26, 2022, https://www.hrw.org/news/2022/10/26/russia-uses-facial-recognition-hunt-down-draft-evaders.

35 Neal Stephenson, *Snow Crash* (New York: Bantam, 1992).〔『スノウ・クラッシュ』ニール・スティーヴンスン著 , 日暮雅通訳 , 早川書房 , 2022〕

36 Isaac Asimov, *I, Robot* (New York: Gnome Press: 1950)〔『われはロボット』アイザック・アシモフ著 , 小尾芙佐訳 , 早川書房 , 1963〕. Ian Banks, *Consider Phlebas* (London: Macmillan, 1987). Ray Kurzweil, *The Age of Spiritual Machines* (New York: Viking, 1999).〔『スピリチュアル・マシーン　コンピュータに魂が宿るとき』レイ・カーツワイル著 , 田中三彦 , 田中茂彦訳 , 翔泳社 , 2001〕Nick Bostrom, *Superintelligence* (Oxford, UK: Oxford University Press, 2014) .〔『スーパーインテリジェンス　超絶 AI と人類の命運』ニック・ボストロム 著 , 倉骨彰訳 , 日本経済新聞出版 , 2017〕

37 Ursula K. LeGuin, *The Dispossessed: An Ambiguous Utopia* (New York: Harper & Row, 1974) .〔『所有せざる人々』アーシュラ・K・ル・グィン著 , 佐藤高子訳 , 早川書房 , 1980〕Octavia E. Butler, *Wild Seed* (New York: Doubleday, 1980). Marge Piercy, *Woman on the Edge of Time* (New York: Knopf, 1976). Karl Schroeder, "Degrees of Freedom" in Ed Finn and Kathryn Cramer eds. *Hieroglyph: Stories & Visions for a Better Future* (New York: William Morrow, 2014). Karl Schroeder, *Stealing Worlds* (New York: Tor Books, 2019) Annalee Newitz, *The Future of Another Timeline* (New York: Tor Books, 2019). Cory Doctorow, *Walkaway* (New York: Tor Books, 2017). Malka Older, *Infomocracy* (New York: Tor Books, 2016). Naomi Alderman, *The Power*, (New York:Viking, 2017) Cixin Liu, *The Three-Body Problem* (New York: Tor Books, 2014) .〔『三体』劉慈欣著 , 大森望 , 光吉さくら , ワンチャイ訳 , 立原透耶監修 , 早川書房 , 2019〕Paolo Bacigalupi, *The Windup Girl* (New York: Start Publishing LLC, 2009).〔『ねじまき少女』パオロ・バチガルピ著 , 田中一江 , 金子浩訳 , 早川書房 , 2011〕Neal Stephenson, *The Diamond Age* (New York: Spectra, 2003).〔『ダイヤモンド・エイジ』ニール・スティーヴンスン著 , 日暮雅通訳 , 早川書房 , 2006〕.William Gibson, *The Peripheral* (New York: Berkley, 2019).

38 Jacques Ellul, *The Technological Society* (New York: Vintage Books, 1964) .〔『技術社会』ジャック・エリュール著 , 島尾永康 , 竹岡敬音訳 , すぐ書房 , 1975〕Paul Hoch, Donald MacKenzie, and Judy Wajcman, "The Social Shaping of Technology," *Technology and Culture* 28, no. 1 (January 1987): 132 https://doi.org/10.2307/3105489. Andrew Pickering, "The Cybernetic Brain: Sketches of Another Future," *Kybernetes* 40, no. 1/2 (March 15, 2011) https://doi.org/10.1108/k.2011.06740aae.001. Deborah Douglas, Wiebe E. Bijker, Thomas P. Hughes, and Trevor Pinch, *The Social Construction of Technological Systems: New Directions in the Sociology and History of Technology* (Cambridge, Massachusetts: MIT Press, 2012), 以下で読める : https://www.jstor.org/stable/j.ctt5vjrsq. Charles C. Mann, *1491: New Revelation of the Americas Before Columbus* (New York: Knopf, 2005).〔『1491　先コロンブス期アメリカ大陸をめぐる新発見』チャールズ・C・マン著 , 布施由紀子訳 , NHK 出版 , 2007〕

man, The Internet Trap: How the Digital Economy Builds Monopolies and Undermines De
mocracy, (Princeton, New Jersey: Princeton University Press, 2018); Adam Segal, The Hack
ed World Order: How Nations Fight, Trade, Maneuver, and Manipulate in the Digital Age,
(New York: Publicaffairs, September, 2017); Richard Stengel, Information Wars: How We
Lost the Global Battle against Disinformation and What We Can Do about It, (St. Louis: Gr
ove Press Atlantic, 2020); Tim Wu, The Attention Merchants: The Epic Scramble to Get insi
de Our Heads, (New York: Vintage Books, 2017).

27 *United Nations Department of Economic and Social Affairs*. E-Government Knowledge Datab
ase, 2022 available at https://publicadministration.un.org/egovkb/Data-Center

28 Sara Perez, "Amid Twitter chaos, Mastodon grew donations 488% in 2022, reached 1.8M mo
nthly active users", *Tech Crunch*, October 2, 2023 at https://techcrunch.com/2023/10/02/
amid-twitter-chaos-mastodon-grew-donations-488-in-2022-reached-1-8m-monthly-active-
users/?guccounter=1&guce_referrer=aHR0cHM6Ly93d3cuZ29vZ2xlLmNvbS8&guce_ref
errer_sig=AQAAAB4elMpT6Z4bRh0CgGahv6StNV0XxSqowWdySLswyxLtHeVqB_vtEy
26USK2og_vDxXf02LLxZMR-vLz1iHo9IJ5lX8yiJrVLNdyReDPWVnFG-slFZv3Jdf4KK_
EYXVkQksyWSniRIVgdaHf6HHLIfnHVh25XloIecCX760j8hcQ#:~:text=But%20
unlike%20investor%2Dbacked%20startups,had%20at%20year%2Dend%202021.

29 Atlantic Council, "Central Bank Digital Currency Tracker," https://www.atlanticcouncil.
org/cbdctracker/

30 Rogier Creemers, Hunter Dorwart, Kevin Neville, Kendra Schaefer, Johanna Costigan, and
Graham Webster, "Translation: 14th Five-Year Plan for National Informatization Dec. 2021."
DigiChina, January 24, 2022, https://digichina.stanford.edu/work/translation-14th-five-
year-plan-for-national-informatization-dec-2021/ 参照 .

31 Josh O'Kane, *Sideways: The City Google Couldn't Buy* (Toronto: Random House Canada,
2022).

32 たとえば以下を参照：John, Alun, Samuel Shen, and Tom Wilson. "China's Top Reg
ulators Ban Crypto Trading and Mining, Sending Bitcoin Tumbling." *Reuters*, Septemb
er 24, 2021, https://www.reuters.com/world/china/china-central-bank-vows-crackdown-
cryptocurrency-trading-2021-09-24/.

33 Gleb Stolyarov, and Gabrielle Tétrault-Farber, "'Face Control': Russian Police Go Digital ag
ainst Protesters," *Reuters*, February 11, 2021, https://www.reuters.com/article/us-russia-
politics-navalny-tech-idUSKBN2AB1U2. See also Mark Krutov, Maria Chernova, and Ro
bert Coalson, "Russia Unveils a New Tactic to Deter Dissent: CCTV and a 'Knock on the
Door,' Days Later," *Radio Free Europe/Radio Liberty*, April 28, 2021, https://www.rferl.org/
a/russia-dissent-cctv-detentions-days-later-strategy/31227889.html.

34 Anastasiia Kruope, "Russia Uses Facial Recognition to Hunt down Draft Evaders," *Human*

and Total R&D", *National Center for Science and Engineering Statistics* NSF 23-339 (Alexandria, VA: National Science Foundation, 2023) https://ncses.nsf.gov/pubs/nsf23339

22 Fredrik Erixon, and Björn Weigel, *The Innovation Illusion: How so Little Is Created by so Many Working so Hard*, (New Haven: Yale University Press, 2017) および Robert J. Gordon, *The Rise and Fall of American Growth: The U.S. Standard of Living since the Civil War,* (Princeton; Oxford Princeton University Press, 2017)〔『アメリカ経済　成長の終焉』ロバート・J・ゴードン著 , 高遠裕子 , 山岡由美訳 , 日経 BP 社 , 2018〕参照 . また以下も参照：Carl Benedikt, and Michael Osborne, "The Future of Employment: How Susceptible Are Jobs to Computerisation," The Oxford Martin Programme on Technology and Employment, 2013. https://www.oxfordmartin.ox.ac.uk/downloads/academic/future-of-employment.pdf. Erik Brynjolfsson, and Andrew McAfee, *The Second Machine Age: Work, Progress, and Prosperity in a Time of Brilliant Technologies*, (New York: W.W. Norton & Company, 2014). Calestous Juma. *Innovation and Its Enemies: Why People Resist New Technologies*. (New York: Oxford University Press, 2019). Paul De Grauwe, and Anna Asbury. *The Limits of the Market: The Pendulum between Government and Market*. Oxford: Oxford University Press, 2019. データ出所は "Gross Domestic Spending on R&D," 2022. https://data.oecd.org/rd/gross-domestic-spending-on-r-d.htm.; OECD. "OECD Main Science and Technology Indicators," OECD, March 2022. https://web-archive.oecd.org/2022-04-05/629283-msti-highlights-march-2022.pdf.; および "R&D Expenditure," Eurostat, n.d., https://ec.europa.eu/eurostat/statistics-explained/index.php?title=R%26D_expenditure&oldid=590306.

23 Julien Mailland and Kevin Driscoll, *Minitel: Welcome to the Internet* (Cambridge, MA: MIT Press, 2017) 参照 . たとえば公共の利益があるオープンソースのコードですら , ほとんどは民間アクターにしか投資を受けていない . ただし最近ではアメリカ政府は , code.gov のローンチによりこの部門を支援しようという多少の努力は行っている .

24 "Transcript: Ezra Klein Interviews Sam Altman," *The New York Times*, June 11, 2021, sec. Podcasts. https://www.nytimes.com/2021/06/11/podcasts/transcript-ezra-klein-interviews-sam-altman.html.

25 Emily Crawford, "Made in China 2025: The Industrial Plan That China Doesn't Want Anyone Talking About," *Frontline PBS*, May 7, 2019. https://www.pbs.org/wgbh/frontline/article/made-in-china-2025-the-industrial-plan-that-china-doesnt-want-anyone-talking-about/; Ramnath Reghunadhan, "Innovation in China: Challenging the Global Science and Technology System," Asian Affairs 50, no. 4 (August 8, 2019): 656–57. https://doi.org/10.1080/03068374.2019.1663076. *United Arab Emirates National Strategy for Artificial Intelligence* (2018) available at https://ai.gov.ae/wp-content/uploads/2021/07/UAE-National-Strategy-for-Artificial-Intelligence-2031.pdf.

26 以下を参照：Robert Mcchesney, Digital Disconnect: How Capitalism Is Turning the Internet against Democracy, (New York; London: The New Press, 2013). See also Matthew Hind

17 Richard Wike and Jannell Fetterolf, "Global Public Opinion in an Era of Democratic Anxiety" *Pew Trust Magazine* May 27, 2022. 皮肉なことだが，国家が技術統制能力をあまり持たない，脆弱な民主主義国では，カオス（転覆的な技術を通じた既存秩序の崩壊）は民主主義に味方することもある．2010年代に北アフリカを席巻したアラブの春から，2020年ナイジェリアの #EndSARS 運動まで，専制主義国や脆弱な民主主義国は，SNS に明るく，金融技術（フィンテック）を活用し，暗号資産に後押しされた若い市民階級が台頭し，そうした技術を使って専制主義国制度に挑んでいる．こうした転覆者たちは IT 企業のアルゴリズムに支援を受けている．ただし，そうした社会運動の目的がそうした企業の商業利益と整合している限りにおいてのことではある．Michael Etter and Oana Albu, "Activists in the Dark: Social Media Algorithms and Collective Action in Two Social Movement Organizations." *Organization* 28, no. 1 (September 29, 2020): 135050842096153. https://doi.org/10.1177/1350508420961532. そうした運動は影響力の強い創業者の明示的な肯定と支援により促進されることもある．Jack Dorsey (@Jack) "Donate via #Bitcoin to help #EndSARS NG…," X, October 14, 2020, 10.05pm, https://twitter.com/jack/status/1316485283777519620? こうした介入は確かに民主主義運動を支援し，そうでなくても抑圧されていた市民たちの声を増幅する．しかしそうした外国からの介入は，文脈についての乏しい理解に陥りがちで，分断をもたらしかねないうえ，アフリカ，ひいてはグローバルサウスにおける国家独立主権に対する，グローバル企業などの非国家アクターたちの影響力を改めて示すものでもある．Ohimai Amaize, *How Twitter Amplified the Divisions That Derailed Nigeria's #EndSARS Movement, Slate Magazine,* April 20, 2021, https://slate.com/technology/2021/04/endsars-nigeria-twitter-jack-dorsey-feminist-coalition.html.

18 欧州委員会はオープンソースソフトウェア (OSS) の影響に関する調査を発表した．EU における厳しいデータ統制は競争とイノベーションの欠如をもたらし，市場のリスクも高めた．しかし多くの東欧諸国ではイノベーションの足音に合わせて OSS への投資増大が見られる．西側がデジタル技術への投資を維持保全できないと，将来的に大きな損失に直面する．たとえばウクライナとロシアの戦争を見るとデジタル OSS の重要性がわかる．ヨーロッパのデジタル的な立場について詳しくは "Open Technologies for Europe's Digital Decade," OpenForumEurope, n.d, https://openforumeurope.org/ を参照．

19 Google Ngram Viewer, op. cit.

20 "Views of Big Tech Worsen; Public Wants More Regulation," Gallup.com, February 18, 2021, https://news.gallup.com/poll/329666/views-big-tech-worsen-public-wants-regulation.aspx; ただし以下も参照："Europeans Strongly Support Science and Technology according to New Eurobarometer Survey," European Commission, September 23, 2021, https://ec.europa.eu/commission/presscorner/detail/en/IP_21_4645.

21 Gary Anderson and Francisco Moris, "Federally Funded R&D Declines as a Share of GDP

"Artificial Intelligence and Economic Growth," 2017, https://web.stanford.edu/~chadj/AI.pdf; Ford, Martin, *Rise of the Robots: Technology and the Threat of a Jobless Future*, (New York: Basic Books, 2015); Kai-Fu Lee, *AI Superpowers China, Silicon Valley, and the New World Order*, (Boston: Houghton Mifflin Harcourt, 2018); David Brin, *The Transparent Society: Will Technology Force Us to Choose between Privacy and Freedom?* (New York: Basic Books, 1999); Safiya Noble, *Algorithms of Oppression: How Search Engines Reinforce Racism* (New York: New York University Press, 2018); および Virginia Eubanks, *Automating Inequality: How High-Tech Tools Profile, Police, and Punish the Poor*, (New York: St. Martin's Press, 2018).

13 Meredith Broussard. *Artificial Unintelligence*: (Cambridge, Massachusetts: The MIT Press, 2018), https://doi.org/10.7551/mitpress/11022.001.0001; Cathy O'neil, *Weapons of Math Destruction: How Big Data Increases Inequality and Threatens Democracy*, (New York: Crown, 2016); Ruha Benjamin, "Race after Technology: Abolitionist Tools for the New Jim Code," *Social Forces* 98, no. 4 (December 23, 2019), https://doi.org/10.1093/sf/soz162; Victor Margolin, *The Politics of the Artificial: Essays on Design and Design Studies*, (Chicago: The University of Chicago Press, 2002).

14 Daron Acemoglu, and Pascual Restrepo, "The Race between Man and Machine: Implications of Technology for Growth, Factor Shares, and Employment," *American Economic Review* 108, no. 6 (June 2018): 1488–1542. https://doi.org/10.1257/aer.20160696; Jonathan Haskel, and Stian Westlake, "Capitalism without Capital: The Rise of the Intangible Economy (an Excerpt)," *Journal of Economic Sociology* 22, no. 1 (2021): 61–70, https://doi.org/10.17323/1726-3247-2021-1-61-70; Ajay Agrawal, Joshua Gans, Avi Goldfarb, and Catherine Tucker, *The Economics of Artificial Intelligence*, (Illinois: University of Chicago Press, 2024).

15 Jan De Loecker, Jan Eeckhout, and Gabriel Unger. "The Rise of Market Power and the Macroeconomic Implications," *The Quarterly Journal of Economics* 135, no. 2 (January 23, 2020): 561–644, https://doi.org/10.1093/qje/qjz041; John Barrios, Yael V. Hochberg, and Hanyi Yi. "The Cost of Convenience: Ridehailing and Traffic Fatalities," SSRN Electronic Journal, 2019, https://doi.org/10.2139/ssrn.3361227; and Tali Kristal, "The Capitalist Machine: Computerization, Workers' Power, and the Decline in Labor's Share within U.S. Industries," *American Sociological Review* 78, no. 3 (May 29, 2013). 361–89. https://doi.org/10.1177/0003122413481351.

16 Kai-Fu Lee, *AI Superpowers China, Silicon Valley, and the New World Order*, (Boston Houghton Mifflin Harcourt, 2018); Bruce Dickson, *The Dictator's Dilemma: The Chinese Communist Party's Strategy for Survival*, (Oxford, England, New York: Oxford University Press, 2016); Nick Couldry, and Ulises Mejias, "Data Colonialism: Rethinking Big Data's Relation to the Contemporary Subject," *Television & New Media 20*, no. 4 (September 2, 2019): 336–49. Steven Feldstein, *The Rise of Digital Repression: How Technology Is Reshaping Power, Politics, and Resistance*, (New York: Oxford University Press, 2021).

8 Steven Levitsky, and Daniel Ziblatt. *How Democracies Die*, (New York: Broadway Books, 2018).; また Yascha Mounk, *The People vs. Democracy: Why Our Freedom Is in Danger and How to Save It*, (Cambridge, Massachusetts: Harvard University Press, 2018); Cass Sunstein, *#Republic: Divided Democracy in the Age of Social Media*, (Princeton, New Jersey: Princeton University Press, 2017; Kathleen Jamieson, and Joseph Cappella, *Echo Chamber: Rush Limb augh and the Conservative Media Establishment,* (Oxford, New York: Oxford University Pre ss, 2008). Levi Boxell, Matthew Gentzkow and Jesse M. Shapiro, "Greater Internet Use is Not Associated with Faster Growth in Political Polarization among US Demographic Groups" *Pr oceedings of the National Academy of Sciences* 114, no. 40: 10612-10617. Levi Boxell, Matthew Gentzkow and Jesse M. Shapiro, "Cross-Country Trends in Affective Polarization" *Review of Economics and Statistics* Forthcoming も参照 .

9 Alp Simsek, "The Macroeconomics of Financial Speculation," *Annual Review of Economics* 13, no. 1 (May 11, 2021), https://doi.org/10.1146/annurev-economics-092120-050543.

10 Ben McKenzie, and Jacob Silverman, *Easy Money: Cryptocurrency, Casino Capitalism, and the Golden Age of Fraud*, (New York: Abrams, 2023); "Financial Stability Board, "Regulation, Su pervision and Oversight of Crypto-Asset Activities and Markets Consultative Document," 2022, https://www.fsb.org/wp-content/uploads/P111022-3.pdf; Greg Lacurci, "Cryptoc urrency Poses a Significant Risk of Tax Evasion," *CNBC*, May 31, 2021, https://www.cnbc.com/2021/05/31/cryptocurrency-poses-a-significant-risk-of-tax-evasion.html; Arianna Tr ozze, Josh Kamps, Eray Akartuna, Florian Hetzel, Bennett Kleinberg, Toby Davies, and Sha ne Johnson, "Cryptocurrencies and Future Financial Crime," *Crime Science* 11, no. 1 (Janua ry 5, 2022), https://doi.org/10.1186/s40163-021-00163-8; Baer, Katherine, Ruud De Moo ij, Shafik Hebous, and Michael Keen, "Crypto Poses Significant Tax Problems—and They Co uld Get Worse," *IMF*, July 5, 2023, https://www.imf.org/en/Blogs/Articles/2023/07/05/crypto-poses-significant-tax-problems-and-they-could-get-worse; and "Crypto-Assets: Impl ications for Financial Stability, Monetary Policy, and Payments and Market Infrastructures." *ECB Occasional Paper*, no. 223 (May 17, 2019), https://papers.ssrn.com/sol3/papers.cfm?abs tract_id=3391055.

11 Tristan Harris, "Ethics for Designers — How Technology Hijacks People's Minds — from a Magician and Google's Design Ethicist," Ethics for Designers, March 4, 2017, https://www.ethicsfordesigners.com/articles/how-technology-hijacks-peoples-minds; https://www.yout ube.com/watch?v=7LqaotiGWjQ; および Daniel Schmachtenberger, "Explorations on the Future of Civilization," n.d. https://civilizationemerging.com/.

12 Shoshana Zuboff, *The Age of Surveillance Capitalism: The Fight for a Human Future at the New Frontier of Power,* (New York, NY: Public Affairs, 2019); Cathy O'neil, *Weapons of Math Destruction: How Big Data Increases Inequality and Threatens Democracy,* (New York: Crown, 2016); Evangelos Simoudis, *The Big Data Opportunity in Our Driverless Future.* (Menlo Park, Ca: Corporate Innovators, Llc, 2017); Philippe Aghion, Benjamin Jones, and Charles Jones,

巻末注

第１章　序

1-0 多元性を見る

1　V-Dem Institute, *Democracy Report 2023* (Gothenburg, Sweden: V-Dem Institute, 2023): 7.

第２章　はじめに

2-0 IT と民主主義　拡大する溝

1　Shoshanna Zuboff, The Age of Surveillance Capitalism (New York: Public Affairs, 2019): 513.〔『監視資本主義　人類の未来を賭けた闘い』ショシャナ・ズボフ著 , 野中香方子訳 , 東洋経済新報社 , 2021〕

2　Mar Andreessen, "The Techno-Optimist Manifesto", Andreessen Horowitz Blog, October 16, 2023, https://a16z.com/the-techno-optimist-manifesto/.

3　Daron Acemoglu, and James A Robinson, *The Narrow Corridor: States, Societies, and the Fate of Liberty*. (New York: Penguin Books, 2020)〔『自由の命運　国家、社会、そして狭い回廊』ダロン・アセモグル , ジェイムズ・A・ロビンソン著 , 櫻井祐子訳 , 早川書房 , 2020〕

4　Alexis De Tocqueville, *Democracy in America*, (Lexington, Ky: Createspace, 2013), https://www.gutenberg.org/files/815/815-h/815-h.htm〔『アメリカの民主主義』アレキス・ド・トクヴィル著 , 杉木謙三訳 , 朋文社 , 1957〕

5　こうした関係は , 市場で作られるものとは違う . 市場での関係は ,「普遍的」な通貨に基づく双方向的な取引的交換に基づいている . そうした通貨は , 局所的な価値と信頼に基づく単位による価値を表すものだ .

6　Mary Gray, *Out in the Country: Youth, Media, and Queer Visibility in Rural America* (New York: NYU Press, 2009). また O'Day, Emily B., and Richard G. Heimberg, "Social Media Use, Social Anxiety, and Loneliness: A Systematic Review," *Computers in Human Behavior Reports 3*, no. 100070 (January 2021), https://doi.org/10.1016/j.chbr.2021.100070; さらにまた Hunt Allcott, Luca Braghieri, Sarah Eichmeyer, and Matthew Gentzkow, "The Welfare Effects of Social Media," *American Economic Review* 110, no. 3 (March 1, 2020): 629–76. https://doi.org/10.1257/aer.20190658 も参照 .

7　Siddharth Suri, and Mary L Gray, *Ghost Work: How to Stop Silicon Valley from Building a New Global Underclass*, (Boston: Houghton Mifflin Harcourt, 2019). David H. Autor, "Why Are There Still So Many Jobs? The History and Future of Workplace Automation", *Journal of Economic Perspectives* 29, no. 3 (2015): 3-30, https://www.aeaweb.org/articles?id=10.1257%2Fjep.29.3.3&source=post_page.

訳者

山形浩生

1964年、東京都生まれ。東京大学大学院工学系研究科都市工学科修士課程およびマサチューセッツ工科大学不動産センター修士課程修了。評論家、翻訳家、開発コンサルタント。開発援助関連調査のかたわら、経済、環境問題からSFまで幅広い分野での翻訳と執筆を行う。著書に『新教養主義宣言』『要するに』(共に河出書房新社)、『経済のトリセツ』(亜紀書房)など。訳書にピケティ『21世紀の資本』(みすず書房)、クルーグマン『クルーグマン教授の経済入門』(筑摩書房)、ノルベリ『進歩』(晶文社)『OPEN』(NewsPicksパブリッシング)ほか多数。

解説

鈴木 健

1975年、長野県生まれ。慶應義塾大学理工学部物理学科卒業。東京大学大学院総合文化研究科博士課程修了。国際大学グローバル・コミュニケーション・センター主任研究員、東京財団仮想制度研究所フェローを経て、現在、スマートニュース株式会社取締役会長。博士(学術)。著書に『NAM生成』(太田出版、共著)、『進化経済学のフロンティア』(日本評論社、共著)、『究極の会議』(ソフトバンククリエイティブ)、『現れる存在』(NTT出版、共訳)、『なめらかな社会とその敵』(勁草書房のちに筑摩書房より文庫化)などがある。専門は複雑系科学、自然哲学。

はたらくを、あたらしく。

サイボウズ式ブックス

多様な個性を押し殺してしまうのではなく、むしろ、個性が発揮されればされるほどに相互作用が生まれ、おもしろいアイデアが飛び出すような、働く楽しさに満ちた「チームワークあふれる社会」をつくりたい――。

そんなビジョンを実現するため、これまでサイボウズは、グループウェアの開発や、自分たち自身の会社の人事制度改革、オウンドメディア「サイボウズ式」からの情報発信など、さまざまな取り組みをしてきました。

さらに、その先へ――インターネットという媒体で届けられる限界を超え、もっと多くの方々に、私たちが大切にする価値観を届けていくためには、どうしたらいいのだろうか。そんなことを考えるようになり、そして、深く、長く、濃く伝えていけるメディアとして思いついたのが、「本」でした。

いまの時代の枠組みの中でうまくやる方法を伝えるのではなく、新しい枠組みをつくり出すためのヒントを伝える。そのための本を、ていねいにつくっていきます。

サイボウズ式ブックスは、グループウェア事業を展開するサイボウズと兵庫県明石市にある出版社ライツ社が運営する出版レーベルです。
https://cybozushiki.cybozu.co.jp/books/

サイボウズ式ブックス 既刊一覧

『山の上のパン屋に人が集まるわけ』

平田はる香（著）

幼い頃から世の中の「ふつう」に違和感を抱き続けていた著者が、世の中のふつうではなく自分の「ふつう」を守るためにつくったパンと日用品の店・わざわざ。パン屋の働き方を変えるために製法を自ら編み出し、失礼な客には「来ないでください」と言い放ち、自分の健やかさを守りながら成長を続け、今では年商3億円に――。違和感に向き合い、正直に生きる大切さを教えてくれる本。

定価：本体 1,600 円＋税／ ISBN:9784909044440

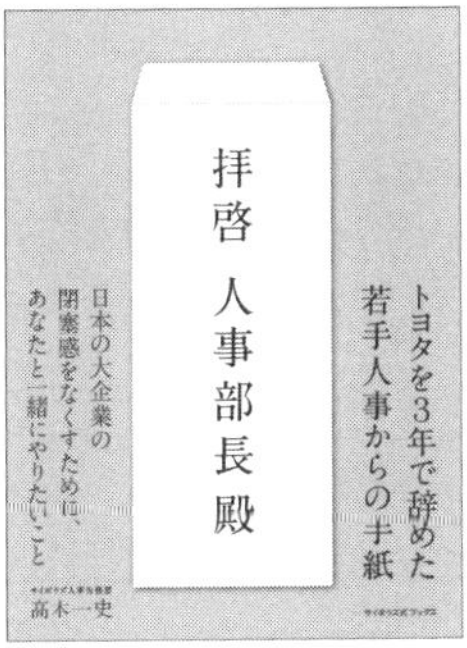

『拝啓 人事部長殿』

髙木一史（著）

「社員が閉塞感を感じず、幸せに働ける会社をつくりたい」。そんな理想を胸にトヨタの人事部を退職した著者。サイボウズに転職後、日本の人事制度の歴史や、各社の制度事例を学ぶ中で「これからの組織に必要なものはなにか？」を考え尽くし、「若手人事から人事部長に宛てた手紙」という形で　冊にまとめた本。

定価：本体 2,200 円＋税／ ISBN:9784909044372

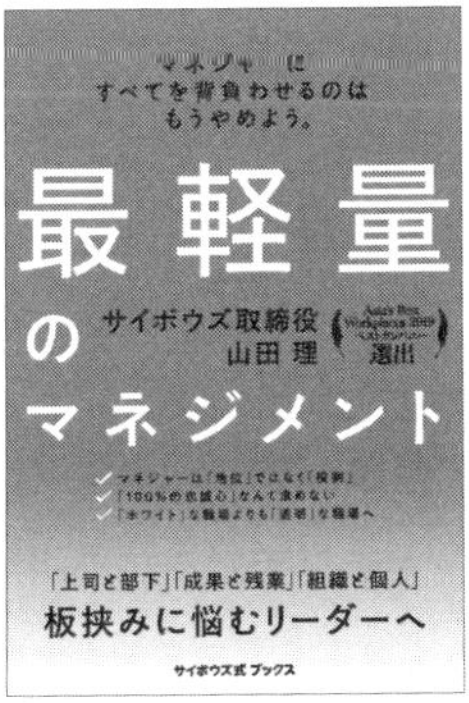

『最軽量のマネジメント』

山田 理（著）

インターネットが発達した今、マネージャーの役割をもっと分散させ、「マネジメントの大衆化」ができる時代になってきているのではないか――？マネージャーに寄せられた過度な期待と責任から、マネージャーを解放するための本。

定価：本体 1,400 円＋税／ ISBN：9784909044211

／西尾泰和・高部哲男
／高部哲男・小野寺真央・あかしゆか・大塚啓志郎・有佐和也・感応嘉奈子
／高野 翔・野見山三四郎
業事務／吉澤由樹子・成田 藍
印刷製本／株式会社シナノパブリッシングプレス
ブックデザイン／菊池 祐（ライラック）
DTP／有限会社エヴリ・シンク
校正／長谷川万里絵

PLURALITY（プルラリティ）

対立を創造に変える、協働テクノロジーと民主主義の未来

2025年5月 2 日 第1刷発行
2025年8月19日 第6刷発行

著 者 オードリー・タン、E・グレン・ワイル、⿻コミュニティ
訳 者 山形浩生
解 説 鈴木 健
発行者 青野慶久
発行所 サイボウズ株式会社
東京都中央区日本橋 2-7-1 東京日本橋タワー 27 階
発 売 株式会社ライツ社
兵庫県明石市桜町 2-22
TEL 078-915-1818
FAX 078-915-1819

●乱丁・落丁本または書店さまからのお問い合わせ
ライツ社 https://wrl.co.jp/
●そのほかのご感想、取材依頼、お問い合わせ
サイボウズ式ブックス https://cybozushiki.cybozu.co.jp/books/

ISBN978-4-909044-57-0 Printed in Japan